Manfred Pohl, Iris Wieczorek, Hrsg.

JAPAN 2006

Manfred Pohl, Iris Wieczorek, Hrsg.

JAPAN 2006

POLITIK
und
WIRTSCHAFT

mit
Beiträgen
von

Matthias Brachmann
David Chiavacci
Wolfgang Dorow
Martin Eberts
Gesine Foljanty-Jost
Annika Hager
Parissa Haghirian
Carsten Herbes
Axel Klein
Florian Kohlbacher
Henri Léval
Kerstin Lukner
Manfred Pohl
Annette Schad-Seifert

INSTITUT FÜR ASIENKUNDE
HAMBURG

ISSN 0343-6950
ISBN 3-88910-332-4

Redaktion: Dr. Iris Wieczorek
Manuskriptbearbeitung: Vera Rathje, Christine Berg
Redaktionsassistenz: Siegrid Woelk
Gesamtherstellung: einfach-digital print edp GmbH, Hamburg

Japan 2006. Politik und Wirtschaft /
hrsg. von Manfred Pohl ; Iris Wieczorek. – Hamburg : IFA, 2006. – 291 S.
ISSN 0343-6950
ISBN 3-88910-332-4

VERBUND STIFTUNG
GIGA GERMAN INSTITUTE OF GLOBAL AND AREA STUDIES
Leibniz-Institut für Globale und Regionale Studien

Das Institut für Asienkunde bildet zusammen mit dem Institut für Afrika-Kunde, dem Institut für Iberoamerika-Kunde und dem Deutschen Orient-Institut den Verbund der Stiftung GIGA German Institute of Global and Area Studies in Hamburg.

Aufgabe des Instituts für Asienkunde ist die gegenwartsbezogene Analyse der politischen, wirtschaftlichen und gesellschaftlichen Entwicklungen in Asien. Das Institut für Asienkunde ist bemüht, in seinen Publikationen verschiedene Meinungen zu Wort kommen zu lassen, die jedoch grundsätzlich die Auffassung des jeweiligen Autors und nicht unbedingt die des Instituts darstellen.

Nähere Informationen zu den Publikationen sowie eine Online-Bestellmöglichkeit bietet die Homepage: www.giga-hamburg.de/ifa.

Alle Publikationen des Instituts für Asienkunde werden mit Schlagwörtern und Abstracts versehen und in die kostenfrei recherchierbare Literaturdatenbank des Fachinformationsverbundes Internationale Beziehungen und Länderkunde (www.giga-hamburg.de/iz) eingegeben.

Inhaltsverzeichnis

Außenpolitik

Wirtschaft

Gesellschaft

Vorwort

Wir präsentieren Ihnen hiermit die 29. Ausgabe des Japan-Jahrbuches. 1977 erschien die erste Ausgabe, mit der das bis heute bewährte Konzept eingeführt wurde, regelmäßige Überblicksbeiträge zur japanischen Politik, Wirtschaft und Gesellschaft mit Sonderbeiträgen zu aktuellen Entwicklungen in diesen Bereichen zu verbinden. Inzwischen sind beinahe 200 wissenschaftliche Analysen in der Rubrik Sonderbeiträge erschienen. Die Bandbreite der Themen ist vielfältig: z.B. Stellung der Frau (1978/79), Rechtsextremismus (1981/82), Forschung und Technologie (1982/83), Europäische Gemeinschaft und Japan (1986/87), das organisierte Verbrechen (1987/88), Japans DDR- und Osthandelsbeziehungen (1989/90), Politik und Religion (1990/91), Währungspolitik (1993/94), Vergangenheitsbewältigung (1994/95), Sicherheitspolitik (1998/99), Bildungspolitik (1998/99), Fußball-WM 2002 (2003), das japanische Kaiserhaus (2003), Migrationspolitik (2004), Klimapolitik (2004).

In den letzten Jahrzehnten hat sich das Japan-Jahrbuch als wissenschaftlich fundierte gegenwartsbezogene Publikation einen festen Platz in der *Japan Community* innerhalb und außerhalb von Forschungsinstitutionen gesichert. Mit einer Auflage von über 300 Exemplaren zählt es zu den erfolgreichsten Publikationen in der gegenwartsbezogenen Japanforschung. Dabei war und ist es den Herausgebern ein besonderes Anliegen, mit dem Jahrbuch ein Forum sowohl für Beiträge etablierter und hoch geschätzter Wissenschaftler/innen als auch für Beiträge von Nachwuchswissenschaftler/innen bereitzustellen.

Gegenwärtig befindet sich der ehemalige Verbund Deutsches Übersee-Institut, in dem auch das Institut für Asienkunde verankert ist, in einem Umstrukturierungsprozess. Ausdruck der institutionellen Umstrukturierung und einer neu fokussierten wissenschaftlichen Ausrichtung des Instituts ist die Umbenennung in GIGA German Institute of Global and Area Studies, Leibniz-Institut für Globale und Regionale Studien. In diesem Zusammenhang ist auch das Publikationsportfolio des GIGA Institut für Asienkunde einem starken Wandel unterworfen. So wurden beispielsweise die eigene Monografienreihe des Instituts (MIA) und das Jahrbuch zu Indien eingestellt, das Korea-Jahrbuch wird in internationaler Kooperation auf Englisch weiter erscheinen.

Die beiden Herausgeber des Japan-Jahrbuchs freuen sich jedoch, Ihnen mitteilen zu können, dass wir im nächsten Jahr das 30-jährige Bestehen des Jahrbuchs mit einigem Stolz feiern werden. Denn trotz aller gegenwärtigen Veränderungen und Umbrüche wird das Japan-Jahrbuch auch in Zukunft erscheinen. Mit wichtigen Institutionen aus der gegenwartsbezogenen Japanforschung in Deutschland sind die Herausgeber in der Diskussion, um das Jahrbuch auf ein neues institutionelles Fundament zu stellen. Anfang 2007 werden wir Sie im Detail informieren und hoffen weiterhin auf Ihre treue Unterstützung.

Auch die diesjährige Ausgabe des Japan-Jahrbuchs folgt der traditionellen Logik: Am Anfang steht der Abschnitt „Innenpolitik", der mit einem kurzen Abriss zentraler innenpolitischer Entwicklungen in den Jahren 2005/2006 (Manfred Pohl) beginnt. Es folgen ein Beitrag, der sich mit dem Führungsstil von Premierminister Koizumi auseinandersetzt (Axel Klein), und ein Beitrag zur Dezentralisierung und neuen Bedeutung der Kommunen in Japan (Gesine Foljanty-Jost). Der Abschnitt zur japanischen Außenpolitik beginnt mit einer Untersuchung der zukünftigen Beziehungen zwischen Japan und China (Martin Eberts und Henri Léval). Ein weiterer Beitrag setzt sich mit Japans Streben nach einem ständigen Sitz im UNO-Sicherheitsrat auseinander (Kerstin Lukner).

Die Analyse der Bedeutung und Auswirkungen einer alternden Bevölkerung und Belegschaft für Firmen in Japan (Florian Kohlbacher) steht am Anfang des Abschnitts Wirtschaft. Die weiteren Beiträge beschäftigen sind mit verborgenen Konfliktpotenzialen bei M&A in Japan (Wolfgang Dorow und Carsten Herbes) und mit den Herausforderungen und Chancen von Klein- und Mittelbetrieben beim Eintritt in den japanischen Markt (Parissa Haghirian). Im Kapitel „Gesellschaft" werden das japanische Gesellschaftsmodell in der Krise untersucht (David Chiavacci) sowie die niedrige Geburtenrate und das Gender-Problem thematisiert und die Gründe analysiert (Annette Schad-Seifert). Ein Beitrag zum japanischen Krankenhaussektor im Umbruch bildet schließlich den Abschluss (Matthias Brachmann).

Auch in dieser Ausgabe ist wieder eine Kurzbibliografie aufgenommen: Soziale Sicherheit und Sozialpolitik in Japan. Der abschließende Teil besteht aus den „Wirtschaftsstatistischen Daten".

Der Dank der Herausgeber gilt wiederum unseren treuen und bewährten Mitarbeiterinnen Frau Vera Rathje und Frau Christine Berg (Manuskriptbearbeitung) sowie Frau Siegrid Woelk (Satz und Textgestaltung), deren enormer Einsatz und große Erfahrung wesentlich zur Entstehung dieser Jahrbuchausgabe beigetragen haben.

Hamburg, im Oktober 2006

Dr. Iris Wieczorek
Prof. Dr. Manfred Pohl

Im Folgenden die Liste der bisherigen Sonderbeiträge:

Politik

Erfolge und Versäumnisse der Umweltschutzpolitik in Japan (H. Weidner), 1981/82
Die heutige Lage der japanischen Streitkräfte (R. Drifte), 1981/82
Japans Rechtsextremismus: zwischen etablierter Politik und Kriminalität (M. Pohl), 1982/83
Tiefpunkt einer Politikerkarriere – Kono Yoheis Experiment „Neuer Liberaler Club" ist gescheitert (Ch. Schwandt), 1986/87
Die Reform der japanischen Staatsbahnen (JNR) (H.J. Mayer), 1986/87
Leiharbeit und zwischenbetrieblicher Arbeitskräftetransfer (A. Ernst), 1986/87
Europäische Gemeinschaft – Japan (K.-R. Korte), 1986/87
Japans Antikernkraftbewegung im Aufwind (H.J. Mayer), 1988/89
Stichwort „Internationalisierung": Marktöffnung genügt nicht (H.J. Mayer), 1988/89
Zwischen Politik und Religion: Der Streit um die Thronfolgeriten in Japan (P. Fischer), 1990/91
Japan als regionale Großmacht? Die ASEAN-Reise Kaifu Toshikis (M. Pohl), 1990/91
APEC – Die Konferenz über asiatisch-pazifische wirtschaftliche Zusammenarbeit aus japanischer Perspektive (J. Morhard), 1990/91
Japan: Der „Marsch zum Gipfel" (R. Machetzki), 1990/91
Japan und die GATT-Runden: Die grundsätzliche Haltung Japans in den GATT-Verhandlungen (M. Pohl), 1990/91
Japan und Rußland (W. Wallraf), 1991/92
SII und die amerikanisch-japanischen Beziehungen. Eine neue Lösung für ein altes Problem? (B. May), 1991/92
Zwischen Kooperation und Konflikt. Die Stellung Japans in der G-7 (B. Reszat), 1991/92
Die administrative Elite Japans und ihr Verhältnis zur Liberal-Demokratischen Partei (M. Bandow), 1992/93
Japan: Macht neuen Typs oder Riese ohne Verantwortung? (W. Wallraf), 1992/93
Japan und Südkorea zu Beginn der 90er Jahre: Aufbruch zu neuen Ufern? (P. Köllner), 1992/93
Japan als „aid leader": Neue Entwicklungen in der japanischen Entwicklungspolitik (F. Nuscheler), 1993/94
Japan und Lateinamerika: Intensivierung der Beziehungen (H. Kreft), 1994/95
Die politischen und wirtschaftlichen Beziehungen der EU zu Japan (W. Pape), 1994/95
Tokyos Müllmanagement in Zeiten zunehmender Raumnot (R. Kühr), 1995/96
Von Vermächtnissen der Vergangenheit, gegenwärtigen Besorgnissen und zukünftigen Sicherheitsregimen: Anmerkungen zu Japans strategischem Umfeld in Nordostasien (P. Köllner), 1995/96

Die Unterhauswahlen 1996 (P. Köllner), 1996/97
Japans Sicherheitspolitik zwischen Kollektiver Verteidigung und Kollektiver Sicherheit. Eine politiktheoretische Betrachtung (D. Nabers), 1996/97
Parteien und innerparteiliche Machtgruppen in Japan: Die Zukunft traditioneller politischer Strukturen (M. Pohl), 1997/98
Japan und die ostasiatische Wirtschaftskrise (H. Kreft), 1997/98
Japans neue Sicherheitspolitik – Von der Landesverteidigung zur regionalen militärischen Interventionsfähigkeit? (D. Nabers), 1998/99
Japanisch-afrikanische Wirtschaftsbeziehungen: Stand und Perspektiven von Entwicklungshilfe und Direktinvestitionen (M. Rohde), 1998/99
Mongolisch-japanische Beziehungen (1990-1998) – Die Mongolei zwischen Globalisierung und Regionalisierung (U.B. Barkmann), 1998/99
Die Unterhauswahlen vom Juni 2000 (P. Köllner), 1999/2000
Raketenabwehrpläne der USA im Lichte der strategischen Rolle Japans (M. Wagener), 1999/2000
Politikverdrossenheit in Japan (Christoph Hallier), 2000/2001
Japan und Ostasien: Von der Regionalisierung zum Regionalismus (Madeleine Preisinger-Monloup), 2000/2001
Japan in East Asia: Why Japan Will Not Be a Regional Political Leader (Axel Berkofsky), 2000/2001
Spillover des Diskurses unter Intellektuellen auf die Reformdebatte unter Politikern (Karin Adelsberger), 2001/2002
Japans neue Klimadiplomatie – Auswirkungen des Kyoto-Protokolls auf Japans Rolle in Asien (Georg Schmidt), 2001/2002
Zur Diskussion um die Änderung des Kriegsverzichtsartikels in der japanischen Verfassung (Artikel 9) (Junko Ando), 2003
Flüchtlingsschutz in Japan: Aktuelle Änderungen und offene Kritikpunkte (Jeannette Behaghel), 2003
Gibt es einen Paradigmenwechsel in der jüngeren japanischen Sozialpolitik? Reformen, Wirkungen, Hemmnisse (Harald Conrad), 2003
Brauchen wir eine neue Japanpolitik? (Hans-Dieter Scheel), 2003
Japan als starker und schwacher Immigrationsstaat: Die Diskrepanz zwischen Anspruch und Realität der Migrationspolitik (David Chiavacci), 2004
Zur Funktionalität „typisch" japanischer Wirtschaftspolitik – Irrweg oder Alternative der Umweltpolitik? (Ilona Köster), 2004
Japans Beitrag zur internationalen Klimapolitik (Heike Schröder), 2004
Die Neue Kômeitô – Zünglein an der Waage im japanischen Parteiensystem (Ruth Schneider), 2005
Die Zukunft der Erbfolge in der japanischen Politik (Kai-F. Donau), 2005
Elitenetzwerke in Japan (Carmen Schmidt), 2005
Aufstieg und Fall des „Endô-Reiches" – Öffentliches Bauen und politische Korruption in Japan am Beispiel der Präfektur Tokushima (Thomas Feldhoff), 2005
Zwischen regionaler Integration und nationaler Renaissance – Welchen Weg nimmt Japans Außenpolitik zu Beginn des 21. Jahrhunderts? (Martin Eberts), 2005

Wirtschaft

Japans Klein- und Mittelindustrie (M. Pohl), 1977/78
Vertriebssystem und Vertriebskosten in Japan (H. Laumer), 1979/80
Die japanische Konkurrenz – Hintergründe der hohen Leistungsfähigkeit (B. Pfaffenbach), 1980/81
Aufwind für Japans Universalhandelshäuser (M. Eli), 1980/81
Forschung und Technologie in Japan (S. von Krosigk), 1982/83
Japans Verflechtung in die Weltwirtschaft und die deutsche Wettbewerbslage im japanischen Spiegel (S. Böttcher), 1982/83
Die japanische Staatsverschuldung – Ursachen und Auswirkungen (A. Mekkel), 1983/84
Planrationalität und Marktrationalität – Vergleichende Betrachtung zwischen Japan und der Bundesrepublik Deutschland (S. Böttcher), 1983/84
Der bundesdeutsche Außenhandel mit Japan im Jahre 1984 (H.-J. Kurwan), 1984/85
Anmerkungen zur Informationslücke über Japans technologische Entwicklung (H. Schunck), 1984/85
Wettbewerb zwischen unterschiedlichen Wertevorstellungen im „Fernen Westen" und im „Fernen Osten" (S. Böttcher), 1984/85
Klischees, Mythen und Realitäten: Japan mit kritischer Brille betrachtet (G. Hielscher), 1985/86
Die einseitige Integration Japans in die Weltwirtschaft (S. Böttcher), 1985/86
Der Markt für deutsche Investitionsgüter in Japan (A. Rive), 1985/86
Aspekte der Exportförderung in Japan (M. Pohl), 1985/86
Die Ära der Mikroelektronik und die japanischen Gewerkschaften (H.-U. Bünger), 1985/86
Japans schwieriger Weg zur Internationalisierung (S. Böttcher), 1986/87
Deutsch-japanischer Vergleichsbericht über die Verteilungssysteme beider Länder (S. Böttcher), 1987/88
Staatliche Fördermaßnahmen für Innovation und Technologie-Entwicklung kleiner und mittlerer Unternehmen (M. Pohl), 1987/88
Japan lohnt sich – die deutsch-japanischen Wirtschaftsbeziehungen werden enger (S. Böttcher), 1988/89
Japan vor der Festung Europa? Nippons Europa-Strategien für 1992 (K.-R. Korte), 1988/89
Rückzug wider Willen: Japans Image leidet durch Hinhaltetaktik beim Treibnetzfischfang (H.J. Mayer), 1989/90
Kooperationen bestimmen die deutsch-japanischen Wirtschaftsbeziehungen (H.-J. Kurwan), 1989/90
Japans DDR- und Osthandelsbeziehungen im Umbruch (H.J. Kurwan), 1989/90
Deutscher Mittelstand nach Japan (S. Böttcher), 1989/90
Entwicklungen im japanischen Einzelhandel 1989/90 (M. Pohl), 1989/90
Die Europäer rollen nach Japan – Die Exporterfolge der EG-Länder in Japan und ihre handelspolitische Bedeutung (J. Mull), 1989/90

Deutsch-japanischer Handel vor einer Trendwende? (H.-J. Kurwan), 1990/91
Japanische Investitionen in Europa (H. Green), 1990/91
Westjapan – Verpaßt die deutsche Wirtschaft ihre Chancen? (G. Amelung), 1991/92
Staat und Industrieforschung in Japan (U. Wattenberg), 1991/92
Japanische Auslandsinvestitionen. Probleme mit der Datenbasis (U. Menzel), 1991/92
Europa im Blickpunkt japanischer Investoren (H. Kreft), 1991/92
Die neuen Bundesländer als Investitionsstandort für japanische Unternehmen (H. Kreft), 1991/92
Regionale Kooperationspläne in Nordostasien. Der Japan-See-Wirtschaftsraum (J. Morhard), 1991/92
Wachsen Japans Bäume etwa doch in den Himmel? (S. Böttcher), 1991/92
Kartelle, Kartellbehörden und Kartellaufsicht in Japan (C. Heath), 1992/93
Die Keiretsu: Rückgrat der japanischen Wirtschaft (H. Kreft), 1992/93
Neue Akzente in den US-japanischen Wirtschaftsbeziehungen (B. Reszat), 1992/93
Währungsentwicklung und Währungspolitik in Japan (B. Reszat), 1993/94
Japanische Transportunternehmen in Europa (W. Nötzold), 1993/94
Nach Japan exportieren – in Japan investieren – mit Japan kooperieren: Für eine Stärkung des deutschen Japan-Engagements (H. Kreft), 1993/94
Ostasien aus japanischer Perspektive: Vom Rohstofflieferanten zum Wirtschaftspartner (H. Kreft), 1993/94
Japans Pharmaindustrie auf dem Weg zum Global Player? (P. Köllner), 1993/94
Japan – eine Kopierkultur? (C. Heath), 1993/94
Japanische Banken im internationalen Wettbewerb – Phönix aus der Asche? (B. Reszat), 1994/95
Zwischen strategischen Allianzen und struktureller Abhängigkeit: Anmerkungen zur japanisch-südkoreanischen Industriekooperation (P. Köllner), 1994/95
Innovationspole – ein Instrument der Struktur- und Arbeitsmarktpolitik (K.-H. Schmidt), 1994/95
Der Arbeitskräftemangel in Japan: unlösbares Problem der 90er Jahre oder Spiegel verkrusteter Personalpolitik? (I. Kuhnert), 1994/95
Rezession und strukturelle Veränderungen setzen den japanischen Mittelstand unter Druck – Eine Bestandsaufnahme anhand des Weißbuchs für Klein- und Mittelunternehmen 1995 (F. Bosse), 1994/95
Beobachtungen und Randnotizen zur „Reiskrise" der frühen 90er Jahre (K. Vollmer), 1994/95
Das Hanshin-Erdbeben und seine ökonomischen Folgen (F. Bosse), 1994/95
Japan als Finanzzentrum Ostasiens? (B. Reszat), 1995/96
Rechtssystem und wirtschaftlicher Erfolg in Japan (Ch. Heath), 1995/96
Die räumliche Umorganisation der japanischen Industrieproduktion im Ausland (H. und B. Kreft), 1995/96
Deregulierung der japanischen Wirtschaft – mehr als ein Schlagwort? Der schwierige Reformprozeß in Japan (H. Kreft), 1996/97

Japans Wirtschaft entdeckt Indien: Die Intensivierung der japanisch-indischen Wirtschaftsbeziehungen seit Beginn der 90er Jahre (B. und H. Kreft), 1996/97

Japans umweltpolitische Entwicklungshilfe: Eine Analyse am Beispiel des Transfers von Umwelttechnologie (R. Kühr), 1996/97

Talking to the Machine: Herstellung und Gebrauch von Informationstechnik in Japan (P. Plate), 1996/97

Japan und die Regionalisierung im Pazifischen Becken (M. Preisinger-Monloup), 1996/97

Verbraucherverhalten in Japan, dessen Wandlungen und Tendenzen (U. Thiede), 1996/97

Tendenzen der japanischen Energie- und Umweltpolitik (P. Plate), 1997/98

Neue Unternehmer braucht das Land ... (F. Bosse), 1997/98

„Back to the Future" oder: Eine Produktionsform auf der Suche nach ihrer Zukunft (H. Törkel), 1997/98

Der japanische Versandhandel (S. Aßmann), 1997/98

Japan und und die Einführung des Euro – Neue Bemühungen um eine Internationalisierung des Yen (H. Kreft), 1998/99

Mergers & Acquisitions: Öffnung und Wandel der Japan Inc. (A. Nabor), 1998/99

Abschied von den *keiretsu*? Japans Wirtschaft vor einem „new-economy"-Boom und weiterer Öffnung (H. Kreft), 1999/2000

Mergers & Acquisitions in Japan (H. Menkhaus und H. Schmitt), 1999/2000

Marktzugang für deutsche Unternehmen in Japan: Neue Chancen und Risiken (S. Bromann, W. Pascha und G. Philipsenburg), 1999/2000

Nach der verlorenen Dekade in Japan der ökonomische „turnaround"? Die Risiken einer notwendigen Reformpolitik sind hoch (Heinrich Kreft), 2000/2001

Finanzmarktwettbewerb und Regulierung (Andreas Nabor), 2000/2001

The Law of Marketing and Advertising in Japan (Christopher Heath), 2000/2001

Versorgung mit Risikokapital in Klein- und mittelständischen Unternehmen in Deutschland und Japan (Martin Naundorf), 2000/2001

Sôgô Shôsha – Japans multifunktionale Großunternehmen im Existenzkampf (Max Eli), 2000/2001

Auf dem Weg zur Kreislaufwirtschaft? Japans Umweltpolitik nach der Verwaltungsreform (Georg Schmidt), 2000/2001

Flughafenstandorte in Japan – Akteure, Strategien, Probleme und Perspektiven (Thomas Feldhoff), 2000/2001

Asymmetrie in der japanisch-amerikanischen Währungspolitik (Gunther Schnabl), 2001/2002

Internationale Kooperationen im Mittelstand: Vertrauen und vertrauensbildende Maßnahmen in deutsch-japanischen Unternehmenskooperationen (Harald Dolles), 2001/2002

Erfolgsfaktoren ausländischer Banken in Japan (Matthias Gundlach und Ute Roßmann), 2001/2002

Probleme und Perspektiven der japanischen Pharmaindustrie (Jörg Mahlich), 2001/2002

Manga – Evolution einer Industrie (Michael Haas), 2001/2002
Bubble Economy – Spätfolgen und Konsequenzen für die Finanzierungsstruktur japanischer Unternehmen (Martin Naundorf), 2003
Erneuerbare Energien in Japan – Im Osten etwas Neues? (Georg Schmidt), 2003
Das japanische Innovationssystem im Überblick (Jörg Mahlich), 2003
Wie wettbewerbsfähig ist Japan? (Ingo Meierhans und Christian Flock), 2004
Die Auswirkungen des Wechselkurses auf die japanische Geldpolitik (Matthias Brachmann), 2004
Wem gehört das japanische Unternehmen? Entwicklungen um Corporate Governance seit dem Platzen der „Bubble Economy“ (Akira Takenaka), 2004
Neue Entwicklungen in den Banken-Firmen-Beziehungen in Japan (Jörg Mahlich), 2004
Japanische Unternehmensverbände im ICT-Sektor – Empirische Analyse personeller Verflechtung und verbandlicher Strukturen (Andreas M. Schaumayer), 2004
Japans Strategie bilateraler Wirtschaftsabkommen: Chronologie und Etappen der Herausbildung 1998-2005 (Patrick Ziltener), 2005
Interkultureller Wissenstransfer in multinationalen japanischen Unternehmen (Parissa Haghirian und Florian Kohlbacher), 2005
Staatliche Foresight-Aktivitäten in Japan: Neue Instrumente in der Forschungs- und Technologiepolitik (Kerstin Cuhls), 2005

Gesellschaft

Die japanischen Gewerkschaften (M. Pohl), 1976/77
Das japanische Erziehungssystem (U. Teichler), 1977/78
Kriminalität in Japan (M. Scheer), 1977/78
Rolle und Stellung der Frau in Japan (G. Hielscher), 1978/79
Beschäftigungsprobleme ausgewählter Minderheiten in Japan (A. Ernst), 1978/ 79
Sozialversicherung, Altersversorgung, Rentensystem (S. Lörcher), 1979/80
Japan auf dem Weg zur „Informationsgesellschaft“ (U. Wattenberg), 1984/85
Hochschulstudium und Nachwuchsrekrutierung: Universitäten und Arbeitsmarkt (H.-H. Gäthke), 1986/87
Zusammenschluß der Gewerkschaftsdachverbände: Aufbruch zu neuen Ufern oder Abdankung auf Raten? (H.J. Mayer), 1987/88
Das organisierte Verbrechen in Japan – einige Daten und Aspekte (H. Worm), 1987/88
Die Systeme sozialer Sicherung in Japan und der Bundesrepublik Deutschland: Versuch eines wertenden Vergleichs (M. Pohl), 1987/88
Gemeinschaftsleben in der Großstadt: Die japanischen Nachbarschaftsvereinigungen (Chonaikai) (S. Kreitz), 1989/90
Polizeiskandal in Osaka: Polizeikritische Anmerkungen zum Aufstand der Tagelöhner von Kamagasaki (H. Worm), 1990/91
Akademischer Austausch zwischen Deutschland und Japan (U. Lins), 1992/93

Überalterung der Bevölkerung stellt neue Anforderungen an Japans Sozialpolitik (F. Bosse), 1993/94
Japans Kôban-Polizei: Die Helden der inneren Sicherheit? (H. Worm), 1993/94
Holocaust-Leugner in Japan: Der Fall „Marco Polo" – Printmedien und Vergangenheitsbewältigung (H. Worm), 1994/95
Soziale Sicherung in Japan am Beispiel von Arbeitnehmern in unsicheren Anstellungsverhältnissen (F. Brandes), 1995/96
Wie stark sind die japanischen Gewerkschaften? – Eine Positionsbestimmung anhand der Lohnpolitik (F. Bosse), 1995/96
Die Entschädigung ehemaliger Zwangsprostituierter in Japan (H. Küpper), 1996/97
Leben, arbeiten und alt werden in Japan – Japanische Arbeits- und Sozialpolitik (M. Sommer), 1997/98
Das neue Ainu-Gesetz (H. Küpper), 1997/98
Leitmotiv Überalterung: Arbeits- und Sozialpolitik in Japan (M.M. Sommer), 1998/99
Die japanische Arbeitslosenversicherung in der Krise (A.M. Thränhardt), 1998/99
Randale an Japans Schulen: Ursachen und bildungspolitische Antworten (G. Foljanty-Jost), 1998/99
Uhrenindustrie und Zeitregime (F. Coulmas), 1999/2000
Wege aus der Arbeitslosigkeit? Neue und alte Formen der Selbstständigkeit in Japan (C. Storz), 1999/2000
Japanische Arbeits- und Sozialpolitik in Zeiten des Strukturwandels (M.M. Sommer), 1999/2000
Ungeregelt, ungesichert, unterbezahlt – Arbeit und Beschäftigung im Schatten des Toyotaismus (W. Manzenreiter), 1999/2000
Forschung und technologische Entwicklung in Japan und Deutschland – Standortbestimmung und neue Kooperationsansätze (Klaus Matthes), 2000/2001
Wie Japan und Deutschland mit dem Zweiten Weltkrieg umgehen (Gebhard Hielscher), 2000/2001
Vergangenheit im Spielfilm der frühen Nachkriegszeit – Japan und Deutschland im Vergleich (Miriam Rohde), 2000/2001
(Ehe-)Paarhaushalt als Auslaufmodell? Die Debatte um die Parasiten-Singles in Japan (Annette Schad-Seifert), 2001/2002
Japan – a Disaffected Democracy?
On Political Trust, Political Dissatisfaction, Political Activity, and Environmental Issues (Wilhelm Vosse), 2001/2002
Wenn der Zirkus die Stadt verlassen hat: Ein Nachspiel zur politischen Ökonomie der Fußball-WM 2002 in Japan (Wolfram Manzenreiter), 2003
Eine Kaiserin auf Japans Thron? Die Zukunft des japanischen Kaiserhauses (Eva-Maria Meyer), 2003
Neue Entwicklungen in der japanischen Schulbuchdebatte (Sven Saaler), 2003
Zwischen Ignoranz und Reaktion – Aktuelle Medienberichterstattung über japanische Kriegsverbrechen im Asiatisch-Pazifischen Krieg (Daniela Rechenberger), 2003

Jugendhilfe in Japan: Reformen und zukünftige Aufgaben (Manuel Metzler), 2004
Quo vadis, Futenma? Zur Transnationalisierung des politischen Protestes in Okinawa (Gabriele Vogt), 2005

Verzeichnis häufig verwendeter Abkürzungen

a) Organisationen

DPJ	Demokratische Partei Japans
KPJ	Kommunistische Partei Japans
LDP	Liberaldemokratische Partei Japans
NKP	Neue Konservative Partei
METI	Ministry of Economy, Trade and Industry (bis Januar 2001: MITI)
NKMT	Neue Kômeitô
SDPJ	Sozialdemokratische Partei Japans

b) Zeitungen und Zeitschriften

AFP	Agence France-Presse
AN	*Asahi Nenkan* (Tokyo)
AS	*Asahi Shinbun* (Tokyo)
AWSJ	*Asian Wall Street Journal* (Hongkong)
FAZ	*Frankfurter Allgemeine Zeitung* (Frankfurt)
FBIS	Foreign Broadcast Information Service
FEER	*Far Eastern Economic Review* (Hongkong)
FT	*Financial Times* (London)
FTD	*Financial Times Deutschland* (Hamburg)
IHT	*International Herald Tribune* (Neuilly-sur-Seine)
Ja	*Japan – Wirtschaft, Politik, Gesellschaft* (bis 1997) (Hamburg)
J.a.	*Japan aktuell – Wirtschaft, Politik, Gesellschaft* (ab 1998) (Hamburg)
JT	*Japan Times* (Tokyo)
MDN	*Mainichi Daily News* (Tokyo)
MS	*Mainichi Shinbun* (Tokyo)
Nikkei	*Nihon Keizai Shinbun* (Tokyo)
NW	*Nikkei Weekly* (Tokyo)
NZZ	*Neue Zürcher Zeitung* (Zürich)
Sankei	*Sankei Shinbun* (Tokyo)
SCMP	*South China Morning Post* (Hongkong)
SWB	Summary of World Broadcasts
SZ	*Süddeutsche Zeitung* (München)
TDY	*The Daily Yomiuri* (Tokyo)
TS	*Tokyo Shinbun* (Tokyo)
XNA	Xinhua News Agency (London)
YS	*Yomiuri Shinbun* (Tokyo)

Hinweise zur Aussprache der japanischen Namen und Begriffe:
Der hier verwendeten Umschrift liegen englische Lautwerte zugrunde, d.h. es werden ausgesprochen: ch wie tsch, j wie dsch, kk wie ck, s wie scharfes s, ts wie z, y wie j, z wie s; alle anderen Konsonanten und Vokale behalten weitgehend ihren Lautwert.

Die japanische Innenpolitik 2005/2006

Manfred Pohl

1 50 Jahre LDP

Am 22. November 2005 beging die LDP den 50. Jahrestag ihrer Gründung. In seiner Grußadresse betonte Parteichef Jun'ichirô Koizumi, er wolle die Reformanstrengungen fortsetzen und auch einen möglichen Nachfolger auf diese Tradition verpflichten. Mit Stolz verwies Koizumi auf den überwältigenden Wahlsieg in den Unterhauswahlen vom September 2005; der Parteichef wertete diesen Sieg als Unterstützung für sein Reformprogramm. Die Reformen zielten nicht nur auf Verwaltung und Wirtschaft, sondern vor allem auch auf eine Novellierung der Verfassung – Leiter der Parteikommission für die Verfassungsreform ist Koizumis Ziehvater Yoshiro Mori. Die LDP will danach nicht den berühmten „Kriegsverzichtsartikel" 9 aus der Verfassung streichen, wohl aber Absatz 2 des Artikels, nach dem es Japan verboten ist, „Land-, See- und Luftstreitkräfte zu unterhalten". In Zukunft soll Japan auch militärisch (i.e. verfassungsrechtlich) in die Lage versetzt werden, unbeschränkt an internationalen Friedensmissionen teilzunehmen. Unverändert will die LDP daneben liberal, demokratisch und pazifistisch sein. Das Grundgesetz zur Erziehung soll eine Vorgabe enthalten, nach der alle Japaner (i.e. Schüler) „die Nation und ihre Gemeinden lieben" sollen (Kyodo, engl., 22.11.05/BBC online, 22.11.05; IHT/online, 23.11.05; AWSJ/online 30.11.05).

Ein weiter Weg lag hinter der Partei. 1955 stand der konservativen Partei eine (noch) starke Sozialistische Partei gegenüber, die aber schon bald zunehmend Schwächen zeigte: Aus diesem sog. „55er-System" – Spötter nannten es ein Einein-halb-Parteien-System – entwickelte sich bald ein hegemoniales Herrschaftssystem der Konservativen. Die Liberal-Demokratische Partei (japan.: Jiyû minshû-tô) entstand aus dem Zusammenschluss der Demokratischen Partei und der Liberalen Partei am 15. November 1955. Die 1990er-Jahre erlebten eine kurze Abwahlzeit der LDP, als sie für elf Monate zwischen 1993 und 1994 in die Opposition musste. Aber die Partei kehrte schon bald in die Regierungsverantwortung zurück und hat diese Macht seither nicht mehr abgeben müssen; der Koalitionspartner Neue Kômeitô (KMT) ist gegenwärtig eher ein zeitbedingtes Dekor, denn die LDP könnte auch allein regieren. Die Konservativen konnten in großem Umfang von dem überaus geschickten Führungsstil des Partei- und Regierungschefs Jun'ichirô Koizumi (seit 2001) profitieren, die offensichtliche Schwäche der Opposition war jedoch ebenfalls von großer Bedeutung für die unangefochtene Machtposition der LDP. Die Konservativen treiben seit 2005 auf mehreren Gebieten Reformen voran, die zwar von Koizumi vorgegeben wurden, aber vor allem auch in der LDP selbst großen Rückhalt finden: Stärkung der zentralen Organisationen der Partei gegenüber den regionalen „Parteifürsten", gezielte Förderung der Regionalorganisationen mit Blick auf die Platzierungen in den Listen der Verhältniswahllisten; vor allem aber strebt die LDP unverändert eine grundsätzliche Verfassungsreform an, die Japan insbesondere in der Sicherheitspolitik größere Spielräume verschaffen soll: verfassungsrechtliche Grundlagen zum Aufbau einer „echten" Armee (im Gegensatz zu den heutigen „Selbstverteidigungsstreitkräften") und kollektive Sicherheitsstrukturen, die nach gültiger Verfassungsinterpretation heute nicht zulässig sind.

Im Juli 2006 verstarb Ryûtarô Hashimoto, einer der mächtigsten Politiker der LDP, nach längerer Krankheit. Mit ihm trat einer der Vertreter der „alten" Generation von LDP-Politikern ab. Er war ein typischer Repräsentant der traditionellen Politikerdynastien in der Partei: Nachfolger seines Vaters in dessen Wahlkreis, wurde er nacheinander in den innerparteilichen Machtgruppen der Satô-, Tanaka- und Takeshita-Faktion gefördert und stieg 1995/96 bis zum Partei- und Regierungschef auf. Die bittere Niederlage der LDP in den Oberhauswahlen 1998 führte zu seinem Rücktritt als Regierungschef; ein neuer Anlauf im Konkurrenzkampf um das höchste Parteiamt (und damit fast automatisch den Anspruch auf das Amt des Regierungschefs) scheiterte: Er unterlag 2001 Jun'ichirô Koizumi.

2 Shinzô Abe: Nachfolger Koizumis

Im September 2006 sollte die Amtszeit Jun'ichirô Koizumis enden – der Partei- und Regierungschef hatte schon frühzeitig angekündigt, dass er nicht noch einmal kandidieren wolle, überdies machten die Parteistatuten eine weitere Kandidatur schwierig. Vor allem zwei Kandidaten hatten innerhalb der LDP ihren Anspruch auf seine Nachfolge angemeldet: Kabinettstaatssekretär Shinzô Abe und sein Vorgänger Yasuo Fukuda. Es gab noch drei weitere Anwärter, die (theoretisch) Chancen hatten: Außenminister Tarô Asô und der Sohn des früheren Außenministers und Parteichefs Yôhei Kôno, Tarô Kôno, sowie Finanzminister Sadakazu Tanigaki – keiner der drei aber hatte wirklich Aussichten auf die Nachfolge Koizumis. Koizumi sei in der Substanz kein wirklicher Reformer gewesen, meinten westliche Beobachter in Tokyo, aber er habe einen guten „Cheerleader für Reformen" gegeben, sodass die Reformgegner ständig in der Defensive gehalten wurden (FTD, 26.5.06). „Koizumis Kinder", d.h. die jüngeren LDP-Politiker, die unter seinem Einfluss Mandate errungen haben, konnten für die Nachfolge des Regierungschefs noch keine Rolle spielen, da sie sich erst innerhalb der parteiinternen Machtstrukturen Positionen oder Bündnisse suchen mussten (ebd.). Koizumi hatte es in der Endphase seiner Amtszeit sorgfältig vermieden, einen Nachfolger vorzuschlagen, obwohl bereits im ersten Halbjahr 2006

– noch vor Abes offizieller Kandidatur für die Nachfolge – erkennbar war, dass er Shinzô Abe favorisierte (Kyodo, engl., 12.6.06/BBC, online, 12.1.06). Außenminister Tarô Asô unterstrich in seinem innerparteilichen Wahlkampf, dass nach der Amtszeit Koizumis die Partei, „dieses Haus“, wieder aufgebaut werden müsse, nachdem Koizumi es (d.h. die Partei) zerstört habe. Die übrigen Themen hatten auch die anderen Kandidaten aufgegriffen: Überwindung der wirtschaftlichen Probleme durch die zunehmende Überalterung und sinkende Geburtenraten, Verbesserung der Beziehungen zu China und Südkorea, nachdem Koizumi sie durch seine Besuche am Yasukuni-Schrein nachhaltig zerrüttet habe (Kyodo, engl., 4.5.06/BBC, online, 4.5.06).

3 Die Opposition – schwach wie eh und je

Seit 2005 hat sich für die Oppositionsparteien nichts Wesentliches geändert: DPJ und KPJ schwächeln und demontieren sich darüber hinaus selbst durch kontinuierliches Führungsgezänk und eine Reihe von Skandalen. Die Demokratisch-Sozialistische Partei (DPJ) sucht nach „Verjüngung“ ihrer politischen Kräfte, wobei besonders die Kandidaten für Unterhauswahlen einer strengen „Alterskontrolle“ unterworfen werden sollen; wie schon früher die LDP es versucht hatte (mit kaum messbarem Erfolg), wird die Altersgrenze für Kandidaten auf unter 60 Jahre festgesetzt. Diese Regelung wird aber bereits durch die Ausnahmen unterlaufen: Früher gewählte Politiker der DPJ und gegenwärtige Mandatsträger können auf eine Altersgrenze von 65 Jahren zählen, man will die Erfahrung dieser „Altpolitiker“ nicht missen. Nach den Wahlschlappen vom September 2005 will die DPJ für die nächsten Unterhauswahlen offenbar eine junge „Mannschaft“ präsentieren.

Auf dem Parteitag der DPJ im Dezember 2005 erntete der Parteichef Maehara deutliche Kritik seitens der Linken, da er sich angeblich zu nahe am Ziel der LDP einer Zustimmung zur kollektiven Sicherheitspolitik positioniert habe. Maehara war Ende 2005 ein erkennbar geschwächter Parteichef, der 2004 nur mit äußerst knapper Mehrheit gewählt worden war; er selbst erklärte auf dem Parteitag, er werde 2006 nicht wieder kandidieren, wenn seine programmatische Ausrichtung in der Partei keine deutliche Mehrheit finde. Die Partei hatte im Berichtszeitraum schwere Imageschäden hinzunehmen: Der Abgeordnete Nishimura wurde im November 2005 aus der DPJ ausgeschlossen, als bekannt wurde, dass es in seinem Anwaltsbüro zu Unregelmäßigkeiten gekommen war (Missbrauch von Dienstsiegeln durch Mitarbeiter). Die politische Karriere Nishimuras beleuchtet die ganze innere Zerrissenheit der DPJ: Sein erstes Mandat errang er 1993, ein Regierungsamt erhielt er als Mitglied der Liberalen Partei Ichirô Ozawas, verlor es aber schnell wieder, weil er sich als parlamentarischer Staatssekretär für eine nukleare Bewaffnung Japans ausgesprochen hatte. Ein früherer Gefolgsmann Ozawas belastete also die DPJ, aber auch ein ehemaliger Sozialist trug zum Imageschaden der DPJ bei: Masanori Goto legte sein Mandat nieder, nachdem bekannt geworden war, dass in seinem Namen bei der damals letzten Unterhauswahl Geld an Wahlhelfer geflossen war. Einen weiteren Schlag erlitt die DPJ durch einen Skandal, der eigentlich keiner war. Ein Abgeordneter der Partei hatte behauptet, ein Sohn des LDP-Generalsekretärs habe während des Unterhauswahlkampfes 2005 von dem legendären (und später tief gestürzten) Internet-Unternehmer Takafumi Horie („Livedoor") – der damals inoffiziell für die LDP kandidierte – umgerechnet über 200.000 Euro als „Beratungsgebühren" erhalten. Die Behauptung stützte der DPJ-Politiker auf eine E-Mail, die ihm ein Journalist zugespielt hatte; Beweise konnten weder die Partei noch der Politiker selbst vorlegen, wie sich später herausstellte (FT, 17.7.06). Angesichts der Drohung mit einer Verleumdungsklage des LDP-Generalsekretärs rückten Partei und Politiker von der Behauptung ab und entschuldigten sich (AWSJ/online, 28.2.06). Die Affäre hatte dann auch noch Spätfolgen: Im März 2006 trat der Parteivorsitzende Seiji Maehara von seinem Posten zurück, mit ihm die gesamte Führungsriege der Partei (AWSJ/online, 31.3.06). Der Auslöser des Skandals, der SDP-Unterhausabgeordnete Hisayasu Nagata, legte ebenfalls im März sein Mandat nieder – die Ereignisse waren für das Ansehen der Partei in der Öffentlichkeit verheerend. Nagata gab später an, er sei einem Trick aufgesessen, aber der Schaden war nicht mehr zu beheben (AWSJ/online, 2.3.06). Der Kampf um die Nachfolge des Parteichefs Maehara wurde zwischen den beiden SDP-Granden Naoto Kan und Ichirô Ozawa ausgetragen. Die zwei Politiker hatten in der Vergangenheit eigene Parteien geführt (Ozawa) bzw. bereits einmal die DPJ (Kan). In dem Konkurrenzkampf wurde erneut die innere Zerrissenheit der Partei deutlich, die im Wesentlichen aus den Bruchlinien entsprechend den „Bündnisparteien" zu erklären ist. Ozawa konnte sich auf seine alten Gefolgschaften sowie auf Politiker der früheren Sozialisten stützen, auch der frühere Parteichef Yukio Hatoyama stand ihm zur Seite. Naoto Kan dagegen konnte auf die ehemaligen Politiker der Demokratisch-Sozialistischen Partei und seine eigene Machtgruppe in der SDP zählen. Die Wahl wurde ausschließlich mit den Stimmen der DPJ-Abgeordneten in beiden Häusern des Parlaments entschieden, die Parteibasis blieb ausgeschlossen, da es sich um eine Interimswahl handelte. Ozawa siegte mit 119 Stimmen vor Kan mit 72 Stimmen, offenbar trauten die SDP-Abgeordneten dem ehemaligen LDP-Generalsekretär Ozawa eher zu, es mit der weit größeren LDP-Gruppe im Parlament aufzunehmen. Die Wahl des Parteipräsidenten fand in einer Stimmung der Öffentlichkeit statt, die für die DPJ verheerend war: 69% der befragten Wähler hielten die Partei für unfähig, eine Regierung zu führen, 21% hielten sie dazu für fähig (AWSJ/online, 3.4.06).

Im Januar 2006 fand der 24. Parteitag der KPJ statt. Die Kommunisten projizieren von allen Oppositionsparteien das schärfste Profil und können sich unverändert auf eine feste Stammwählerschaft stützen, die allerdings nicht ausreicht, eine stärkere KPJ-Fraktion im Unterhaus zu erzielen. Stammwähler wirken sich auch nicht positiv auf die Mitgliedschaft aus: Die Partei will in der nächsten Zeit von gegenwärtig 400.000 Mitgliedern auf 500.000 wachsen. Dabei ist die KPJ auch stark genug, einen Generationswechsel herbeizuführen: Der 75-jährige Tetsuzô Fuwa trat von seinem Posten als Vorsitzender des ZK zurück und signalisierte damit, dass eine jüngere Führungsgeneration übernehmen sollte – wenn auch seine Position weitgehend zeremoniell war und somit der Rücktritt keine grundsätzliche richtungspolitische Bedeutung hatte. Fuwa wird auch weiterhin Einfluss ausüben, denn er bleibt im so genannten Parteikaukus beratend tätig. Die Partei ist unverändert im Oppositionslager isoliert: Die DPJ schlingert in Richtung LDP, eine Kooperation mit der Sozialistischen Partei erscheint wegen deren schleichender Schwäche ebenfalls wenig attraktiv. Die KPJ will also aus eigener Kraft Erfolge bei den Oberhauswahlen 2007 und in anstehenden Regionalwahlen erringen. Die Voraussetzungen sind schlecht: Gegenwärtig stellt die KPJ nur neun Sitze im Unterhaus, verglichen mit 40 Mandaten gegen Ende der 1970er-Jahre (Kyodo, engl., 14.1.06/BBC, online, 14.1.06; AWSJ/online, 14.1.06).

Die SDP (Sozialdemokratische Partei, eigentlich besser: Sozialistische Partei) bestätigte im Dezember ihre Vorsitzende, Mizuho Fukushima, für weitere zwei Jahre in ihrem Amt, es gab keine Gegenkandidaten. Fukushima hatte im November 2003 die Führung der SDP übernommen, nachdem ihre Vorgängerin Takako Doi wegen mehrerer Wahlschlappen zurückgetreten war. Nach wie vor ist das Verhältnis der SDP zu den japanischen Streitkräften zwiespältig: Vor mehr als zehn Jahren erweckte die Parteiführung den Eindruck, sie habe sich mit der Existenz der Selbstverteidigungsarmee (Jieitai, SDF) abgefunden, vielleicht sogar eine Art Verfassungsmäßigkeit akzeptiert. Aber auf dem Parteitag im Februar 2006 stimmten die Delegierten einer Beschlussvorlage des Vorstandes zu, in der die SDF wieder als latent verfassungswidrig bezeichnet wurde (Kyodo, engl., 11.2.06/BBC, online, 11.2.06). Die SDP reagiert mit diesem Kurs offenbar auf die unter Koizumi verfestigte Strategie, die SDF verstärkt auch im Ausland einzusetzen, damit werde der reine Verteidigungsauftrag der Streitkräfte verfassungswidrig ausgeweitet, so die SDP. Die parlamentarische Situation der SDP ist gegenwärtig eher bedrückend: Die Partei verfügt über sieben Sitze im Unterhaus und sechs Mandate im Oberhaus, die Zahl der Mandate im Oberhaus soll bei den anstehenden Wahlen 2007 erhöht werden (Kyodo, engl. 12.2.06/BBC, online, 12.2.06).

Anmerkung:

Die Darstellung stützt sich im Wesentlichen auf die Beiträge zur japanischen Innenpolitik in *Japan aktuell*. Alle anderen Quellen sind im Text genannt.

Political Leadership in Japan – Premierminister Koizumi und der „japanische Führungsstil“

Axel Klein

1 Einleitung

Viele der in den 1990er-Jahren verabschiedeten Reformen der Rahmenbedingungen für politischen Wettbewerb, politische Partizipation und Finanzierung der Parteien haben erst einige Jahre später begonnen, ihre Wirkung zu entfalten. So waren auch die Handlungsoptionen des Premierministers schon einige Zeit erweitert, bevor sie in ihrer ganzen Breite genutzt wurden. 2005 zog Jun'ichirô Koizumi alle Register seines Amtes und demonstrierte einen Führungsstil, der nicht in das bis dahin dominante Bild von Political Leadership in Japan passte.

Noch im Jahre 2000 hatte Tomohito Shinoda in seiner Studie zur Rolle des Premierministers im politischen System Japans vier Überlebenstechniken oder Führungsstile ausgemacht, die unter anderem die Unterschiedlichkeiten bisheriger Regierungschefs des Inselstaates verdeutlichten. Der „political insider“, zu denen Shinoda unter anderem Noboru Takeshita (Premierminister 1987-1989) zählte, zeichne sich durch eine starke innerparteiliche Machtbasis aus. „Grandstanders“ wiederum, zu denen Yasuhiro Nakasone (1982-1987) gehöre, seien innerparteilich schwächer und deshalb abhängig von der Unterstützung durch Medien und Öffentlichkeit. „Kamikaze fighters“ seien bereit, ihr politisches Leben ihrer Überzeugung zu opfern und riskierten die politische Auseinandersetzung mit starken Gegnern (hierzu zählt Shinoda Nakasone am Ende seiner Amtszeit), und der Typus „peace lover“, der besonders von Suzuki Zenkô (1980-1982) verkörpert werde, beharre so lange auf seinem Wunsch nach „party harmony“, bis ihm dieses Streben zum Verhängnis werde und er aus Furcht vor „party disharmony“ sein Amt niederlege (Shinoda 2000: 205-209).

Der Versuch, Jun'ichirô Koizumi in diese Typologie einzuordnen, bringt jedoch Schwierigkeiten mit sich, denn der im April 2001 ins Amt gewählte Regierungschef hatte sowohl die Charakteristika eines „grandstander“ und eines „kamikaze fighter“

als auch – seit Sommer 2005 – die eines „political insider“. Doch nicht der Umstand, dass Shinodas Typologisierungsversuch dadurch ins Wanken geriet, machte Koizumi zu einem interessanten Untersuchungsobjekt in Bezug auf die Frage nach einem „japanischen Führungsstil“. Vielmehr waren es die beispiellosen Konsequenzen, die seine Vorgehensweise in jenem Jahr hervorriefen, die ihn aus der Gruppe seiner 26 Amtsvorgänger herausragen lässt.

Die folgenden Seiten sollen zunächst in knapper Form Faktoren darlegen, die auf den konkreten Management- und Führungsstil eines japanischen Regierungschefs Einfluss ausüben. Anschließend werden die Ereignisse des Jahres 2005 mit Blick auf Koizumis offene Konfrontation mit Teilen seiner Partei vorgestellt, wobei deutlich wird, welche institutionellen Veränderungen der 1990er-Jahre Koizumis Vorgehen ermöglichten oder vereinfachten. Im letzten Abschnitt werden Überlegungen zu der Frage angestellt, ob das Postulat eines „typischen“ japanischen Führungsstils zukünftig haltbar sein wird.

2 Einflüsse auf Political Leadership

Political Leadership basiert in allen Gesellschaften und Organisationsformen auf verschiedenen Faktoren. Dazu gehören selbstredend die rechtlichen Rahmenbedingungen, die zunächst formale Grenzen ziehen, ohne jedoch unbedingt zu verhindern, dass sie je nach Gemengelage und politischer Kultur ausgedehnt oder sogar übertreten werden. Ebenfalls von Bedeutung ist die individuelle Persönlichkeitsausformung von Führungsfiguren. Man kann hier beispielsweise nach Charakter, Macht- und Entscheidungswille, Rücksichtslosigkeit, Lust auf Öffentlichkeit, Integrität, Charisma und Ähnlichem fragen (vgl. Masuyama 2003: 58-59). Während die individuelle Ausformung dieser Faktoren – glaubt man der Verhaltensforschung oder der Psychologie – teilweise genetisch bedingt ist, so sind sie doch auch durch soziokulturelle Gegebenheiten als drittem Einfluss nehmenden Element geprägt. Und schließlich müssen auch die konkreten Machtverhältnisse und Konfrontationspfade zwischen den politischen Akteuren betrachtet werden, um die Entstehung politischer Führungsstile verstehen zu können.

Im Falle japanischer Regierungschefs sind folglich zum einen die Vorgaben in der Verfassung des Landes von Bedeutung. Für die Leitung des Kabinetts stellen vor allem die Ernennung und Entlassung von Kabinettsmitgliedern sowie die Aufhebung ihrer Immunität im Falle strafrechtlicher Ermittlungen wichtige Instrumente dar. Der Premierminister muss zudem alle Gesetzentwürfe seines Kabinetts gegenzeichnen und nur er kann sie beim Parlament für das Kabinett einbringen. Er erstattet dem Parlament Bericht zu Angelegenheiten nationaler Bedeutung, entscheidet laut Kabinettsgesetz bei Konflikten zwischen Ministern und verfügt dadurch über eine Art der Richtlinienkompetenz. Berücksichtigt man zudem sein Recht, das Unterhaus aufzulösen, ergibt sich eine formale Entscheidungsfülle, die beträchtlichen Raum für die Durchsetzung politischer Führungsansprüche bietet.[1]

Doch trotz dieser Fülle an Möglichkeiten und Kompetenzen haben die meisten japanischen Premierminister Land und Regierung nicht in einer Art geführt, wie es zuweilen, oft unreflektiert, von einer „starken“ Führungspersönlichkeit in „westlichem“ Sinne erwartet würde. Die konsequente Durchsetzung politischer Vorstellungen auch gegen Widerstand in der eigenen Partei und unter Inkaufnahme offener Konflikte gehörte selten zum politischen Stil japanischer Regierungschefs. Stattdessen wurde immer wieder festgestellt, sehr viel eher seien Konsenssuche und Kompromisse, Einbindung der betroffenen Gruppen sowie intensives Austarieren der Interessen im Managementrepertoire japanischer Regierungschefs zu finden.

Um den scheinbaren Widerspruch zwischen Machtfülle und vermuteter Führungsaversion zu erklären, werden in der wissenschaftlichen Literatur selten individuelle Persönlichkeitsstrukturen herangezogen. Das ist insofern nicht verwunderlich, als die menschliche Psyche hochkomplex ist und so gut wie nie einen klaren Blick auf wirkliche Motive und ihre Herkunft zulässt. Andererseits ist unzweifelhaft, dass eine gewisser Charaktertypus vonnöten ist, um sich offen in Konfrontationen mit starker innerparteilicher Konkurrenz zu begeben. Auch die Vermutung eines weitestgehend universellen Pakets von für das politische Geschäft notwendigen Charaktereigenschaften kann kaum von der Hand gewiesen werden. Aus der Erkenntnis der Signifikanz individueller psychologischer Ausformung einerseits und der Einsicht in die Unmöglichkeit einer ausreichend substanziellen, wissenschaftlich fundierten Analyse andererseits ergibt sich jedoch ein wenig befriedigender Umstand, der andere Gebiete der Ursachenforschung umso attraktiver und bedeutsamer erscheinen lässt.

Leicht verständlich ist dabei sicherlich die Suche nach Machtstrukturen. Wer ist für sein persönliches Fortkommen oder den Erhalt des Status quo von wem abhängig und warum? Welche Mechanismen ergeben sich daraus? Als nachvollziehbares Beispiel kann hier die Vergabe von Kabinettsposten genannt werden. Vor allem aufgrund der Abhängigkeit des Regierungschefs von der parteiinternen Unterstützung durch die so genannten Faktionen (*habatsu*) mussten in den vergangenen Jahrzehnten zahlreiche Ansprüche auf Kabinettsposten derjenigen LDP-Abgeordneten befriedigt werden, die bereits mehrere Legislaturperioden im Parlament verbracht hatten. Feldman (2000: 42) und Yamaguchi (2001: 83) bezifferten die Zahl der gewonnenen Unterhauswahlen, die einen LDP-Abgeordneten Ende der 1990er-Jahre gemäß Parteilogik für einen Ministerposten qualifizierten, auf fünf. Das Ergebnis dieser ungeschriebenen Karrieregarantie war, dass Minister häufig ausgetauscht wur-

---

[1] Einen weiteren Aufgabenbereich des Premierministers stellt das Oberkommando über die Selbstverteidigungsstreitkräfte dar. All dies ist in der Verfassung des Landes niedergelegt, die sich in englischer Sprache im Internet findet: www.shugiin.go.jp/index.nsf/html/index_e_kenpou.htm.

den, in der Zeit des so genannten „'55er-Systems"[2] betrug die durchschnittliche Verweildauer eines Politikers auf einem Kabinettsposten etwa ein Jahr (Abe, Shindô et al. 1994: 30).

Aus diesen häufigen Wechseln entstand die Notwendigkeit, vom ersten, zweiten oder gar dritten Kabinett eines Premierministers zu sprechen, denn in der Regel befanden sich am Ende seiner Amtszeit völlig andere Personen in den Regierungsämtern als zu Beginn. Dass dadurch verhindert wurde, dass sich ein Kabinettsmitglied tiefer in sein Ressort einarbeitete und längerfristig als Chef eines Ministeriums Politik machen konnte, wurde als Preis für den Erhalt innerparteilichen Machtgleichgewichts und der Stabilisierung der Führungsspitze in Kauf genommen. Die tatsächlichen Möglichkeiten und Freiheiten des Premierministers bei der Besetzung von Kabinettsposten waren meist deutlich beschnitten. Stronach (1995: 138) vertrat deshalb beispielsweise die Ansicht:

> Given the factionalized nature of past LDP governments [...] this power sharing necessitates a time consuming (and often futile) process of building a consensus, and precludes any one central figure or institution from taking the lead and setting the direction for the whole polity.

Neben machtbezogenen Faktoren sind zuweilen sowohl bei nichtjapanischen Betrachtern als auch bei japanischen Autoren, die ihr Land der Welt darlegen möchten, kultursoziologische Ansätze zu finden, um den Führungsstil japanischer Regierungschefs zu erklären. Mittlerweile ist jedoch die Zahl derjenigen, bei denen sich eine Art vorauseilender Erkenntnis in die Bedeutsamkeit kultureller Unterschiede einstellt und die solche Faktoren dann überbewerten, recht klein.[3] So wird auch nicht mehr häufig darauf verwiesen, dass die japanische Gesellschaft aufgrund ihrer Traditionen und ihrer sozialen Grundwerte starke, offen konfliktfreudige Führungspersönlichkeiten nicht zulasse oder wünsche. 1990 vertrat Haitani (1990: 241) noch die Ansicht, dass japanisches Gruppendenken Individuen nicht erlaube, zu glänzen oder herauszuragen. Fukushima (2001) bemühte zudem das japanische Sprichwort „*Deru kugi wa utareru*" (etwa: Auf herausstehende Nägel wird eingeschlagen), das symbolhaft für diese gruppensoziologische Tendenz stehe, die Individuen zu unterdrücken, die von der Norm abweichen – ein Umstand, der die Entwicklung von Führungspersönlichkeiten behindere. So sei zu erklären, dass sich die meisten Japaner in Führungspositionen eher durch Verhandlungsgeschick und Vermittlungsfähigkeiten auszeichneten. Stockwin (1999: 23-35) berichtet von dem Einfluss, den „social norms" wie gegenseitige Verpflichtungen, konsensorientierte Entscheidungsfindung und Kollektivismus ausüben, und erst kürzlich hat Inoguchi (2005: 61) folgenden Vergleich bemüht:

---

2 Unter dem Begriff „'55er-System" werden in der Regel die wesentlichen Charakteristika des politischen Systems Japans von Herbst 1955 bis Anfang 1993 zusammengefasst, einer Phase, die durch die ununterbrochene Regierungsausübung der Liberaldemokratischen Partei gekennzeichnet war (vgl. Klein 2006a: 141-178).

3 Vgl. in deutscher Sprache z.B. Hartmann (1992) und Peters (1996).

> Politicians can seem like characters in a Japanese Noh drama. Their expressions do not appear to change a great deal unless careful attention is paid, in which case subtle changes can sometimes be discerned [...]. And as with the silence and austerity of a Noh play, there can suddenly come the thunder of drums, prompting events to move at a faster pace.

3 Jun'ichirô Koizumi

Bleibt man bei Inoguchis Vergleich, so hat Jun'ichirô Koizumi einen recht heftigen Trommelwirbel verursacht, bemerkenswerte Veränderungen der politischen (Führungs-)Kultur ausgelöst und belegt, dass es eben doch „starke“ Führungspersönlichkeiten in Japan geben kann. Im Rückblick erscheint dabei sein viel beachtetes Vorgehen bei der Besetzung von Ministerposten wie ein erstes Anzeichen für kommende Konflikte. Als neuer Regierungschef wollte Koizumi andere Kriterien für die Besetzung der Kabinettsposten anwenden als Seniorität und Faktionszugehörigkeit. Er nahm deshalb nicht einmal „Vorschlagslisten“ der Faktionsführungen an, aus denen in der Vergangenheit die neuen Kabinettsmitglieder ausgewählt worden waren, sondern bekräftigte seine Absicht, den innerparteilichen Seilschaften den Garaus zu machen. Er ernannte beispiellose fünf Frauen und drei Nichtparlamentarier zu Ministern. Zudem wollte er sein Kabinett bis zum Ende seiner Amtszeit unverändert lassen.

Diese versuchte Abkehr von alten Prinzipien war Teil der Bemühungen Koizumis, die LDP als eine veränderte, reformierte Partei darzustellen, in der vor allem die Fähigkeiten einzelner Politiker maßgebend für die Ernennung in Regierungsämter sein sollten. Doch gelang es ihm zunächst weder die Faktionen aufzulösen noch sein Kabinett unverändert zu lassen. Auch er musste zuweilen die Vergabe von Partei-, Kabinetts- und Ministerposten als Instrument nutzen, um innerparteiliche Kontrolle oder Befriedung zu betreiben. So waren bereits 17 Monate nach Beginn seiner Regierung nur noch zwei von 16 Ministern im Amt, manche Posten hatten sogar zweimal gewechselt.[4]

Letztlich spiegelte Koizumis Vorgehensweise bei der Auswahl der Kabinettsmitglieder jeweils seine Stärke gegenüber der eigenen Partei wider. Während er zu Beginn seiner Amtszeit von 80% der Öffentlichkeit positiv bewertet wurde, lag der Wert 2004 nur noch bei gut der Hälfte und der Premierminister ging bei der Auswahl seiner Minister wesentlich vorsichtiger zu Werke: Die üblichen personellen Überraschungen blieben aus und auch vier von Faktionsführern gewünschte Politiker wurden ins Kabinett berufen. Nach dem Sieg bei der Unterhauswahl 2005 wiederum befand sich Koizumi in einer starken Position und vergab drei wichtige Res-

---

[4] Die beiden Kabinettsmitglieder, die nicht ausgetauscht worden waren, gehörten nicht zur LDP: Der eine stammte aus der „Partei für eine saubere Regierung“ (Kômeitô), der andere war nicht Mitglied des Parlaments. Informationen zu den Kabinetten Japans sind zu finden unter www.kantei.go.jp.

sorts[5] an seine möglichen Nachfolger im Amt des Parteivorsitzenden. Zudem ernannte er ausschließlich reformorientierte Politiker und (zwei) Politikerinnen.

Diese Bereitschaft, mit althergebrachten Verfahren der Posten- und Ämtervergabe sowie der Entscheidungsfindung zu brechen, führte dazu, dass sich zunehmend innerparteiliche Kritik gegen den Führungsstil des Regierungschefs richtete. Der Vorwurf des Diktatorentums war häufiger zu vernehmen, gab sich der Premierminister doch offen kompromisslos bei seinem Streben nach Reformen, die den Vorstellungen eines Teils seiner eigenen Partei zuwiderliefen. Shizuka Kamei, ehemaliger Vorsitzender des Rates für politische Angelegenheiten, warf Koizumi beispielsweise vor, sich wie ein Diktator zu benehmen, nachdem der Premierminister Kameis Forderung nach einer Steigerung der staatlichen Ausgaben für öffentliche Bauprojekte abgelehnt hatte (Yoshida 2004). Als Kamei im Sommer 2005 die LDP verlassen musste, gründete er mit einigen anderen ehemaligen liberaldemokratischen Spitzenpolitikern die „Neue Partei des Volkes“ und bereicherte deren Internet-Auftritt mit einem Comic, das Koizumi als Hitler porträtierte.[6]

Gegenstand dieser Konfrontation war ein Gesetzentwurf zur Privatisierung der Post, einem Staatsunternehmen mit 280.000 Vollzeit- und 120.000 Teilzeitbeschäftigten. Die Postbank und der Lebensversicherungszweig waren jeweils mehr als doppelt so groß wie der entsprechende Konzernteil des weltweit größten privaten Finanzkonzerns „Citigroup“. Des Weiteren stellte die Post den wichtigsten Investor am japanischen Anleihenmarkt dar und hielt als größter Käufer öffentlicher Schuldscheine rund ein Viertel aller ausstehenden Staatsanleihen. Die Spareinlagen in Höhe von umgerechnet etwa 2,5 Billionen €[7] wurden zudem zur Stützung des Aktienmarktes verwendet, sie flossen aber auch in Japans Fiscal Investment and Loan Programme (FILP – *zaisei toyûshi*), ein staatliches Investitionsprogramm, das bis zum Amtsantritt Koizumis den Umfang des Staatsetats hatte und auch als „zweiter Haushalt“ bezeichnet wurde. Neben den Geldern der Postbank flossen hier auch Zinserträge der Sozialkassen ein und damit Finanzmittel, die keiner parlamentarischen Kontrolle unterlagen. Eine Vielzahl hoch spezialisierter Regierungsinstitutionen (so genannte *tokushu hôjin*[8]) bezog hieraus ihre Finanzierung, unter anderem

---

5 Kabinettssekretär, Innere Angelegenheiten und Auswärtiges.

6 Zu finden war diese Zeichnung mit vier Bildern (*yonkoma*) im September 2005 unter www.kokumin.biz. Man sollte bei der Bewertung dieses Vergleichs berücksichtigen, dass Hitler nicht nur von zahlreichen japanischen Politikern sehr selektiv wahrgenommen wird. So gilt er häufig als Musterbeispiel für einen Diktator, ohne dass dabei jedoch auch auf die Verbrechen des NS-Regimes Bezug genommen wird. Vielmehr wird einzig darauf abgehoben, dass Hitler seine Ansichten kompromisslos und unter Vernichtung seiner Widersacher durchgesetzt habe.

7 Bei einem Wechselkurs von 0,74 € für 100 ¥.

8 Durch eine Reduzierung der Finanzmittel, die das FILP zur Verfügung stellt, hätten auch die *tokushu hôjin* gelitten. Diese Institutionen erledigen aber nicht nur einen wichtigen Teil der ministeriellen Arbeit, sondern dorthin führen auch viele Karrieren von Staatsdienern nach deren Ausscheiden aus den Ministerien. Wie groß der Widerstand gegen die Reform in den Ministerien war, verdeutlicht eine Kabinettsorder vom Mai 2005, durch die

auch die „Japanische Entwicklungsbank" (*Nihon seisaku tôshi ginkô*[9]), die diese Gelder in öffentliche Infrastruktur- und Investitionsprogramme leitete (Amyx, Takenaka et al. 2005: 26-28).

Gegner der Postreform innerhalb der LDP befürchteten zum einen, dieser Finanzmittel beraubt zu werden, die sich hervorragend zur Unterstützung der in den Wahlkreisen tätigen Unternehmen verwenden ließen.[10] Zum Zweiten waren diese Politiker meist eng mit verschiedenen Verbänden von Postangestellten verbunden, die eine wichtige Quelle für organisierte Wählerstimmen darstellten. Diese Arbeitnehmer fürchteten, durch die Privatisierung der Post ihren Arbeitsplatz zu verlieren und waren zudem davon überzeugt, dass eine neue Post AG zahlreiche unrentable Postämter in den ländlichen Gebieten schließen und damit der vornehmlich älteren Bevölkerung dieser Landesteile den einzigen Zugang zu Bankdienstleistungen (und damit Rentenzahlungen) nehmen würde.

Der damalige LDP-Oberhausabgeordnete Kensei Hasegawa[11] vertrat die Ansicht, dass eine große Mehrheit der Partei eben aus diesen Gründen die Privatisierungspläne des Premierministers für falsch hielt, selbst nachdem einige zentrale Punkte des Vorhabens abgeschwächt worden waren. Allerdings hätten es viele Liberaldemokraten nicht gewagt, offen Widerstand gegen ihren Parteivorsitzenden zu demonstrieren, und hätten es stattdessen hingenommen, dass Koizumi erstmals in der Geschichte der Partei die Mitglieder des „Allgemeinen Rates" (*sômukai*) – eines zentralen politischen Entscheidungsgremiums der LDP – mit einfacher Mehrheit entscheiden ließ und nicht, wie bis dahin üblich, einstimmig.[12]

---

zwei „reformresistente" hochrangige Beamte des Postministeriums degradiert wurden (*Yomiuri Shinbun*, 18.05.2005).

9 Für die Selbstdarstellung im Ausland hat sich diese Institution 1999 den Namen „Development Bank of Japan" gegeben (vorher „Japan Development Bank"). Die genaue Übersetzung des japanischen Titels aber lautet „Bank für politische Investitionen Japans" (vgl. www.dbj.go.jp).

10 Diese Art der „Regionalförderung" war zu wesentlichen Teilen verantwortlich für die hohe Verschuldung der öffentlichen Hand und die schlechten Erträge öffentlicher Anleihen. Gleichzeitig hatte sich im Laufe der Jahre gezeigt, dass Finanzmittel des FILP nur noch schwer so wählerwirksam eingesetzt werden konnten wir früher, denn die Zahl der Wechselwähler stieg, die Landflucht schritt fort und der Einfluss der Postamtsvorsteher sank (vgl. Amyx, Takenaka et al. 2005: 33).

11 Seit 2004 Oberhausabgeordneter der LDP, gewählt hauptsächlich durch die organisierten Stimmen der Postangestellten und nach der Unterhauswahl 2005 Mitglied der Neuen Partei des Volkes. Seine Version der Geschehnisse stellte er dem Autor in einem Gespräch im November 2005 vor.

12 Hasegawa berichtete, dass der Ratsvorsitzende, Fumio Kyuma, zu einer Abstimmung per Handzeichen aufgefordert habe. Zu diesem Zeitpunkt hätten sich jedoch zahlreiche Personen im Sitzungssaal befunden, die nicht abstimmungsberechtigt gewesen seien, aber trotzdem für die Reform votiert hätten und mitgezählt worden seien (Gespräch mit dem Verfasser).

Ein konfrontationswilliger Teil der LDP-Abgeordneten trieb die Auseinandersetzung um die Privatisierungspläne jedoch weiter, wohl auch mit der Absicht, den Premierminister zu Fall zu bringen. Der erhöhte öffentlichkeitswirksam den Druck auf die Reformgegner und ließ es schließlich auf eine Abstimmung im Parlament ankommen. Während der entsprechende Gesetzentwurf trotz 37 Gegenstimmen und 14 Enthaltungen aus der LDP noch knapp das Unterhaus passierte, scheiterte er im Oberhaus an 22 Nein-Stimmen liberaldemokratischer Abgeordneter.

Daraufhin löste Koizumi das Unterhaus auf und rief Neuwahlen aus. Denjenigen LDP-Abgeordneten, die gegen das Privatisierungsgesetz gestimmt hatten, verweigerte die Parteiführung die offizielle Kandidatur und zwang diese Politiker so, parteilos oder als Mitglied neu gegründeter Parteien anzutreten.[13] Gleichzeitig nominierte die LDP-Führung neue Kandidaten in den Wahlkreisen der Reformgegner. Die Massenmedien bezeichneten diese erstmaligen Kandidaten als „Attentäter“ (*shikaku*) Koizumis, denn abgesichert durch einen hohen Listenplatz und ausgestattet mit erheblichen Finanzmitteln aus der Parteikasse sollten sie – so die mediale Metapher – den Gegnern Koizumis das parlamentarische Leben nehmen.

Dass in mehr als 30 Fällen neue Politiker in Wahlkreise „eingepflanzt“ wurden, ohne eine Bindung an die Region zu haben oder dort politisch nennenswert aktiv gewesen zu sein, stellte einen beispiellosen Vorgang in der Geschichte der LDP und eine weitere Eskalationsstufe im „Postkonflikt“ dar. Zudem hatten lokale Parteiverbände bis dato meist das letzte Wort bei der Entscheidung über die Kandidaten in ihren Wahlkreisen gehabt, nicht die Parteiführung. Genau diese lokalen LDP-Organisationen waren nun aber vor die schwierige Wahl gestellt, entweder den offiziellen neuen Kandidaten der Parteiführung zu unterstützten oder aber den etablierten Mandatsinhaber, dem man oft jahrelang die Treue gehalten und in vielen Fällen sogar zum Widerstand gegen die Postreform aufgefordert hatte.

Koizumi gelang es, den Wahlkampf auf das Thema Postreform auszurichten, die seiner Ansicht nach die größte Herausforderung seit der Meiji-Reform 1868 und das Herzstück weiterer struktureller Reformen des Landes darstellte. Seine Person sowie die Wahlkämpfe zwischen seinen „Attentätern“ und den „Rebellen“ dominierten die Berichterstattung der Medien (vgl. Klein 2006b). Zudem vermochte es Koizumi, die Opposition als reformfeindlich darzustellen. Alle offiziellen LDP-Kandidaten bekannten sich zu den Reformplänen des Premierministers und präsentierten eine programmatische Einigkeit, wie es sie in der Partei vorher nicht gegeben hatte.

Am 11. September 2005 gewann die LDP 296 von 480 Mandaten. Koizumi hatte zahlreiche Gegner seiner Person und Politik aus der Partei gedrängt. Konkurrierende Faktionen waren ihrer Führungsfiguren beraubt und in desolatem Zustand. Im Okto-

[13] So entstanden die „Neue Partei des Volkes“ und „Japans Neue Partei“. Die Verweigerung der LDP-Kandidatur war bis dahin nur selten angewandt worden: 1980 unter Premierminister Ohira hatte man sie einigen seiner Gegner – unter anderem auch Koizumi – angedroht, 1993 tatsächlich in die Tat umgesetzt. Damals nahm man siegreiche Kandidaten nach der Unterhauswahl aber wieder in die Partei auf, eine Erfahrung, auf die Gegner Koizumis wohl auch 2005 spekulierten.

ber 2005 wurde der Gesetzentwurf zur Postprivatisierung von beiden Kammern des nationalen Parlaments mit Regierungsmehrheit verabschiedet.[14] Der alte und neue Regierungschef hatte eine große Konfrontation offen ausgetragen, die zahlreiche politische Opfer gefordert und heftige Kritik provoziert hatte.[15] Nun war er innerparteilich so gefestigt wie nie zuvor.

4 Das Ende des „japanischen Führungsstils“?

Die Frage in der Überschrift dieses Abschnitts ist nicht so plump, wie sie auf den ersten Blick erscheinen mag. Sie setzt zwar voraus, dass es einen typisch japanischen Führungsstil gibt, und wie unter anderem der eingangs erwähnte Shinoda darlegt, wird eine solche Annahme durch die Realität nicht bestätigt. Doch kann man einen solchen Führungsstil ja auch an jenen in Abschnitt 2 genannten Einflussfaktoren festmachen, die als Grundlage von Political Leadership bisher gegeben sind: gesetzliche Rahmenbedingungen, Machtstrukturen und -abhängigkeiten, soziokulturelle Normen und Persönlichkeitsstrukturen. Die letzten beiden Elemente sind als zu vage oder wenig greifbar beschrieben worden, um sie substanziell zu Erklärungszwecken heranziehen zu können, die durch die Verfassung vorgegebenen Kompetenzen des Regierungschefs wiederum sind seit 1947 unverändert. So soll hier vor allem auf den Aspekt der Machtstrukturen und Abhängigkeiten zurückgegriffen werden.

Koizumi hat in seiner Amtszeit bewiesen, dass es unter bestimmten Umständen doch eine starke Führungspersönlichkeit an der Spitze Japans geben kann. Dazu trugen verschiedene Faktoren bei: Zum Ersten erfolgte 1994 die Änderung des Unterhauswahlsystems, die nicht nur die Faktionen potenziell schwächte, sondern auch die Entscheidung über die offiziellen Direktkandidaten in die Hand der Parteispitze legte (vgl. Klein 2006a: 303-319). Zum Zweiten versorgte die im selben Jahr eingeführte staatliche Parteienfinanzierung die Parteiführung mit einem wichtigen Instrument zur gezielten Unterstützung innerparteilicher Gruppen oder neuer Kandidaten (vgl. Sanchôme 2004). Zum Dritten war der konkurrenzlos geschickte Umgang des Premierministers mit den Massenmedien bedeutsam. Es gelang Koizumi, den Wahlkampf und die Berichterstattung auf *ein* politisches Thema zu reduzieren. Seine immense Popularität machte seine Partei dabei in so hohem Maße von ihm

---

[14] Dieses Reformvorhaben hatte Koizumi als Postminister im Kabinett Miyazawa 1992 ebenso verfochten wie bei seinen Kandidaturen für den LDP-Vorsitz 1995 (er unterlag Ryûtarô Hashimoto) und 1998 (er unterlag Keizo Obuchi).

[15] Noch am späten Wahlabend beklagte ein siegreicher, aber gezeichneter Shizuka Kamei im staatlichen Fernsehen seinen Parteiausschluss und das Vorgehen Koizumis: Japan habe unter einer solchen Führung keine Zukunft, Kamei habe der LDP lange treu gedient und sei wegen Differenzen in einer einzigen Frage ausgeschlossen worden. Man müsse den Kindern zeigen, wie hier „Gedankenkontrolle“ (*maindo kontorôru*) praktiziert worden sei (NHK Wahlsendung am 11.09.2005).

abhängig, dass nur wenige LDP-Politiker wagten, sich ihm zu widersetzen (vgl. Klein 2006b).

Die Erkenntnis, die daraus gezogen werden kann, besitzt jedoch nicht nur für den Fall Japan Gültigkeit: Ist eine Regierungspartei gezwungen, ihrem Regierungschef und seinen Ansichten zu folgen, weil sie ansonsten in großem Maße Wählerzuspruch und in der Konsequenz die Regierungsmehrheit zu verlieren droht, kann ein solcher Politiker seine eigenen Ideen auch gegen innerparteilichen Widerstand durchsetzen oder diesen durch seine Personalauswahl und Ämterpatronage meist wirksam kontrollieren. Eine entsprechend angelegte Persönlichkeitsstruktur gilt dabei selbstredend als notwendige Bedingung.

Man mag bezweifeln, dass die japanische Gesellschaft aufgrund der in manchen Erklärungsansätzen genannten kultursoziologischen Charakteristika viele Politiker hervorbringt, die eine solch kompromisslose Durchsetzung ihrer Vorstellungen für erstrebenswert halten, doch ist es wichtig zu berücksichtigen, dass sich die Mehrzahl der Partei- und Regierungspolitiker in Bezug auf Verhaltensnormen und Persönlichkeitsstrukturen ohnehin von der Masse der Wählerschaft unterscheidet. Der Unterhalt einer Unterstützungsorganisation, die Wahlkreispflege und die Wahlkampfführung erfordern eine hohe und auffällige Präsenz in der Öffentlichkeit. Für die massenmediale Selbstdarstellung ist zudem die Positionierung bei Streitfragen von Bedeutung. Politik bringt Konfrontation mit sich, die nicht durch Harmonie gelöst werden kann. Die von Fukushima (2001) erwähnte Abneigung der japanischen Gesellschaft gegen „herausragende Nägel" ist – sofern man sie als dominanten Einflussfaktor akzeptiert – somit hier kaum zu vermuten. Politiker müssen herausragen.

Sicherlich stellt Koizumi einen außergewöhnlichen Fall dar und kann deshalb die grundsätzliche Behauptung nicht entkräften, dass es im politischen System Japans kaum „starke" Führungspersönlichkeiten geben kann. Wie so oft geht es bei solchen Debatten auch nicht um die Verifizierung eines Extrems: Weder kann behauptet werden, es gebe solche Führungsfiguren *nie*, noch können sie der bisherigen Erfahrung nach als *gewöhnliche* Erscheinung bezeichnet werden. Die Wahrheit liegt in der Mitte.

Bei der Betrachtung Japans und dem oft nur unpräzise suggerierten Vergleich mit „westlichen" Staaten sollte zunächst bedacht werden, dass „starke" Staats- oder Regierungschefs bestenfalls in einem präsidentiellen System wie dem der Vereinigten Staaten zu finden sind. Wie so oft in der Beschäftigung mit Japan hat die Dominanz des Vergleichs USA-Japan dazu geführt, dass die unter den Industriestaaten ungewöhnliche Stellung des US-Präsidenten als Norm und Japan als Abweichung begriffen wurde. Dabei weisen die parlamentarischen Regierungssysteme Westeuropas ebenfalls keine Regierungschefs auf, die mit starker Hand und unter Ausnutzung ihrer Kompetenzen politische Vorstellungen gegen den Willen eines Teils ihrer Partei bzw. Koalition durchsetzen konnten.

Im Vergleich mit Deutschland ist beispielsweise daran zu erinnern, dass die Richtlinienkompetenz des Bundeskanzlers bzw. der Bundeskanzlerin keinesfalls ein Freibrief für eine Führung per Direktive ist. Zwar lautet Artikel 65 des Grundgesetzes: „Der Bundeskanzler bestimmt die Richtlinien der Politik und trägt dafür die

Verantwortung.“ Doch eine genaue Abgrenzung oder Definition von Richtlinienkompetenz existiert nicht. Die Erfahrung hat vielmehr gezeigt, dass nicht gegen die eigene Partei bzw. den Koalitionspartner entschieden werden kann und „Machtworte“ des Kanzlers lediglich in einzelnen Situationen und unter bestimmten Rahmenbedingungen, nicht aber generell möglich sind.

Ein weiterer Umstand vor allem, der Annahmen zur Wirkung kultursoziologischer „Besonderheiten“ Japans in ein realistischeres Verhältnis setzt, ist der der konkreten Macht- und Einflussfaktoren von Parteien, Koalitionen und anderen institutionellen Rahmenbedingungen. Solange ein Parteichef von der Unterstützung verschiedener Faktionen abhing und dem Austarieren der Interessen große Bedeutung zukam, konnte er sich kaum Entscheidungen leisten, die gegen diese Gruppen gesprochen hätten. Premierminister wie Toshiki Kaifu, die dies trotzdem versuchten, wurden aus ihrem Amt entfernt, Politiker wie Ichirô Ozawa, die ihre politischen Visionen klar formulierten und durchsetzen wollten, verließen die Partei (vgl. Hayasaka 1992).[16] Da die LDP zudem eine sehr offene, dezentralisierte Struktur für diejenigen Interessengruppen bot, die die Wahlaussichten der liberaldemokratischen Kandidaten zu verbessern in der Lage waren, musste auch der Parteichef und damit der Premierminister auf diese Vielzahl von Interessen und Abhängigkeiten Rücksicht nehmen.

Die Ereignisse des Jahres 2005 haben jedoch gezeigt, was in einer Situation geschehen kann, in der das elektorale Schicksal einer Regierungspartei von der Person ihres Vorsitzenden und Regierungschefs abhängig ist. Während die LDP zu Beginn der 1990er-Jahre noch für kurze Zeit darauf setzte, Wahlen auch ohne Kaifu und Ozawa erfolgreich bestreiten zu können, war dies seit 2001 ohne Koizumi nicht mehr vorstellbar. Die oppositionelle Demokratische Partei stand bereit, die Regierung zu übernehmen, die Stammwählerschaft der LDP schien so klein wie nie zuvor, die Wirtschaft lag seit langem am Boden, und niemand verkörperte den dringend nötigen Reformwillen – trotz einiger Schwankungen – gegenüber der Öffentlichkeit so glaubwürdig wie Koizumi.

Die Popularität seines Amtsnachfolgers Shinzô Abe wird darüber entscheiden, ob sich Koizumis Führungsstil und Erfolg im Konflikt um die Postreform als „Präzedenzfall“ erweist, ob Politiker aus diesen Ereignissen Lehren ziehen werden und ebenfalls den Pfaden des offenen politischen Konflikts folgen. Wie oben beschrieben sind wichtige Rahmenbedingungen dafür gegeben. Nicht umsonst ist unter japa-

---

[16] Ozawa wurde im April 2006 übrigens zum Vorsitzenden der nun größten Oppositionspartei, der Demokratischen Partei Japans, gewählt. An dieser Stelle sei aber auch auf den ehemaligen Gesundheitsminister und jetzigen Spitzenpolitiker der DPJ, Naoto Kan, hingewiesen, der Mitte der 1990er-Jahre in der japanischen Variante des „AIDS-Skandals“ heftige Konflikte mit Beamten seines Ministeriums austrug (vgl. Yamaguchi 1997:104-105).

nischen Politikern die Ansicht verbreitet, nach Koizumis Sieg werde sich der Führungsstil japanischer Regierungschefs konsequent und auf Dauer verändern.[17]

Literaturverzeichnis

Abe, Hitoshi, Muneyuki Shindô und Sadafumi Kawato (1994), *The Government and Politics of Japan*, Tokyo: Tokyo University Press

Amyx, Jennifer, Harukata Takenaka und A. Maria Toyoda (2005), „The Politics of Postal Savings Reform in Japan", in: *Asian Perspective*, Vol.29, No.1, S.23-48

Bowen, Roger W. (2003), *Japan's Dysfunctional Democracy – The Liberal Democratic Party and Structural Corruption*, Armonk, London: M.E. Sharpe

Feldman, Ofer (2000), *The Japanese Political Personality – Analyzing the Motivations and Culture of Freshman Diet Members*, London: Nova Science

Fukushima, Glen (2001), „Understanding 'leadership' in Japan", in: *The Japan Times*, 28.03.2001

Haitani, Kanji (1990), „The Paradox of Japan's Groupism: Threat to Future Competitiveness", in: *Asian Survey*, No.30, S.230-249

Hartmann, Jürgen (1992), *Politik in Japan. Das Innenleben einer Wirtschaftsmacht*, Frankfurt am Main, New York: Campus

Hayasaka, Shigezo (1992), *Saishô no utsuwa* [Die letzte Aufgabe], Tokyo: Crest shuppan

Inoguchi, Takashi (2005), *Japanese Politics. An Introduction*, Melbourne: Trans Pacific Press

Klein, Axel (2006a), *Das politische System Japans*, Bonn: Bier'sche Verlagsanstalt

Klein, Axel (2006b), LDP-Wahlkampf im Zeitalter der Mediatisierung – Ein Stück politischer Kultur im Wandel, in: *Japan aktuell*, Nr.02/2006, S.33-44

Masuyama, Mikitaka (2003), „Seijika – seitô" [Politiker und Parteien], in: Hiroshi Hirano und Masaru Kôno (Hrsg): *Akusesu nihon seiji ron* [Access – Theorie zur japanischen Politik], Tokyo: Nihon keizai hyôronsha, S.49-72

Peters, Stephen (1996), *Das politische System Japans und seine Veränderungen nach dem Juni 1993*, Frankfurt am Main: Peter Lang

Sanchôme, Rina (2004), *Staatliche Parteienfinanzierung in Japan*, Bonn: Bonndai

Shinoda, Tomohito (2000), *Leading Japan. The Role of the Prime Minister*, Westport, London: Praeger

Stockwin, J.A.A. (1999), *Governing Japan*, Oxford: Blackwell

Stronach, Bruce (1995), *Beyond the Rising Sun. Nationalism in Contemporary Japan*, Westport, London: Praeger

Yamaguchi, Jirô (1997), *Nihon seiji no kadai* [Themen der japanischen Politik], Tokyo: Iwanami shoten

[17] So Kensei Hasegawa und der politische Journalist Hajime Sakurai in Gesprächen mit dem Verfasser (November 2005, Tokyo).

Yamaguchi, Jirô (2001), „Result of Unfinished Reforms – Structure of Political and Administrative Reform in Japan in the 1990s“, in: Friedericke Bosse und Patrick Köllner (Hrsg.): *Reformen in Japan*, Hamburg: Institut für Asienkunde, S.71-87

Yoshida, Reiji (2004), „LDP policy panel calls the shots, not Diet“, in: *Japan Times*, 16.03.2004

Strukturwandel des politischen Systems in Japan: Dezentralisierung und die neue Bedeutung der Kommunen

Gesine Foljanty-Jost

1 Einleitung

Chihô bunken – Dezentralisierung lautet das Schlagwort, mit dem im Jahr 2000 ein fast zehnjähriger öffentlicher Diskussionsprozess in Bezug auf die Zukunft der japanischen Gebietskörperschaften[1] ein vorläufiges Ende fand. Die japanische Regierung verabschiedete ein Paket von Gesetzen zur kommunalen Selbstverwaltung, mit dem nunmehr der Rahmen für Kommunalpolitik neu formuliert ist. Während für einige Politikwissenschaftler wie Michio Muramatsu (1988) das bisherige System der kommunalen Selbstverwaltung in Japan mit Blick auf eigenständige politische Initiativen der Gebietskörperschaften grundsätzlich als funktionsfähig bewertet wurde, kritisieren andere Politik- und Verwaltungswissenschaftler wie Hajime Shinohara (1977), Muneyuki Shindô (2002: 28-41) oder Kei'ichi Matsushita (2002) das bisherige System der kommunalen Selbstverwaltung als unzulänglich, weil eine Befreiung der Gebietskörperschaften von der zentralstaatlichen Weisung und Kontrolle nur nicht hinreichend umgesetzt worden sei. Entsprechend der unterschiedlichen Bewertung werden die Reformen als Weiterentwicklung der nach 1945 eingeführten kommunalen Selbstverwaltung gesehen (Muramatsu 2004: i-iii), aber auch weitergehend als fundamentale Wende im Verhältnis von Zentralstaat und kommunalen Selbstverwaltungskörperschaften begrüßt (Matsushita 2002: 6). Übereinstimmung

[1] Der Begriff Gebietskörperschaften wird im Folgenden wie auch der Begriff Selbstverwaltungskörperschaften als Übersetzung des japanischen Begriffs *chihô jichitai* bzw. *chihô kôkyô dantai* verwendet. Er umfasst zwei Verwaltungsebenen, nämlich die Ebene der Präfekturen (*todôfuken*) sowie der Städte, Dörfer und Gemeinden (*shichôson*). Die hier ebenfalls mit „Kommunal..." beginnenden Begriffe beziehen sich auf beide Ebenen.

besteht aber in der Einschätzung, dass die Reformen einen Wendepunkt darstellen, weil das bisherige Abhängigkeitsverhältnis der Präfekturen von der Zentralregierung und der Städte, Dörfer und Gemeinden von den Präfekturen nun zugunsten horizontaler gleichberechtigter Beziehungen aufgelöst werden soll. Entsprechend hoch sind die Erwartungen, die an die Reformen geknüpft werden: Zum einen wird eine Entlastung der zentralstaatlichen Funktionen, insbesondere aber eine Entlastung der staatlichen Finanzen erwartet. Eine Verbesserung der Effizienz kommunalen Verwaltungshandelns insbesondere in Verbindung mit der Gebietsreform ist eine weitere Erwartung. Schließlich richtet sich auf das explizit formulierte neue Prinzip der partnerschaftlichen Zusammenarbeit zwischen Bürgern, Bürgerinnen und der Verwaltung die Hoffnung auf mehr Legitimität von Politik. Was wie eine schlichte Verwaltungsreform erscheint, wird demnach als ein politisches Reformvorhaben verstanden, das weit reichende Auswirkungen auf die Formulierung und Umsetzung von Kommunalpolitik in Japan, aber auch auf das Verhältnis von zentralstaatlicher und kommunaler Politik sowie das politische System schlechthin haben wird.

Voraussetzung dafür, dass die weit gespannten Erwartungen sich realisieren, ist der Abbau institutioneller und politischer Barrieren, die eine tatsächliche kommunale Selbstverwaltung bisher verhindert haben. Hierzu sind vor allem zentralstaatliche Strukturen in der öffentlichen Verwaltung, ein unzureichender Finanzausgleich sowie ein Mangel an demokratischer Kontrolle von Kommunalpolitik durch Kommunalpolitiker und die Wähler und Wählerinnen zu rechnen (Muto 1996: 70-74, Murakami 2003: 21-23).

Der vorliegende Beitrag geht der Frage nach, ob die Dezentralisierungsreformen das Potenzial haben, die genannten Barrieren abzubauen und mehr als 60 Jahre nach Kriegsende und der formalen Abschaffung zentralstaatlicher Politik eine Relativierung zentralstaatlicher Macht zugunsten einer eigenständigen, aktiven Rolle der Gebietskörperschaften ermöglichen können. Hierzu werden zunächst die institutionellen Veränderungen geprüft, die sich aus dem Reformpaket für die Kommunalpolitik ergeben. Im zweiten Teil wird nach den aktuellen kommunalpolitischen Umsetzungen der Reformen gefragt.

Die Ergebnisse weisen darauf hin, dass in der Tat mit der Dezentralisierung ein Paradigmenwechsel im politischen System Japans eingeleitet ist. Die Gebietskörperschaften sind funktional der zentralstaatlichen Ebene gleichgestellt. Die institutionellen Voraussetzungen für eine Erhöhung demokratischer Kontrolle haben sich verbessert und die Eigenverantwortlichkeit der Gebietskörperschaften hat deutlich zugenommen. Mit der Funktionserweiterung der Gebietskörperschaften ist allerdings bislang keine entsprechende Finanzreform einhergegangen. Hieraus erwachsen in der Umsetzung bislang allerdings weniger Hemmnisse als vielmehr innovative Strategien zur Realisierung kommunaler Selbstverwaltung.

2 Die unvollkommene Dezentralisierung: Hemmnisse für eigenständige Politik

Dezentralisierung gehört zu den politischen Dauerthemen der japanischen Innenpolitik. Im Zuge der Demokratisierungsmaßnahmen wurde nach 1945 das Prinzip der kommunalen Selbstverwaltung als Mittel der Relativierung zentralstaatlicher Macht in der Nachkriegsverfassung verankert. Eine konsequente Umsetzung unterblieb jedoch (Muramatsu 2004a: 8). Zu den wichtigsten Hemmnissen in Bezug auf eine Realisierung der kommunalen Selbstverwaltung, wie sie verfassungsrechtlich konzipiert ist, zählen die Beschneidung der eigenverantwortlichen Aufgabenbereiche der Gebietskörperschaften und die damit einhergehende administrative Abhängigkeit, finanzielle Abhängigkeit von der Zentralregierung sowie der Mangel an demokratischen Kontrollmöglichkeiten (Muto 1996: 70-74).

2.1 Hemmnis Nr. 1: Administrative Abhängigkeit

Grundsätzlich war Anspruch der Dezentralisierungsreform nach 1945, eine eigenständige Kommunalpolitik zu verankern.[2] Die Entwicklung zeigt jedoch, dass von 1952 bis 1995 im Zuge von Novellierungen des Gesetzes über die kommunale Selbstverwaltung (*chihô jichihô*) die Anzahl der so genannten übertragenen Aufgaben (*kikan inin jimu*) beständig anstieg. Hierbei handelt es sich um Aufgaben, die entweder direkt an den Gouverneur oder Bürgermeister oder an die Kommunalverwaltung delegiert werden. Die Zentralregierung behält das Weisungs- und Kontrollrecht. Funktional erhalten die Gebietskörperschaften dadurch den Status eines ausführenden Organs der Zentralregierung. Mit der Zunahme von delegierten Aufgaben setzte sich seit den 1960er-Jahren faktisch die vertikale Verwaltungsstruktur von Zentralverwaltung – Präfekturalverwaltung – Kommunalverwaltung wieder durch (Shindô 2002: 49). Waren es 1952 erst 256 Aufgabenbereiche, lag die Zahl 1994 auf dem bis heute höchsten Stand von 562, von denen rund 55% ohne gesetzliche Grundlage den Kommunen zur Umsetzung übertragen waren (Murakami 2003: 223-225).

Der Hauptanteil kommunaler Aufgaben wurde damit durch die Ministerialbürokratie formuliert und in ihrer Umsetzung überwacht. Die Gouverneure agieren im System der delegierten Aufgaben als Vertreter der Zentralregierung und unterstehen entsprechend ihrer direkten Kontrolle, die Bürgermeister sind den Gouverneuren verantwortlich. Der Kontrolle durch die Präfektural- und Gemeinderäte sind die delegierten Aufgaben entzogen. Ein Blick auf die Politikfelder, in denen die Zentralregierung am stärksten kommunalpolitische Eigenständigkeit mittels der übertrage-

---

[2] Die Funktionsbereiche der Kommunen werden unterschieden in öffentliche Aufgaben wie Müllabfuhr, Be- und Entwässerung, Unterhalt von Parks und Schulen etc. (*kôkyô jimu*), ohne Aufsichtsrechte übertragene Aufgaben der Zentralregierung (*dantai inin jimu*) sowie Verwaltungsaufgaben zur Wahrung der öffentlichen Sicherheit und Ordnung (*gyôsei jimu*).

nen Aufgaben einschränkte, macht deutlich, dass der Hauptanteil auf die Bereiche Agrarpolitik und Infrastruktur/Bauwesen entfällt (Shindô 2002: 75). Es handelt sich hierbei um Bereiche, die einerseits massiv von staatlichen Finanzzuweisungen abhängig sind, andererseits hoch politisiert sind, da ihre Vergabe in einem Interessengeflecht von einflussreichen Agrar- und Baulobbyisten und Parlamentariern der regierenden LDP erfolgt, die über diesen Weg die Sicherung ihrer Wahlkreise anstreben. Die doppelte Abhängigkeit der Gouverneure und Bürgermeister von der Zentralregierung, nämlich die Abhängigkeit als ausführendes Organ sowie die Abhängigkeit von den Finanzzuweisungen zur Sicherung der eigenen Profilierung hat in der Vergangenheit ihre Kapazität für eigenständige Politik drastisch eingeschränkt.

Durch die Verflechtung der Verwaltungsspitzen in den Gebietskörperschaften mit der Zentralregierung wurde eine unabhängige kommunale Politik behindert.

2.2 Hemmnis Nr. 2: Kommunale Finanzabhängigkeit

Mit der schrittweisen Reduzierung kommunaler Eigenständigkeit ging eine zunehmende Abhängigkeit von staatlichen Finanzzuweisungen einher. Das Verhältnis von nationalen und lokalen Steuereinnahmen hat stets bei etwa 65:35 gelegen. Nahezu umgekehrt sieht es bei den Ausgaben aus: Aufgrund des hohen Anteils übertragener Aufgaben haben die japanischen Kommunen im OECD-Vergleich stets einen Großteil ihrer Einnahmen aus staatlichen Transferleistungen erhalten. Zwischen 30% und 40% der Einnahmen stammen aus Kommunalsteuern, Gebühren u.Ä. Auf diesen Anteil bezieht sich der verwendete Ausdruck „30%ige Selbstverwaltung“. Er verweist darauf, dass die Gebietskörperschaften nur einen Bruchteil ihres Haushalts eigenverantwortlich verwenden können. Die restlichen Mittel fließen über staatliche Zuwendungen unterschiedlicher Art in die kommunalen Kassen. Mehr als 50% der Mittel sind projektbezogene Mittel, d.h., sie unterstehen ganz der Kontrolle des verantwortlichen Ministeriums. Da die Kommunen für die Kosten der Akquirierung von Sondermitteln sowie die Folgekosten selbst aufkommen müssen, fördert das System der projektgebundenen Finanzzuweisungen faktisch die Ausgabenlast der Kommunen. Dieser Zusammenhang hat sich seit der Krise des „Wohlfahrtsstaates japanischer Prägung“ (*nihongata fukushi shakai*) verschärft, als in Reaktion auf die Krise der Staatsfinanzen einerseits Familie und Selbsthilfe für die soziale Absicherung reaktiviert wurden, andererseits die Finanzierung sozialer Leistungen zunehmend auf die Kommunen verlagert wurde. Im Zuge der Novellierung von acht Gesetzen zur sozialen Sicherung im Jahre 1990 wurden die Kommunen zu Leistungsträgern in Bereichen, die bis dahin überwiegend von der Zentralregierung übernommen worden waren. Laut Harada (2004: 41-42) hatte sich allerdings bereits von 1988 an die Finanzierung von Sozialleistungen, aber auch von öffentlichen Vorhaben in den Bereichen Schulwesen, Straßenbau und öffentliche Parkanlagen zu Lasten der Kommunen verschoben, sodass diese fortan mehr als 50% der Projekte finanziell schultern mussten.

Zu beschreiben ist die Problematik also in zweierlei Hinsicht: Strukturell hat das Ungleichgewicht von Einnahmen- und Ausgabenstruktur grundsätzlich die Kontrolle der Zentralregierung über kommunale Projekte festgeschrieben. Die Grundproblematik hat sich durch den Rückzug des Staates aus bürgernahen Aufgabenbereichen verschärft, weil die Kontrolle im Zuge der Delegierung der Aufgaben an die Kommunen einerseits bestehen geblieben ist, andererseits aber die für die Aufgabenerfüllung notwendigen Finanzen den Kommunen nicht mehr in ausreichendem Umfang zur Verfügung gestellt werden.

2.3 Hemmnis Nr. 3: Mangel an demokratischen Kontrollmöglichkeiten

Die Benennung eines Mangels an demokratischen Kontrollmöglichkeiten als Hemmnis für kommunale Selbstverwaltung erscheint im Falle Japans zunächst kontraintuitiv, weil sowohl Präfektural- und Gemeinderäte als auch Gouverneure und Bürgermeister direkt gewählt werden und damit der demokratischen Kontrolle der Wähler und Wählerinnen unterliegen. Die Räte verabschieden den Haushalt und Kommunalsatzungen. Ihnen kommt die wichtige Rolle der Kontrolle der Exekutive zu. In der politischen Praxis stellt sich das Verhältnis indessen anders dar. Die Räte gelten gemessen an ihrer geringen Beteiligung an der Initiierung von Gesetzesvorlagen sowie an der starken Rolle der Verwaltung in Ausschüssen als schwach. Laut Horie (1996: 62) beschränken sie sich in der Regel auf das „Durchwinken" der Anträge, die typischerweise vom Bürgermeister bzw. vom Gouverneur eingebracht werden. Lediglich 20% aller Satzungsentwürfe stammt aus den Räten und zwar – wie Imai (2004: 108) kritisiert – lediglich solche, die ihre eigenen Geschäftsordnungen oder Aufwandsentschädigungen betreffen. Der überwiegende Teil der einschlägigen Forschung kritisiert daher die Präfektural- und Gemeinderäte als profillos, abhängig von der Verwaltung, „Handlanger" des Bürgermeisters oder Gouverneurs, „Steuerdiebe" u.Ä., wenngleich empirische Umfragen unter Räten durchaus auf Unterschiede zwischen den Gebietskörperschaften verweisen (Itô 2002: 73-74, Etô 2004: 19-22). Ihre Kontrollfunktion gegenüber der Verwaltung nehmen sie indessen kaum wahr.

Die Dominanz der Bürokratie im politischen Prozess ist nicht auf die kommunale Ebene begrenzt, sondern Kennzeichen des politischen Prozesses in Japan generell. Auf kommunaler Ebene wird sie allerdings zusätzlich durch die strukturelle Verflechtung kommunaler Verwaltungsspitzen mit der Zentralverwaltung, die sich aus der wechselseitigen Abhängigkeit bezüglich der Aufrechterhaltung der eigenen politischen Macht ergibt, verstärkt. Die Gouverneure bzw. Bürgermeister sind bislang politisch nur überlebensfähig, wenn es ihnen gelingt, ausreichend Sondermittel für ihre Präfektur bzw. Kommune bei der Zentralregierung zu akquirieren. Sie sind gleichzeitig stets Objekt parteipolitischer Umwerbung gewesen, da die Abgeordneten von ihnen eine Sicherung ihrer lokalen Wählerbasis bei nationalen Wahlen erwarten. Ihre strategische Bedeutung haben die Gouverneure und Bürgermeister für sich in der Weise genutzt, dass sie bis heute vor allem in den Städten, Dörfern und

Gemeinden typischerweise parteilos oder überparteilich kandidieren. Dieses Phänomen ist immer wieder als demokratiefeindlich und als Ursache für die sinkende Beteiligung der Bevölkerung an Kommunalwahlen kritisiert worden, weil aufgrund der Abhängigkeit der Kommunen von Finanzzuweisungen der Zentralregierung strukturell eine Nähe von Gouverneuren bzw. Bürgermeistern zur regierenden LDP gefördert und die Chancen für einen politischen Wechsel auf kommunaler Ebene erschwert werden (Shindô 2002: 65).

3 Der Entstehungsprozess der Dezentralisierungsreformen

Erste Veränderungen im Verhältnis von Gebietskörperschaften und Zentralregierung traten politisch in den 1970er-Jahren und institutionell in den 1980er-Jahren ein. In den 1970er-Jahren löste die akute Verschlechterung der Lebensbedingungen durch industrielle Umweltverschmutzung in den betroffenen Kommunen eine Welle von Protest in der Bevölkerung aus, die sich zunächst gegen das umweltpolitische Versagen der Zentralregierung richtete, sich dann aber auch in einem Wahlverhalten zugunsten der oppositionellen Linksparteien ausdrückte. Am Thema Umweltschutz politisierte sich einerseits das Wählerverhalten auf der kommunalen Ebene, andererseits entwickelten die betroffenen Kommunen und hier insbesondere die Großstädte unter dem Druck der Wähler umweltpolitische Initiativen, die sie zu Vorreitern der japanischen Umweltpolitik schlechthin machten (Krauss, Simcock 1980: 221-224). Bürgermeister und Kommunalverwaltungen entwickelten Eigenständigkeit, um auf die Umweltkrise angemessen reagieren zu können: So antworteten Kommunen mit hoher Umweltbelastung auf die Regelungsdefizite der Zentralregierung, indem sie Umweltschutzvereinbarungen mit den ortsansässigen Unternehmen abschlossen (Foljanty-Jost 1988: 88-93). Wenngleich Spielräume für unabhängige Kommunalpolitik auch in der Folgezeit grundsätzlich gegeben waren, wurden sie von den Gebietskörperschaften nach der Restabilisierung konservativer Mehrheiten und der Entthematisierung von Umweltverschmutzung kaum noch genutzt. Institutionelle Reformen blieben aus.

Während im politischen Raum also bereits in den 1970er-Jahren Initiativen kommunaler Eigenständigkeit zu beobachten waren, setzte die Debatte über eine institutionelle Dezentralisierung im Sinne der Neuordnung der Arbeitsteilung zwischen zentraler und regionaler/lokaler politischer Ebene erst Anfang der 1980er-Jahre ein. Grundlagen der Debatte legte der 2. Sonderausschuss für Verwaltungsfragen (*dai-ni rinji gyôsei chôsakai*), der als Teil seines Gutachtens über eine Rationalisierung von Verwaltungsaufgaben Vorschläge für eine Neubestimmung der Aufgaben und der Finanzierung der Gebietskörperschaften formulierte. Im Einzelnen lesen sich die Empfehlungen wie eine Anleitung für die Reform von 2000: Empfohlen wird bereits eine Verlagerung sämtlicher bürgernaher Aufgabenbereiche an die Gebietskörperschaften. Als Voraussetzung für eine erfolgreiche Übernahme von mehr Funktionen durch die dezentralen politischen Ebenen wurde eine Vergrößerung der

Verwaltungsbezirke, eine Qualifizierung der Verwaltungsbeamten sowie eine Reform der Finanzzuweisungen an die Präfekturen, Städte, Dörfer und Gemeinden vorgeschlagen (Murakami 2003: 39-40). Faktisch waren damit bereits die zentralen Bereiche der aktuellen Veränderungen markiert: Gebietsreform, klare Funktionstrennung zwischen den Verwaltungsebenen und eine Professionalisierung der Kommunalpolitik. Die Debatte reichte allerdings nicht so weit, eine Neuordnung der Gebietskörperschaften oder gar eine generelle föderale Struktur in Betracht zu ziehen. In den folgenden administrativen Beratungsausschüssen für die Verwaltungsreform (*dai ichiji gyôsei kaikaku shingikai, dai niji gyôsei kaikaku shingikai*), die zwischen 1983 und 1990 tagten, wurden diese drei Aspekte wiederum aufgegriffen, allerdings mit einer stärkeren Akzentuierung der Regionalförderung als Ziel der Reform.

Unmittelbarer Wegbereiter des Reformpakets von 2000 waren die Empfehlungen des dritten Beratungsausschusses für die Verwaltungsreform (*dai sanji gyôsei kaikaku shingikai*), der von 1990 bis 1993 arbeitete. Aufgrund des Zusammenfallens der Beratungen mit dem Beginn der Heisei-Periode wird auch von der Heisei-Dezentralisierung gesprochen. Muramatsu (2004a: 8) bezeichnet die Übernahme der Regierungsverantwortung durch die „Neue Partei Japans“ (*Nihon shintô*) unter Premierminister Hosokawa 1993 als Wendepunkt, weil von nun an die Verwaltungsreform und politische Reformen auf der Agenda der Regierung oberste Priorität erhielten. Die Gründe hierfür waren komplex: Außenpolitisch galt als ökonomische Antriebskraft für die Reformen der chronische Bilanzüberschuss im Handel mit den USA, dem mithilfe der Ankurbelung der Binnennachfrage begegnet werden sollte (Murakami 2003: 49). Deregulierung und ökonomische Revitalisierung der Kommunen waren hierfür die Kernstrategien, deren Konkretisierung Gegenstand der administrativen und politischen Reformbemühungen war. Unter den Schlagworten „reichhaltiges Leben“, „internationaler Beitrag“ und „Beseitigung der Konzentration auf Tokyo“ wurde eine umfassende politische und administrative Reform initiiert. Innenpolitisch hatten zahlreiche Korruptionsskandale in den 1980er-Jahren das Vertrauen der Wähler in die Politik nachhaltig erschüttert. Ursache war die zentralstaatliche Vergabe immenser öffentlicher Bauaufträge an die Bauwirtschaft, die den Kommunen zwar zugute kamen, aber gleichzeitig die Verfilzung von Abgeordneten der Regierungspartei mit der Baulobby und kommunalen Verwaltungsspitzen begünstigte. Als weitere innenpolitische Faktoren, die die Debatte über Dezentralisierung förderten, sind das Ende der Spekulationsphase und die Krise des Staatshaushalts, Steuerungsdefizite in den Bereichen Forschungs-, Verkehrs- und Bildungspolitik sowie die absehbar steigenden Kosten für soziale Dienste angesichts der Alterung der Gesellschaft zu nennen (Shindô 2002: 7-8; Saitô 2004: 9).

Der gesamte Beratungsprozess über eine Stärkung kommunaler Selbstverwaltung war weniger durch den politischen Wunsch nach konsequenterer Einlösung des Demokratisierungsgebots nach 1945 motiviert. Vielmehr dürften maßgebliche Antriebskräfte für die Reformbestrebungen innenpolitische Krisen und Funktionsdefizite der öffentlichen Verwaltung gewesen sein. Sie erklären, warum auch politische Kräfte, die von der unvollkommenen Dezentralisierung profitiert hatten, eine Neudefinition der Beziehungen zwischen Zentralstaat und Gebietskörperschaften unterstützten.

Der Konsens unter den politischen Parteien zeigte sich erstmals 1993 im Wahlkampf zu den Wahlen zum Unterhaus, als mit Ausnahme der KPJ auch die wichtigsten Oppositionsparteien SPJ, Kômeito, Minshatô und Nihon Shintô explizit mit der Forderung nach Dezentralisierung auftraten und einen entsprechenden Gesetzentwurf vorlegten, dessen Realisierung sie im Falle eines Wahlsieges den Wählern versprachen. Deutlich wurde zu diesem Zeitpunkt, dass Dezentralisierung zumindest für die Kommunalpolitiker mehr ist als ein Verwaltungsakt. Die Debatte über die Neugestaltung des politischen Systems, die maßgeblich von Gouverneuren geführt wurde, reichte bis hin zu Entwürfen, die die Einführung eines föderalen Systems mit „Großpräfekturen" als Bundesländer vorsahen.[3] Unter dem neu gewählten Premierminister Hosokawa, der als Gouverneur von Kumamoto führend an den Beratungen des 3. Beratungsausschusses teilgenommen hatte, begannen noch 1993 die ersten vorbereitenden Schritte für eine umfassende Neuordnung der Funktionen von Gebietskörperschaften und Zentralregierung. Mit der Rückkehr der LDP in die Regierung in einer Koalition mit der SPJ und der Shintô Sakigake 1994 blieb Dezentralisierung auf der Reformagenda. Von 1994 an arbeitete innerhalb des Kabinettsausschusses für die Förderung der Verwaltungsreform ein Expertenausschuss zur Förderung der Dezentralisierung, der bereits nach sechs Monaten seine Empfehlungen vorlegte. Diese bildeten die Grundlage für einen Gesetzentwurf des Kabinetts Murayama zur Förderung der Funktionsübertragungen an die Gebietskörperschaften (*chihô bunken suishinhô*). Die Verabschiedung des Gesetzes 1995 bewertet Shindô (2002: 3) als historisch bislang einmaligen Vorgang, in dem die Zentralregierung die Abgabe eigener Funktionen beschloss. In der Präambel heißt es zum Ziel der Funktionsveränderungen:

> Grundlage dieses Gesetzes ist die Klärung der Funktionen, die Staat und Gebietskörperschaften übernehmen sollen, eine Stärkung der Eigenständigkeit und Autonomie der Gebietskörperschaften sowie die Realisierung einer lokalen Gesellschaft, die voller Individualität und Lebendigkeit ist.

---

[3] Bereits 1991 hatte der Gouverneur von Okayama, Nagano, als Vertreter der Präfekturen einen „Untersuchungsbericht zum Föderalsystem" vorgelegt, der die Schaffung von zehn Bundesländern vorschlug, deren Ministerpräsidenten direkt gewählt werden sollten und die sich aus Präfekturen und Städten, Dörfern und Gemeinden zusammensetzen sollten (vgl. zur Debatte: Shindô 2002: 16).

4 Die Reformen des Jahres 2000

Der Beratungsprozess über die Reform der kommunalen Selbstverwaltung fand mit dem Inkrafttreten eines komplexen Pakets von 475 Gesetzen zur Dezentralisierung 2000 seinen vorläufigen Abschluss.[4]

4.1 Reform der Funktionsteilung zwischen zentralstaatlicher und regionaler/lokaler Ebene

Wichtigste Veränderung des Reformpakets ist die Neuordnung des Verhältnisses von Staat und Gebietskörperschaften. Grundsätzlich gilt nun eine funktionale Arbeitsteilung zwischen den drei Verwaltungsebenen bei Anerkennung ihrer grundsätzlichen Gleichstellung. Die Zentralregierung bleibt zuständig für Aufgaben, die gesamtstaatlich zu regeln sind, wie die Außen- und Sicherheitspolitik, ferner für Aufgaben, die auf nationaler Ebene durchzuführen sind, wie die Sicherstellung einheitlicher, nationaler Standards, sowie für Aufgaben, die sich räumlich über das ganze Land erstrecken. Die Präfekturen bleiben als Zwischenebene zwischen Staat und Kommunen erhalten. Ihre Zuständigkeiten erstrecken sich auf Aufgaben mit weiträumigen, regionalen Bezügen. Die Städte, Dörfer und Gemeinden übernehmen demgegenüber alle Bereiche, die im unmittelbaren Zusammenhang mit den Lebensbedingungen der ansässigen Bevölkerung stehen, sowie die eigenständige Verwaltung ihres Bezirks. Das Verhältnis zwischen den Selbstverwaltungskörperschaften und der zentralstaatlichen Ebene wird neu bestimmt:

1. Zentralstaatliches Eingreifen in die Kommunalpolitik wird auf ein Minimum beschränkt. Es erfolgt unter Wahrung des Prinzips der kommunalen Unabhängigkeit.
2. Zentralstaatliches Eingreifen wird klar definiert. Unterschieden wird zwischen Forderungen nach Nachbesserungen, Anforderung von Akten, Erteilung von Empfehlungen.
3. Zentralstaatliches Eingreifen muss in Übereinstimmung mit den Bestimmungen des Verwaltungsverfahrensgesetzes erfolgen. Auch ursprünglich informelle Verfahren wie die so genannten administrativen Empfehlungen bedürfen damit explizit rechtlicher Grundlagen.
4. Die Delegierung von Aufgaben an die Selbstverwaltungskörperschaften ohne gesetzliche Grundlage wird abgeschafft. Damit bleiben nur 45% der bisherigen delegierten Aufgaben wirksam, die nun jedoch rechtlich begründet sind (Murakami 2003: 227-228).

---

[4] Eine ausführliche Dokumentation des Entstehungs- und Entscheidungsprozesses seit 1945 mit Schwerpunkt auf den 1990er-Jahren liefern Muramatsu (2004a: 7-13) und Murakami (2003: Kap. 1 und 2).

5. Für die Regelung von Konflikten zwischen den Verwaltungsebenen über die Art und Weise des Eingreifens in kommunale Belange wird explizit die Klagemöglichkeit gegen die jeweils höhere Verwaltungsebene rechtlich fixiert.

Es ließe sich kritisieren, dass auch im Zeitalter der Dezentralisierung die legislative Eigenständigkeit der Selbstverwaltungskörperschaften durch den Vorbehalt der Vereinbarkeit mit der zentralstaatlichen Gesetzgebung beschränkt bleibt. Es ist dennoch nicht zu übersehen, dass durch die Rückübertragung von Funktionen von der zentralen auf die dezentrale Ebene eine Erweiterung der Steuerungsfunktionen der Selbstverwaltungskörperschaften durchgesetzt wurde. Ihr Entscheidungsspielraum im Hinblick auf die Anpassung rechtlicher Vorgaben an die lokalen und regionalen Erfordernisse sowie deren planerische Umsetzung wurde deutlich ausgeweitet (Takahashi 2002: 15). Betrachtet man die Chancen der Realisierung eigenständiger Politik, ist vor allem die Verrechtlichung der Verfahrensregeln zwischen den politischen Ebenen von Bedeutung. Die Position der Gebietskörperschaften gegenüber der Zentralregierung wird durch das explizite Recht gestärkt, gegen zentralstaatliche Eingriffe gerichtlich vorzugehen. Dies ist vor allem dann von Bedeutung, wenn staatlich initiierte Großvorhaben zu Folgekosten führen, die die Selbstverwaltungskörperschaften finanziell überfordern.

Zusammenfassend ist festzuhalten, dass institutionell mit der Dezentralisierungsreform die politische Eigenverantwortlichkeit der Selbstverwaltungskörperschaften gegenüber der Zentralregierung deutlich gestärkt wurde. Dies bedeutet auch, dass der Anteil der Entscheidungen, die von den Räten getroffen werden müssen, gestiegen ist.

4.2 Reform demokratischer Kontrollmechanismen

Mit dem neuen Gesetz über die kommunale Selbstverwaltung wird der Kritik an der mangelnden Professionalität der Präfektural- und Gemeinderäte Rechnung getragen, indem die Position der regionalen und lokalen Parlamente als gesetzgeberische Kraft gestärkt wird. Während bislang ein Achtel der Stimmen aller Räte erforderlich waren, um einen Satzungsentwurf oder die Novellierung einer Satzung in den Rat einzubringen, müssen es nunmehr nur noch mindestens ein Zwölftel sein. Die Hürden für eine politische Aktivierung der Räte sind also niedriger geworden. Die Mehrzahl der nach 2000 verabschiedeten kommunalen Rahmensatzungen enthalten zudem neuerdings explizit Regelungen zu den Pflichten und Aufgaben der Mitglieder von Präfektural- und Gemeinderäten. Dies kann als Indiz dafür gewertet werden, dass als Gegengewicht zu der bislang führenden Rolle des Gouverneurs bzw. Bürgermeisters die Rolle der Räte durch eine klare Benennung ihrer Zuständigkeiten gestärkt werden soll (Takahashi 2002: 74). Die institutionellen Bedingungen für eine Aktivierung der Präfektural- und Gemeinderäte wurden also verbessert. Ihre tatsächliche Realisierung dürfte neben erforderlichen individuellen Lernprozessen vor allem abhängig von der Politisierung der Wähler und Wählerinnen sein. Etô (2004: 36-37) argumentiert in Anlehnung an Gyford, dass die Präfektural- und Gemeinderäte ihre

Kontrollfunktion gegenüber der Verwaltung nur erfüllen, wenn sie ihrerseits von den Bürgern und Bürgerinnen kontrolliert werden. Eine institutionelle Stärkung der Kommunalparlamente ist danach zwingend mit einer institutionellen Absicherung von Partizipationsrechten verbunden.

Möglichkeiten der direkten Kontrolle von Amtsträgern durch die Bevölkerung haben frühzeitig in die Debatte über kommunale Selbstverwaltung Eingang gefunden. Bereits 1970 war im 14. Bericht des Untersuchungsausschusses zum Stand der Kommunalverwaltungen die Notwendigkeit festgehalten worden, dass „die Kommune als neue lokale Gemeinschaft geschaffen wird, um den Weg zu einer neuen Bürgerbeteiligung an der Verwaltung freizumachen" (Hitomi, Tsujiyama 2002: 25). „Bürgerbeteiligung" (*jûmin sanka* oder *shimin sanka*) war eines der politischen Schlagwörter der 1970er-Jahre. Im Kontext der Umweltbewegung traten in den 1980er-Jahren die ersten Forderungen nach Wiederbelebung des Referendums sowie nach Informationsoffenlegungspflicht[5] durch die kommunalen Verwaltungen auf (vgl. Sondernummer *Jurisuto* No.19, Summer 1980). Fast 20 Jahre später finden sich diese frühen Initiativen im Reformpaket der Regierung wieder.[6]

Die Forderung nach direkter Partizipation durch Verrechtlichung des Referendums und Bürgerbeteiligung an administrativen Beratungsausschüssen findet ihren deutlichen Niederschlag in neueren kommunalen Satzungen zur Konkretisierung der Vorgaben der Dezentralisierungsreformen.

Die Debatte über das Referendum geht dabei weit über schlichte Verfahrensfragen hinaus. Sie symbolisiert vielmehr die Auseinandersetzung mit der Zukunft des demokratischen Systems Japans schlechthin. Nach § 95 der japanischen Verfassung war in eng definierten Fällen wie der Verfassungsrevision oder bei Amtsenthebungsverfahren schon immer ein Referendum möglich, ohne allerdings häufig eingesetzt zu werden. In der zweiten Hälfte der 1990er-Jahre nahm ein anderer Typ von Referenden zu, der sich gegen Entscheidungen der Gebietskörperschaften in Einzelfragen richtete (Imai 2004: 76). Dieser Typ von nichtinstitutionalisierten Referenden wurde im Zusammenhang mit der Dezentralisierungsdebatte problematisiert, weil er nach Ansicht von Verwaltungswissenschaftlern nur schlecht mit dem Prinzip der repräsentativen Demokratie vereinbar ist, gleichwohl wird aber normativ argumentiert, dass eine „echte" kommunale Selbstverwaltung mit der Institutionalisierung eines Referendums zwingend verknüpft ist (Yamazaki 2004: 213; Imai 2004: 77). Dieser Ambivalenz sind die Gebietskörperschaften im Zuge der Dezentralisierungsreformen in der Weise begegnet, dass sie einerseits mehrheitlich in den neuen kommunalen Rahmensatzungen das Referendum als direkte Partizipationsmöglichkeit vorsehen. Der Status des Ergebnisses eines Referendums bleibt jedoch meist vage. So heißt es in den am weitesten gehenden Satzungen von Yoshikawa (Präfektur Nii-

---

5 Als erste Kommune verabschiedete die Gemeinde Kaneyama in der Präfektur Yamagata 1982 eine Kommunalsatzung über die Offenlegung öffentlicher Schriftstücke, es folgten Präfekturen wie Kanagawa, Ibaragi und Osaka.

6 Das Gesetz über die Pflicht der öffentlichen Verwaltung zur Offenlegung von Informationen (*jôhô kôkaihô*) wurde 1998 verabschiedet.

gata) und Kashiwasaki (Präfektur Niigata) lediglich, der Gemeinderat und der Bürgermeister sollten das Ergebnis „respektieren“ (*sonchû suru*).

Weiter gehend sind Kommunalsatzungen, die programmatisch Dezentralität und kommunale Selbstverwaltung mit Mitbestimmung und Kooperation zwischen Verwaltung und Bevölkerung verbinden. Die Rahmensatzung der Gemeinde Niseko in Hokkaidô, die 2000 verabschiedet wurde, gilt in dieser Hinsicht als Prototyp (Hidaka 2004: 67). Die Satzung regelt die Beziehung zur Zentralregierung und die Aufgaben der Verwaltung, die Informationspflicht der Verwaltung gegenüber der Öffentlichkeit und Partizipationsrechte der Bevölkerung wie die Möglichkeit eines Referendums. Vergleichbare Satzungen haben bis heute neben den Präfekturen auch zahlreiche Städte und Gemeinden verabschiedet. Unter der Bezeichnung „*machizukuri kihon jôrei*“ oder „*kihon jôrei*“ wird diesen Satzungen der Status kommunaler Verfassungen zugeschrieben. Gemeinsam ist ihnen, dass in der Präambel oder in den Zielbestimmungen explizit die Realisierung kommunaler Selbstverwaltung sowie die Kooperation von Kommunalverwaltung und Bürgern und Bürgerinnen als Basis der neuen Politik formuliert ist. Als neues Programm der Gebietskörperschaften finden sie sich heute nicht nur auf der präfekturalen Ebene, sondern auch auf der Ebene der Städte und Gemeinden, die derartige Rahmensatzungen nutzen, um eigenständig den kommunalpolitischen Prozess neu zu definieren.

4.3 Reform des Finanzwesens

Die Übertragung weiter Teile der Aufgaben an die Gebietskörperschaften impliziert einen Kostenanstieg für die Selbstverwaltungskörperschaften. Die Realisierung autonomer kommunaler Politik gerät damit in eine Zwickmühle: Soll eigenständige Kommunalpolitik als Alternative zur bisherigen abhängigen Umsetzung zentralstaatlicher Aufgaben gelingen, muss entweder das Steuersystem so umgestellt werden, dass die Einnahmen aus Kommunalsteuern dem gewachsenen Aufgabenvolumen entsprechen oder aber die Selbstverwaltungskörperschaften müssen eigene Ressourcen aktivieren, um die Abhängigkeit von zentralen Finanzzuweisungen gering zu halten. Beide Optionen sind bislang nur bedingt realisiert.

Eine empirische Untersuchung von Kataoka (2004: 145-147) belegt eine inzwischen gängige Strategie der Selbstverwaltungskörperschaften, mit Finanzknappheit umzugehen: Durchschnittlich machen nur bei 9,3% aller Präfekturen die Einnahmen aus kommunalen Steuern mehr als 30% der Einnahmen aus, d.h., trotz gestiegener Aufgaben hat sich die Finanzabhängigkeit der Präfekturen nur wenig geändert. Gleichzeitig besteht ein Zusammenhang zwischen einem hohen Anteil an kommunalen Steuereinnahmen an den Gesamteinnahmen der Präfekturen und einem hohen Niveau an Auslagerungen von Aufgaben an private Anbieter. Dies kann als Versuch der Kommunen interpretiert werden, die eigenen unabhängigen Finanzquellen zu optimieren und so zu vermeiden, dass die neue Eigenzuständigkeit für kommunale Belange nicht durch fortgesetzte Finanzabhängigkeit von der Zentralregierung unterlaufen wird.

Gleichwohl bleibt die finanzielle Ausstattung der Kommunen, wie der administrative Beratungsausschuss für die Förderung der Dezentralisierung schon in seinem Abschlussbericht von 2001 feststellte, ein ungeklärtes Problem (Imai 2004: 12). Der administrative Beratungsausschuss für Wirtschaft und Finanzen nahm die Problematik in seine Beratungen auf und forderte in seinem Bericht 2002 eine integrierte Reform des Finanzausgleichs, eine Veränderung des Steuersystems zugunsten der Gebietskörperschaften sowie eine Reduzierung der Finanzzuweisungen aus dem Staatshaushalt, die seither unter dem Schlagwort „drei Pfeiler einer Reform" (*sanmi ittai kaikaku*) diskutiert wird. Umfragen unter Bürgermeistern von 2003/2004 zeigen, dass die Bewertung der Dezentralisierung maßgeblich mit der ausstehenden Finanzreform verknüpft ist. Auf einer Skala von maximal 10 Punkten liegt die Bewertung bei durchschnittlich 3,57 Punkten (Nihon toshi sentaa 2005: 15). Die Ursachen für die Zurückhaltung liegen auf der Hand: 47,1% nennen als ungeklärtes Hauptproblem die Reform des Finanzausgleichs, gefolgt von 37,4%, die als wichtigste anstehende Aufgabe die Reform der Finanzzuweisungen nennen (Nihon toshi sentaa 2005: 17). Inzwischen zeichnen sich allerdings die Grundlinien der Finanzreformen ab: Geplant sind drastische Reduzierungen bei den Subventionen, im Gegenzug sollen Steuereinnahmen an die Kommunen transferiert werden. Unklar ist, ob damit die erweiterten Zuständigkeiten der Kommunen finanziert werden können. Die staatlichen Anteile an den Gehältern für Lehrer und Lehrerinnen, an der Sozialhilfe und am Kindergeld werden massiv reduziert, ohne dass deutlich ist, wie die Gebietskörperschaften die Ausgaben erbringen sollen (*Asahi Shinbun,* 7.12.2005). Vor den Wahlen zum Unterhaus 2005 war das Thema Dezentralisierung unter anderem aus diesem Grund noch immer Wahlkampfthema. Die politischen Programme der Parteien zu diesem Thema berühren als zentralen offenen Punkt der Reform die Neuregelung der kommunalen Finanzen, ohne die eine substanzielle Einlösung des Selbstverwaltungsgebots nicht realistisch erscheint (*Asahi Shinbun,* 29.8.2005).

5 Die Umsetzung der Dezentralisierung

Die Dezentralisierungsreformen haben institutionell gravierende Neuerungen gebracht, die sowohl das Verhältnis von Zentralstaat und Gebietskörperschaften als auch das Verhältnis von Gebietskörperschaften zu den Bürgern und Bürgerinnen neu gestalten. Es ist eingangs argumentiert worden, dass die Reformen nur dann zur Realisierung einer autonomen kommunalen Selbstverwaltung führen können, wenn sie mit einer Politisierung von Kommunalpolitik einhergehen. Zum einen bezieht sich Politisierung hier auf die Aktivierung der Räte auf präfekturaler und lokaler Ebene als politische Kontrollinstanzen und Entscheidungsträger. Zum anderen ist die Aktivierung der Bürger und Bürgerinnen als Kontrollinstanzen der Räte und Bürgermeister bzw. Gouverneure angesprochen.

Empirische Untersuchungen zu den Folgen der Dezentralisierungsreformen sind bislang rar. Eine Umfrage des *Nihon toshi sentaa* (Japanisches Zentrum für Stadtforschung) unter den Beschäftigten von Stadtplanungsämtern ergibt, dass nach 2000 die Kontakte zu Bürgern und Bürgerinnen, Kommunalabgeordneten und übergeordneten

Verwaltungsebenen abgenommen haben, generell aber umso häufiger sind, je größer die Stadt ist (Nihon toshi sentaa 2005: 71-75). Polemisch könnte vermutet werden, dass die Verwaltungen mit sich selbst beschäftigt sind. In der gleichen Befragung geben allerdings rund 50% an, dass die Bürgerbeteiligung zugenommen habe (Nihon toshi sentaa 2005: 82). Dabei ist allerdings unklar, ob die Zunahme Folge der institutionellen Veränderungen nach 2000 ist oder aber eine Reaktion auf das Partizipationsbegehren auf Seiten der Bevölkerung widerspiegelt, das in die Zeit vor den Dezentralisierungsreformen zurückreicht. Institutionell lässt sich die Zunahme damit begründen, dass die Beteiligung von Bürgern und Bürgerinnen an kommunalen Stadtplanungsausschüssen (*toshi keikaku shingikai*) im Zuge öffentlicher Ausschreibungen jetzt gesetzlich vorgeschrieben ist. Sie stellen als Folge inzwischen rund 4% der Ausschussteilnehmer (Nihon toshi sentaa 2005: 76).

Darüber hinausgehend lassen jedoch Institutionalisierungstendenzen von Partnerschaft zwischen Bürgern und Kommunalverwaltung in zahlreichen Kommunen sowie die Aufnahme des Referendums in kommunale Satzungen darauf schließen, dass durch die Dezentralisierungsreformen ein Paradigmenwechsel hin zu bürgernaher Kommunalpolitik vollzogen wird. Die konkreten Regelungen variieren zwischen den Präfekturen sowie zwischen den Städten, Dörfern und Gemeinden beträchtlich. Vorreiterfunktion haben nicht nur Kommunen in den Megapräfekturen Tokyo, Kanagawa und Osaka wie Mitaka, Hino, Suginami, sondern auch Kleinstädte wie Niseko in Hokkaidô oder Ikuno in Hyôgo.[7] In nahezu allen japanischen Großstädten sind inzwischen Abteilungen zur Förderung der Kooperation zwischen Stadt und Bürgern eingeführt worden. Mit der Institutionalisierung des Partnerschaftsgebots durch Gründung neuer Abteilungen zur Unterstützung von NGOs und Gestaltung der lokalen Gemeinschaft (Stadt Niigata) werden personelle und finanzielle Ressourcen für die Umsetzung der Zusammenarbeit von Kommune und Bürgern bereitgestellt. Um der Gefahr einer Funktionalisierung von NPOs durch die Verwaltung zu begegnen, haben inzwischen die bevölkerungsreichsten Präfekturen Tokyo (2002), Kanagawa (2003), Osaka (2003) und Chiba (2004) Verfahrensregeln für Partnerschaften festgelegt. Hierzu zählen die Festlegung von Kooperationsbereichen, Modalitäten bei der Übertragung kommunaler Aufgaben an NPOs sowie der Finanzierung von Gemeinschaftsprojekten u.Ä. (Seko 2005; Okuno 2005). Als vorbildhaft gelten die Richtlinien des Bezirks Suginami in Tokyo. Dort wurden 2004 die Richtlinien gemeinsam von Verwaltung, NPOs, Bürgern und Bürgerinnen ausgearbeitet. Sowohl die Verwaltung als auch die NPOs können dort die Initiative für Kooperationsprojekte ergreifen. Kommt es zu einer Zusammenarbeit, werden die Bedingungen schriftlich in einem Abkommen (*kyôtei*) festgehalten. Zur technischen Abwicklung richtete in Suginami die Verwaltung ein „Partnerschaftsteam" ein (Seko 2005: 16-17). Die häufig formulierte Kritik radikaler Befürworter einer direkten Demokratie auf lokaler Ebene wie Takahashi (2002: 18-19), wonach Partnerschaft und Kooperation als neue Prinzipien der Kommunalpolitik nach wie vor von der Verwaltung definiert werden, gilt hier also nicht.

---

7 Vgl. die Fallstudien zu Ikuno bei Wada 2005 und zu Niseko bei Fukumura 2005.

Angesichts der vielfältigen Initiativen der Kommunalverwaltungen ließe sich argumentieren, dass durch die Vorreiterkommunen Diffusionsprozesse und kollektive Lernprozesse angestoßen werden, die insgesamt zu einer Neugestaltung des Verhältnisses von Bürgern und Bürgerinnen und Verwaltung führen können. Die Tatsache, dass Schlagworte wie „Partnerschaft zwischen Bürgern und Verwaltung" (*kyôdô*) heute verfahrensmäßig institutionalisiert werden, zeigt, dass wir es mit mehr als symbolischer Politik zu tun haben.

Demgegenüber gilt die Politisierung der Mitglieder von Präfektural- und Gemeinderäten noch immer als unbefriedigend (Tsubogô 2004: 32). Die Orientierung der Kommunalabgeordneten an der Regierungspolitik ist nach wie vor stark. Ausdruck ist das hohe Engagement von Kommunalabgeordneten für die Unterstützung von Kandidaten bei den nationalen Wahlen zum Unter- und Oberhaus. Ihre Distanz zu den lokalen Wählern und Wählerinnen, die sich auch in deren mangelndem Vertrauen zu ihren Abgeordneten widerspiegelt, hat sich bislang wenig verändert. In einer Umfrage des Japan Productivity Center (Shakai keizai seisan sei honbu 2003: 40) von 2003 gaben lediglich 6,8% der befragten Kommunalabgeordneten an, dass man sich für eine Bürgerbeteiligung in Ausschüssen einsetzen müsste. Eine Notwendigkeit, die Präfektural- und Gemeinderäte als Ort der politischen Auseinandersetzung mit dem Bürgermeister/Gouverneur zu profilieren und dabei explizit mit Vertretern der Wähler und Wählerinnen zu kooperieren, wird bislang von der Mehrheit der Kommunalabgeordneten nicht gesehen.

Veränderungen zeichnen sich indessen außerhalb der etablierten Präfektural- und Gemeinderäte ab. Erste Ansätze sind in einzelnen Kommunen bereits zu beobachten. Als Antwort auf das schwache politische Profil der Abgeordneten haben sich Wählerinitiativen parteiloser Bürger und Bürgerinnen gebildet, deren Kandidaten und Kandidatinnen sich mit regional- und lokalspezifischen Themen zur Wahl stellen (Tsubogô 2003: 214-225). Hier zeigen sich Ansätze einer Politisierung von Kommunalpolitik von unten, die durch die Einführung eines Referendums, der Beteiligung von Bürgern und Bürgerinnen an administrativen Beratungsgremien sowie Fördermaßnahmen der Städte für bürgerschaftliche Selbstorganisation gestützt werden. Bislang wurden Kandidaten und vor allem Kandidatinnen der alternativen Wählerinitiativen in acht Präfekturen in den Ballungsregionen des Landes mit Erfolg aufgestellt. Angesichts des hohen Unterstützungspotenzials durch Mitglieder der landesweiten Verbraucherkooperativen (*seikyô*) wird von ihnen jedoch zunehmender Einfluss auf die Kommunalpolitik erwartet (Tsubogô 2003: 229-236).

Die Verbindung erweiterter Beteiligungsmöglichkeiten der Bevölkerung mit politischen Wahlalternativen könnte sich als Antriebskraft für eine Politisierung der Präfektural- und Gemeinderäte und eine Umorientierung der Räte hin zu mehr Bürgernähe auswirken.

6 Fazit: Wiederbelebung der kommunalen Selbstverwaltung – Die neue Bedeutung der Kommunen

Ausgangspunkt des Beitrags war die Frage, ob die Dezentralisierungsreformen in Japan nach 2000 das Potenzial haben, mehr als 60 Jahre nach Kriegsende und der formalen Abschaffung zentralstaatlicher Politik eine substanzielle Stärkung der Gebietskörperschaften zulasten zentralstaatlicher Macht zu ermöglichen.

Deutlich geworden ist, dass die Frage zu bejahen ist. Mit den Dezentralisierungsreformen aus dem Jahre 2000 sind die institutionellen Voraussetzungen für eine substanzielle kommunale Selbstverwaltung verbessert worden. Zwei der wichtigsten bisherigen Hemmnisse für kommunale Selbstverwaltung sind abgebaut. Die Übertragung von Funktionen von der zentralen auf die kommunale Ebene ist auf ein rechtlich definiertes Minimum reduziert. Die Gebietskörperschaften sind nun für sämtliche Regelungsbereiche, die sie unmittelbar betreffen, selbst verantwortlich.

Das Verhältnis zwischen Zentralstaat und Gebietskörperschaften wird mit den Reformen programmatisch neu als „gleichberechtigtes Kooperationsverhältnis" definiert. Der Mangel an demokratischer Kontrolle wird in der Folge reduziert, weil die Zuständigkeit der Präfektural- und Gemeinderäte für die Formulierung von Politik steigt und Barrieren für ihre Politisierung abgesenkt wurden. Der institutionelle Rahmen für eine Realisierung kommunaler Selbstverwaltung ist also gesetzt.

Gleichwohl ist davon auszugehen, dass diese institutionellen und strukturellen Reformen lediglich eine notwendige, aber nicht ausreichende Voraussetzung für eine tatsächliche Neubestimmung der Kommunen und ihres Verhältnisses zur Zentralregierung sind.

Nicht beseitigt ist bislang der dritte Feind jeder kommunalen Eigenständigkeit: die Finanzabhängigkeit. Die Zunahme kommunaler Zuständigkeiten ist finanziell nicht unterfüttert. Die aktuellen gesetzgeberischen Aktivitäten zahlreicher Gebietskörperschaften deuten jedoch darauf hin, dass sie bereit sind, dennoch ihre neuen Handlungsspielräume zu nutzen. Genannt worden sind als Beleg die neuen kommunalen Rahmensatzungen, die als Kommunalverfassungen die rechtlichen Grundlagen für eine autonome Kommunalpolitik formulieren sowie Partizipation und Zusammenarbeit mit dem Bürger oder der Bürgerin als neues Prinzip von Kommunalpolitik bestimmen.

Es ist also festzuhalten, dass trotz fortbestehender Finanzabhängigkeit die Reformen mehr sind als Symbolik und die Gebietskörperschaften selbst neue Wege zu bürgernaher eigenständiger Kommunalpolitik eröffnen.

Diese Veränderungen haben weit reichende Konsequenzen für das zukünftige Verhältnis von Zentralregierung und Gebietskörperschaften sowie die zukünftige Kommunalpolitik:

Durch die Erweiterung der kommunalen autonomen Regelungszuständigkeiten wurde strukturell die Funktionalisierbarkeit von Kommunalpolitik für die Stabilisierung politischer Macht auf zentraler Ebene reduziert. Die Gebietskörperschaften werden in der eindeutigen Zuweisung von Funktionen für die Wähler und Wählerinnen als Verantwortliche sichtbar. Neben den Gouverneuren und Bürgermeistern wächst die Bedeutung der Präfektural- und Gemeinderäte als demokratisch gewählte Entscheidungsorgane. Damit sind die Voraussetzungen für eine Politisierung von Kommunalpolitik besser denn je. Durch die neuen Beteiligungs- und Informationsrechte der Bevölkerung sind die Voraussetzungen für eine bessere Kontrollierbarkeit politischer Leistungsfähigkeit auf kommunaler Ebene gegeben.

Das abschließende Fazit lautet damit, dass die Gebietskörperschaften als eigenständige politische Akteure neben der Zentralregierung aus der Dezentralisierungsreform hervorgegangen sind und damit tatsächlich von einem grundlegenden Paradigmenwechsel im politischen System Japans zu sprechen ist.

Literaturverzeichnis

Etô, Toshiaki (2004), *Kyôdôgata gikai no kôsô*, Tokyo: Shinzan

Foljanty-Jost, Gesine (1988), *Kommunale Umweltpolitik in Japan*, Hamburg: Institut für Asienkunde

Fukumura, Kazuhiro (2005), „Niseko machi machizukuri kihon jôrei“, in: *NIRA seisaku kenkyû*, Vol.18, No.2, February 2005, S.26-29

Harada, Hidetoshi (2004), „Chihô bunken no jiku“, in: Michio Muramatsu, Hiroaki Inatsugu (Hrsg.): *Hôkatsuteki chihô jichi gabanansu kaikaku*, Tokyo: Tôyô keizai shinpôsha, S.37-57

Hidaka, Akio (2004), *Chiiki no meta gabanansu to kiso jichitai no shimei: jichi kihon jôrei. Machizukuri kihon jôrei no yomikata*, Tokyo: Imajin shuppan

Hitomi, Takeshi und Tsujiyama Takanobu (Hrsg) (2002), *Kyôdôgata no seido zukuri to seisaku keisei*, 3. Auflage, Tokyo: Gyôsei

Horie, Fukashi (1996), „Intergovernmental Relations in Japan: Historical and Legal Patterns of Power Distribution Between Central and Local Governments“, in: Jong S. Jun und Deil S. Wright (Hrsg.), *Globalization & Decentralization. Institutional Contexts, Policy Issues and Intergovernmental Relations in Japan and the United States*, Washington D.C.: Georgetown University Press, S.48-67

Imai, Akira (2004), *Chônyûmon. Chihô jichi seido wa kô natte iru: daiji kaiteiban*, Tokyo: Gakuyô shobô

Itô, Shûichirô (2002), *Jichitai seisaku katei no dôtai*, Tokyo: Keiô gijuku daigaku shuppankai

Kataoka, Mika (2004), „Todôfuken ni okeru NPM gata gyôsei kaikaku“, in: Michio Muramatsu und Hiroaki Inatsugu (Hrsg.) (2004), *Hôkatsuteki chihô jichi gabanansu kaikaku*, Tokyo: Tôyô keizai shinpôsha, S.134-152

Krauss, E., S. Simcock and L. Bradford (1980), „Citizens’ movements: the growth and impact of environmental protest in Japan“, in: Kurt Steiner, Ellis S. Krauss und Scott C. Flanagan (Hrsg.), *Political Opposition and Local Politics in Japan*, Princeton: Princeton University Press, S.187-227

Matsushita, Kei'ichi (2002), „Naze ima kihon jôrei na no ka“, in: *Chihô jichi shokuin kenshû,* Nr.71, Nov. 2002, S.6-21

Murakami, Jun (2004), *Nihon no chihô bunken*, Tokyo: Kôbundô

Muramatsu, Michio (2004), „Hashigaki“, in: Michio Muramatsu und Hiroaki Inatsugu (Hrsg.), *Hôkatsuteki chihô jichi gabanansu kaikaku*, Tokyo: Tôyô keizai shinpôsha, S.i-iv

Muramatsu, Michio (2004a), „Seiki tenkanki no hôkatsuteki chihô gabanansu kaikaku“, in: Michio Muramatsu und Hiroaki Inatsugu (Hrsg.), *Hôkatsuteki chihô jichi gabanansu kaikaku*, Tokyo: Tôyô keizai shinpôsha, S.1-17

Muramatsu, Michio (1988), *Chihô jichi*, Tokyo: Tôkyô daigaku shuppankai

Muto, Hiromi (1996), „Innovative Policies and Administrative Strategies for Intergovernmental Change in Japan“, in: Jong S. Jun und Deil S. Wright (Hrsg.), *Globalization & Decentralization. Institutional Contexts, Policy Issues and Intergovernmental Relations in Japan and the United States*, Washington D.C.: Georgetown University Press, S.68-83

Nihon toshi sentaa (2005), *Chihô bunken kaikaku ga toshi jichitai ni ataeta eikyô nado ni kansuru chôsa kenkyû. Hôkokusho*, Tokyo: Takara kuji

Okuno, Osamu (2005), „Paatonaashippu kakuritsu no purosesu manejimento“, in: *NIRA seisaku kenkyû,* Vol.18, No.2, February 2005, S.20-25

Saitô, Susumu (2004), „Jichitai gyôsei to kyôdôgata machizukuri“, in: Susumu Kurazawa und Ryôji Kobayashi (Hrsg.), *Chihô jichi seisaku II*, Tokyo: Hôsô daigaku daigakuin kyôzai, S.99-111

Seko, Kazuho (2005), „Sanka kyôdô e no paradaimu shifuto“, in: *NIRA seisaku kenkyû*, Vol.18, No.2, February (2005), S.14-19

Shakai keizai seisan-sei honbu (Hrsg.) (2003), *Chihô gikai to jûmin sanka – kore kara no chihô jichi no arikata o megutte*, Tokyo: ohne Verlag

Shindô, Muneyuki (2002), *Chihô bunken*, Tokyo: Iwanami

Shinohara, Hajime (1977), *Shimin sanka*, Tokyo: Iwanami

Takahashi, Hideyuki (2002), *Kyôdôgata shimin rippô: kankyô jirei ni miru shimin sanka no yukue*, Tokyo: Kôjinsha

Tsubogô, Minoru (2003), „Chiiki seiji no kanôsei“, in: Minoru Tsubogô (Hrsg.), *Atarashii kôkyô kûkan o tsukuru: shimin katsudô no itonami kara*, Tokyo: Nihon hyôronsha

Tsubogô, Minoru (2004), „Fukushi kokka to kankyô mondai – ‚jizoku kanôsei' no senryaku o megutte“, in: Jun'ichi Saito (Hrsg.), *Fukushi kokka/shakaiteki rentai no riyû*, Tokyo: Mineruba shobô, S.119-151

Wada, Kôji (2005), „Ikuno hôshiki no machizukuri“, in: *NIRA seisaku kenkyû,* Vol.18, No.2, February 2005, S.44-48

Yamazaki, Takeo (2004), *Chiiki komyunitei ron. Chiiki jûmin jichi soshiki to NPO. Gyôsei no kyôdô*, Tokyo: Jichitai kenkyûsha

Japan und China – Perspektiven einer schwierigen Nachbarschaft

Martin Eberts und Henri Léval[1]

1 Vorbemerkung: Asiatischer Dualismus aus europäischer Sicht

Ostasien – Schwerpunktregion des 21. Jahrhunderts

Wenn es stimmt, dass Ostasien die „Region der Zukunft" schlechthin ist – eine Sicht, die unter kundigen Beobachtern schon fast *opinio communis* zu sein scheint –, haben die Europäer gewiss noch einen Nachholbedarf bei der Setzung außen- und sicherheitspolitischer Prioritäten. Das in den letzten Jahren steigende Bewusstsein, Asien größere Aufmerksamkeit widmen zu müssen, ist immerhin sowohl in Politik und Wissenschaft als auch in Wirtschaft und Gesellschaft der europäischen Länder deutlich spürbar geworden. Im Mittelpunkt der Aufmerksamkeit stehen dabei die beiden traditionellen großen Mächte Ostasiens, der vertraute Partner Japan und das sich stürmisch entwickelnde China. Ihre historisch gewachsene, oftmals als quasi strukturell beschriebene Konkurrenz wird in einer Zeit, in der China mit hohen Wachstumsziffern aufwartet und Japan die Phase der Deflation endgültig hinter sich lässt, als wirtschaftlicher, aber zunehmend auch strategischer Dualismus empfunden.

Der „Mehrwert" deutsch-französischer Analyse

Die Einschätzung der Entwicklungs- und Konfliktpotenziale zwischen beiden Ländern, aber auch die Auffassungen über die wünschenswerten Formen der Zusammenarbeit zwischen ihnen und mit ihnen gehen oft durchaus auseinander. Nicht nur unter wirtschafts- und politikwissenschaftlichen Experten gibt es ausgeprägte Japan- bzw. China-„Lobbies". Darüber hinaus wechselt die Perspektive, je nachdem von

[1] Der Artikel gibt ausschließlich die persönliche Meinung der Autoren wieder.

welcher europäischen Hauptstadt aus man die europäische und nationale Ostasienpolitik betrachtet.

Um so nützlicher erschien es den Autoren dieses Beitrags, sich um eine gemeinsame Analyse der dem komplexen japanisch-chinesischen Verhältnis zugrunde liegenden Konstanten und Variablen zu bemühen. Bei der Arbeit daran traten – über den unmittelbaren Nutzen des Informationsabgleichs hinaus – interessante Aspekte dieser deutsch-französischen Sicht des ostasiatischen Dualismus zutage.

Hinzu kommt das gemeinsame, aber nicht identische Interesse an der Entwicklung Japans und Chinas und an ihrer Interaktion – aus offensichtlichen wirtschaftlichen und aus politisch-strategischen Gründen. Es kann Deutschen und Franzosen keineswegs gleichgültig sein, ob sich zwischen Japan und China ein fruchtbares, kooperatives und die gesamte Region langfristig stabilisierendes Verhältnis entwickelt oder nicht.

Japan ist ein zunehmend wichtiger Partner auch in globalen strategischen Zusammenhängen. Mit Japan teilen Frankreich und Deutschland nicht nur viele Interessen, sondern auch Grundwerte. Als traditioneller Quasi-Verbündeter hat Japan schon in den letzten vierzig Jahren strategische Bedeutung für die Europäer gehabt. Unter den veränderten Bedingungen und angesichts der Herausforderungen des 21. Jahrhunderts nimmt die Bedeutung des strategischen Dialogs noch zu.

Dass die künftige Rolle des „aufsteigenden" China eine Schlüsselfrage der Asienpolitik unserer Länder ist, bedarf keiner weiteren Erklärung. Entscheidend wichtig wird aber sein, wie sich Japan in diesem Zusammenhang positioniert und in welche Richtung das japanisch-chinesische Verhältnis sich entwickeln wird.

Das Mantra der Unvergleichbarkeit

Viele Probleme des gegenwärtigen japanisch-chinesischen Verhältnisses wurzeln in den historischen Lasten aus den dreißiger und vierziger Jahren des 20. Jahrhunderts, deren „mangelnde Aufarbeitung" weithin als ursächlich für aktuelle Kommunikationsstörungen gesehen wird. In der japanischen *Classe politique* wird zunehmend das Gegenbeispiel der deutsch-französischen Aussöhnung und Partnerschaft betrachtet, mit allen Unterschieden und Besonderheiten, bis hin zur europäischen Integration, die ohne jene nie hätte Gestalt annehmen können. Die verständliche Sorge, sich den asiatischen Partnern nicht in schulmeisterlicher Art mit eigenen Erfahrungen aufdrängen zu dürfen, bedingt, dass europäische Gesprächspartner das Thema lieber gar nicht ansprechen, weshalb es zuweilen in der veröffentlichten Meinung Japans zu eher oberflächlichen vergleichenden Analysen und manchmal zweifelhaften Analogien kommt.

Als Resultat lässt sich gelegentlich das paradoxe Phänomen beobachten, dass deutsche, französische und andere europäische Partner sehr zögerlich sind, wenn es um die Darstellung von Versöhnung und Ausgleich im Nachkriegseuropa geht, während Japaner – aus Parlament und Verwaltung, Nichtregierungsorganisationen und Wirtschaft – sich zunehmend für entsprechende europäische Erfahrungen interessieren. Der sorgsame Hinweis auf die Unvergleichbarkeit europäischer und asiatischer

Erfahrungen ist in einer interessanten Volte nunmehr das Mantra der Europäer geworden.

Ein Caveat: Die EU – nicht Vorbild, sondern Tertium Comparationis

Trotz intensiver Debatten um Modelle funktionaler Integration in Ostasien, bis hin zu dem in Japan populären Modell einer „Ostasiatischen Gemeinschaft“, ist es eine Binsenweisheit, dass die europäische Integration nicht einfach zum „Exportartikel“ für den asiatischen Markt werden kann. Zu unterschiedlich sind die Voraussetzungen und zu verschieden ist die politische Nachkriegsgeschichte der Hauptprotagonisten. Gleichwohl gibt es offenbar genügend strukturelle Grundprobleme und integrative Mechanismen der europäischen Entwicklung, die für ostasiatische Betrachter interessant und der Analyse sowie des vertieften Verstehens würdig sind – und seien es nur so elementare Wahrheiten wie diejenige, dass die Beziehungen zwischen Staaten nicht einem Nullsummenspiel entsprechen, dass Gleichgewichtspolitik im Sinne des 19. Jahrhunderts keineswegs ein Naturgesetz der Interaktion zwischen großen Staaten ist und dass zu Versöhnung, Verständigung und guter Nachbarschaft nicht nur Regierungen und politischer *goodwill* gehören, es auch nicht ausreicht, wirtschaftlich eng zu kooperieren, sondern auch ein Austausch auf gesellschaftlicher, menschlicher Ebene erforderlich ist.

2 Die Last der Vergangenheit

Da es im japanisch-chinesischen Verhältnis an politisch wirksamen und öffentlich sichtbaren Initiativen zum konstruktiven und zukunftsgerichteten Umgang mit der Geschichte fehlt, bleibt die Last der Kriegsvergangenheit ein schwer zu kontrollierender Störfaktor. Dabei wirken Länge und geografische Ausdehnung, besonders aber die Intensität und Grausamkeit des „chinesischen Krieges“ eine Rolle – eines Krieges, der in der japanischen Geschichtsschreibung terminologisch sorgfältig vom „großen pazifischen Krieg“ unterschieden wird.

Die Dauer des Krieges: Schon 1931 wurden die Kampfhandlungen von der Kwantung-Armee in der Mandschurei eröffnet. Am 18. Januar 1932 fand in Shanghai einer der ersten Bombenangriffe auf zivile Ziele statt. 1933 verlässt Japan den Völkerbund und ab Juli 1937 (Beginn des zweiten chinesisch-japanischen Krieges) weitet Japan die Kampfhandlungen entlang der chinesischen Küste aus. Am 13. Dezember 1937 fällt Nanking. Die chinesische Regierung weigert sich zu kapitulieren. Der Krieg dauert bis 1945.

Intensität und Grausamkeit des Krieges: 20 Millionen Chinesen sollen zwischen 1937 und 1945 ums Leben gekommen sein, davon 3,22 Millionen Soldaten, 9,13 Millionen Zivilpersonen; 8,4 Millionen Menschen starben durch indirekte Kriegsfolgen. Auf japanischer Seite fielen 1,1 Millionen Soldaten. Das Massaker von Nanking, die Bombardierung Shanghais und der Todesmarsch von Bataan (von 16.000

US-amerikanischen Kriegsgefangenen) stehen beispielhaft für die Grausamkeit des japanischen Militarismus jener Zeit.

Geografische Ausdehnung der Kriegshandlungen: Von China und Korea über Birma und Indonesien, Singapur und die Philippinen bis zu den pazifischen Inseln (Guam, Hawaii, Salomonen) erstreckte sich der wahrhaft gigantische Kriegsschauplatz mit unterschiedlichen, aber durchweg traumatisierenden Erfahrungen militärischer Aggression und Besetzung durch die japanische Kriegsmaschinerie. In dem Konzept des *Dai Tôa Kyôeiken* („Sphäre der Ko-Prosperität") und dem entsprechenden, am 1. August 1940 offiziell lancierten Plan war – über den schon enormen Rahmen der manifesten militärischen Intervention hinaus – sogar Indien unausgesprochen als zusätzliches Element mit eingerechnet.

Unbewältigte Kriegsfolgen: Japan hat erst spät und zögernd begonnen, über Entschädigungen die materiellen und immateriellen Kriegsfolgen aufzuarbeiten. Als Beispiel kann das Problem der von der japanischen Armee in China hinterlassenen Chemiewaffen gelten. Erst am 24. Dezember 1999 wurde in diesem Zusammenhang ein Fonds eingerichtet. Bis in jüngste Zeit konnte zudem kein volles Einvernehmen zwischen Japan und China über die vollständige Erfassung dieser gefährlichen Hinterlassenschaften des Krieges erzielt werden. Nach chinesischen Angaben sollen seit Kriegsende ca. 2.000 Menschen durch Kontakt mit den zurückgelassenen Chemiewaffen ums Leben gekommen sein. Darüber hinaus scheitern regelmäßig Klagen ziviler Kriegsopfer vor japanischen Gerichten.

Japanische Entschuldigungen: Entgegen anderslautenden, immer wieder kolportierten Vorwürfen aus China haben sich japanische Politiker, darunter mehrere Ministerpräsidenten, einschließlich Koizumi, mehrfach und in klarer Sprache für die Kriegsgräuel entschuldigt. Wenn man die Entschuldigungen durch Minister und andere hochrangige Persönlichkeiten unterhalb der Ebene der Regierungschefs einrechnet, muss es – vorsichtigen Schätzungen nach – inzwischen mehr als 20 solcher Gesten gegeben haben. Gesten des Friedens und der Versöhnung hat auch das Kaiserpaar 2005 bei seinem historischen Besuch auf Saipan gemacht, wo es der Opfer aller Seiten gedachte.

Bewusstseinswandel: Ein zunehmendes Bewusstsein der Tragweite historischer Belastungen und ihrer aktuellen politischen Implikationen ist in Japan feststellbar. Das zeigt sich sowohl bei der Diskussion um die rechte Ehrung der Kriegsopfer (Einrichtung einer nationalen Gedenkstätte, um den Yasukuni-Schrein zu marginalisieren?) als auch im wachsenden Interesse an den Erfahrungen, die in Europa mit der Versöhnung nach dem Zweiten Weltkrieg und bei der Entschädigung von Opfern gemacht wurden. Auch wenn sich dies noch nicht allgemein durchgesetzt hat, ist das Bewusstsein in *Classe politique* und Wirtschaft ausgeprägt, dass die Last der Vergangenheit zwischen China und Japan ein Problem darstellt, das angegangen werden muss. Zwei Stimmen seien beispielhaft zitiert:

> Had the recent leaders of both Japan and China tried harder to show understanding of the other's position, and had they been more concerned about the views of the citizens of the other country, as previous leaders had been, then the Yasukuni Shrine visits could have been managed without becoming a big problem in Japan's relations with China [...] Now, 60 years after the war, prodded by the friction with China, Japanese increasingly want to go back and look at history (Yotaro Kobayashi, chairman Fuji Xerox company, *Gaiko Forum*, Winter 2005, S.16).

> Time has come for the governments of Japan and China to work together in establishing rules specifically for dealing with historical issues in a dispassionate and non politicized way (Hitoshi Tanaka, früherer politischer Direktor des Gaimusho, ibid. S.7).

3 Chinas Militärmacht – Ursachen der japanischen Bedrohungsperzeption

Der frühere Premierminister Koizumi wurde – auch und gerade in den letzten „chinapolitisch" schwierigen Monaten seiner Amtszeit – nie müde, China als Partner und Konkurrenten, nicht aber als Bedrohung zu bezeichnen. Sein Außenminister Tarô Asô mochte demgegenüber gelegentlich aussprechen, was viele Japaner denken: Dass China zwar keine akute Bedrohung Japans darstelle, wohl aber über ein erhebliches und schnell wachsendes Bedrohungs*potenzial* verfüge. Ursachen für das „ungute Gefühl", das sich japanischer Verteidigungsexperten generell – unabhängig von ihren politischen Präferenzen – bemächtigt, wenn sie auf den großen Nachbarn blicken, ist die Kombination von langfristig (seit 15 Jahren) zweistelligen Zuwachsraten des chinesischen Verteidigungshaushaltes mit einem rapiden qualitativen Zuwachs bei den technischen Mitteln und operativen Fähigkeiten – bei weitgehendem Fehlen von Transparenz und demokratischer Kontrolle.

Intransparenter Militärhaushalt und zügige Modernisierung

Das chinesische Verteidigungsbudget: Auf japanischer Seite wird vor allem beanstandet, dass die tatsächliche Höhe der Verteidigungsausgaben Chinas nicht bekannt sei. In der Tat gibt es hierzu sehr unterschiedliche – und unterschiedlich zuverlässige – Angaben. Aus chinesischer Sicht sollen diese lediglich 1,6 Prozent des BIP, nicht mehr als 57% der japanischen, 76% der französischen und nur 5,7% der US-amerikanischen Verteidigungsausgaben betragen. US-Verteidigungsminister Rumsfeld machte im Juni 2005 in Singapur eine ganz andere Rechnung auf: Die chinesischen Militärausgaben wären demnach die höchsten in Asien und die dritthöchsten der Welt. Laut „Military Balance" 2005 ist ein enormer budgetärer Aufwand auch auf die Umstrukturierung der übergroßen „Volksbefreiungsarmee" (Mannschaftsstärke 2,5 Millionen) zurückzuführen.

Chinas militärische Fähigkeiten: Japanische Militärexperten verweisen auf eine aus ihrer Sicht gravierende Umkehrung der militärischen Kräfteverhältnisse an der Taiwan-Straße zugunsten der VR China, insbesondere bei der Aufstellung von Kurz- und Mittelstreckenraketen, bei der mittelfristigen Überlegenheit Chinas im U-Boot-Bereich, bei der Beschaffung und Dislozierung schwerer Kampfflugzeuge (russische Su-27 und Su-30). Hinzu kommt ein Generationswechsel und qualitativer Sprung in der chinesischen ICBM-Rüstung mit der Einführung der DF 31-A und ihrer U-Boot-Version JL-2.

Zum Kräfteverhältnis an der Taiwan-Straße: Nach japanischen Angaben betrug die Zahl der auf Taiwan gerichteten SRBM im Jahre 2004 bereits 500 (gegenüber 0 im Jahr 1994); 2005 waren es schon 600-700, und bis 2010 könnte die Zahl auf 900 steigen. Zugleich verfügt Taiwan über keine gegen das Festland gerichteten offensiven Raketenwaffen. Die taiwanische Raketenabwehrkapazität beschränkt sich auf 1.500 Patriot-PAC-2-Flugkörper, die einer solchen Bedrohung jedoch nicht gewachsen sind.

2004 hatte China über 70 U-Boote in Dienst, Taiwan vier. Bis 2010 wird China über 30 SNA verfügen. China hat 12 russische U-Boote der leisen Kilo-Klasse gekauft, ausgerüstet mit Anti-Schiffs-FK SS-N-7 (Mach 3 schnell, Reichweite 220 km); bis 2010 werden voraussichtlich vier neue SNA mit Atomantrieb in Dienst gestellt.

Strategische Nuklearwaffen: Die DF 31-A ICBM werden zwischen 2005 und 2007 in Dienst gestellt und ersetzen die DF-31. Das neue Modell ist mobil, hat Feststoffantrieb und Mehrfachsprengkopf. Die Ostküste der USA wird im Reichweitenbereich der Waffe liegen – was US-amerikanischen strategischen Planern einiges Kopfzerbrechen bereiten dürfte. Die U-Boot-Version des Flugkörpers wird auf einer neuen Generation von SSBN eingesetzt, die 12 bis 16 SLBM tragen kann. Schon das alte Modell JL-1 (2.150 kt) deckt reichweitenmäßig bereits ganz Japan ab.

Dem gegenüber stehen jedoch noch einige Schwächen der chinesischen Rüstung, die von japanischen Experten weniger beachtet werden: Fehlen von Flugzeugträgern, überwiegend veraltete, laute U-Boote chinesischer Produktion und eine Vielzahl veralteter Kampfflugzeuge, das Fehlen von Kampfhubschraubern etc. Die strategischen Nuklearstreitkräfte Chinas sind zudem denen der anderen „traditionellen" Atommächte qualitativ und quantitativ unterlegen. Nach einer Analyse des IISS bleibt China noch lange auf Russland und die GUS-Staaten beim Kauf von Militärmaterial angewiesen und verfügt zudem noch nicht über eine für eine Invasion Taiwans ausreichende amphibische Kapazität. In mancherlei Hinsicht trifft auch heute noch ein Satz des Experten des US-amerikanischen Institute for Defense and Disarmament Studies, Frank W. Moore, zu, der einmal schrieb:

> While it is true that China is modernizing its forces and increasing defense spending, the prospective improvements in overall military capability need to be set against the very low-technology starting point of China's armed forces.

Kapazitäten und Bedrohungsperzeption

Wenn auch sicherheitspolitische Experten in Japan zumeist wenig Trost aus dem „noch nicht" der chinesischen Aufrüstung ziehen, bleibt doch angesichts des Anwachsens einer zunehmend modern ausgerüsteten chinesischen Streitmacht die Frage, ob hinter den Besorgnis auslösenden Kapazitäten auch bedrohliche Absichten stehen. Sorge verursachen in Japan Zwischenfälle wie das Eindringen eines chinesischen U-Boots in japanische Hoheitsgewässer, zunehmend forsches Vorgehen der chinesischen Seite im Seegebiet um die Senkaku-Inseln, aber auch aggressive nationalistische, antijapanische Aufwallungen in China (wie 2005 anlässlich der asiatischen Fußballmeisterschaft in Beijing).

Auf chinesischer Seite wird dagegen immer wieder auf die als unzureichend empfundene Reue Japans für die Kriegsverbrechen an Chinesen verwiesen sowie auf mangelnde Sensibilität z.B. japanischer Geschäftsleute, deren Umgang mit chinesischen Prostituierten angeblich Vergleiche zur Zwangsprostitution im Zweiten Weltkrieg aufkommen ließen. Aus chinesischer Sicht zeigte der U-Boot-Zwischenfall zudem vor allem einen geostrategischen Nachteil der VR China auf, die Zugang zur hohen See bzw. zum offenen Pazifik nur durch schmale Passagen durch japanische bzw. taiwanische Gewässer erhält. Der Streit um die Senkaku-Inseln hat nicht nur historische und wirtschaftliche Implikationen, sondern auch solche, die das Verhältnis zu Taiwan betreffen, welches ebenfalls Anspruch auf die Inseln erhebt.

4 „Politisch kalt, wirtschaftlich heiß" – Wirtschaftsmächte und Handelspartner zwischen Konkurrenz und Kooperation

Über 85% des BIP Ostasiens werden von China und Japan erwirtschaftet, wobei 60% allein von Japan kommen. Diese beiden Zahlen zeigen deutlich, wie ungleich die Gewichte der beiden Wirtschaftsmächte Japan und China sind. Noch immer ist das japanische BIP dreieinhalbmal so groß wie das chinesische. Pro Kopf der Bevölkerung ausgedrückt ist das Missverhältnis noch krasser (40 zu 1). Diese Verhältnisse werden oft nicht mit genügender Klarheit wahrgenommen, wenn es um Wirtschaft und Investitionen in Ostasien geht. Die japanischen Wachstumsraten nach Überwindung der „bubble economy"-Krise sind – besonders für ein so hoch entwickeltes Industrieland – um nichts weniger eindrucksvoll als die Rekordziffern Chinas, das noch weit davon entfernt ist, das japanische Niveau zu erreichen.

Zugleich wird China in Japan nüchtern als kommende Wirtschaftsgroßmacht analysiert, ohne deren phänomenale wirtschaftliche Aufwärtsentwicklung auch Japan nicht so leicht aus seiner Krise herausgekommen wäre. Nach fünfzig Jahren hat im Jahr 2004 China die USA als wichtigster Handelspartner Japans abgelöst. 2005 betrug das bilaterale Handelsvolumen stattliche 227 Milliarden US$.

Die japanische Analyse des wirtschaftlichen Potenzials Chinas bis zum Jahr 2020 unterscheidet sich im Übrigen kaum von der europäischen: Der Anteil Chinas an der Weltwirtschaft wird voraussichtlich von 4% auf ca. 8% steigen. Wenn die wirtschaftliche Dynamik Chinas nicht durch soziale und politische Komplikationen gebremst wird, könnte China schon 2010 zum weltweit größten Exporteur und 2020 zur größten Volkswirtschaft der Welt werden. Es versteht sich von selbst, dass der – ohnehin schon sehr hohe – Energieverbrauch des Landes entsprechend weiter schnell steigen wird, selbst wenn sich die noch katastrophal schlechte Energieeffizienz Chinas zügig verbessern ließe. 2020 dürfte China dementsprechend mindestens 14% des Weltenergieverbrauchs für sich in Anspruch nehmen und damit allein das Äquivalent der gesamten Jahresrohölproduktion Saudi-Arabiens verbrauchen – ein Aspekt, der für ein Land wie Japan, das in besonders hohem Maße auf Energieimporte aus dem Golf angewiesen ist, alles andere als beruhigend sein dürfte.

Andererseits hat Japan selbst sehr von der wirtschaftlichen Dynamik Chinas profitiert und konnte deshalb im Sommer 2006 die Phase der Deflation hinter sich lassen. Japans Investitionen im Reich der Mitte sprechen ebenfalls eine klare Sprache: Zwischen 1978 und 2001 hat Japan 32,6 Milliarden US$ direkt in China investiert. Für Japan ist China nicht nur als „verlängerte Werkbank" wichtig, sondern längst schon als Handelspartner geradezu unentbehrlich geworden. Bevor China auf der ganzen Linie zum Konkurrenten Japans werden kann – wohin es noch ein sehr langer Weg ist –, wird es noch sehr lange von japanischem Kapital und Know-how abhängig bleiben.

Freilich haben auch die dynamischen Wirtschaftsbeziehungen zwischen Japan und China ihre Schattenseiten. Das Fehlen seriösen Patent- und Urheberrechtsschutzes in China hat bereits negative Auswirkungen auf die Investitionsbereitschaft japanischer Firmen gehabt – bis hin zur Rückverlagerung technologisch hochwertiger und sensibler Produktionen nach Japan. Hinzu kommen negative Einflüsse der frostigen politischen Beziehungen. So haben die antijapanischen Ausschreitungen in China im Frühjahr 2005 messbare negative Auswirkungen auf die Investitionsneigung japanischer Unternehmen gehabt. Zwar blieben diese Einflüsse größenmäßig und zeitlich begrenzt; das anhaltend schlechte Verhältnis trägt aber sicher nicht zur Verbesserung der Investitionsneigung bei.

Wird es also bald so sein, dass man die chinesisch-japanischen Beziehungen als „politisch kalt – wirtschaftlich lauwarm" kennzeichnen muss? Noch ist es nicht so weit. Es wird aber deutlich, dass auch sehr gute Wirtschafts- und Handelsbeziehungen allein nicht ausreichen, um das Verhältnis zwischen den beiden ganz Großen in Asien nachhaltig zu verbessern.

Ebenfalls in der Grauzone zwischen Konkurrenz und Konfrontation anzusiedeln sind Streitigkeiten territorialer und zugleich eminent wirtschaftlicher Art im Ostchinesischen Meer. Die immer drängender werdende Frage der sicheren Energieversorgung – neuerdings u.a. durch die Krise um das iranische Nuklearprogramm noch weiter verschärft – könnte Territorialstreitigkeiten, die aus Gründen politischer Klugheit lange Zeit von keiner Seite hochgespielt wurden, neue, nicht unbedenkliche Aktualität verleihen. Der Streit um die Senkaku-Inseln (chinesisch: Diaoyu-Inseln) und die Abgrenzung der ausschließlichen Wirtschaftszonen im Ostchinesischen Meer sind hier an erster Stelle zu nennen. China will ab 2007 aus einem ersten umstrittenen Fördergebiet bis zu 2,5 Milliarden Kubikmeter Gas p.a. fördern. Angesichts der Möglichkeit schneller Exploration und darauf ebenso schnell folgender wirtschaftlicher Ausbeutung der Lagerstätten erscheint der politische Verhandlungsprozess eher schleppend.

Ein ernstes politisch-ökonomisches und zunehmend auch strategisches Problem ist für Japan die Entwicklung eines chinesischen „Neo-Merkantilismus“, insbesondere in der Energie- und Rohstoffpolitik (vgl. Heinrich Kreft, „Neomerkantilistische Energie-Diplomatie“, in: *Internationale Politik*, Berlin, Februar 2006, passim). Er zeigt sich nicht nur in der Konkurrenz um die russische Pipeline aus Sibirien mit Abzweigen nach China bzw. ans Japanische Meer (zum Hafen Nachodka), sondern auch in der chinesischen Afrikapolitik. Dieses Problem bereitet Japan zunehmend Sorge.

Hinter der ökonomischen Konkurrenz wird zuweilen auch der fortbestehende ideologische Gegensatz in seinen konkreten Auswirkungen diagnostiziert: Wo sich Japan in seiner Entwicklungspolitik – ganz den europäischen Ansätzen und den Prinzipien von NePAD entsprechend – an die Regel hält, dass Entwicklung nur dann wirklich nachhaltig ist, wenn sie mit politischer Reform und Demokratisierung einhergeht, scheint sich die chinesische Entwicklungshilfe lediglich am blanken ökonomischen Nutzen der Partnerschaft mit rohstoffreichen Ländern zu orientieren, die deshalb unter dem unzeitgemäßen politischen Deckmantel der „Nichteinmischung“ auch mit äußerst zweifelhaften Regimen erfolgt, deren Verhalten allen hehren Grundsätzen der internationalen Gemeinschaft Hohn spricht.

5 Strategische Situation in Ostasien

Bedrohungsanalysen und die Rolle der USA

Das Bündnis mit den USA bleibt auf absehbare Zeit unabdingbare Grundlage der Sicherheit Japans. Für die Regierung Koizumi gab es daran nie einen Zweifel; bei Koizumis letztem offiziellen Besuch in den USA (Ende Juni 2006) bekräftigte er dies mit Präsident Bush erneut in einer gemeinsamen Erklärung. Dieser hätte es freilich kaum bedurft, da die sicherheitspolitische Zusammenarbeit zwischen beiden Ländern aus beiderseitigem wohl verstandenen Eigeninteresse und aus Rücksicht auf gemeinsame regionale Verantwortung so eng ist wie nie zuvor. Der neue Regierungs-Chef Shinzo Abe verfolgt eine Politik mindestens ebenso enger Partnerschaft mit den USA. Die nordkoreanische Raketenkrise Anfang Juli und die Atomtest-Krise im Oktober 2006 haben auch für die japanische Öffentlichkeit die Notwendigkeit dieser – nicht immer geliebten – Allianz unmissverständlich klar gemacht.

Nach dem Verschwinden der sowjetischen Bedrohung orientierte sich die japanische Sicherheitspolitik prioritär an der manifesten Bedrohung durch das unberechenbare Regime in Nordkorea und seiner Nuklear- und Raketenbewaffnung sowie zunehmend an der potenziellen Bedrohung durch China. Die Umgruppierung und angepasste Dislozierung der japanischen „Selbstverteidigungsstreitkräfte“ (SDF) belegen dies ebenso wie das durch die jüngste Krise um Nordkorea noch beschleunigte gemeinsame Engagement mit den USA im Raketenabwehrprogramm (MD).

Über die Bedeutung der japanisch-US-amerikanischen Allianz herrscht Einvernehmen fast auf der gesamten japanischen politischen Szene, parteienübergreifend, in Regierung und politikwissenschaftlicher Forschung. Auch die oppositionelle DPJ kritisiert nur in Einzelfragen, stellt aber das Bündnis als solches nicht in Frage. Der kurzzeitige Vorsitzende der DPJ, Seiji Maehara, übertraf sogar fast noch die LDP in den Bekundungen seiner Bündnistreue. Diese erwächst bei allen Beteiligten freilich nicht aus einer naiven Amerika-Begeisterung, sondern aus einer nüchternen, durchaus realpolitischen Lageanalyse. Dementsprechend darf man auch Äußerungen seines Nachfolgers Ozawa über eine Art „Äquidistanz“ Japans zu China und den USA nicht wirklich zum Nennwert nehmen. Sie fallen in die Kategorie Profilschärfung und außenpolitische Selbstständigkeit. Eine ironisierende, aber ernst gemeinte Interpretation dürfte den Nagel auf den Kopf treffen: Wenn Ozawa von Äquidistanz spricht, dann rückt er eben die geografisch weit entfernten USA nur perspektivisch umso näher an Japan heran!

Dem europäischen Beobachter der sicherheitspolitischen Diskussion in Japan begegnet regelmäßig eine weitere Konstante; sie zieht sich fast wie ein roter Faden durch einschlägige Diskussionen: Der grundlegende Unterschied der politisch-strategischen Lage Ostasiens gegenüber Europa. Was zunächst so banal klingt, hat eminent politische Bedeutung und erklärt die den Europäern sonst schwer verständlichen Reaktionsmechanismen in den strategischen Debatten in Ostasien. Die zweifache Zeitenwende des 9. November 1989 und des 11. September 2001 hat sich in dieser Region nur verzögert und nicht so grundlegend ausgewirkt wie in Europa. Das Ende des Kalten Krieges ist – das zeigt schon ein Blick auf Nordkorea – offensichtlich noch nicht erreicht. Zwar wurde auch in Japan mit dem Ende der Sowjetunion eine erhebliche strategische Entlastung spürbar. Anders als in Europa ist aber die klassische Bedrohung nicht gewichen. Die neuen, „asymmetrischen“ Bedrohungen des 21. Jahrhunderts sind zusätzlich auf der strategischen Landkarte japanischer Planer erschienen, ohne dass die alten vollständig gewichen wären. Für Japan gab es keine nennenswerte Friedens- oder Abrüstungs-„Dividende“, die größten strategischen Herausforderungen bleiben „klassischer“ Natur.

Im Verhältnis zu China bleibt ein bedeutsamer Rest ideologischen Gegensatzes erhalten, der sich subkutan als Störfaktor im bilateralen Verhältnis auswirkt. Nicht ohne Grund wird auf japanischer Seite regelmäßig darauf verwiesen, dass die Volksrepublik China trotz aller wirtschaftlichen Reformen noch einen sehr weiten Weg zu Rechtsstaat und Demokratie vor sich hat. Neben den menschenrechtlichen Aspekten ist hier auch ein grundsätzliches Problem der Vertrauensbildung zu sehen – Japan und China gehören nicht derselben Wertegemeinschaft an. Als Beleg wird u.a. die – gelinde gesagt – unbekümmerte Interessenpolitik Chinas gegenüber zweifelhaften Regimen genannt, von Sudan bis Zimbabwe und von Kuba bis Iran.

Krisenszenarien: Taiwan und Nordkorea

In *Taiwan* konzentrieren sich alle Elemente für eine hochexplosive politisch-strategische Mischung, die die gesamte Region in Brand setzen könnte. Eine schwer berechenbare politische Situation (Wiederwahl Chen Shui-bians 2004), militärische Hochrüstung beiderseits der Taiwan-Straße, die US-amerikanische Sicherheitsgarantie und die Definition der Taiwan-Straße als Region gemeinsamen strategischen Interesses Japans und der USA (2+2-Gespräche) sind Ingredienzien hierfür.

Japanisches Territorium (Okinawa, Futenma Base) ist der Ausgangspunkt US-amerikanischer Truppen, die im Falle eines Angriffes der VR China die US-Beistandsverpflichtung für Taiwan einzulösen hätten. In Beijing wurde mit großem Missfallen aufgenommen, dass das amerikanisch-japanische strategische Tableau eindeutig die Taiwan-Straße einbezieht. Die chinesische Führung hat allerdings ihrerseits alles getan, um Öl ins Feuer zu gießen, als sie im März 2005 das „Anti-Sezessionsgesetz" mit seiner klaren Kriegsdrohung beschloss – für den Fall, dass Chen Shui-bian „eine Unabhängigkeitserklärung per Gesetz" beschließen oder Taiwan in anderer Form seine Unabhängigkeit erklären sollte. Das Timing dieses Beschlusses legt dabei beredtes Zeugnis von der Beijinger Kompromisslosigkeit ab. Die zur gleichen Zeit in der EU diskutierte Aufhebung des Waffenembargos gegen die VR China war angesichts so offen bellizistischen Verhaltens chancenlos.

Freilich gibt es auch positive Elemente, vor allem einen zumindest begrenzten Dialog im Rahmen der SEF (Straits Exchange Foundation) und des ARATS (Association for Relations Across the Taiwan Straits). Allerdings handelt es sich dabei um einen Dialog von begrenzter Reichweite, und es bleibt offen, inwieweit der taiwanische Präsident ihm eine genuin strategische Bedeutung beimisst.

Nordkorea: Die mit dem Abschuss von sieben nordkoreanischen Raketen am 5. Juli 2006 ausgelöste (nach dem Taepodong-Zwischenfall von 1998) zweite nordkoreanische Raketenkrise, verschärft durch die Atomtest-Krise vom Herbst 2006, hat sich vor die längerfristige japanisch-chinesische strategische Konkurrenz geschoben. Unabhängig vom tatsächlichen Stand des Taepodong-II- Programms bleibt Japan – auch nach ausdrücklichen, drohenden Erklärungen aus Pyongyang – unmittelbar bedroht (allein von schätzungsweise 500 Nodong-Raketen mit ca. 1.480 km Reichweite). Hatte schon der Taepodong-Zwischenfall die Bedrohungsperzeption in Japan grundlegend geändert, dürfte nunmehr mit einer noch beschleunigten Realisierung des japanisch-US-amerikanischen Raketenabwehrprogramms zu rechnen sein. Die bedrohliche Perspektive, eines Tages auch zum Ziel nordkoreanischer Atomsprengköpfe (nach US-amerikanischen Quellen könnte das Regime in Pyongyang schon über 8 bis 10 Sprengköpfe verfügen) zu werden, wird insgesamt den Wandel des sicherheitspolitischen und strategischen Denkens in Japan beschleunigen.

Kurzfristig steht zunächst die beschleunigte Aufstellung des Raketenabwehrschirms aus seegestützten (Aegis Flugkörper-Zerstörern) und landgestützten (Patriot PAC III) Komponenten an. Ausgelöst vom unberechenbaren Regime in Nordkorea führt diese Entwicklung langfristig durchaus zum Aufbau eines auch gegenüber

China zumindest begrenzt wirksamen Abwehrschirms. Mittelfristig könnte dadurch die strategische Position Japans gegenüber China gestärkt werden.

6 Konfrontation, Konkurrenz, Kooperation ...?

Wahrnehmung Chinas in Japan

Quer durch die politischen Lager in Japans *Classe politique* ist eine Wahrnehmung Chinas als Partner und *zugleich* als Konkurrent anzutreffen. Auf kurze und mittlere Sicht wird China nicht als militärische Bedrohung, wohl aber als Herausforderung in wirtschaftlicher und politischer Hinsicht verstanden. Die Konkurrenzsituation wird zurzeit besonders auf den Energie- und Rohstoffmärkten gesehen sowie in der – von China heftig bekämpften – japanischen UNO-Politik.

Anders als es manchmal in Europa der Fall ist, wird der innere Wandel in China in Japan nüchtern-kritisch als rein wirtschaftliche Modernisierung gesehen, ohne Demokratisierung. Die werdende Großmacht an der Gegenküste hat sich demnach vor allem von jenen Fehlern befreit, die das System ineffizient machen, nicht von jenen, die es potenziell gefährlich machen. Aus dieser psychologischen Überempfindlichkeit erklärt sich ganz zwanglos – auch ohne Zuhilfenahme US-amerikanischer Interessenpolitik und Einflussnahme – der heftige japanische Widerstand gegen eine Aufhebung des EU-Waffenembargos.

Dabei werden von japanischen Beobachtern die Schwierigkeiten der Legitimierung der nominell noch immer kommunistischen Herrschaft in China ohne Schadenfreude gesehen. Zwar wird gerne – insbesondere im Kontext moralisch aufgeladener Debatten um die historischen „Erblasten" der Geschichte – mit einem gewissen (durchaus berechtigten) Stolz auf Japans demokratische und friedliche Entwicklung seit 1945 verwiesen, wogegen sich das maoistische und post-maoistische China höchst unvorteilhaft abhebt. Zugleich ist aber unverkennbar, dass in Japan echte Sorge vor einer eventuellen Destabilisierung der inneren Verhältnisse Chinas herrscht, für den Fall des unkontrollierten Überhandnehmens der sozialen und politischen Widersprüche in der chinesischen Gesellschaft.

Chinapolitische Denkschulen

Es gibt in der japanischen Gesellschaft grob gesprochen zwei Denkschulen: Die chinakritischen Sicherheitspolitiker, die den Höhepunkt der strategischen Konkurrenz beider asiatischer Mächte erst noch kommen sehen, und die „Integrationisten", die nüchtern eine künftige Position Chinas antizipieren, mit der Japan weder konkurrieren könne noch wolle. Ihre Vision einer „post-konfrontativen", kooperativen Beziehung mit China hat viele Anhänger auch außerhalb der traditionellen „chinesischen Schule" des *Gaimusho*. Ihr Problem ist jedoch die fehlende Akzeptanz einer als nachgiebig empfundenen Chinapolitik in der Öffentlichkeit.

Beide Schulen sehen die zunehmend selbstbewusste, oft als auftrumpfend empfundene Politik Chinas mit Sorge. Chinas Verhalten wird gerne mit dem eines Heranwachsenden verglichen, der sich seiner stetig zunehmenden Kräfte bewusst, dabei aber noch unreif ist. Für die Protagonisten der chinakritischen Containment-Schule ist die Antwort darauf eine kompromisslose Erhaltung und Fortentwicklung des Bündnisses mit den USA, bei moderater Stärkung auch der eigenen militärischen Fähigkeiten. Für die Integrationisten ist zwar das Bündnis ebenfalls unabdingbar, bedarf jedoch als *conditio sine qua non* einer ergänzenden Einbindungsstrategie.

7 Regionale Kooperation und Integration als Antwort?

Jede Form der umfassenden und verlässlichen regionalen Kooperation in Ostasien muss zweifellos Japan und China gleichermaßen einschließen, wenn sie einen Beitrag zu Frieden und Stabilität in der Region leisten soll. Die entscheidende Frage ist jedoch, welches Format hierfür geeignet wäre.

Ein häufiger Einwand gegen manche hoch fliegenden Integrationskonzepte bezieht sich auf die Unterschiede der historischen und strategischen Voraussetzungen in Ostasien und Europa. Trotz aller Unterschiede und der viel beschworenen „Unvergleichbarkeit“ nehmen aber Japaner und Chinesen selbst gerne Bezug auf jene europäischen Erfahrungen, die die Geschichte unseres Kontinents geprägt und es ihm ermöglicht haben, nie da gewesene Fortschritte zu machen: Japaner verweisen mit Vorliebe auf die Tatsache, dass Japan Beobachterstatus im Europarat hat, dessen demokratische Werte es teilt (womit implizit belegt wird, dass China diese Werte nicht teilt). Die VR China ihrerseits zeigt sich neuerdings sehr an der OSZE interessiert (Japan ist bereits Partner).

Die Anziehungskraft, die das europäische demokratische Gütesiegel auf Japan und China ausübt, stellt ein zusätzliches Argument in der Hand der Europäer dar, wenn es darum geht, dem Grundsatz zum Durchbruch zu verhelfen, dass Demokratie und Dialog *universelle* Normen sind, deren Geltungsbereich und Wirkungskraft keineswegs auf den europäischen Kontinent beschränkt sind – unbeschadet der selbstverständlichen Tatsache, dass die beiden großen asiatischen Mächte ihren eigenen Weg des Ausgleichs und Dialogs finden müssen.

Tanz der Akronyme

Es fehlt nicht an Formen und Foren regionaler Kooperation in Ost- und Südostasien; die Vielzahl geläufiger Abkürzungen spricht für sich: ASEAN, ASEAN+3, APEC, ASEM, ARF, EAS/EAC. Welches Format aber eignet sich besonders für konstruktive Formen japanisch-chinesischer Zusammenarbeit? Zwei sind hier zuvörderst zu nennen: die Zusammenarbeit im Rahmen der Sechsergespräche zu Nordkorea (ohne Teilnahme des Letzteren) und der ostasiatische Gipfel (EAS).

Der kurzzeitige Erfolg der Sechsergespräche (Beijing, 19. September 2005) wurde zwar spätestens durch die Raketenkrise des Juli 2006 gründlich zunichte gemacht. Dennoch – oder gerade deshalb – könnte der Fünferrahmen sich zu engerer sicherheitspolitischer Abstimmung zwischen Japan und China eignen, auch zu anderen Themen als Nordkorea. Problematisch an diesem Format ist jedoch, dass sich der enge Rahmen zwar zur Erörterung spezifischer Probleme – im Falle Nordkoreas vor allem sicherheitspolitischer Natur – eignet, weniger jedoch zur Grundlegung weitergehender regionaler Kooperation (oder gar Integration). Zudem ist die Beteiligung der USA zumindest für China problematisch.

Besser scheint sich das neueste Format unter den o.g. zu eignen, der *East Asian Summit*, der immerhin mit dem Anspruch einberufen wurde, den Weg zu einer „East Asian Community" zu ebnen. An dem im Dezember 2005 erstmals abgehaltenen Treffen nahmen außer den zehn ASEAN-Staaten, China, Japan und Südkorea auch Australien, Neuseeland und Indien teil. Es war in vielerlei Hinsicht etwas wirklich Neues im Reigen der regionalen und subregionalen Gipfel und Konferenzen. Die Einbeziehung Australiens, Neuseelands, vor allem aber Indiens stellte aus japanischer Sicht einen großen Schritt nach vorne dar – vor allem einen Schritt heraus aus der uneingestandenen, aber fast omnipräsenten japanisch-chinesischen Bipolarität, die andere Formen und Foren regionaler Zusammenschlüsse bestimmt. Bemerkenswert war zudem, dass sich Japan und China einig waren, „zunächst" ohne amerikanische Teilnahme zu tagen – was aus japanischer Sicht freilich die Erörterung sicherheitspolitischer Fragen weitgehend ausschloss. Durchaus zeichenhaft war, dass der Gipfel in einem „neutralen" ASEAN-Mitgliedsland, in Malaysia, stattfand. Auch dies kann als Ausdruck des Willens verstanden werden, einer genuin asiatischen Form des *community building* eine Chance zu geben. Noch ist es zu früh, aus den – sehr bescheidenen – Gipfelergebnissen weit reichende Schlussfolgerungen über die Zukunft des Formats zu ziehen. Die Antwort auf die Frage, welches denn das beste und zukunftsweisende Forum regionaler Kooperation für China und Japan sei, wird noch für eine Weile offen bleiben. Der EAS bleibt aber ein ernsthafter Kandidat, vielleicht der am meisten Erfolg versprechende. Ein solches Projekt braucht Zeit – auch ASEAN hat fast 15 Jahre benötigt, um den heutigen Stand zu erreichen. Das Fehlen sicherheitspolitischer Fragen auf der EAS-Tagesordnung, d.h. das Fehlen der eigentlich brennenden Themen, kann man positiv oder negativ auslegen. Mittelfristig werden sie sicher auch Thema des EAS bzw. einer künftigen „East Asian Community" sein müssen, wenn diese eine Zukunft haben soll.

8 Schlussfolgerungen

Ein bleibendes Ergebnis der japanischen Außenpolitik der Ära Koizumi ist die selbstbewusstere und risikofreudigere internationale Präsenz des Landes. Der permanente Sitz im Sicherheitsrat der Vereinten Nationen wäre nur der Schlussstein in dem Gebäude, das Koizumi in den letzten Jahren errichtet hat. Regional setzt Japan auf funktionale Integration – auch und gerade in der Kälteperiode der japanisch-chinesischen Beziehungen – international auf mehr Kohärenz aller Politikfelder, einschließlich der Entwicklungshilfe. Auch in der japanischen Gesellschaft ist die Bereitschaft weiter entwickelt, die internationale Verantwortung zu übernehmen, die dem Land als zweitgrößter Volkswirtschaft der Welt nolens volens zufällt. Das kann als „Normalisierung“ einer lange von Nachkriegseinschränkungen gebremsten Politik verstanden werden.

Dies alles erscheint freilich kaum geeignet, das Gefühl der strukturellen Konkurrenz auf Seiten Chinas zu verringern. Unkalkulierbar bleibt zudem die Perzeption des chinesisch-japanischen Dualismus, die sich auch in Japan stark entwickelt hat und zuweilen andere Politikansätze überlagert. Aber in Japan lebt zugleich jene Tradition des Ausgleichs fort, die mit dem Namen des früheren Premierministers Takeo Fukuda verbunden bleibt: Die Fukuda-Doktrin zielte auf Verständigung mit den asiatischen Nachbarn, Ausgleich und wirtschaftliche Verflechtung als Grundlage japanischer Asien-Politik.

Worin könnte ein hilfreicher europäischer Beitrag liegen? Die EU als politischer, gar geostrategischer Akteur wird in Japan bisher nur unvollkommen wahrgenommen. Daher rührt die – für die Europäer nicht unbedingt schmeichelhafte Formel: *Primum non nocere*. Doch ist diese Einstellung weniger verbreitet als noch vor wenigen Jahren, und es setzt sich mehr und mehr der Wille zu einem vertieften strategischen Dialog mit den Europäern durch. Zudem wird erkannt, dass der spezifische europäischer Erfahrungsschatz in Sachen regionaler Integration nähere Betrachtung verdient – womit keinerlei Gesichtsverlust verbunden wäre. Besonderes Interesse besteht an einem engen Austausch mit der EU und ihren Mitgliedstaaten über China und seine künftige Rolle in Asien und im globalen Rahmen. Hierauf sollten wir eingehen.

Formen regionaler Kooperation und funktionaler Integration – ob von Japan oder China propagiert – verdienen naturgemäß unser besonderes Interesse. Dieses Interesse kann und muss auch ein kritisches sein, sofern es sich um nicht transparente und nicht „inklusive“ Formen der Zusammenarbeit handelt. Gewisse Tendenzen im Zusammenhang mit regionalen Freihandelsabkommen beider Länder mahnen uns zur Vorsicht.

Die europäische Politik gegenüber Japan und China kann und darf sich nicht auf eine künstliche „Äquidistanz“ reduzieren lassen. Ebenso wenig sind wir zu Schlichtern oder Vermittlern im chinesisch-japanischen Verhältnis berufen. In einer zunehmend interdependenten Welt gilt statt des Prinzips der „gleichen Distanz“ vielmehr das der „angemessenen Nähe“ – je nach Politikfeld und Interessenlage. Wir haben nicht die Wahl zwischen Japan und China, sondern zwischen verschiedenen Modellen integrationsfördernder oder -hemmender Zusammenarbeit mit beiden Ländern. Die EU kann im japanisch-chinesischen Verhältnis nicht als Ratgeber und gar Lehrer wirken, die Zusammenarbeit mit ihr aber wohl eine positive katalytische Wirkung auf die beiden großen Mächte Ostasiens und ihre Beziehungen untereinander haben.

Japans Streben nach einem ständigen Sitz im UNO-Sicherheitsrat: Eine unendliche Geschichte?

Kerstin Lukner[1]

1 Einleitung

Im letzten Jahr wurden die Vereinten Nationen (UN) sechzig Jahre alt. Das runde Jubiläum wurde im September 2005 auf Ebene der Staats- und Regierungschefs in New York begangen. Bei diesem Anlass hätte nach dem Willen von UN-Generalsekretär (GS) Kofi Annan auch eine Blaupause zur Reform des Sicherheitsrates (SR) von den Staatslenkern dieser Welt abgesegnet werden sollen. So weit ist es aufgrund unüberbrückbarer Unterschiede zwischen verschiedenen Konzepten zur Neustrukturierung des SR einerseits und dem Einfluss der prinzipiellen Reformgegner andererseits zwar nicht gekommen, doch entspann sich im Vorfeld der Gipfelkonferenz vom September 2005 eine ebenso lebhaft wie auch kontrovers geführte Reformdebatte, an der sich Japan, das seit langem auf einen ständigen Sitz im SR hofft, engagiert beteiligte. Während sich Tokyo im letzten Drittel des vergangenen Jahres weiterhin zuversichtlich zeigte und an seinem Ziel – der baldigen Umsetzung einer Ratsreform – festhielt, haben die ersten Monate des Jahres 2006 diesen Optimismus vorerst zunichte gemacht. Tatsächlich kann der Realisierung des von Japan seit mehreren Dekaden gehegten Wunsches nach Dauermitgliedschaft im SR derzeit kaum eine Chance eingeräumt werden.

Im vorliegenden Artikel werden zunächst die gewichtigsten Gründe dargelegt, die für die Neustrukturierung des SR sprechen. Anschließend liegt der Fokus der Betrachtung auf dem Reformdiskurs der Jahre 2003 bis 2006 und auf Japans intensiven Anstrengungen zur Erreichung der ständigen Mitgliedschaft im obersten Entscheidungsgremium der UN. Hier werden einerseits die Vorschläge einer japani-

[1] Die Autorin dankt der Canon Foundation in Europe für ihre freundliche Unterstützung.

schen Expertengruppe zur UN-Reform vorgestellt. Andererseits wird das tatsächliche Agieren der japanischen Regierung erläutert. Weiterhin findet der Einfluss jener Staaten(gruppen) Berücksichtigung, die sich Tokyos Ambitionen erfolgreich in den Weg gestellt haben. Der Artikel schließt mit einer kurzen Bewertung der Rolle Japans bei der gescheiterten Reform des SR und mit einem Hinweis auf ein weiteres UN-Gremium, in dem Tokyos kontinuierliche Mitarbeit nun umso sinnvoller erschiene.

2 Warum eine Neustrukturierung des Sicherheitsrates?

Die Reform des SR gilt als wichtiges Teilstück einer umfassenden UN-Reform. Die Idee der Umstrukturierung des einflussreichsten UN-Hauptorgans[2] stößt bei der breiten Mehrheit der UN-Mitglieder auf grundsätzliche Zustimmung. Gründe für die SR-Reform gibt es viele. Zum einen gilt die Zusammensetzung des 15-köpfigen Rates längst als anachronistisch. Seine Arbeit wird bis heute von den fünf Gewinnern des Zweiten Weltkrieges bestimmt, die als einzige Staaten unter den mittlerweile 192 UN-Mitgliedern einen ständigen Sitz im SR innehaben und deshalb auch als „permanent five" (P5) bezeichnet werden. Die übrigen zehn nichtständigen Ratssitze werden für eine zwei Jahre andauernde, nicht sofort verlängerbare Amtszeit durch Wahlen und nach einem festen regionalen Verteilungsschlüssel besetzt. Der Status als Großmacht basiert bei einigen der P5-Staaten heute vor allem auf ihrer ständigen Mitgliedschaft im SR (sowie dem Privileg, zu den anerkannten Atommächten zu gehören), während er realpolitisch kaum mehr vorzufinden ist. Demgegenüber haben andere UN-Mitglieder – unter ihnen die ehemaligen Feindstaaten[3] Japan und Deutschland – in den letzten Dekaden deutlich an globalem Gewicht gewonnen. In der Zusammensetzung des SR spiegeln sich diese weltpolitischen Veränderungen bislang jedoch nicht wider.

Die P5-Staaten China, Großbritannien (GB), Frankreich, Russland und die USA dominieren die Arbeit des SR aber nicht nur aufgrund der perfekten Beherrschung der im SR geltenden Verfahrensregeln und ihres langjährigen Erfahrungsvorsprungs. Noch schwerer wiegt die Tatsache, dass ausschließlich die ständigen Mitglieder des SR über ein sog. Vetorecht verfügen. Es ermächtigt sie dazu, nahezu alle Entscheidungen des SR mit einem „Nein" blockieren zu können. Im äußersten denkbaren Fall hätte eine Gegenstimme aus den Reihen der ständigen Mitglieder folglich mehr Gewicht als der erklärte Mehrheitswille der übrigen 191 UN-Mitglieder. Damit widersprechen die Vetobefugnisse der P5-Mitglieder dem ebenfalls in der UN-Charta

---

[2] Die weiteren Hauptorgane sind das Generalsekretariat, die Generalversammlung, der Wirtschafts- und Sozialrat sowie der Treuhandrat.

[3] Die UN wurden während des Zweiten Weltkrieges als ein Bündnis gegen die sog. Feindstaaten gegründet, zu denen Japan, Deutschland und eine Hand voll weiterer Staaten gehörten. Dies spiegelt sich bis heute in den Artikeln 53 und 107 der UN-Charta wider.

festgeschriebenen Grundsatz der souveränen Gleichheit aller Staaten. Nach dem Dafürhalten zahlreicher UN-Mitglieder gehören sie folglich abgeschafft oder doch zumindest modifiziert. Die P5-Staaten, unter denen sich mit Frankreich, GB und den USA auch drei gefestigte Demokratien befinden, sträuben sich indes, ihre Vetoprivilegien aufzugeben.

Ein weiterer Kritikpunkt an der Struktur des SR betrifft die als sehr ungleich zu bezeichnende Verteilung der Ratssitze auf die fünf Regionalgruppen der UN, d.h. auf Afrika, Asien, Lateinamerika sowie West- und Osteuropa. Während insgesamt fünf der 15 Sitze im SR von den Staaten Westeuropas[4] eingenommen werden, fallen den übrigen Regionen nur zwei bis drei Ratssitze zu. Wirft man einen Blick auf die Distribution der ständigen SR-Sitze, wird ein noch größeres geografisches Ungleichgewicht deutlich: Während die Staaten Westeuropas drei der einflussreichen ständigen Ratssitze auf sich vereinen können, fällt Osteuropa und Asien jeweils nur ein ständiger Sitz zu. Afrika und Lateinamerika sind bei der Verteilung der ständigen Ratssitze überhaupt nicht berücksichtigt und verfügen im SR weder über einen ständig anwesenden Vertretungsstaat noch über die Möglichkeit, unliebsame Entscheidungen mit einem Veto blockieren zu können (vgl. auch Tabelle 1).[5]

Damit scheinen letztlich die reichen Industriestaaten des Westens sowie die Staaten der nördlichen Hemisphäre im SR überproportional viele Mitspracherechte zu besitzen, während es den sog. Entwicklungsländern und den Staaten der südlichen Hemisphäre an Einflussnahme mangelt. Könnte dieser Missstand der ungleichen Repräsentation durch eine Neustrukturierung des SR behoben oder abgeschwächt werden, ginge damit möglicherweise auch eine Steigerung der Legitimationskraft der vom SR verfügten Entscheidungen einher. Denn heute sieht sich der Rat längst mit dem Problem konfrontiert, dass seine Beschlüsse keineswegs – wie in der Charta vorgesehen – von den UN-Mitgliedern stets aktiv in die Tat umgesetzt werden. Durch die Erhöhung der Zahl der Entscheidungsträger im SR, durch die Diversifizierung der Mitgliederstruktur und durch die Einbindung neuer global agierender Mächte könnte hier Abhilfe geschaffen werden. Diesem Gedanken steht allerdings die Warnung entgegen, dass sich der SR – wenn er eine „zu große“ Zahl von Entscheidungsträger umfasst – in endlosen Debatten verzetteln und seine Arbeit dadurch letztlich an Effektivität einbüßen könnte.

---

4 Auch Australien, Kanada, Israel, Neuseeland, die Türkei und die USA werden dieser Regionalgruppe zugeordnet.

5 Man darf sich trotz der Erläuterungen zu den regionalen Zugehörigkeiten keineswegs der Illusion hingeben, dass die ständigen Ratsmitglieder tatsächlich vorrangig im Interesse ihrer Region handelten. Vielmehr wird immer wieder der Eindruck bestätigt, dass sie im SR in erster Linie ihre nationalen Eigeninteressen verfolgen.

3 Japan und der Erweiterungsdiskurs in den 1990er-Jahren

In der Geschichte der UN konnte bisher erst einmal eine Umstrukturierung des SR durchgesetzt werden. Aufgrund des steilen Anstiegs der Zahl der UN-Mitglieder von 51 im Gründungsjahr 1945 auf 113 beschloss die Generalversammlung (GV) im Jahr 1963, die Zahl der nichtständigen SR-Sitze von den damals sechs auf insgesamt zehn aufzustocken. Da auch in den nachfolgenden Dekaden die Zahl der UN-Mitglieder kontinuierlich zunahm, folgten weitere Vorstöße, die eine Erweiterung der Mitgliederzahl des SR zum Ziel hatten. Von Erfolg gekrönt waren diese Initiativen allerdings nicht (Unser 2004: 98). Mit dem Ende des Kalten Krieges und der Überwindung des Systemkonflikts, der die UN zuvor in vielen Bereichen blockiert hatte, hielten zahlreiche UN-Mitglieder eine umfassende Reform des SR jedoch für umsetzbar. Als Premierminister Kiichi Miyazawa im Januar 1992 aufgrund der nichtständigen SR-Mitgliedschaft Japans (1992/93) am ersten – und bisher einzigen – SR-Gipfel auf Ebene der Staats- und Regierungschefs teilnehmen konnte, sprach auch er sich sehr deutlich für eine Erneuerung des SR aus:

> Since the Security Council is at the centre of United Nations efforts to maintain international peace and security, it is important to consider thoroughly ways to adjust its functions, composition and other aspects so as to make it more reflective of the realities of the new era. This is a process in which Japan is prepared to take an active part (Miyazawa 1992: 401).

Tatsächlich kann Japan bis heute zu den Hauptantriebskräften des Reformprozesses gezählt werden. Dies lässt sich nicht zuletzt auf Tokyos seit langem gehegten Wunsch zurückführen, bei einer Neustrukturierung des SR selbst mit einem einflussreichen ständigen Sitz bedacht zu werden.

In seinem vergleichsweise umfangreichen Positionspapier zur SR-Reform vom 6. Juli 1993, das Japan als Reaktion auf einen Aufruf der GV verfasst hatte, äußerte die Regierung jedoch nur vage Reformvorstellungen. Danach sollte der SR durch die Schaffung zusätzlicher ständiger wie auch nichtständiger Ratssitze auf maximal bis zu 20 Mitglieder erweitert werden. Zur konkreten Verteilung der Sitze auf Staaten und/oder Regionalgruppen äußerte sich die japanische Stellungnahme dabei ebenso wenig wie zur Frage, was künftig mit dem Vetorecht geschehen solle. Auch der eigene Anspruch auf einen ständigen Sitz im SR wurde zu diesem Zeitpunkt noch nicht explizit formuliert. Im Hinblick auf die Auswahl neuer ständiger Ratsmitglieder sah Japan allerdings den *Willen* und die *Fähigkeit* eines Landes, tatsächlich zum internationalen Frieden und zur Stabilität beizutragen, als die wichtigsten Prüfkriterien an. Wie auch die Aussage, dass Frieden und Stabilität längst im Zusammenhang mit wirtschaftlichen und nichtmilitärischen Faktoren zu betrachten seien, und die Angabe, dass neue ständige Ratsmitglieder in politischer, wirtschaftlicher oder anderer Hinsicht von globaler Bedeutung sein müssten, ließ sich dies als ein Hinweis auf Japans Wunsch nach ständiger SR-Mitgliedschaft interpretieren (vgl. UN-Dok. A/48/264). Zumindest ist es auffällig, dass der von Tokyo angedeutete Typus eines ständigen Ratsmitgliedes gut zu Japan selbst zu passen schien, das aufgrund verfassungsrechtlicher Vorgaben (Artikel 9) in seinen militärischen Handlungsmöglichkeiten deutlich eingeschränkt ist.

Während in Regierungskreisen zunächst noch Unstimmigkeit im Hinblick auf die Frage herrschte, ob man das eigene Anliegen in den UN offensiv vertreten solle, benannten acht von 75 UN-Mitgliedern in ihren an die GV gerichteten Positionspapieren Japan bereits als einen aussichtsreichen Kandidaten für einen ständigen Sitz im SR (Winkelmann 1997: 43). Unter ihnen befanden sich auch die USA, die Tokyos Ambitionen bis heute unterstützen. Die erste eindeutige Verkündung der japanischen Kandidatur erfolgte schließlich im Juni 1994 durch den damaligen UN-Botschafter Hisashi Owada in der „Open-Ended Working Group on the Question of Equitable Representation on and Increase in the Membership of the Security Council and Other Matters Related to the Security Council“ (OEWG), die 1993 als offene GV-Arbeitsgruppe zur Diskussion der wichtigsten Reformpunkte gegründet worden war. Im September 1994 bekräftigte der damalige Außenminister Yôhei Kôno Japans Streben nach einem ständigen Sitz im SR im Rahmen der Generaldebatte der GV mit den folgenden Worten: „Japan is prepared, with the endorsement of many countries, to discharge its responsibilities as a permanent member of the Security Council“ (Kôno 1995: 10). Nur Japan und Deutschland haben ihren Wunsch nach einem Dauersitz im SR bereits in einem so frühen Stadium der Reformdebatte geäußert und seither kontinuierlich weiter verfolgt.

Die Diskussionen in der OEWG führten dazu, dass der damalige Vorsitzende der Arbeitsgruppe, der malaysische UN-Botschafter Ismail Razali, im Frühjahr 1997 die erste Rahmenresolution zur SR-Reform vorlegte. Sein Erweiterungsmodell sah vor, dem SR fünf ständige und vier nichtständige Sitze hinzuzufügen und ihn so auf 24 Mitglieder aufzustocken. Von den fünf neuen ständigen Sitzen sollte je ein Sitz mit einem Entwicklungsland aus Afrika, Asien und Lateinamerika besetzt werden, während zwei Sitze an Industrienationen vergeben werden sollten (UN-Dok. A/AC.247/1997/CRP.1). In der Hoffnung, damit endlich eine Chance zur Realisierung der eigenen Dauermitgliedschaft im SR gefunden zu haben, unterstützte Japan den Razali-Plan trotz der Unterschiede zu seinen ursprünglichen Vorstellungen über die Größe des erweiterten SR. Der OEWG-Vorsitzende machte seinerseits deutlich, dass die für Industrienationen eingeplanten Sitze nach seinem Dafürhalten an Japan und Deutschland fallen sollten (Yamada 1997: 18). Obwohl das Razali-Modell darum bemüht war, möglichst viele Reformerwartungen zu berücksichtigen, verstärkte es doch vor allem den Zusammenhalt jener Mittelmächte, die eine Erweiterung der Kategorie der ständigen Ratsmitglieder strikt ablehnen. Mitte 1997 gründete sich um die UN-Botschafter Italiens und Pakistans der bis heute einflussreiche „Coffee Club“, der sich die Verhinderung der Schaffung neuer Dauersitze im SR zum Ziel gesetzt hat. Während die Oppositionsgründe der einzelnen Mitglieder dieser Gruppe zu divergieren scheinen, wollen die beiden Initiatoren des „Coffee Club“ insbesondere die mit einem ständigen Ratssitz verbundene außenpolitische Aufwertung ihrer „Rivalen“ Deutschland und Indien vereiteln und so die für ihre eigenen Staaten befürchteten Machteinbußen abwenden. Südkorea gehört ebenfalls zu den

Gründungsmitgliedern des „Coffee Club“. In Japan hat man Seouls dortige Mitgliedschaft lange Zeit jedoch nicht auf sich bezogen, sondern mit unterschiedlichen Erklärungsansätzen abzuschwächen versucht (Lukner 2006: 74). Tatsächlich wies Japans ehemaliger UN-Botschafter Yoshio Hatano in den 1990er-Jahren immer wieder darauf hin, dass seinem Land – anders als im Falle der anderen Kandidaten für einen ständigen SR-Sitz – keine Oppositionsmacht im Wege stehe (z.B. Hatano 1995: 107). Wie noch zu zeigen sein wird, handelte es sich hierbei um eine deutliche Fehleinschätzung.

Der Razali-Plan scheiterte schließlich noch im Jahr seines Erscheinens. 1998 bemühten sich Frankreich, GB, die USA, Deutschland und Japan in der vertraulich arbeitenden „P3+2-Gruppe“, basierend auf dem Razali-Plan, um die Ausarbeitung eines weiteren Reformmodells, doch misslang ihr Vorstoß schon aufgrund interner Differenzen (Andreae 2002: 184-185). Auch die anschließenden Treffen des informellen und von Japan und Deutschland maßgeblich mitgestalteten „Sake Club“[6], der alle strittigen Reformfragen getrennt voneinander diskutierte und zunächst bei jedem Reformpunkt zur Konsolidierung einer Mehrheitsmeinung beitragen wollte (Satô 2001: 21), brachten keinen Durchbruch. Zur Jahrtausendwende hatte die Reformdiskussion deutlich an Dynamik verloren. Die grundsätzlichen Standpunkte waren längst ausgetauscht, doch im Hinblick auf die wichtigsten Reformfragen – Wie groß soll der SR werden? Soll er neue ständige SR-Sitze umfassen? Wie wird bei der Schaffung neuer Dauersitze mit dem Vetorecht verfahren? – war keine Einigung in Sicht. Die verheerenden Terroranschläge vom 11. September 2001 taten ihr Übriges dazu, dass die Reform des SR weiter an Bedeutung verlor und die Agenda der UN von anderen Themen beherrscht wurde.

4 Japan und der Erweiterungsdiskurs in den Jahren 2003 bis 2006

Neuen Schwung bekam die Debatte erst im Zusammenhang mit dem Irakkrieg von 2003. Nachdem die USA den Willen des SR missachtet und ihren Feldzug gegen Saddam Hussein und seine angeblichen Massenvernichtungswaffen letztlich ohne die völkerrechtliche Legitimierung durch ein eindeutiges SR-Mandat begonnen hatten, stürzten die UN in eine tiefe Krise. Gleichzeitig rief diese Entwicklung jedoch jene Kräfte auf den Plan, die die Weltorganisation nicht in die Bedeutungslosigkeit entlassen wollten, sondern die Stärkung der UN nun als umso wichtiger einstuften. Hierzu gehörte neben GS Annan, der im September 2003 die Gründung eines „High-Level Panel on Threats, Challenges and Change“ („Hochrangige Gruppe für Bedrohungen, Herausforderungen und Wandel“) verkündete, auch die japanische Regie-

---

6 Es waren wohl die Anhänger des „Coffee Club“, die diesen informellen Treffen den Titel „Sake Club“ verliehen haben (Satô 2001: 21). Der ehemalige UN-Botschafter Yukio Satô deutete die Bezeichnung als Hinweis auf Japans Führungsrolle bei den Reformbemühungen (Satô 2003: 165).

rung, die ihre Pläne zur Einberufung eines „Weisenrates zur UN-Reform" (*Kokuren kaikaku ni kansuru yûshiki kondan kai* – KKYK) schon im August erläutert hatte.

4.1 Japans Weisenrat zur UN-Reform: Vorschläge und Umsetzung

Dem zehnköpfigen Weisenrat saß mit Professor Yôzô Yokota, der u.a. als Berater des Rektors der Universität der Vereinten Nationen in Tokyo tätig ist, ein ausgesprochen versierter UN-Experte vor. Die weiteren Diskutanten kamen teils von Universitäten und den UN, teils aus der Wirtschaft, der Presse sowie dem Gewerkschafts- und Stiftungswesen. Auch die damals amtierende Außenministerin Yoriko Kawaguchi nahm an den meisten Treffen der Expertenrunde teil, ohne allerdings offiziell Mitglied des Weisenrates zu sein. Doch gab sie ihm vier zu besprechende Themen vor: die Reform des SR, die Abschaffung der Feindstaatenklauseln, administrative und budgetäre Reformen und die Erhöhung der Anzahl japanischer Mitarbeiter bei den UN (Gaimushô, 18.09.2003). Am 28. Juni 2004 stellte der „Weisenrat zur UN-Reform" nach insgesamt sieben Arbeitstreffen, die im Zeitraum von September 2003 bis Mai 2004 zu unterschiedlichen Reformaspekten abgehalten worden waren, seinen Abschlussbericht vor. Er trug den Titel „Die Rolle der UN im 21. Jahrhundert und Maßnahmen zu ihrer Stärkung" (*nijû isseiki ni okeru kokuren no yakuwari to kyôka saku*).

In seinem Report ging der Weisenrat am ausführlichsten auf die Reform des SR ein, ohne allerdings zu deutlich anderen Standpunkten zu kommen, als sie die japanische Regierung ohnehin schon vertrat. So sollten jene UN-Mitglieder, die den Willen und die Fähigkeit aufwiesen, für den internationalen Frieden und die weltweite Sicherheit globale Verantwortung zu übernehmen, als ständige Mitglieder in den SR aufsteigen. Nach dem Dafürhalten des Weisenrates hätte die Legitimität der UN dabei insbesondere durch die Aufnahme atomwaffenfreier Staaten gesteigert werden können. Im Hinblick auf die Auswahl der zusätzlichen Dauermitglieder wies der Weisenrat auf die Existenz verschiedener Optionen hin und erläuterte dann ausführlicher die Möglichkeit, vor allem die für Frieden und Sicherheit erbrachten Leistungen der Kandidaten zu berücksichtigen. Beispielhaft zählte er hier die Bereiche personelle und finanzielle Beiträge, Engagement bei der UN-Friedenssicherung und Flüchtlingshilfe sowie Leistungen im Rahmen der Konfliktprävention und Friedenskonsolidierung auf. Die Kategorie der nichtständigen SR-Mitglieder sollte in der Einschätzung des Weisenrates unter Berücksichtigung eines fairen geografischen Verteilungsschlüssels nur minimal erweitert werden. Konkrete Angaben zur Zahl der neu zu schaffenden SR-Sitze machte die Expertenrunde allerdings für keine der beiden Sitzkategorien, doch vertrat sie die Meinung, dass das Vetorecht auf neue ständige SR-Mitglieder übertragen werden sollte. Mit seinen recht generellen Vorschlägen zur künftigen Struktur des SR scheint der „Weisenrat zur UN-Reform" die grundsätzliche Haltung der japanischen Regierung wiederholt und bestärkt zu haben. Nur der Hinweis darauf, dass bei der zur Neustrukturierung des SR anstehenden Chartarevision Maßstäbe (*kijun*) für die Auswahl zusätzlicher ständiger Ratsmitglieder festgehalten werden sollten, kann als ein neuer Vorschlag gewertet werden (KKYK 2004: 1).

Positiv hervorzuheben sind allerdings die Empfehlungen, die das Expertengremium zur Umsetzung von UN-Reformen aufzählte. Zum einen rief es die japanische Regierung auf, bei den Bemühungen zur Neugestaltung des SR politische Führungsstärke zu zeigen. So müsste die Reform als diplomatisches Prioritätsthema eingestuft und die notwendigen personellen und finanziellen Ressourcen müssten zur Verfügung gestellt werden. Ferner regte die Gruppe um Professor Yokota an, unter Leitung des Premier- und Außenministers eine „Zentrale für Maßnahmen zur Stärkung der UN“ (*kokuren kyôka taisaku honbu*) einzurichten und einen „Botschafter verantwortlich für die Stärkung der UN“ (*‚kokuren kyôka' tantô taishi*) zu berufen. Darüber hinaus sollte Japan seine zweijährige Amtszeit als nichtständiges SR-Mitglied (2005/06) nutzen, um im obersten Entscheidungsgremium der UN eine gewinnbringende Rolle zu spielen. Auch hierfür müssten entsprechende Geldmittel sowie das notwendige Personal bereitgestellt werden. Weiterhin wies der Weisenrat darauf hin, dass Tokyo seine Beratungen mit den für die SR-Reform relevanten Staaten rasch vorantreiben und Japans diplomatische Beziehungen auf bi- und multilateraler Ebene weiter vertiefen müsse. Denn die für die SR-Reform notwendige Chartaänderung, so betonte die Weisengruppe, setze immerhin die Zustimmung von mindestens 128 Staaten oder zwei Dritteln aller UN-Mitglieder voraus. Abschließend hob das Gremium noch den erweiterten Handlungsradius des SR hervor, der den Bereich der traditionellen Sicherheitspolitik überschritten habe und längst entwicklungspolitische und humanitäre Aspekte einschließe. Japan müsse nun in Wort und Tat demonstrieren, dass es auf diesen unterschiedlichen Gebieten eine tragende Rolle spiele. Human Security, Friedenskonsolidierung, Entwicklungskooperation und Friedenssicherung wurden in diesem Zusammenhang vom „Weisenrat für die UN-Reform“ als wichtige Bereiche oder Politikressorts herausgegriffen, in denen Japan sein Engagement beibehalten oder ausbauen müsse (KKYK 2004: 1-3).

Die Regierung scheint sich in den Folgemonaten tatsächlich um die Umsetzung verschiedener Vorschläge bemüht zu haben. Während die Steigerung des japanischen Einsatzes in den gerade genannten Politikressorts innerhalb eines kurzen Zeitraums kaum durchführbar (und somit schwer messbar) ist, fällt die Schaffung neuer Posten hingegen schnell ins Auge. Zunächst ernannte Premierminister Jun'ichirô Koizumi die im September 2004 aus dem Amt scheidende Außenministerin Kawaguchi zu seiner Beraterin für die SR-Reform (*Economist*, 02.10.2004: 57). In ihrer neuen Position hielt Kawaguchi u.a. bei verschiedenen Anlässen Vorträge über Japans Position zur Reform der UN im Allgemeinen und zur Erneuerung des SR im Besonderen.[7] Weiterhin berief das Außenministerium Ende März 2005 – als die Reformdiskussion in eine „heiße Phase“ eintrat – insgesamt fünf ehemalige und einen amtierenden Botschafter zu regionalen Sonderbeauftragten für die UN-Reform (*kokuren kaikaku chiiki tantô taishi*). Sie wurden damit betraut, in ihren jeweiligen Ziel-

---

7 Beispielsweise hielt sie am 16. Februar 2005 bei der Foreign Policy Association in New York einen Vortrag zum Thema „The Future of the United Nations“.

regionen, d.h. in Afrika, im asiatisch-pazifischen Raum, in Europa, Lateinamerika und im Mittleren Osten, im Hinblick auf die von Japan angestrebten Reformen um Unterstützung und Kooperation zu werben (Gaimushô, 25.03.2005). Vermutlich wurde Nordamerika (mit den USA als dem bedeutendsten Akteur) von dieser Kampagne ausgenommen, da Washington die japanischen Ambitionen nach ständiger Mitgliedschaft im SR ohnehin voll unterstützt. Die Entsendung von zwei Sonderbeauftragten nach Europa lässt sich einerseits damit erklären, dass die Staaten dieses Kontinents in den UN immer noch in die beiden Regionalgruppen West- und Osteuropa aufgeteilt sind, andererseits aber auch damit begründen, dass japanische Beobachter das größte Reformhemmnis lange Zeit in der Unfähigkeit der europäischen Staaten gesehen haben, sich auf ein gemeinschaftliches Reformmodell zu verständigen.[8] Japans Anstrengungen zur Durchsetzung einer SR-Reform wurden im Mai 2005 kurz vor Bekanntgabe des Reformvorschlags der sog. „Group of Four" (G4) noch einmal intensiviert, als die Regierung 116 ihrer 122 weltweit tätigen Botschafter zu einem dreitägigen Treffen nach Tokyo einfliegen ließ. Dort wurden sie von Außenminister Nobutaka Machimura zur weiteren Steigerung ihrer Lobbyarbeit aufgerufen: „This is the day we will begin our full-scale action. I hope you will make your utmost to persuade top government officials of each nation to gain support." Gleichzeitig suchte die Regierung mit Hilfe der Angaben der angereisten Botschafter eine erste Antwort auf die Frage, wie viele Staaten die japanische Kandidatur für einen ständigen Sitz im SR bei einer Abstimmung in der GV tatsächlich unterstützen würden (JT, 17.05.2005).

Damit stufte die Regierung die Reform des SR – wie vom Weisenrat angeregt – tatsächlich als außenpolitisches Prioritätsthema ein und scheute kaum Kosten und Mühen, um ihrem Ziel, der Dauermitgliedschaft im SR, endlich näher zu kommen. So bemerkte auch UN-Kenner Edward C. Luck: „[The] Japanese campaign appears to be particularly energetic, well organized, and well funded" (Luck 2005: 10). Darüber hinaus lassen sich im Hinblick auf die vom Expertengremium angeregte Verbesserung und Vertiefung der auswärtigen Beziehungen Japans verschiedene Ereignisse benennen. Nur wenige Tage nach der Tsunami-Katastrophe vom Dezember 2004 erklärte Premierminister Koizumi beispielsweise, dass sein Land rasch Hilfszahlungen in Höhe von US$ 500 Millionen zur Verfügung stellen wolle, was zunächst die größte Spendensumme darstellte. Zudem gehörte Japan zur Kerngruppe jener Staaten, welche die Hilfe für die Flutopfer anfangs koordinierten (JT, 07.01.2005). Ferner äußerte Koizumi, der durch seine jährlichen Besuche am umstrittenen Yasukuni-Schrein[9] insbesondere in Asien für Unmut sorgt und durch sein Verhalten eindeutig zur Belastung der Beziehungen Japans zu China und Südkorea beigetragen hat, im Rahmen des Asien-Afrika-Gipfels Ende April 2005 eine unge-

8 So äußerte sich beispielsweise UN-Experte und Generalkonsul Takahiro Shinyo in einem Interview mit der Autorin am 30.01.2003 in Düsseldorf.

9 Der Yasukuni-Schrein dient dem Gedenken an etwa 2,5 Millionen Kriegstote, die dem japanischen Militär angehört hatten. Umstritten ist der Schrein vor allem, weil 1978 auch 14 japanische Kriegsverbrecher in die Liste der dort Verehrten aufgenommen wurden.

wöhnlich deutliche Entschuldigung für die zurückliegenden Kriegsgräueltaten seines Landes. Gleichzeitig verkündete er das Vorhaben seiner Regierung, die Entwicklungshilfezahlungen an afrikanische Staaten in den nächsten drei Jahren zu verdoppeln (JT, 23.04.2005).

Ob die gerade genannten Entscheidungen wirklich primär durch den Bericht des „Weisenrates zur UN-Reform" motiviert wurden, lässt sich nicht eindeutig feststellen und bleibt letztlich offen. Doch zumindest hat die Regierung damit im Sinne der Expertengruppe gehandelt. Dies gilt auch im Hinblick auf die Gründung der G4 im September 2004, als sich Brasilien, Deutschland, Indien und Japan darauf verständigten, gegenseitig ihre jeweilige Kandidatur für einen ständigen Sitz im SR zu unterstützen und ihren gemeinsamen Ambitionen künftig im Viererverbund, der G4, größeren Nachdruck zu verleihen (MOFA, 21.09.2004).[10]

4.2 Die beiden Reformmodelle der Hochrangigen Gruppe für Bedrohungen, Herausforderungen und Wandel

Kurz nachdem die Einberufung des japanischen „Weisenrates zur UN-Reform" bekannt geworden war, kündigte GS Annan im September 2003 ebenfalls die Schaffung eines UN-Reformgremiums an. Die von ihm Ende 2003 eingesetzte Hochrangige Gruppe für Bedrohungen, Herausforderungen und Wandel sollte zu zahlreichen dringenden Fragen Lösungsvorschläge ausarbeiten – auch zur Reform des SR. Mit der ehemaligen Hohen Kommissarin der UN für Flüchtlinge und jetzigen Kovorsitzenden der „Commission on Human Security", Sadako Ogata, war in dem Panel auch eine international hochgeschätzte Japanerin vertreten. Die Regierung in Tokyo befürwortete die Initiierung des UN-Expertengremiums ausdrücklich und stellte ihm in der Hoffnung, dass die SR-Reform nun energisch vorangetrieben würde, insgesamt US$ 1 Million für seine Arbeit zur Verfügung (MOFA, 19.03.2004). Später wurde auch der Bericht des japanischen „Weisenrates zur UN-Reform" als Diskussionsanregung an die Hochrangige Gruppe weitergeleitet (Kawaguchi, 06.07.2004). Ein Jahr nachdem das UN-Panel seine Arbeit aufgenommen hatte, veröffentlichte es Anfang Dezember 2004 seinen 101 Empfehlungen umfassenden Abschlussbericht mit dem Titel „A More Secure World: Our Shared Responsibility" (UN-Dok. A/59/565). Zur Reform des SR bezog die Hochrangige Gruppe darin allerdings keine eindeutige Position.

Vielmehr zeigte das UN-Expertengremium zwei alternative Modelle zur Neustrukturierung des SR auf, deren Gemeinsamkeiten sich auf die 24 Mitglieder umfassende Gesamtgröße des zu schaffenden Rates, die Neudefinition dreier Regionalgruppen (Asien-Pazifik, Gesamteuropa, Gesamtamerika), die ausgewogene geografische Verteilung der Ratssitze (sechs pro Region) und verschiedene Kriterien zur

[10] Relativ unklar ist, welcher Staat die Gründung der G4 initiiert hat. Da Tokyo und Berlin in den 1990er-Jahren bereits gemeinsam in verschiedenen Reformgruppen („P3+2" und „Sake Club") dieselbe Zielsetzung verfolgt hatten, liegt zumindest die Mutmaßung nahe, dass sie bei der Entscheidung zur Schaffung der G4 die treibenden Kräfte waren.

Auswahl der SR-Mitglieder beschränkten. Modell A schlug weiterhin vor, den SR um sechs ständige vetofreie Sitze zu erweitern und dabei jeweils zwei Sitze an afrikanische und asiatisch-pazifische Staaten sowie jeweils einen Sitz an amerikanische und europäische Staaten zu vergeben. In der Kategorie der nichtständigen Ratssitze sollte den (gesamt)europäischen Staaten ein Sitz aberkannt, dafür aber den Staaten der asiatisch-pazifischen und afrikanischen Region je ein neuer Sitz zuerkannt werden. Auch (Gesamt-)Amerika sollte zwei weitere Sitze erhalten (vgl. Tabelle 1). Die Schaffung zusätzlicher ständiger Ratssitze war nach Modell B hingegen nicht vorgesehen. Stattdessen sollten neben einem einzigen neuen nichtständigen Sitz acht semipermanente Sitze mit einer sofort verlängerbaren vierjährigen Amtszeit eingerichtet und geografisch ausgewogen besetzt werden (UN-Dok. A/59/565).

Es muss als sehr ungewöhnlich bezeichnet werden, dass die UN-Expertenrunde hier zwei Alternativen zur Wahl stellte und keine Präferenz deutlich machte. Zunächst scheint die Mehrheit der Mitglieder der Hochrangigen Gruppe aber Modellvariante B – d.h. also die Schaffung semipermanenter Sitze – klar favorisiert zu haben (*Economist*, 24.07.2004; YS, 24.08.2005). Nachdem diese Information jedoch noch während der Beratungsphase an die Öffentlichkeit durchgesickert war, gingen die Mitglieder der G4 entschlossen und erfolgreich gegen diesen Vorschlag vor, der ihre Ansprüche so deutlich zurückwies (Weiss 2005: 34). Ferner ist anzunehmen, dass jene Mitglieder der UN-Expertengruppe, deren Regierungen ihrem Wunsch nach einem Dauersitz im SR längst Ausdruck verliehen hatten, auf der alternativen Nennung von Modell A beharrten (Fassbender 2005: 397).

GS Annan wies in seinen Ende März 2005 herausgegebenen (Reform-)Bericht „In Larger Freedom: Towards Development, Security and Human Rights for All" (UN-Dok. A/59/2005) ebenfalls auf die beiden Optionen der Hochrangigen Gruppe hin und fügte noch hinzu, dass die Umgestaltung des SR genauso auf Grundlage abweichender Modelle erfolgen könne. Damit mangelte es unter den unterschiedlich ausgestalteten und seit langem diskutierten Reformentwürfen nach wie vor an einem klaren Favoriten. Während sich Annan hier mit einer eindeutigen Empfehlung zurückhielt, wagte er im Hinblick auf die Regelungen zur Beschlussfassung der SR-Reform hingegen einen Vorstoß. Für den Fall, dass die Entscheidung nicht, wie bisher vorausgesetzt, im Konsens gefällt werden könne, sollte ein Mehrheitsbeschluss für die Durchsetzung der Ratsreform ausreichen. Der GS rief die UN-Mitglieder ferner dazu auf, sich bis zum UN-Gipfeltreffen im September 2005 auf ein Reformmodell zu verständigen. Das Abrücken von der Konsensregelung sowie die Nennung eines klaren und eng gefassten Zeitrahmens stießen in Tokyo sicherlich auf Zustimmung, denn beides sollte dazu dienen, die Reformblockade zu überwinden und nach einer sich mehr als eine Dekade hinschleppenden Diskussion endlich eine Entscheidung herbeizuführen. Ferner berichteten japanische Medien, dass der GS am Tag der Bekanntgabe seines Reformpapiers Japan als künftiges Dauermitglied im SR ausmachte (JT, 23.03.2005), auch wenn er sich anschließend um eine Relativierung seiner Aussage bemühte. Wie auch sein Amtsvorgänger Boutros Boutros-Ghali hatte Annan Japans Aufstieg in den Kreis der ständigen Ratsmitglieder in aller Öffentlichkeit befürwortet.

4.3 Japan und das Reformmodell der G4

Japan und die anderen drei Mitglieder der G4 hatten nach Gründung ihrer Allianz zunächst noch kein konkretes Reformkonzept vertreten. Ihre Hauptforderung konzentrierte sich auf die Schaffung mehrerer zusätzlicher vetobewehrter Dauersitze im SR, die sie dann gemeinsam mit einem oder mehreren Staaten aus Afrika einnehmen wollten. Erwartungsgemäß machte die G4 nach der Veröffentlichung des Berichtes der Hochrangigen Gruppe für Bedrohungen, Herausforderungen und Wandel ihre Präferenz für Reformvariante A deutlich, hielt dabei aber an der Forderung nach Ausweitung des Vetorechtes auf neue ständige Ratsmitglieder fest. Nach der Bekanntgabe des Berichts von GS Annan machten sich Brasilien, Deutschland, Indien und Japan schließlich daran, auf Grundlage von Modell A ihre eigene Reformblaupause zu entwickeln. Dieser Vorstoß wurde zunächst als aussichtsreich eingestuft, denn nach Zählung des japanischen UN-Botschafters Kenzô Ôshima hatten sich zu Beginn des Jahres 2005 bereits um die 120 UN-Delegationen – d.h. nahezu die für eine Chartarevision benötigte Zweidrittelmehrheit – positiv über eine Ratsreform mit Erweiterung der beiden bekannten Sitzkategorien geäußert (Ôshima, 22.02.2005). Der von den G4-Staaten entwickelte und von Japan und Deutschland maßgeblich beeinflusste Reformplan (Fassbender 2005: 398) wurde bereits Mitte Mai bekannt und am 6. Juli 2005 dann offiziell in der GV eingereicht.

Wie Tabelle 1 zeigt, orientiert sich ihr Reformentwurf stark an den Vorgaben des Modells A der Hochrangigen Gruppe für Bedrohungen, Herausforderungen und Wandel. Allerdings sah der G4-Plan einen 25 Sitze umfassenden Rat vor. Der Unterschied in der Gesamtzahl der Mitglieder schlägt sich in der Forderung nach vier (und nicht nur drei) neuen nichtständigen Sitzen nieder. Das von der UN-Expertenrunde vorgeschlagene Regionalsystem hatte die G4 in ihrer Reformskizze nicht berücksichtigt. Allerdings sah ihr Modell die Übertragung des Vetorechtes auf neue ständige Ratsmitglieder vor, wies aber gleichzeitig auf den Verzicht auf die Ausübung dieses Rechtes hin. Letztlich kam dies der Aufgabe der Forderung nach Ausweitung des Vetos gleich. 15 Jahre nach Umsetzung des Reformplans war zudem die Durchführung einer Überprüfungskonferenz beabsichtigt (UN-Dok. A/59/L.64). Zur reibungslosen Implementierung der von ihnen angestrebten Ratsreform planten die G4-Staaten drei Schritte ein: Erstens sollte die GV die Rahmenresolution zur SR-Reform annehmen, zweitens sollte die Gruppe der neuen ständigen Mitglieder gewählt und drittens sollte über die Chartarevision entschieden werden. Nach dem Willen der G4 hätte dieser Prozess im August 2005 abgeschlossen sein sollen (AS, 17.05.2005).

Die niedrige Zahl an Kosponsoren, die der G4-Zusammenschluss für seine Reformskizze gewinnen konnte, deutete bereits auf erste Schwierigkeiten bei den Verhandlungen hin. Mit insgesamt 27 Befürwortern fand das Reformmodell nur bei einem knappen Siebtel aller UN-Mitglieder explizite Zustimmung. Zwar hatte die G4 mit Frankreich zumindest ein P5-Mitglied für sich gewinnen können, doch waren weitere global oder regional besonders einflussreiche Staaten trotz der intensiven Lobbyarbeit Japans (und der anderen G4-Mitglieder) unter den 23 Kosponsoren kaum zu finden. Japans Außenminister Machimura hatte zwar in Asien aktiv für die Reformvorstellungen seiner Regierung geworben, doch unterstützten aus seiner Regionalgruppe lediglich Afghanistan, Bhutan und mehrere pazifische Inselstaaten den Reformentwurf der G4. In der lateinamerikanischen Regionalgruppe hatten Berlin, Brasilia, Neu-Delhi und Tokyo nur zwei Gleichgesinnte, in der afrikanischen Regionalgruppe nicht einen einzigen Verbündeten finden können.

Tabelle 1: Die Zusammensetzung des SR heute sowie nach den Reformplänen der Hochrangigen Gruppe für Bedrohungen, Herausforderungen und Wandel (Modell A) und der G4-Staaten

Kategorien der Mitgliedschaft	Zusammensetzung des SR seit 1965	Zusätzliche SR-Sitze nach Modell A der Hochrangigen Gruppe	Zusätzliche SR-Sitze nach dem Vorschlag der G4-Staaten
Ständige Mitglieder		**5 Sitze plus**	**5 Sitze plus**
Asien	China	2 Sitze (Asien-Pazifik)	2 Sitze (*Indien, Japan*)
Afrika	---	2 Sitze	2 Sitze
Lateinamerika	---	1 Sitz (Amerika)	1 Sitz (*Brasilien*)
Osteuropa	Russland		---
Westeuropa	Frankreich, GB, USA	1 Sitz (Europa)	1 Sitz (*Deutschland*)
Veto	ja	nein	Veto einfrieren
Nichtständige Mitglieder		**10 Sitze plus**	**10 Sitze plus**
Asien	2 Sitze	1 Sitz (Asien-Pazifik)	1 Sitz
Afrika	3 Sitze	1 Sitz	1 Sitz
Lateinamerika	2 Sitze	2 Sitze (Amerika)	1 Sitz
Osteuropa	1 Sitz		1 Sitz
Westeuropa	2 Sitze	**minus** 1 Sitz (Europa)	---
Gesamtzahl	**15 Sitze**	**24 Sitze**	**25 Sitze**

Quelle: Eigene Darstellung.

4.4 Reaktionen auf den G4-Plan: Oppositionsmächte und alternative Modelle

Während China im Hinblick auf die Neustrukturierung des SR lange Zeit eine abwartende Position eingenommen und sich auch zur japanischen Kandidatur nicht klar geäußert hatte, bezog es vor dem Hintergrund des an Dynamik gewinnenden Reformdiskurses im April 2005 erstmalig eindeutig Stellung und lehnte die Ambitionen seines Nachbarlandes explizit ab. Auch in der Bevölkerung entlud sich Unmut über Japans Drängen nach einem ständigen Sitz im SR. Bereits im März hatten chinesische Aktivisten eine Unterschriftenkampagne gegen die japanische SR-Kandidatur im Internet veröffentlicht, mit deren Hilfe innerhalb kürzester Zeit angeblich über 20 Millionen Stimmen gesammelt werden konnten. In der Einschätzung des stellvertretenden japanischen UN-Botschafters Shin'ichi Kitaoka handelte es sich bei der hohen Zahl von Unterschriften allerdings um ein manipuliertes Ergebnis (Kitaoka 2005: 55-56). Kurz darauf folgten in der ersten Aprilhälfte in mehreren

Städten der Volksrepublik antijapanische Großkundgebungen mit z.T. gewalttätigen Ausschreitungen (JT, 11.04.2005). Selbst vor dem UN-Hauptsitz in New York fand Ende April eine Demonstration gegen die japanische Kandidatur statt, an der sich etwa 300 Studenten chinesischer oder anderer asiatischer Herkunft beteiligten (AS, 23.04.2005). Zielscheibe der Entrüstung ist vor allem Japans im asiatischen Ausland nicht selten als unehrlich eingestufter Umgang mit seiner Geschichte. Zeichen mangelnder Vergangenheitsbewältigung sehen Japans Kritiker insbesondere in den jährlichen Aufwartungen Koizumis und anderer hochrangiger Politiker am Yasukuni-Schrein sowie in den jüngsten Veröffentlichungen von Schulbüchern für den japanischen Geschichts- und Staatsbürgerkundeunterricht, denen geschichtsrevisionistische Tendenzen vorgeworfen werden. So unterstrich auch Chinas Premierminister Wen Jiabao die Zurückweisung der japanischen Kandidatur wie folgt:

> Only a country that respects history, takes responsibility for past history, and wins over the trust of people in Asia and the world at large can take greater responsibility in the international community (FT, 12.04.2005).

Dass dies der einzige Anlass für Pekings Opposition ist, darf jedoch bezweifelt werden. Es fällt leicht, weitere Gründe zu nennen, die ebenfalls zur nachlassenden Sympathie Chinas gegenüber den japanischen Ambitionen geführt haben könnten. Zum einen hat Tokyo im Frühjahr 2005 erklärt, seine Entwicklungshilfezahlungen an die Volksrepublik, die lange Zeit zu den Hauptempfängern der japanischen Finanzmittel gezählt hatte, auslaufen zu lassen. Zum anderen streiten Tokyo und Peking seit einigen Jahren wieder intensiv um die territoriale Zugehörigkeit der Senkaku-(oder Diaoyu-)Inseln, die sich derzeit unter japanischer Kontrolle befinden, aber auch von China beansprucht werden. Die Entdeckung eines Öl- und Erdgasfeldes in der Nähe der Inseln hat den Disput zwischen den beiden stark rohstoffabhängigen Staaten verschärft, ohne dass eine einvernehmliche Lösung zurzeit in Sicht zu sein scheint. Weiterhin strebt Japan seit einigen Jahren eine deutliche Ausweitung seiner militärischen Rolle, wenn nicht gar die militärpolitische Normalisierung, an – eine Entwicklung, die in China mit Argwohn verfolgt wird. Japans militärpolitische Veränderungen zeigten sich zu Beginn der 1990er-Jahre zunächst in der Implementierung des sog. PKO-Gesetzes zur Teilnahme an UN-Blauhelmmissionen, dann Mitte des Jahrzehnts in der regionalen Ausweitung der japanisch-amerikanischen Sicherheitsallianz, im Jahr 2001 in der Entsendung der japanischen Selbstverteidigungsstreitkräfte zur Unterstützung der US-geführten Antiterrorallianz in den Indischen Ozean und 2004 schließlich in der Teilnahme japanischer Streitkräfte an Wiederaufbautätigkeiten und humanitären Hilfsleistungen im Irak. Zudem sieht die Ende 2004 herausgegebene überarbeitete Fassung der „Direktive für das Nationale Verteidigungsprogramm" (*bôei keikaku no taikô*) nicht nur eine aktivere Rolle Japans bei internationalen Friedenseinsätzen vor, sondern benennt China indirekt als potenzielle Bedrohung für das eigene Land. Seit seiner Amtseinführung im September 2005 hat Außenminister Tarô Asô diese Einschätzung bei verschiedenen Anlässen auch mit eindeutigen Worten bestätigt (z.B. JT, 23.12.2005). Hinzu kommt, dass auch die Revision des 9. Verfassungsartikels, der Japans militärische Aktivitäten bisher deutlich begrenzt, auf hoher politischer Ebene immer angeregter diskutiert wird. Ferner haben die Verteidigungs- und Außenminister Japans und der USA die friedliche Lösung der Taiwanfrage während ihres „2+2"-Treffens im Frühjahr 2005 als gemeinsames strategisches Interesse definiert, was von der Volksrepublik als unangebrachte Einmischung in ihre inneren Angelegenheiten interpretiert wird. Auch dem Raketenabwehrsystem, dessen Entwicklung Washington und Tokyo seit einigen Jahren gemeinsam vorantreiben, steht Peking misstrauisch gegenüber, könnte es nach seiner Fertigstellung doch theoretisch auch zum Schutze Taiwans eingesetzt werden. Vor dem Hintergrund dieser (Streit-)Punkte ist es nicht wirklich überraschend, dass sich China dem japanischen Streben nach ständiger SR-Mitgliedschaft in den Weg stellt. Im Hinblick auf das Gerangel der beiden Mächte um die Vormachtstellung in (Ost-) Asien kann Peking ebenfalls kein Interesse an der internationalen Aufwertung seines direkten Konkurrenten haben, die die Vergabe eines ständigen SR-Sitzes für Japan vermutlich aber bedeuten würde.

Auch wenn sich Chinas Ablehnung vor allem auf den von Japan geforderten Dauersitz im SR konzentrierte, ging die Volksrepublik gegen die gesamte G4-Allianz und deren Reformplan vor. So entsandte Peking im Frühjahr 2005 zahlreiche Regierungsvertreter nach Asien und Afrika, um dort nachhaltige Lobbyarbeit gegen die Annahme des G4-Modells zu betreiben (AS, 17.06.2005). Die Befürwortung der Konsensbeschlussfassung sowie die Ablehnung des von Annan angeregten engen (Reform-)Zeitfensters sollten vermutlich ebenso der Blockade einer SR-Reform nach den Vorstellungen der G4 dienen.[11] Damit schienen sich letztlich die Warnungen aus den Kreisen des UN-Generalsekretariats zu bestätigen, nach denen chinesisch-japanische Spannungen die Umsetzung einer SR-Reform ernsthaft gefährden könnten (FT, 12.04.2005). Es ist in der Tat bemerkenswert, dass sich Tokyo im Zusammenhang mit seinen Reformbemühungen nicht engagierter um die Verbesserung des bilateralen Verhältnisses zu China – einem Land, das im SR über ein Vetorecht verfügt und damit alle Entscheidungen zur Neustrukturierung des SR effektiv abwehren kann – bemüht hat. Vielmehr agierten Japans Politikgestalter so, als bestünden zwischen den stark belasteten Beziehungen der beiden Staaten einerseits und der begehrten ständigen Mitgliedschaft im SR andererseits keinerlei Verbindungen. Doch offenbar hatte Tokyo darauf vertraut, dass Chinas Einflusskraft in den UN zu gering ausgestaltet ist und sich das Land dem Reformprozess nicht allein in den Weg stellen würde. Einspruch gegen den G4-Plan war jedoch aus zahlreichen Lagern zu vernehmen, auch aus dem des engsten Verbündeten Japans, den USA.

Die USA wollten sich ebenso wenig wie China von GS Annan auf einen Termin zur Reform des SR festlegen lassen. Erwartungsgemäß stieß auch die nach dem Reformmodell des GS vorgesehene Größe des SR in Washington auf Ablehnung. Schließlich postulieren die USA seit langem, dass zugunsten der Beibehaltung der Effektivität des SR nur eine geringfügige Erweiterung hinnehmbar sei, sodass dem Gremium höchstens fünf bis sechs weitere Mitglieder hinzugefügt werden könnten.

---

[11] Tatsächlich warf China GS Annan vor, die Nennung einer Frist bis September sei durch die Politik Japans und Deutschlands beeinflusst worden (AS, 08.04.2005).

Da der G4-Entwurf diesen Minimalansatz ebenfalls ignorierte und die Aufnahme von insgesamt zehn neuen SR-Mitgliedern empfahl, war die Gegnerschaft der USA vorprogrammiert. Washington begnügte sich jedoch nicht damit, in Opposition zu gehen, sondern legte im Juni 2005 eine alternative Reformoption vor. Demnach sollte der SR um vier bis fünf Mitglieder erweitert werden; in der Kategorie der ständigen SR-Mitglieder war die Schaffung von zwei vetofreien Sitze vorgesehen. Im Hinblick auf die Auswahl der ständigen Mitglieder stellte Washington verschiedene Kriterien auf, mit deren Hilfe die Eignung der Kandidaten beurteilt werden sollte. Hierzu zählten neben der geografischen Lage eines Bewerberstaates insbesondere seine Bevölkerungsstärke und Wirtschaftskraft, seine militärischen Kapazitäten zur Unterstützung von UN-Blauhelmeinsätzen, seine finanziellen Beiträge an die UN, sein Engagement auf den Gebieten der nuklearen Nichtverbreitung und der Terrorismusbekämpfung sowie seine Haltung zu Demokratie und Menschenrechten. Nach dem Dafürhalten Washingtons entsprach ausschließlich Japan diesem Anforderungskatalog, sodass der Inselstaat von den USA als einziges Land für die Übernahme eines ständigen Ratssitzes vorgeschlagen wurde (AS, 17.06.2005). Vielleicht fühlte sich Tokyo im ersten Moment von dieser Offerte noch geschmeichelt, doch war man sich natürlich schnell darüber im Klaren, dass sowohl die US-amerikanischen Vorstellungen zur Größe des Rates wie auch der Vorschlag, zahlreiche Ansprüche an die Kandidaten für einen Dauersitz im SR zu stellen, in den UN auf Widerstand stoßen würden. Mit den ausschließlich Japan begünstigenden Vorschlägen schienen es die USA ohnehin hauptsächlich auf die Spaltung der G4 abgesehen zu haben. Premierminister Koizumi, wohl noch an den Erfolg des G4-Modells glaubend, erteilte dem US-Reformplan rasch eine deutliche Absage: „It's good for Japan, but not for the other nations of the G-4. The G-4 countries have to cooperate with each other and stand united" (JT, 18.06.2005).

Kurz nachdem die G4-Allianz Anfang Juli ihren eigenen Reformentwurf in die GV eingebracht hatte, riefen die USA in den UN dann zur Blockade des G4-Vorschlags auf: „We urge you [...] to oppose this resolution, and, should it come to a vote, to vote against it." Daraus ergab sich für Tokyo die widersinnige Situation, dass die USA die japanischen Ambitionen nach einem Dauersitz im SR zwar nach wie vor unterstützten, dass sie das von Tokyo favorisierte Restrukturierungsmodell jedoch strikt ablehnten. In der Tat zeigte man sich im japanischen Außenministerium überrascht, dass Washington nun aktive Lobbyarbeit gegen den G4-Vorschlag betrieb (JT, 14.07.2005). Die zahlreichen zur SR-Reform geführten Konsultationen zwischen den beiden Staaten hatten diese Entwicklung nicht verhindern können. Noch erstaunter dürften Japans Diplomaten allerdings Anfang August gewesen sein, als die USA ausgerechnet den Schulterschluss mit der Volksrepublik China suchten und mit ihr vereinbarten, künftig gemeinsam gegen den G4-Reformplan vorzugehen (SZ, 05.08.2005). Grundsätzlich stellt sich in diesem Zusammenhang die Frage, ob Japan überhaupt einen konkreten Nutzen aus Washingtons prinzipiellem Einverständnis mit dem von ihm angestrebten ständigen Ratssitz ziehen kann. Bardo Fassbender (2005: 401), Experte für Fragen zur Reform des SR, beantwortet dies wie folgt: „[...] the practical importance of that support is limited because surely Japan alone will not become a permanent member" (Fassbender 2005: 401).

Neben der Ablehnung durch drei einflussreiche P5-Staaten – im Laufe der Reformdebatte hatte sich Russland ebenfalls als Gegner des G4-Entwurfs zu erkennen gegeben – hatten die G4-Mitglieder auch mit der Opposition des „Coffee Club" zu kämpfen, der sich in Anlehnung an seine Forderung, die Konsensbeschlussfassung beizubehalten, mittlerweile den offiziellen Namen „Uniting for Consensus" gegeben hatte. Die Gruppe stellte in der zweiten Julihälfte ebenfalls einen Entwurf zur Erneuerung des SR vor, der ausschließlich die Schaffung weiterer zehn nichtständiger Sitze mit einer (eventuell) sofort verlängerbaren Amtszeit zum Inhalt hatte (UN-Dok. A/59/L.68). Zu den zwölf Staaten, die den Plan in die GV einbrachten, zählte auch das langjährige Mitglied der Gruppe, Südkorea. Der von Seoul entsandte UN-Botschafter hatte Ende März 2005 erstmals in aller Deutlichkeit verlauten lassen, dass er insbesondere die japanische Dauermitgliedschaft im SR ablehne, und diese Zurückweisung ähnlich wie China untermauert: Ein Land, das es versäumt habe, das Vertrauen seiner Nachbarn zu gewinnen, und das nicht über seine Geschichte nachdenke, könne in der internationalen Gemeinschaft keine Führungsrolle übernehmen (AS, 01.04.2005). Angesichts der expliziten Opposition aus Südkorea und China verlor das vormals von UN-Botschafter Hatano genannte Argument, Japan stünden keine regionalen Kontrahenten gegenüber, deutlich an Überzeugungskraft. Vielmehr erscheint es so, als ob die Kandidatur Japans mit den zunächst steigenden Erfolgsaussichten immer umstrittener wurde. Ende Juli gelangte der Inselstaat sogar ins Visier der italienischen Kritik, die sich bislang auf Deutschland konzentriert hatte. Rom, das neben Islamabad die Führung der Gruppe „Uniting for Consensus" innehat, warf Tokyo indirekt vor, unter Androhung des Entzugs von Hilfsgeldern Einfluss auf die Entscheidungsfindung der Entwicklungshilfeländer zu nehmen (SZ, 28.07.2005). Der Wahrheitsgehalt dieser Anschuldigung ist schwer überprüfbar, allerdings wurden ähnliche Vorwürfe bereits in der Vergangenheit laut. Jedenfalls schienen die Beschuldigungen aus Italien vor allem darauf abzuzielen, Japan und die G4-Staaten in Misskredit zu bringen und die Realisierungschancen ihres Reformmodells auf diese Weise zu schmälern.

5 Das Scheitern des G4-Plans: Japans Reaktionen

Als einzige Staatengruppe, mit der sich die G4 in den UN noch hätte zusammenschließen können, blieb die 53 Mitglieder umfassende Afrikanische Union (AU). Tatsächlich vertrat sie in ihrem Mitte Juli 2005 in der GV eingebrachten Reformentwurf ein ganz ähnliches Neustrukturierungskonzept wie die G4. Die Hauptunterschiede der beiden Modelle zeigten sich in den folgenden zwei Vorschlägen der AU: Zum einen sollte der künftige Rat insgesamt 26 Mitglieder umfassen (sieben zusätzliche ständige Ratssitze) und zum anderen sollte das Vetorecht auch auf neue ständige SR-Mitglieder übertragen werden (UN-Dok. A/59/L.67). Nach verschiedenen

Verhandlungen zwischen den beiden Reformgruppen erklärte Japans Außenminister Machimura Ende Juli, dass man in der Grundsatzfrage, ob beide Resolutionsentwürfe zu einem verschmolzen werden könnten, eine Einigung erzielt habe. Die G4 sei bereit, sich der Forderung nach einem aus 26 Mitgliedern bestehenden Rat anzuschließen (AS, 26.07.2005). Im Hinblick auf die Vetofrage konnte das weitere Vorgehen jedoch nicht zur Zufriedenheit der beiden Staatenverbünde gelöst werden. Während die G4-Allianz die Forderung nach der – in den UN kaum durchsetzbaren – Ausweitung des Vetorechtes nicht mehr unterstützen wollte und darauf hoffte, die AU würde zugunsten der baldigen Realisierung einer Ratsreform (bei der Afrika die meisten neuen Sitze erhalten würde) von ihrem realitätsfernen Anspruch Abstand nehmen, lehnte die AU den Verzicht auf das Veto nach einem AU-Sondergipfel Anfang August endgültig in aller Entschiedenheit ab. Zwar favorisieren die afrikanischen Staaten generell die Abschaffung des Vetos, doch solange dies nicht umsetzbar ist, pochen sie auf eine Gleichstellung mit den P5-Staaten. Damit waren die Verhandlungen in eine Sackgasse geraten und ein japanischer Dauersitz im SR war wieder in weite Ferne gerückt, wie auch die Worte eines hochrangigen Beamten aus dem japanischen Außenministerium zu bestätigen schienen: „The possibility (of Japan becoming a permanent member) is zero“ (AS/IHT, 05.08.2005). Ob ein gemeinsamer Entwurf von AU und G4 wirklich den gewünschten Erfolg gebracht hätte, muss jedoch in Frage gestellt werden. Denn auch ein Zusammenschluss der beiden Gruppierungen hätte in der GV keinesfalls über die für eine Chartaänderung notwendige Zweidrittelmehrheit von 128 Stimmen verfügt, sondern nur ca. 70 Stimmen auf sich vereinen können. Erschwerend kommt hinzu, dass sich vermutlich die Vetomächte China, Russland und die USA einem gebündelten Reformplan von G4 und AU gemeinsam in den Weg gestellt hätten. Im Dreierverbund brauchten sich diese eindeutig den Status quo bevorzugenden Mächte nicht mehr darum zu sorgen, sie könnten jeweils allein als Blockierer der Erneuerungsbemühungen dastehen. Die in der japanischen Presse geäußerten Vorwürfe, das Zu-Fall-Kommen der Ratsreform sei Tokyos inkohärenter Strategie und seinem schlechten Verhältnis zu China (AS/IHT, 07.09.2005) anzulasten, wirken vor dem Hintergrund des beschriebenen Diskussionsverlaufes insgesamt wenig überzeugend.[12] Wie Thomas G. Weiss, langjähriger Beobachter der Reformdebatte, im Hinblick auf die beiden von der Hochrangigen Gruppe für Bedrohungen, Herausforderungen und Wandel vorgeschlagenen Varianten zur Neustrukturierung des SR bereits Anfang 2005 treffend bemerkte: „If a group of 16 individuals cannot come up with a single [reform] recommendation, how will 191 states and their parlaments?“ (Weiss 2005: 34).

Angesichts der schlechten Aussichten auf die Annahme und Umsetzung ihrer Reformpläne stellten weder die G4 noch die AU oder die Gruppe „Uniting for Consensus“ ihren Resolutionsentwurf im Sommer 2005 zur Abstimmung. Bei der Generaldebatte der GV, die im September 2005 anlässlich des 60. Jubiläums der UN auf Ebene der Staats- und Regierungschefs abgehalten wurde, stand die Reform des SR

[12] Ähnliche Vorwürfe wurden in Deutschland auch im Hinblick auf das Gebaren der Bundesregierung laut.

nicht im Mittelpunkt der Diskussionen. Im Abschlussdokument des Gipfeltreffens („World Summit Outcome") erfolgte neben dem sehr grundsätzlich gehaltenen Bekenntnis zur Notwendigkeit einer SR-Reform zumindest ein Hinweis darauf, dass die GV weitere Fortschritte in der Reformdebatte bis Ende 2005 prüfen möge (UN-Dok. A/50/L.1). Die bislang erfolglos agierenden G4-Staaten verstanden dies als Ermunterung und kamen (zweck)optimistisch darin überein, ihre Zusammenarbeit fortzusetzen und eine Ratsreform möglichst noch vor Ablauf des Jahres 2005 herbeizuführen (AS, 16.09.2005a), was ihnen jedoch nicht gelingen sollte. Premierminister Koizumi kündigte gleichzeitig an, dass künftig auch eine verstärkte Zusammenarbeit mit den USA nötig sei (AS, 16.09.2005b).

Tatsächlich schien Japan seine bisherige Strategie zur Erlangung der ständigen SR-Mitgliedschaft in den Folgemonaten zu überdenken. Zunächst kamen der japanische Außenminister Asô und seine Amtskollegin Condoleezza Rice bei ihrem ersten Treffen im Dezember 2005 darin überein, in Bezug auf die Reform des SR während der laufenden Sitzungsperiode der GV zu kooperieren (JT, 04.12.2004). Japan gab seine Mitgliedschaft in der G4 zwar nicht auf, doch ging Tokyo zu seinen Reformverbündeten auf Distanz. Als Brasilien, Deutschland und Indien im Januar 2006 den G4-Plan ohne eine Modifikation erneut in der GV einbrachten, zählte Japan aufgrund der vermuteten Chancenlosigkeit dieses Vorstoßes nicht mehr zu den Sponsoren des Resolutionsentwurfes (News24, 07.01.2006). Ende Januar präsentierte der Inselstaat seinen Partnern aus der G4 und den USA schließlich ein neues Reformkonzept. Es sah vor, den SR um nur sechs Sitze zu erweitern: je zwei für Asien und Afrika sowie je ein Sitz für Lateinamerika und Europa. Diese sechs Sitze waren zunächst als ständige Ratssitze ohne Vetorecht vorgesehen. Sollte es ein Aspirant jedoch nicht schaffen, bei der entsprechenden GV-Abstimmung über seine Kandidatur die Unterstützung von mindestens zwei Dritteln aller UN-Mitglieder zu erlangen, so würde der Sitz als semipermanenter Sitz (d.h. mit sofort verlängerbarer Amtszeit) an seine Regionalgruppe vergeben werden. Für den Fall, dass keiner der Kandidaten die erforderliche Stimmenzahl auf sich vereinen könnte, sollten alle zusätzlichen Sitze in semipermanente Regionalsitze umgewandelt werden. Dieser Plan verstand sich als Kompromissvorschlag, der den Kandidaten auf einen ständigen Ratssitz zunächst eine faire Chance einräumen wollte, aber für den Fall der fehlenden Unterstützung in den UN gleichzeitig eine Alternative anbot. Weiterhin wiesen Japans Diplomaten rasch darauf hin, dass Änderungsvorschläge noch vor dem offiziellen Einreichen des Resolutionsentwurfes Berücksichtigung finden könnten. Ob Japans neue Reformvariante genügend Anhänger finden würde, erschien noch ungewiss (YS, 29.01.2006). Im Laufe des Frühjahres mussten Japans Diplomaten zu ihrer Enttäuschung feststellen, dass sie mit ihrem Vorschlag keineswegs die erhoffte „Zauberformel" zur Überwindung des Reformstaus gefunden hatten. Die USA standen auch diesem Entwurf, wie schon allen anderen Reformplänen zuvor, skeptisch gegenüber, obwohl Tokyo die Zahl zusätzlicher SR-Mitglieder aus Rücksicht auf Washington gering gehalten hatte. Aufgrund des generellen Mangels an Zustimmung und Unterstützung gab Japan Ende März 2006 sein Vorhaben auf, einen Resolutionsentwurf in der GV einzureichen. UN-Botschafter Kenzô Ôshima deutete resigniert an, dass sein Land über keine weitere (Reform-)Strategie verfüge (JT, 30.03.2006).

6 Fazit und Ausblick

„Reform is always a challenge, as it requires to confront the status quo. But that is no justification for inaction." Mit diesen Worten hatte sich der als reformfreudig bekannte Premierminister Koizumi im September 2005 im Rahmen seiner Grundsatzrede vor der GV an zahlreiche Staats- und Regierungschefs gewandt und zur Reform des SR aufgerufen (Koizumi 15.09.2005). Letztlich scheinen die Bemühungen zur Umsetzung einer Reform jedoch immer wieder daran zu scheitern, dass verschiedene UN-Mitglieder den ungeliebten Status quo einer Neugestaltung des SR vorziehen, aus der sie möglicherweise als „Verlierer" hervorgehen könnten. Dies gilt für die Mitglieder der Gruppe „Uniting for Consensus" ebenso wie für die P5-Staaten, die sich anscheinend vor Machteinbußen fürchten. Auch wenn Japans Reformstrategie daher keinesfalls als Hauptgrund für das Scheitern der Erneuerungsbemühungen herangezogen werden kann, wirft sein angespanntes Verhältnis zu Südkorea und insbesondere zu China – für das der Inselstaat sicherlich nicht die alleinige Verantwortung trägt – eine grundsätzliche Frage auf: Kann ein Land, das keine vernünftigen politischen Beziehungen zu seinen direkten Nachbarn pflegt, im Weltsicherheitsrat überzeugend für Frieden und Stabilität eintreten? Noch eine zweite grundlegende Frage gesellt sich hinzu: Sollte ein Land, das aufgrund seiner verfassungsrechtlichen Vorgaben bislang nicht an der militärischen Durchsetzung von SR-Resolutionen mitwirken kann (und das Konzept der kollektiven Sicherheit für sich nicht anerkennt), dauerhaft mit der Entscheidungsfindung über eben solche Maßnahmen betraut werden?

Anstatt sich intensiv und ehrlich mit diesen Fragen auseinander zu setzen, weist die japanische Regierung gerne auf ihre in den UN erbrachten Leistungen hin, um sich als würdiger Kandidat für einen Dauersitz im SR zu profilieren. Dabei werden vor allem die Finanzbeiträge des Landes in den Vordergrund gestellt. In der Tat nimmt Japan seit vielen Jahren die Position des größten UN-Beitragszahlers nach den USA ein. Im Jahr 2006 wird der Inselstaat 19,468% der Gelder für den ordentlichen Haushalt der UN tragen (USA 22%). Dies entspricht einer Summe von ca. US$ 374,728 Millionen (UN-Dok. ST/ADM/SER.b/668). Die Regierung in Tokyo vertritt jedoch mittlerweile die Ansicht, dass Japans Bevölkerung nach dem Scheitern der SR-Reform kein Verständnis mehr für diese hohe Finanzbelastung habe. So stellten Japans Diplomaten Mitte März 2006 im Haushaltskomitee der UN einen Vorschlag zur Änderung der Berechnungsformel für den ordentlichen Haushalt vor. Sie soll Japan entlasten und u.a. die P5-Staaten China und Russland, die bisher nur geringfügige Beiträge zum UN-Haushalt beisteuern (Peking 2,05% und Moskau 1% im Jahr 2006), stärker belasten (MOFA, 10.03.2006). Ob Tokyo mit diesem Vorgehen, das als „Strafe" für seine missglückten Reformbemühungen aufgefasst werden könnte, bisherige Freunde seines Strebens nach einem ständigen Sitz im SR verprellt, bleibt abzuwarten.

Anstatt der verpassten Chance auf einen ständigen Ratssitz nachzutrauern, sollte sich Japan nun um eine aktive Teilnahme in der gerade in der Gründungsphase befindlichen „Peace Building Comission“ („Kommission zur Friedenskonsolidierung“) zur Unterstützung von Friedensprozessen in Nachkriegsgesellschaften bemühen. Hier könnte das Land Einfluss auf UN-Operationen zur Friedenskonsolidierung nehmen und so indirekt auch auf die Entscheidungen im SR. Tokyo, das die Friedenskonsolidierung 2002 zu einem neuen Pfeiler der japanischen Außenpolitik erklärt hat, könnte die Mitgliedschaft in dieser Kommission nutzen, um Nachkriegsgesellschaften bei ihrem schwierigen Prozess vom Krieg hin zu einem nachhaltigen Frieden zu unterstützen. Damit trüge der Inselstaat auch ohne einen Dauersitz im SR auf der Ebene der Entscheidungsfindung und Strategieentwicklung zur Förderung des weltweiten Friedens und der Sicherheit bei.

Literaturverzeichnis

Andreae, Lisette (2002), *Reform in der Warteschleife. Ein deutscher Sitz im UN-Sicherheitsrat?*, München

AS = *Asahi Shinbun* (01.04.2005), „Kankoku, nihon no jônin riji koku iri ni hantai o hyômei“ [Südkorea äußert Opposition gegen Japans ständige Mitgliedschaft im Sicherheitsrat], www.asahi.com/politics/update/0401/006.html [Zugriff am 03.04.2005]

AS = *Asahi Shinbun* (08.04.2005), „Anpori kakudai, bei mo ku gatsu ketsuron ni hantai, nihon no hôshin ni mo eikyô“ [Erweiterung des Sicherheitsrates: Auch die USA sind gegen eine Entscheidung im September. Dies hat auch Einfluss auf das Vorgehen Japans], www.asahi.com/politics/update/0408/009.html [Zugriff am 14.04.2005]

AS = *Asahi Shinbun* (23.04.2005), „Kokuren honbu mae de hannichi demo, chûgoku kei gakuseira sanbyaku nin“ [Antijapanische Demonstration vor dem UN-Hauptgebäude, 300 Studenten chinesischer Herkunft], www.asahi.com/ international/update/0423/003.html [Zugriff am 25.04.2005]

AS = *Asahi Shinbun* (17.05.2005), „'Shin jônin koku senkyô shichi gatsu ni' nihon nado apori kakudai an o teiji“ [„Im Juli Abstimmung über neue Ratsmitglieder“, Japan etc. legen Erweiterungsplan vor], www.asahi.com/politics/update/0517/ 002.html [Zugriff am 17.05.2005]

AS = *Asahi Shinbun* (17.06.2005), „Jôninri kakudai ‚nihon purasu ichi' kokuren kaikaku, bei ga hôkatsu teian“ [Die USA haben einen umfassenden Reformplan, „Japan plus eins“, zur Erweiterung der ständigen Ratssitze], www.asahi.com/ international/update/0616/014.html [Zugriff am 22.06.2005]

AS = *Asahi Shinbun* (26.07.2005), „G4, AU, ittaika ‚gôi' anpori kakudai waku ‚26' de“ [G4- und AU-Pläne zusammengefasst und „Übereinkunft“ erzielt, Rahmenresolution zur Erweiterung des Sicherheitsrates auf 26], www.asahi.com/ international/update/0726/002.html [Zugriff am 28.07.2005]

AS = *Asahi Shinbun* (16.09.2005a), „G4 gaishôra, anpori kaikaku no kyôroku o kakunin“ [Die Außenminister der G4 bestätigen Kooperation bei der Reform des Sicherheitsrates], www.asahi.com/politics/update/0916/008.html [Zugriff am 16.09.2005]

AS = *Asahi Shinbun* (16.09.2005b), „Anpori iri, shushô ‚bei to kyôryoku mo' kokuren ensetsu de G4 sawarezu“ [Für Eintritt in den Sicherheitsrat nach dem Premierminister auch „Kooperation mit den USA“, bei UN-Rede die G4 nicht erwähnt], www.asahi.com/politics/update/0916/002.html [Zugriff am 16.09.2005]

AS/IHT = *Asahi Shinbun/International Herald Tribune* (05.08.2005), „African Decision Reduces Japan's Chances for Permanent U.N. Seat to 'Zero'“, www.asahi.com/english/Herald-asahi/TKY200508050180.html [Zugriff am 05.08.2005]

AS/IHT = *Asahi Shinbun/International Herald Tribune* (07.09.2005), „Reform of the U.N.: Japan's Incoherent Diplomatic Strategy to Blame“, www.asahi.com/english/Herald-asahi/TKY200509070108.html [Zugriff am 08.09.2005]

(The) *Economist* (02.10.2004), „Loyal to the Lionheart“, S.57-58

(The) *Economist* (24.07.2004), „A winning recipe for reform?“, S.36-37

Fassbender, Bardo (2005), „On the Boulevard of Broken Dreams. The Project of a Reform of the UN Security Council, after the 2005 World Summit“, *International Organizations Law Review*, No.2, S.391-402

FT = *Financial Times* (12.04.2005), „United Nations Warns on Asian Tensions“, http://news.ft.com/cms/s/838a1c82-ab86-11d9-893c-00000e2511c8.html [Zugriff am 14.04-2005]

Gaimushô (online) (18.09.2003), „‚Kokuren kaikaku ni kansuru yûshuki kondan kai' dai ikkai kaigô (gaiyô)“ [Erstes Treffen des „Weisenrates zur UN-Reform“ (Zusammenfassung)], http://www.mofa.go.jp/mofaj/gaiko/un_kaikaku/ykaigo_1.html [Zugriff am 11.08.2004]

Gaimushô (online) (25.03.2005), „Puresu ririisu: kokuren kaikaku chiiki tantô taishi no setchi ni tsuite“ [Pressemitteilung: Über die Einberufung regionaler Sonderbeauftragter für die UN-Reform], http://www.mofa.go.jp/mofaj/press/release/17/rls_0325b.html [Zugriff am 30.03.2005]

Hatano, Yoshio (1995), „Kokuren ga kakaeru mondai to nihon no tekisei“ [Die Probleme der UN und Japans Eignung], Ajia chôsa kai (Hrsg.), *Nihonjin wa ‚kokuren' o shiranai* [Japaner kennen die UN nicht], Tokyo, S.79-132

JT = *Japan Times* (online) (07.01.2005), „More to Japan's Aid than Meets the Eye“, www.japantimes.co.jp/cgi-bin/getarticle.pl5?nn20050107a6.htm [Zugriff am 24.02.2005]

JT = *Japan Times* (online), „Anti-Japan Protests Spread South“, www.japantimes.co.jp/cgi-bin/getarticle.pl5?nn20050411a2.htm [Zugriff am 13.04.2005]

JT = *Japan Times* (online) (23.03.2005), „Annan Hints at Japan for New UNSC Seat“, www.japantimes.co.jp/cgi-bin/getarticle.pl5?nn20050323a3.htm [Zugriff am 23.03.2005]

JT = *Japan Times* (online) (23.04.2005), „Koizumi Issues Rare War Apology“, www.japantimes.co.jp/cgi-bin/getarticle.pl5?nn20050423a1.htm [Zugriff am 25.04.2005]

JT = *Japan Times* (online) (17.05.2005), „Ambassadors Marshaled to Ramp UNSC Seat Bid“, www.japantimes.co.jp/cgi-bin/getarticle.pl5?nn20050517f1.htm [Zugriff am 17.05.2005]

JT = *Japan Times* (online) (18.06.2005), „Japan Rejects U.S. Plan for U.N. Reform“, www.japantimes.co.jp/cgi-bin/getarticle.pl5?nn20050618a1.htm [Zugriff am 20.06.2005]

JT = *Japan Times* (online) (14.07.2005), „U.S. Urges U.N. States to Snub 'G-4' Resolution“, www.japantimes.co.jp/cgi-bin/getarticle.pl5?nn20050714a2.htm [Zugriff am 14.07.2005]

JT = *Japan Times* (online) (04.12.2005), „Aso, Rice Agree to Seek Reform of UNSC“, http://search.japantimes.co.jp/print/nn20051204a3.html [Zugriff am 28.02.2006]

JT = *Japan Times* (online) (23.12.2005), „China Posing a Threat: Aso“, http://search.japantimes.co.jp/print/nn20051223a1.html [Zugriff am 25.02.2006]

JT = *Japan Times* (online) (30.03.2006), „Japan Drops Plan to Submit New UNSC Reform Bid“, http://search.japantimes.co.jp/cgi-bin/nn20060330a3.html [Zugriff am 14.04.2006]

Kawaguchi, Yoriko (06.07.2004), „Remarks by Foreign Minister Yoriko Kawaguchi on the Occasion of Kyoto Meeting on Threats Challenges and Change“, *Ministry of Foreign Affairs Japan* (online), www.mofa.go.jp/policy/un/remark/0407.html [Zugriff a, 07.07.2004]

Kitaoka, Shin'ichi (2005), „Iware naki nihon hihan o haisu“ [Unbegründete Kritik an Japan zurückweisen], *Chûô Kôron* 6, 2005, S.54-63.

KKYK = Kokuren kaikaku ni kansuru yûshiki kondan kai (2004), „Nijû isseiki ni okeru kokuren no yakuwari to kyôka saku“ [Die Rolle der UN im 21. Jahrhundert und Maßnahmen zu ihrer Stärkung], *Ministry of Foreign Affairs Japan* (online), www.mofa.go.jp/mofaj/gaiko/un_kaikaku/pdfs/ykaigo_final.pdf [Zugriff am 12.07.2004]

Koizumi, Jun'ichirô (15.09.2005), H.E. Mr. Junichiro Koizumi, Prime Minister of Japan, at the High-Level Plenary Meeting of the 60th Session of the General Assembly, *Permanent Mission of Japan to the United Nations* (online), www.un.int/japan/statements/koizumi050915.html [Zugriff am 17.05.2006]

Kôno, Yôhei (1995), „Statement by H.E. Mr. Kono Yohei, Deputy Prime Minister and Minister of Foreign Affairs of Japan, at the 49th Session of the General Assembly of the United Nations (27.09.1994)“, Ministry of Foreign Affairs Japan (Hrsg.), *Statements Delivered by Delegates of Japan during the 49th Session of the General Assembly of the United Nations*, Tokyo, S.1-11

Luck, Edward C. (2005), „Tokyo's Quixotic Quest for Acceptance“, *Far Eastern Economic Review*, Mai 2005, S.5-10

Lukner, Kerstin (2006), *Japans Rolle in der UNO. Grundlage für einen ständigen Sitz im Weltsicherheitsrat?*, Nomos

Miyazawa, Kiichi (1992), „Statement by Prime Minister Kiichi Miyazawa at the United Nations Security Council Meeting at the Level of Heads of State and

Government (31.01.1992)“, Ministry of Foreign Affairs Japan (Hrsg.), *Diplomatic Bluebook 1992*, Tokyo, S.399-405

MOFA = *Ministry of Foreign Affairs Japan* (online) (19.03.2004), „Financial Cooperation for the High-Level Panel on Threats, Challenges and Change Established by the United Nations Secretary-General Kofi Annan“, www.mofa.go.jp/announce/announce/2004/3/0319-2.html [Zugriff am 02.06.2004]

MOFA = *Ministry of Foreign Affairs Japan* (online) (21.09.2004), „Press Release: Meeting of the Leaders of Brazil, Germany, India and Japan on UN Reform – Joint Press Statement“, http://www.mofa.go.jp/policy/un/reform/joint0409.html [Zugriff am 04.10.2004]

MOFA = *Ministry of Foreign Affairs Japan* (online) (10.03.2006), „Submission of Japan's Proposal on the Methodology for the UN Scale of Assessments for the Next Three Year Term“, www.mofa.go.jp/announce/2006/3/0310.html [Zugriff am 01.05.2006]

News24 (24.01.2006), „Japan Says No to G4 Bid“, *Global Policy Forum* (online), www.globalpolicy.org/security/reform/cluster1/2006/0107bid.htm [Zugriff am 19.05.2006]

Ôshima, Kenzô (22.02.2005), „At the Meeting of the General Assembly on Informal Consultations on the Report of the High-Level Panel on Threats, Challenges and Change and on the United Nations Millennium Project 2005 Report“, *Permanent Mission of Japan to the United Nations* (online), www.un.int/japan/statements/oshima050222.html [Zugriff am 24.02.2005]

Satô, Yukio (2001), „Nihon wa jônin riji koku iri dekiru ka“ [Kann Japan ständiges Mitglied im Sicherheitsrat werden?], *Gaikô Fôramu* 2, 2001, Tokyo, S.20-27

Satô, Yukio (2003), „Sore de mo anpori kaikaku no susumeru beki da“ [Die Reform des Sicherheitsrates sollte man trotzdem vorantreiben], *Chûô Kôron* 10, 2003, Tokyo, S.160-168

SZ = *Süddeutsche Zeitung* (28.07.2005), „Vorwurf der Regierung Berlusconi ‚Arme Länder werden wegen der UN-Reform erpresst'“, S.1

SZ = *Süddeutsche Zeitung* (05.08.2005), „USA und China vereint gegen die Pläne der G4“, S.6

UN-Dokument A/48/264 vom 20.07.1993 (erste Positionspapiere der UN-Mitgliedstaaten zur Reform des Sicherheitsrates)

UN-Dokument A/AC.247/1997/CRP.1 vom 20.03.1997 (Razali-Reformvorschlag)

UN-Dokument A/59/565 vom 02.12.2004 (Report of the High Level Panel on Threats, Challenges and Change: „A More Secure World: Our Shared Responsibility“)

UN-Dokument A/59/2005 vom 21.03.2005 (Report of the Secretary-General: „In Larger Freedom: Towards Development, Security and Human Rights for All“)

UN-Dokument A/59/L.64 vom 06.07.2005 (G4-Reformvorschlag)

UN-Dokument A/59/L.67 vom 14.07.2005 (AU-Reformvorschlag)

UN-Dokument A/59/L.68 vom 21.07.2005 (Reformvorschlag von „Uniting for Consensus“)

UN-Dokument A/50/L.1 vom („World Summit Outcome“)

UN-Dokument ST/ADM/SER.b/668 vom 25.12.2005 (Bemessung der Beiträge aller UN-Mitgliedstaaten zum ordentlichen Haushalt der UN für das Jahr 2006)

Unser, Günther (2004), *Die UNO. Aufgaben, Strukturen, Politik*, München (7. Auflage)

Yamada, Minoru (1997), „Kokuren anpori kaikaku to nihon no jônin rijikoku iri mondai" [Die Reform des Sicherheitsrates und die Frage der ständigen Mitgliedschaft Japans], *Seikatsu Keizai Seisaku*, Vol.426, Tokyo, S.16-18

Yomiuri Shinbun (24.08.2005), „Anpori kaikaku de ‚jun jônin riji koku' sôsetsu an kentô" [Prüfung des Vorschlags zur Schaffung „semipermanenter Mitglieder" bei der Reform des Sicherheitsrates], www.yomiuri.co.jp/politics/news/20040824it05.htm [Zugriff am 25.08.2004]

Yomiuri Shinbun (29.01.2006), „Anpori ‚roku zô' shin kaikaku an, nihon ga G4 ni setsumei" [Japan erklärt den G4 den neuen Plan zur Reform des Sicherheitsrates „Anstieg um sechs Sitze"], www.yomiuri.co.jp/politics/news/20060128it16.htm [Zugriff am 31.01.2006]

Weiss, Thomas (2005), „*Overcoming the Security Council Reform Impasse. The Implausible versus the Plausible*" (Dialogue on Globalization/Occasional Papers No.14), Friedrich Ebert Stiftung, New York

Winkelmann, Ingo (1997), „Bringing the Security Council into a New Era. Recent Developments in the Discussion on the Reform of the Security Council", in: Jochen A. Frowein und Rüdiger Wolfrum (Hrsg.), *Max Planck Yearbook of the United Nations Law* 1, 1997, London, S.35-90

Nisennana nen mondai: Bedeutung und Auswirkungen einer alternden Bevölkerung und Belegschaft für Firmen in Japan

Florian Kohlbacher

1 Einleitung

2005 ist Japans Bevölkerung zum ersten Mal geschrumpft und mit ihr die Erwerbsbevölkerung (*The Economist* 2005b, 2006a). Bis zum Jahr 2015 wird jeder vierte Japaner, bis 2025 sogar mehr als ein Drittel aller Japaner über 65 Jahre alt sein, eine der größten Quoten älterer Staatsbürger der entwickelten Welt. Japan erlebt gegenwärtig die schnellsten demografischen Veränderungen innerhalb der führenden Industrienationen (Farrell und Greenberg 2005; McKinsey Global Institute 2004; *The Economist* 2005a) und dies bringt ein unmittelbar bevorstehendes Ereignis mit weit reichenden Konsequenzen mit sich: *Nisennana nen mondai* (2007 年問題), das Jahr-2007-Problem: In Japan könnte ein großer Teil der *dankai sedai* (団塊世代), der japanischen Babyboom-Generation, vom Jahr 2007 an planmäßig in den Ruhestand gehen. Firmen in Japan stehen damit gleich vor zwei Schwierigkeiten (Kohlbacher 2006a; Kohlbacher und Voelpel 2006; *Nihon Rôdô Kenkyû Zasshi* 2006):

- befürchteter Mangel an Arbeitskräften,
- befürchteter Wissens- und Expertiseverlust.

Der demografische Wandel in Japan hat offensichtliche Auswirkungen auf Arbeitsmärkte, Anstellungsverhältnisse und -praktiken (Abegglen 2006; Dirks et al. 2000; Farrell und Greenberg 2005). Da bestimmte Eigenheiten des traditionellen japanischen Beschäftigungssystems – wie lebenslange Anstellung und Senioritätsprinzip – im Zusammenhang mit Wissenserzeugung und -teilung von Relevanz waren (siehe z.B. Abegglen 2006; Dirks et al. 2000; Haak und Pudelko 2005; McCormick 2004; Pudelko 2004), liegt die Bedeutung einer alternden Erwerbsbevölkerung für Fragen und Themen des Wissensmanagements auf der Hand. Ein wichtiges

Stichwort in diesem Zusammenhang ist die sog. Wissensretention (knowledge retention) oder Wissensbewahrung (z.B. DeLong 2004; DeLong und Davenport 2003; Leibold und Voelpel 2006; Leonard und Swap 2005a; Leonard und Swap 2005b; Parise et al. 2005; Parise et al. 2006; Probst et al. 2006; Tempest et al. 2002).

Dieser Beitrag möchte einen Überblick und eine erste vorausschauende Analyse des Jahr-2007-Problems in Japan geben. Dabei wird er sich mit Bedeutung und Auswirkungen von alternder Erwerbsbevölkerung und Belegschaft, drohendem organisationalem Wissensverlust sowie Möglichkeiten zur Wissensretention auseinandersetzen, mögliche Gegenmaßnahmen aufzeigen sowie die Grundlagen und Hauptkomponenten einer Aging-Workforce-Managementstrategie darlegen.

2 Theoretische Grundlagen

In diesem Abschnitt werden zunächst einmal die theoretischen Grundlagen zu den Themen Wissensverlust und Wissensretention im Zusammenhang mit dem demografischen Wandel in den Industrienationen dargelegt sowie verschiedene Methoden zur Wissensweitergabe vorgestellt.

2.1 Wissensverlust und Wissensretention

Der demografische Wandel und der daraus möglicherweise resultierende Arbeitskräftemangel und Wissensverlust – auch als „workforce crisis“ oder „shortage of skills and talent“ bezeichnet (siehe z.B. Cappelli 2005; Dychtwald et al. 2006) – erregen in vielen Industrienationen vermehrt Aufmerksamkeit. Die Diskussion dreht sich dabei vor allem um das Problem des Wissensverlusts und um Gegenmaßnahmen wie Wissensretention (siehe z.B. Carter 2004; DeLong 2004; Dychtwald et al. 2004; Leibold und Voelpel 2006; Leonard und Swap 2005a; Leonard und Swap 2005b; Trojan 2006) und Retention von Wissensarbeitern (Davenport 2005).

Im Zuge der demografischen Entwicklung wird es immer wichtiger, dass Unternehmen das Know-how ihrer besten Mitarbeiter erhalten, bevor diese in den Ruhestand gehen oder aus anderen Gründen die Firma verlassen. Einzelne Menschen entwickeln über Jahre hinweg praktische, oft unternehmensspezifische Kenntnisse, aber sie können jederzeit kündigen und ihr Wissen mitnehmen. Genau dies wird geschehen, sobald die Babyboomer das Rentenalter erreichen und damit viele wertvolle Mitarbeiter und Führungskräfte einfach verloren gehen (Leonard und Swap 2005a). Leonard und Swap (2004: 90), drücken dies im englischen Original so aus: „As the baby-boom-retirement tsunami approaches, lots of valuable employees and leaders will walk out the door, taking their deep smarts with them“, wobei „deep smarts“ das implizite Erfahrungswissen der Mitarbeiter bezeichnet (siehe unten).

DeLong (2004: 21) hat für diesen Wissensverlust den Begriff „lost knowledge“ eingeführt und als „decreased capacity for effective action or decision making in a specific organizational context“ definiert. Diesem stellt er den Begriff Wissensretention (Wissensbewahrung), „knowledge retention“, gegenüber, wobei er dazu Walsh und Ungsons (1991) Definition des Organisationsgedächtnisses (organizational memory) adaptiert und drei wichtige Aktivitäten der Wissensretention vorschlägt – Wissenserwerb, -speicherung und -abruf – die einen Weg darstellen, adäquat mit der Bedrohung „lost knowledge" umzugehen (DeLong 2004: 23, 25). Er vertritt weiter die Auffassung, dass der Kern einer jeden Wissensretentionsstrategie die Wissensaustauschpraktiken sein müssen, die Organisationen einsetzen, um Erfahrungen und Expertise zu transferieren, sodass sie von anderen in der Firma angewendet werden können (DeLong 2004: 82; vgl. auch Argote 1999). Diese Praktiken unterteilt er in solche für direkten und solche für indirekten Transfer von Wissen.

DeLong (2004: 82, 102) sieht wenigstens die folgenden Methoden für einen Transfer impliziten Wissens, d.h. einen direkten Wissenstransfer: persönliche (face-to-face) Besprechungen, After Action Reviews (AAR), Mentoring Programme, Communities of Practice (CoP) und Story Telling. Alle diese Methoden sind in der (Wissensmanagement-)Literatur bereits ausgiebig behandelt worden, wenngleich auch nicht immer notwendigerweise im Zusammenhang mit den Themen Wissensverlust und Wissensretention.[1] Offensichtlich resultieren auch nicht alle Wissensretentionsangelegenheiten aus Pensionierungen, sondern Firmen müssen sich auch mit Nachfolgefragestellungen im Zusammenhang mit allgemeiner Fluktuation und Personalwechseln und -verschiebungen befassen (DeLong 2004; Doyé et al. 2004; Krause 2005; Trojan 2003; Trojan 2006; Winkelmann-Ackermann und Thoma 2004).

Was den indirekten Wissenstransfer oder den Transfer expliziten Wissens betrifft, so bringen diese Maßnahmen meist eine Art von Vermittlung zwischen Wissensquelle und letztendlichem Empfänger mit sich, was bedeutet, dass das Wissen von einer Quelle aufgenommen und dann bearbeitet, formatiert und schließlich für den späteren Zugriff und Gebrauch gespeichert wird (DeLong 2004). Als indirekte Wissenstransferpraktiken werden von DeLong (2004: 82) Interviews, schriftliches Dokumentieren in Berichten sowie Datenbanken und Training, das nicht von den ursprünglichen Wissensträgern durchgeführt wird, angegeben.

2.2 Deep Smarts: Aus Erfahrung gut

Aufbauend auf ihren früheren Arbeiten zu intellektuellen Vermögenswerten („knowledge assets") (Leonard-Barton 1992; Leonard 1998, 2000; Leonard und Sensiper 1998; Leonard und Swap 2005c) und einer extensiven empirischen Studie, schlagen Leonard und Swap (2004, 2005b) das Konzept der – oben bereits erwähnten – „deep smarts" vor, und analysieren und diskutieren, wie sich diese beständigen Wirtschaftsweisheiten kultivieren und übertragen lassen. Dabei bezeichnen sie als „deep smarts" all jenes Wissen, das einen besonderen und unverwechselbaren Vor-

---

[1] Zu CoPs siehe z.B. Saint-Onge und Wallace (2003), Wenger, McDermott und Snyder (2002), Heiss (2004) sowie Schneider (2004), zu AARs z.B. Collison und Parcell (2001), Cross und Baird (2000), Garvin (2003), zu Story Telling Schreyögg und Geiger (2006), Haghirian (2005) und Swap, Leonard, Shields und Abrams (2001) und zu Mentoring oder Coaching Leonard und Swap (2005b) sowie Swap et al. (2001).

teil sowohl für die Organisation als auch für die Manager ausmacht (Leonard und Swap 2005b: 2).[2] Diese „deep smarts“, dieses grundlegende Wissen, gründet sich auf Erfahrung und kann nicht über Nacht gewonnen oder einfach eingekauft werden (Leonard und Swap 2005a: 22). Wie auch Kogut und Zander (1992) bereits angemerkt haben, ist der Transfer impliziten Wissens langsam, kostspielig und unsicher, da implizites Wissen nicht einfach kodifiziert werden und nur in Anwendung beobachtet und durch Praxis erworben werden kann (siehe auch Grant 1996; Mertins und Finke 2004).

„Der wertvollste Teil fundamentalen Wissens ist, wie etwas zu tun ist und wer der richtige Ansprechpartner dafür ist“, denn ein Mensch hat diese Kenntnisse in jahrelanger Erfahrung aufgebaut (Leonard und Swap 2005a: 28). Deshalb ist der Transfer auch so schwierig und man kann sie nicht einfach aufschreiben und in einem Karteikasten oder auf einer CD weitergeben (ibid.). Darüber hinaus gibt es „ein zentrales Paradoxon bei der Weitergabe von grundlegendem Wissen“, denn einerseits „ist es ineffizient, ständig das Rad neu zu erfinden“ und andererseits „sind Menschen im ‚Learning by Doing’ am erfolgreichsten“ (Leonard und Swap 2005a: 29).

Leonard und Swap (2005a, 2005b) schlagen schließlich vier Arten des Transfers bzw. der „Wiedererschaffung“ des Wissens durch Erfahrungen unter Anleitung (guided experience) vor: Üben unter Anleitung (guided practice), Beobachten unter Anleitung (guided observation), Probleme lösen unter Anleitung (guided problem solving) und Experimentieren unter Anleitung (guided experimentation). In Kapitel 7 ihres Buches über „deep smarts“ diskutieren Leonard und Swap (2005b: 169-202) auch noch die folgenden Wissensübertragungsmodi: Anweisungen/Vorträge (specific directives), Faustregeln (rules of thumb), lehrreiche Storys (stories with a moral) und sokratische Befragungen (socratic questioning) (siehe auch Leonard und Swap 2005a: 28-30). Allerdings fördern diese Techniken im Vergleich zu Erfahrungen unter Anleitung eher die passive Aufnahme als das aktive Lernen und werden deshalb hier nicht im Einzelnen wiedergegeben. Es sei noch angemerkt, dass Leonard und Swap (2005b: 265n) diese Techniken nicht nur aus ihrer empirischen Feldstudie abgeleitet haben, sondern dass einige davon auch spezifische Beispiele der vier Wissenskonversionsmechanismen sind, die zuerst von Nonaka und Takeuchi (1995) identifiziert wurden.

---

2 In der deutschen Version ihres Artikels in *Harvard Business Review* aus dem Jahre 2004 – erschienen im *Harvard Business Manager* 2005 (Leonard und Swap, 2005a) – werden die „deep smarts“ interessanterweise nicht als das Wissen selbst, sondern als die Träger des Wissens definiert: „Es handelt sich vielmehr um einen Menschen mit einer Art fundamentaler Klugheit. Wir wollen ihn als „Deep Smart“ bezeichnen“ (Leonard und Swap, 2005a: 21). In diesem Beitrag wird der Begriff aber in seiner Bedeutung aus den englischen Originalen verwendet.

Üben unter Anleitung

Leonard und Swap (2005b: 206) argumentieren, dass „deep smarts“ aus der Praxis heraus entstehen, und verweisen auf das alte Sprichwort „Übung macht den Meister“. Allerdings warnen sie auch, dass gedankenloses Wiederholen die falschen Fähigkeiten herausbilden kann, und empfehlen Übung unter der Anleitung eines Lehrers, der die Reflexion begleitet und ein Feedback zur Leistung gibt (Leonard und Swap 2005a: 30). Hier kommen erfahrene Trainer oder auch Coaches und Mentoren ins Spiel, die auf tiefgründiges Wissen und Erfahrung zurückgreifen, um zu lehren und Anleitung zu geben (Swap et al. 2001). Laut DeLong (2004: 107) sind Mentoring und Coaching die effektivsten Methoden zur direkten Weitergabe impliziten Wissens von einer Person zur anderen. Allerdings verlangt gutes Coaching auch eine Wertschätzung für die Art und Weise, wie Wissen übertragen wird, und ein Bewusstsein dafür, dass implizites Wissen nicht durch Blaupausen oder Dokumente transferiert werden kann (Leonard 1998: 251).

Beobachten unter Anleitung

Diese erfolgreiche Technik kann genutzt werden, um grundlegendes Wissen wiederherzustellen und um Annahmen in Frage zu stellen, die auf veralteter Erfahrung beruhen (Leonard und Swap 2005a: 30). Laut Leonard und Swap (2005b) können Wissenscoaches oder Wissenstrainer Beobachtung zu zwei verschiedenen Zwecken leiten: Zum einen können besonders Neulinge sehr viel lernen, wenn sie erfahrenen Experten folgen, sie beobachten und von ihnen lernen, und zum anderen erweitern Menschen ihren Horizont, wenn sie mit anderen Denk- und Verhaltensweisen konfrontiert werden und so obsolet gewordenes Wissen ersetzen können. Die Verbindung aus geführter Beobachtung und anschließendem Feedback ist so wirkungsvoll, weil grundlegendes Know-how vor allem auf dem Wiedererkennen bestimmter Muster beruht und stark vom jeweiligen Kontext abhängt (Leonard und Swap 2005a: 30).

Probleme lösen unter Anleitung

Dieses Verfahren dient mehreren Zwecken und erfordert vom Protegé eine aktivere Beteiligung als das geführte Beobachten (Leonard und Swap 2005b). Geführtes Problemlösen verbindet viele der besten Eigenschaften der oben genannten Transfertechniken: Fokussierung der Aufmerksamkeit, Schärfung der Prozesskenntnisse, Geben von Feedback, Vermittlung der Gelegenheit, einem Experten nachzueifern, aktive Einbeziehung des Schülers bei der Entwicklung einer instinktiven Klugheit und Aufbau eines Erfahrungsrepertoires (Leonard und Swap 2005a: 32).

Experimentieren unter Anleitung

Leonard und Swap (2005a: 32) haben erkannt, dass wir in Unternehmen leider allzu oft davon ausgehen, dass Experimente nicht nur riskant, sondern als Ausbildungsinstrument auch teuer sind, obwohl es unter den Bedingungen der Unsicherheit eine tatsächliche Notwendigkeit zum Experimentieren gibt (Leonard und Swap 2005b: 214).[3] Außerdem können Coaches oft gute Ratschläge geben, wann welche Experimente durchgeführt werden sollten, und sie können das Team darin bestärken, sich durch Experimente grundlegendes Know-how anzueignen (Leonard und Swap 2005a: 32).

Wissensmanagement und Wissenstransfer sind bereits seit vielen Jahren ein stark diskutiertes Thema, vor allem in der Betriebwirtschaftslehre, und es gibt eine Vielzahl an Theorien und Konzepten. Dieser Beitrag stützt sich fast ausschließlich auf die vielfach rezipierten und anerkannten Konzepte von DeLong und Leonard und Swap. Dies vor allem auch deshalb, da diese explizit auf die Problematik der Wissensretention im Zusammenhang mit dem demografischen Wandel und den bevorstehenden Massenpensionierungen der Babyboomer in vielen Industrieländern eingehen. Zur weitergehenden Lektüre sei der Leser auf folgende deutschsprachige Literatur verwiesen: Al-Laham (2003) und Probst, Raub und Romhardt (2006) (Wissensmanagement allgemein), Reinhardt und Eppler (2004, Wissenskommunikation in Organisationen), Haghirian und Kohlbacher (2005, internationaler und interkultureller Wissenstransfer), Reinmann (2005, Erfahrungswissen erzählbar machen).

3 Empirische Studie und Forschungsmethode

Die in diesem Beitrag dargestellten Erkenntnisse und Ergebnisse sind aus einer umfassenden empirischen Studie zu Wissensschaffung, -management und -transfer entstanden. Das Forschungsprojekt wurde 2005 und 2006 hauptsächlich in Japan durchgeführt, teilweise aber noch durch Interviews an ausgewählten Standorten in Europa und China ergänzt. Diese qualitative explorative Studie basiert auf Experteninterviews und der Durchführung von Fallstudien in westlichen – europäischen und US-amerikanischen – und japanischen Firmen, wobei insgesamt mehr als 100 qualitative Interviews mit dem Top- und mittleren Management sowie anderen Angestellten geführt und mehr als 30 Unternehmen untersucht wurden. Für diesen Beitrag wurden auch noch speziell mehrere Experten – vor allem Unternehmensberater und Mitarbeiter eines großen japanischen Thinktank – befragt.

Die Forschungsmethode strebte eine Triangulation einer Vielzahl von Datenquellen an (siehe z.B. Bryman 2004; Diekmann 2003; Wolfram Cox und Hassard 2005) und umfasste formelle und informelle qualitative Experteninterviews (Froschauer und Lueger 2003; Gläser und Laudel 2004) mit Managern und Forschern sowie anderen Experten, Dokumentenanalyse z.B. firmeninterner Dokumente sowie wissenschaftlicher und journalistischer Beiträge (Forster 1994; Hodder 2000) wie auch eine Bewertung und Analyse bestehender Fallstudien und anderer Literatur (Yin 2003). Insgesamt konnte so eine gute Mischung aus Primär- und Sekundärdaten er-

---

[3] Zu einer Diskussion, wie neue Technologien Experimentieren einfacher und günstiger machen, siehe z.B. Thomke (2001, 2003).

hoben werden, die eine erste aufschlussreiche Analyse des Jahr-2007-Problems in Japan zulässt.

4 Ergebnisse

Dieser Abschnitt gibt einen Überblick über das Jahr-2007-Problem in Japan und die in diesem Zusammenhang auftretenden Thematiken Wissensretention und Technologietransfer.

4.1 Wissensverlust und Arbeitskräftemangel in Japan: Das Jahr-2007-Problem

Wie in der Einleitung erwähnt, hat Japans Bevölkerung im Jahr 2005 zu schrumpfen begonnen und gleichzeitig auch seine Erwerbsbevölkerung (*The Economist* 2005b, 2006a, siehe auch Abbildung 1). Bis zum Jahr 2015 wird jeder vierte Japaner, bis 2025 sogar mehr als ein Drittel aller Japaner über 65 Jahre alt sein, eine der größten Quoten älterer Staatsbürger der entwickelten Welt (siehe Abbildung 2). Dies ist auch mitunter ein Grund, weshalb davon ausgegangen wird, dass der finanzielle Reichtum der japanischen Haushalte innerhalb der nächsten 20 Jahre aufhören wird zu wachsen und zu schrumpfen beginnen wird (Farrell und Greenberg 2005; McKinsey Global Institute 2004; *The Economist* 2005a). In der Tat erlebt Japan gegenwärtig die schnellsten demografischen Veränderungen innerhalb der führenden Industrienationen, und dies hat offensichtliche Auswirkungen auf Arbeitsmärkte, Anstellungsverhältnisse und -praktiken (Abegglen 2006; Dirks et al. 2000; Farrell und Greenberg 2005).

Die demografische Struktur Japans bringt ein unmittelbar bevorstehendes Ereignis mit weit reichenden Konsequenzen mit sich: *Nisennana nen mondai* (2007年問題), das Jahr-2007-Problem. In Japan könnte ein großer Teil der *dankai sedai* (団塊世代)[4] oder der Babyboomer vom Jahr 2007 an ihr 60. Lebensjahr erreichen und planmäßig in den Ruhestand gehen. Die japanische Babyboom-Generation umfasst nach der engen Definition die Personen, die zwischen 1947 und 1949 geboren wurden. Die gesetzliche Mindestaltersgrenze lag bis April 2006 bei 60 Jahren, wird nun aber aufgrund eines neuen Gesetzes bis 2013 sukzessive auf 65 Jahre angehoben. Dies stellt Firmen in Japan gleich vor zwei Schwierigkeiten. Zum einen wird ein Mangel an Arbeitskräften befürchtet, zum anderen sind unter den Ruhestandskandidaten auch sehr viele wichtige Wissensträger, besonders im Produktions- und Ingenieurbereich, sodass ein Wissens- und Expertiseverlust befürchtet wird (siehe

---

[4] Die japanische Babyboom-Generation wird auf japanisch als *dankai sedai* oder *dankai no sedai* (団塊の世代), wörtlich also als „Klumpen-“ oder „Haufengeneration“ bezeichnet. Dieser Ausdruck geht auf den Roman „Dankai no sedai“ von Taichi Sakaiya (堺屋太一) aus dem Jahr 1976 zurück und hat sich seitdem eingebürgert, da die Babyboom-Generation im Vergleich zu anderen Jahrgängen aufgrund der „Masse“ tatsächlich wie ein großer Klumpen oder Packen erscheint.

z.B. Kohlbacher 2006a; Kohlbacher und Voelpel 2006; *Nihon Rôdô Kenkyû Zasshi* 2006; *The Economist* 2006a sowie unzählige Artikel in japanischen Zeitungen und Zeitschriften).

Abbildung 1: Wachstum der Erwerbsbevölkerung (in Prozent)

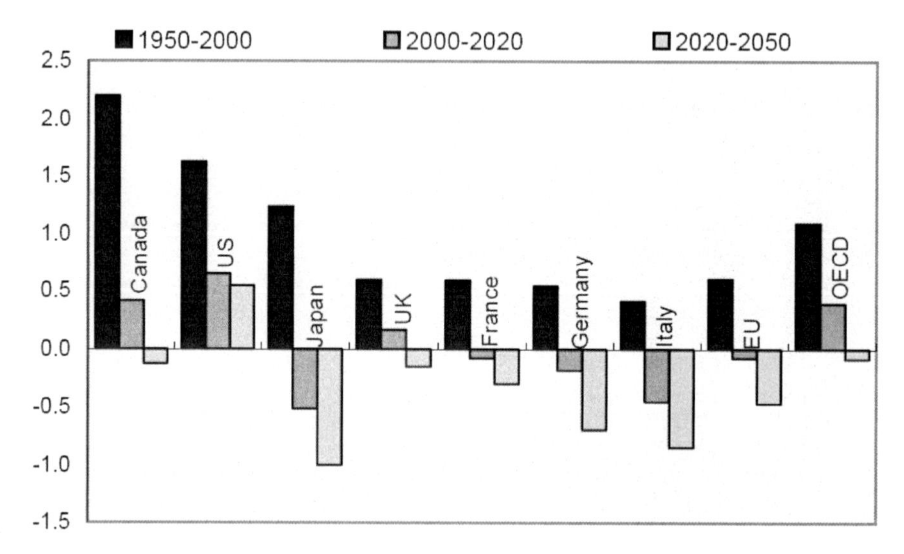

Quelle: OECD database on labour force statistics and OECD estimates.

Abbildung 2: Anteile der Altersgruppen an der Gesamtbevölkerung in Japan (in Prozent)

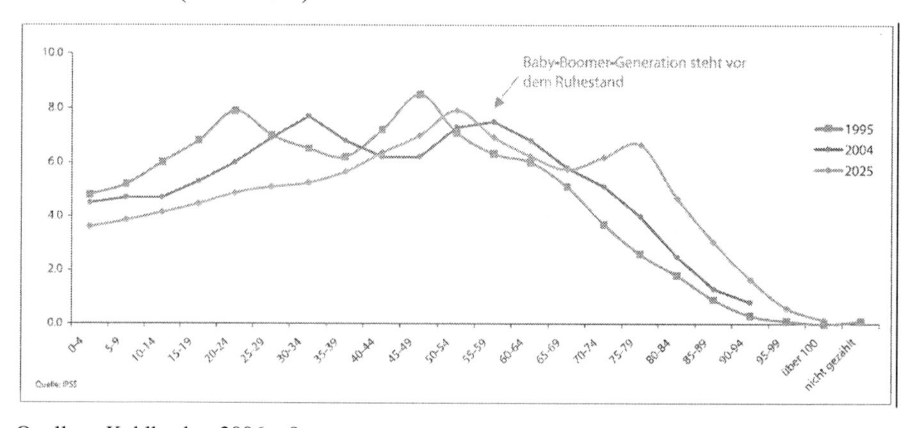

Quelle: Kohlbacher 2006a: 9.

Die Gesamtzahl der Babyboomer von 6,8 Millionen – nach einer anderen Definition, die noch die Jahrgänge 1950 und 1951 einschließt, sogar 10 Millionen – macht zwar nur ca. 5,4% der Gesamtbevölkerung, dafür aber knapp 10% der Erwerbsbevölkerung aus (vgl. z.B. Murata 2006; Yamada et al. 2005). Kein Wunder, dass das Jahr-2007-Problem gegenwärtig von Japans Politkern, Managern und Medien als hoch kritisch eingestuft und somit ausführlich und regelmäßig diskutiert wird. Viele Firmen haben das Problem allerdings viel zu lange unterschätzt, ignoriert oder gar nicht wahrgenommen und sind nun fieberhaft auf der Suche nach Lösungsmöglichkeiten, während andere bereits Maßnahmen getroffen haben oder gerade an der Umsetzung arbeiten. Aufträge an Unternehmensberatungen scheinen in diesem Zusammenhang ebenfalls Hochkonjunktur zu haben.

4.2 Wissensretention und Technologietransfer

Die Analyse von Primär- und Sekundärdaten hat ergeben, dass es sich bei den von japanischen Firmen angedachten, geplanten oder bereits implementierten Lösungsansätzen vor allem um vier Maßnahmen handelt (siehe auch Abbildung 3):

1. Anhebung der firmenintern festgelegten Altersgrenze,
2. Wiedereinstellung nach dem Antritt des Ruhestands,
3. Einrichtung oder Erweiterung von Corporate Universities oder Technical Training Centers,
4. Externalisierung impliziten Wissens sowie systematische Wissensdokumentation und -speicherung.

Abbildung 3: Maßnahmen zur Wissensretention

Anhebung der firmenintern festgelegten Altersgrenze
(meist von 60 auf 65 Jahre)

(Sofortige) Wiederanstellung nach Antritt des Ruhestands
auf Vertragsbasis

Einrichtung oder Erweiterung von Corporate Universities,
Technical Training Centers etc.

Externalisierung impliziten Wissens und systematische
Wissensdokumentation und -speicherung

Die ersten beiden Maßnahmen – Anhebung der Altersgrenze und Wiederanstellung nach Antritt des Ruhestands – sind zwar aufgrund der Aktualität und Dringlichkeit des Problems sehr beliebte und wichtige Maßnahmen, können aber dennoch nicht wirklich als effektive Lösungen betrachtet werden. Vor allem nicht in mittel- und langfristiger Hinsicht, da sie ja das Problem zunächst nur aufschieben, anstatt es dauerhaft zu lösen. Dennoch helfen sie Firmen, die Expertise und das Erfahrungswissen ihrer Mitarbeiter über einen längeren Zeitraum hinweg zu nutzen und Zeit und Möglichkeiten zu gewinnen, Nachfolger zu schulen sowie kritisches Wissen zu transferieren und zu speichern. Weiter ist es sicherlich sinnvoll, angesichts der höheren Lebenserwartung und längeren produktiven Lebenszeitspanne derzeitige Ruhestands- und Anstellungsregelungen und -praktiken zu überdenken. Toyota z.B. geht davon aus, dass allein im technischen Bereich ca. 1.200 Mitarbeiter in Japan zwischen April 2006 und März 2007 in den Ruhestand gehen werden, im darauf folgenden Jahr sogar 1.800. Der Fahrzeughersteller hat daher ein Wiederanstellungssystem eingeführt mit dem Ziel, bestimmte erfahrene Mitarbeiter – auf Japanisch oft als „Veteranen" bezeichnet – für eine Wiederanstellung nach Antritt des Ruhestands auszuwählen, meist mit fließendem Übergang der Anstellungsverhältnisse. Die Selektion und Entscheidung beruht auf einer systematischen und regelmäßigen Leistungsevaluierung und Mitarbeitergesprächen über Jahre hinweg.

Die dritte Maßnahme – Einrichtung oder Erweiterung von Corporate Universities, Technical Training Centers etc. – macht teilweise auch von der zweiten Maßnahme Gebrauch, da ausgewählte Veteranen oft als Mentoren/Coaches oder Dozenten an firmeninternen Trainingszentren und Corporate Universities eingesetzt werden. Dieser Fall findet sich bei industriellen Herstellern recht häufig, so auch z.B. bei Matsushita Electric Industrial und Mitsubishi Heavy Industries. Toyota hat 2003 ein Global Production Center (GPC) in Japan eröffnet und im März 2006 ein europäisches Pendant (E-GPC) in Großbritannien. Diese Zentren wurden zwar nicht im direkten Zusammenhang mit dem Jahr-2007-Problem geplant, die dort abgehaltenen Schulungen und der Transfer technischen Wissens durch Experten und Multimediaeinsatz für Toyota-Mitarbeiter weltweit dienen aber generell der Sicherung der systematischen Weitergabe der organisationalen Wissens- und Expertisebasis des Unternehmens (siehe auch Ichijo und Kohlbacher 2006; Kohlbacher 2006b)).

Die vierte Maßnahme – Externalisierung impliziten Wissens und systematische Wissensdokumentation und -speicherung – umfasst eine Vielzahl von Instrumenten und Methoden, die jeweils individuell an die Situation und Bedürfnisse der einzelnen Firma angepasst und dementsprechend kombiniert und adaptiert werden müssen (vgl. auch Voelpel und Streb 2006). Es ist daher schwierig, generische Empfehlungen zu geben, und viele Firmen lassen sich bei der Auswahl, Zusammenstellung und Anpassung des Maßnahmenkatalogs von Beratungsunternehmen unterstützen. Im Falle eines japanischen Topautoherstellers z.B., wurde eine namhafte Unternehmensberatung mit der systematischen Wissensretention von Veteranen- und technischem Expertenwissen beauftragt. Die Berater führten eingehende Interviews und Befragungen mit den erfahrenen Ingenieuren durch, sammelten und bereiteten alle relevanten Informationen, die in Ordnern, PCs und verschiedenen Dokumenten gespeichert waren, auf, um alles kritische Expertenwissen in systematischer und gut zugänglicher Form zu dokumentieren und den Nachfolgern und anderen Mitarbeitern verfügbar zu machen. Eine beliebte und effektive Maßnahme ist auch die Einführung eines Wissensweitergabesystems durch paarweise Zusammenarbeit von älteren Mitarbeitern und Neulingen, zu finden z.B. beim japanischen Stahlkonzern Nippon Steel.

5 Diskussion

In diesem Abschnitt werden die oben dargelegten Erkenntnisse zum Jahr-2007-Problem in Japan diskutiert und die Grundlagen und Hauptkomponenten einer Aging-Workforce-Managementstrategie dargelegt.

5.1 Das Jahr-2007-Problem und japanisches Wissensmanagement

Wie bereits erwähnt, ist die Diskussion zum Jahr-2007-Problem in Japan in vollem Gange und das Management in japanischen Firmen ist bereits fieberhaft auf der Suche nach Lösungsmöglichkeiten oder arbeitet bereits an deren Umsetzung, wobei Aufträge solcher Art an Unternehmensberatungen keine Seltenheit sind.

Japan spielt in der Wissensmanagementdiskussion generell eine sehr wichtige Rolle. Besonders hervorgehoben wird hier die japanische Handhabung von Wissen im Unternehmen, die sich stark vom Wissensmanagement in anderen Industrieländern unterscheidet (Haghirian und Kohlbacher 2005). Vor allem die Arbeiten des japanischen Wissensmanagementgurus Ikujiro Nonaka (z.B. Nonaka 1991; Nonaka und Takeuchi 1995) haben japanischen Unternehmen den Ruf als „knowledge-creating companies“ eingebracht und dazu geführt, dass sie sowohl von Wissenschaftlern als auch von Praktikern – auch außerhalb Japans – jahrelang als Musterbeispiele für Wissensmanagement studiert und geradezu gefeiert wurden (vgl. z.B. Davenport und Prusak 2000; Haghirian und Kohlbacher 2005; Holden 2002; Leonard 1998). Dabei wurde besonders der Fokus der japanischen Firmen auf implizites Wissen (im Individuum verankertes Wissen) betont, im Gegensatz zur im Westen vorherrschenden Neigung, sich auf explizites Wissen (d.h. in Texten oder auf andere Weise archiviertes oder archivierbares Wissen) zu konzentrieren (Hedlund und Nonaka 1993; Nonaka und Takeuchi 1995; Takeuchi und Nonaka 2000). Japanische Mitarbeiter sind durch Großraumbüros räumlich miteinander verbunden, Information kann daher ungehindert fließen, und Kommunikationskanäle sind selten überlastet, da die Mitarbeiter in ständigem Kontakt und Austausch miteinander stehen (Haghirian und Kohlbacher 2005). Allerdings ist es nun genau dieser Fokus auf implizites Wissen, der die Bedrohung des Jahr-2007-Problems noch düsterer aussehen lässt. Nachdem sich japanische Firmen hauptsächlich auf die direkte Weitergabe von Wissen durch persönliche Kommunikation und Interaktion – Erfahrungen unter Anleitung – konzentriert haben, gibt es eine große implizite Wissensbasis, die nie wirklich externalisiert – von implizitem in explizites Wissen umgewandelt – oder schriftlich dokumentiert wurde. Jetzt könnte dieses implizite Wissen im wahrsten Sinne des Wortes einfach zur Türe hinausspazieren, wenn die Babyboomer in den Ruhestand gehen.

Wie eingangs erwähnt, werden bestimmte Eigenheiten des traditionellen japanischen Beschäftigungssystems – wie lebenslange Anstellung und Senioritätsprinzip – im Zusammenhang mit Wissenserzeugung und -teilung als relevant und förderlich angesehen (siehe z.B. Abegglen 2006; Dirks et al. 2000; Haak und Pudelko 2005; McCormick 2004; Pudelko 2004). In der Tat prägen bis heute noch die traditionellen und typisch japanischen Personalmanagementprinzipien – lebenslange Anstellung und Senioritätsprinzip – viele japanische Firmen (*kaisha*). Vor allem größere japanische Firmen rekrutieren ihre Mitarbeiter oft nahezu ausschließlich direkt von Schule und Universität und behalten diese in der Großfamilie *kaisha* auch bis zum Ruhestand (vgl. z.B. Dirks et al. 2000; Pudelko 2004; Schulz 1990). Damit ist die Notwendigkeit für eine systematische und explizite Wissensdokumentation bei weitem nicht so groß wie bei Betrieben mit höherer Fluktuation wie in vielen Firmen in Europa und Nordamerika. Wissen wird in japanischen Firmen traditionell hauptsächlich in direktem Kontakt – sowohl während der Arbeitszeit als auch abends bei den häufigen gemeinsamen Abendessen durch „nomunication" (japanisch *nomu* = trinken) – sowie durch *on-the-job training* in impliziter Form weitergegeben (vgl. z.B. Hedlund und Nonaka 1993). Dies braucht natürlich Zeit, sodass ein gleichzeitiges Ausscheiden vieler Wissensträger sofort zu einem großen Problem wird.

5.2 Strategisches Management des Jahr-2007-Problems

In letzter Zeit haben der demografische Wandel sowie eine alternde Bevölkerung und Belegschaftsstruktur in den Industrienationen verstärkt die Aufmerksamkeit von Politikern, Managern und Wissenschaftlern gleichermaßen erregt (vgl. z.B. Cappelli 2005; Carter 2004; DeLong 2004; DeLong und Davenport 2003; Drucker 2002; Dychtwald et al. 2004; Dychtwald et al. 2006; Leibold und Voelpel 2006; Leonard und Swap 2005a; Leonard und Swap 2005b; Tempest et al. 2002; *The Economist* 2006b). Laut DeLong (2004: 4, 226) war „lost knowledge" schon seit jeher ein Problem in der Geschichte der Menschheit, aber in der letzten Generation hat seine Bedeutung einen Quantensprung gemacht und Wissensretention ist zu einer Managementherausforderung geworden, die mindestens die nächsten zwei Jahrzehnte bestehen bleiben wird. Dychtwald et al. (2004: 50) formulieren dies so:

> The problem won't just be a lack of bodies. Skills, knowledge, experience, and relationships walk out the door every time somebody retires – and they take time and money to replace.

In der Tat macht der drohende Wissensverlust und Arbeitskräftemangel aufgrund einer alternden Belegschaft ein kreatives Zusammenarbeiten, Wissensteilen und -weitergeben zu einer entscheidenden Aufgabe, um Innovationskraft und Wettbewerbsvorteile zu erhalten. Deshalb sind das Management intellektueller Vermögenswerte (knowledge assets) und die systematische Wissensretention eine wesentliche und kritische Aufgabe für Manager und Organisationen. Eine Aging-Workforce-Managementstrategie sollte daher auf einer gründlichen Analyse der Altersstruktur der Belegschaft und auf der Erfassung der Wissens- und Kompetenzbestände des Unternehmens basieren und in regelmäßigen Abständen geprüft und erneuert werden. Eine solche Strategie wird im Normalfall folgende drei Hauptkomponenten umfassen (siehe auch Abbildung 4).

Abbildung 4: Hauptkomponenten einer Aging-Workforce-Managementstrategie

Systematische Wissensdokumentation und -speicherung

Systematische Nutzung und Weitergabe von Veteranenwissen

Einführung und Anwendung alternativer
und flexibler Anstellungsverhältnisse

Was die ersten beiden Komponenten betrifft, so sind bereits wichtige und hilfreiche Ansätze vorgestellt oder zumindest erwähnt worden (siehe z.B. Carter 2004; DeLong 2004; Leibold und Voelpel 2006; Leonard und Swap 2005a; Leonard und Swap 2005b; Trojan 2003; Trojan 2006). Firmen wie Roche (Winkelmann-Ackermann und Thoma 2004), Henkel (Trojan 2003) oder Siemens (DeLong und Davenport 2003; Krause 2005) können zumindest für Teilkomponenten einer Wissensretentionsstrategie wertvolle Beispiele liefern. Die Ergebnisse und Diskussion dieser Studie haben Übereinstimmung gezeigt und dies mit einigen empirischen Beispielen veranschaulicht. Besonders die Notwendigkeit direkter, persönlicher Kommunikation und Interaktion sowie von Erfahrungen unter Anleitung zur Weitergabe von Wissen wurde deutlich. Wie bereits im Theorieteil erläutert, kommt implizites Wissen am besten durch Beobachtung und praktische Erfahrung und Lernen an die Oberfläche und kann dann übertragen werden (DeLong 2004: 111). Deshalb sind die vier dargestellten Techniken für Erfahrungen unter Anleitung – Üben unter Anleitung, Beobachten unter Anleitung, Probleme lösen unter Anleitung und Experimentieren unter Anleitung – auch so wichtig und effektiv. Die oben genannten Beispiele von Toyota, Matsushita Electric Industrial, Mitsubishi Heavy Industries, Nippon Steel und anderen unterstreichen dies. Allerdings muss auch berücksichtigt werden, dass „deep smarts" auf jahrelanger – praktischer – Erfahrung beruhen und nicht einfach direkt übertragen werden können, sondern diese „verborgenen Dimensionen des fundamentalen Wissens eines Experten müssen *wiedererschaffen* werden" (Leonard und Swap 2005a: 30, Hervorhebung im Original).

Wissensbewahrung ist ein Teilgebiet oder ein Baustein des Wissensmanagements (Probst et al. 2006; Trojan 2003) und sollte deshalb in eine umfassende Strategie des Wissensmanagements integriert und eingebettet werden. Diese Wissensmanagementstrategie muss dann wiederum mit der Aging-Workforce-Managementstrategie abgestimmt sein und mit dieser Hand in Hand gehen. Weiter ist es wichtig zu erkennen, dass Wissensretention – wie im Prinzip alle Bausteine des Wissensmanagements – mit einer langfristigen Perspektive und Strategie in Angriff genommen werden muss und kurzfristige Ad-hoc-Gegenmaßnahmen wenig effizient und effektiv sind: „[…] to be successful, knowledge retention, like quality management, must be a long-term initiative“ (DeLong 2004: 187).

Werden die Probleme Wissensverlust und Arbeitskräftemangel im Zusammenhang mit dem demografischen Wandel nicht rechtzeitig erkannt und bearbeitet, kann dies auf lange Sicht hohe Kosten und vor allem fatale Auswirkungen auf die Wettbewerbsfähigkeit von Unternehmen zur Folge haben. Es ist daher sicherlich nicht ausreichend, lediglich kurz vor Ausscheiden aus dem Unternehmen das Erfahrungswissen von Veteranen und anderen Experten zu externalisieren und zu dokumentieren. Wissen muss kontinuierlich und stetig erzeugt, benutzt, geteilt, wiedererzeugt und erhalten, aber auch wieder vernichtet werden (Ichijo 2006; Probst et al. 2006).

5.3 Vorreiter Japan

Japan ist natürlich nicht das einzige Land, auf das die so genannte „age wave“ (Dychtwald 2000; Dychtwald et al. 2006; Dychtwald und Flower 1990) oder der Babyboom-Tsunami (Leonard und Swap 2004) zurollt. Prinzipiell sind aufgrund der demografischen Struktur alle Industrienationen betroffen und sollten sich Gedanken zum Umgang mit den Themen alternde Erwerbsbevölkerung, Wissensverlust und Arbeits- oder Fachkräftemangel machen. Japan scheint als eines der ersten Länder direkt mit den Auswirkungen konfrontiert zu sein und kann damit wertvolle Hinweise für den adäquaten Umgang mit dem Problem für andere Länder geben.[5]

[5] Es sei hier angemerkt, dass es auch noch „einen tiefer liegenden Kontext für diese Krise der Organisation der Arbeit in japanischen Unternehmen gibt als den demografischen Wandel: Wandel der Corporate Governance nicht im Sinne der Unternehmenskontrolle, sondern als Versuch einer Antwort auf die Frage, wozu und für wen existieren Unternehmen, hin zur Kapitalmarktlogik und Herrschaft der fungierenden Unternehmer. Horizontale Kommunikation und Kooperation, inkremental-sukzessives Erlangen, Erfahren und Vermitteln von Erfahrungswissen und Beziehungskapital, langfristig und kollektiv geprägte Sicht und Bewertung als Rechtfertigung individueller wie kollektiver Konkurrenz haben bereits seit Mitte der 1990er-Jahre nicht mehr funktioniert, und zwar weil der implizite Vertrag zwischen Unternehmensorganisation und Individuum einseitig aufgekündigt worden und Vertrauen zerbrochen ist; anstelle des Alten hat man Leistungs- bzw. Ergebnisorientierung und -verantwortung verordnet als Deckmantel für Kostenreduktion und ohne die Dezentralisierung der Bedingungen (Ressourcen & Befugnisse) zu ermög-

Was den Arbeits- und Fachkräftemangel betrifft, kommt in Japan allerdings erschwerend hinzu, dass auf so gut wie keine Immigrationsbevölkerung zurückgegriffen werden kann (siehe z.B. *The Economist* 2005a). Aufgrund des Jahr-2007-Problems und des drohenden Wissensverlustes in Unternehmen in Japan wird vor allem der Transfer technischen Wissens (*ginô denshô* – 技能伝承) von erfahrenen Ingenieuren zu ihren jüngeren Nachfolgern diskutiert und industrielle Hersteller werden als die am meisten betroffenen Firmen dargestellt. Allerdings werden sicherlich auch andere Branchen einen mehr oder minder starken Einfluss zu spüren bekommen und sollten daher nicht Gefahr laufen, das Problem zu unterschätzen und sich in Sicherheit zu wiegen.

In Europa und Nordamerika mag sich der demografische Wandel nicht ganz so rasch vollziehen und auch eventuell durch Zuwanderung aus dem Ausland gedämpft werden. Dennoch droht auch in vielen europäischen Ländern und in Nordamerika eine ähnliche Situation (siehe auch Dychtwald et al. 2004; Dychtwald et al. 2006; Leibold und Voelpel 2006; Leonard und Swap 2004; Leonard und Swap 2005b; Schulz 1990). Von japanischen Firmen wurde das Problem teilweise viel zu lange ignoriert oder unterschätzt, und die Kosten für zu spät oder gar nicht ergriffene Maßnahmen können enorm sein. Ausländische Firmen in Japan sowie Unternehmen in Europa und Nordamerika sollten sich deshalb rechzeitig mit einer Aging-Workforce-Managementstrategie (siehe oben) auseinander setzen und von der derzeitigen Situation in Japan lernen.

5.4 Das Jahr-2007-Problem als Chance

Die so genannte Workforce Crisis kann aber auch einige Chancen und Möglichkeiten bieten, die zunächst vielleicht gar nicht so offensichtlich erscheinen. Angesichts der höheren Lebenserwartung und längeren produktiven Lebenszeitspanne erscheinen manche der derzeitigen Ruhestands- und Anstellungsregelungen und -praktiken eher antiquiert. Dychtwald et al. (2004) haben bereits 2004 postuliert: „It's time to retire retirement", und die Anhebung des Rentenalters und eine flexiblere Gestaltung der Arbeitsverhältnisse in Japan scheinen ein wichtiger Schritt in die richtige Richtung zu sein. Die Krise hilft also, verkrustete Arbeitsmarktstrukturen aufzuzeigen und aufzubrechen, um den tatsächlichen Bedürfnissen sowohl der Arbeitnehmer/innen als auch der Firmen entgegenzukommen (Kohlbacher 2006a; Kohlbacher und Voelpel 2006). Eine weitere Chance eröffnet sich vor allem auch für ausländische Firmen in Japan, und das in zweierlei Hinsicht: Die Babyboom-Generation in Japan hat schon immer als enorm aktive und tatkräftige sowie auch sehr konsumorientierte Bevölkerungsgruppe gegolten. Nun heißt es, sich beides zu Nutze zu machen (vgl. auch Tempest et al. 2002), zum einen als kaufkräftige und konsumwillige potenzielle Zielgruppe im so genannten „silbernen Markt", zum anderen als hoch motivierte potenzielle Mitarbeiter oder Berater mit einem breiten Erfahrungsschatz

---

lichen" (aus einer persönlichen Kommunikation von Prof. Enno Berndt, Ritsumeikan University, an den Autor).

und genauer Kenntnis des japanischen Marktes und der japanischen Firmen. In der Tat verstehen ältere Mitarbeiter oft die spezifischen Kundenbedürfnisse der wachsenden Zahl ihrer Altersgenossen wesentlich besser und ihr Wissen und ihre Erfahrung kann für Produktentwicklung, Marketing und Dienstleistungen zum wichtigen Wettbewerbsvorteil werden. Gerade in Japan mit seiner stark hierarchischen Gesellschaftsstruktur und seinem Senioritätsdenken kann dies von entscheidender Bedeutung sein. Trotz eines sich anbahnenden Wandels in Richtung US-amerikanisches System bezahlen z.B. viele Firmen nach wie vor nach Seniorität. Respekt vor Alter und älteren Personen wird in Japan – wie auch in vielen anderen asiatischen Ländern – generell groß geschrieben (Kohlbacher 2006a; Kohlbacher und Voelpel 2006).

Ältere Arbeitnehmer gehören also keinesfalls zum alten Eisen, sondern stellen vor allem über ihre Erfahrungen einen kostbaren strategischen Wettbewerbsfaktor dar, den es zu integrieren und zu fördern gilt (Tempest et al. 2002; Voelpel und Arnold 2006; Voelpel und Streb 2006). Eine aktuelle Studie des japanischen Thinktank Nomura Research Institute (NRI) hat z.B. ergeben, dass acht von zehn Babyboomern auch über das 60. Lebensjahr hinaus arbeiten möchten und gerade einmal 16% nicht mehr arbeiten wollen (Yamada et al. 2005). Vor allem Teilzeit- oder Beratungsverträge mit hochkarätigen Babyboomern könnten für diese auch in finanzieller Hinsicht interessant sein, da sie ohnehin mit Einkommenseinbußen – auch bei Weiterbeschäftigung in derselben Firma – nach Erreichen des Ruhestandsalters rechnen müssen.

Dieser Beitrag scheint den Aufruf von Dychtwald et al. (2004, 2006) zu einer Reevaluierung der gegenwärtigen Praktiken, Anstellungs- und Ruhestandsregelungen zu unterstützen. In der Tat sollten Firmen niemals ihre „deep smarts" und die Expertise ihrer älteren – aber natürlich auch jüngeren – Arbeitnehmer unterschätzen. Leonard und Swap (2005a: 26) weisen zurecht darauf hin, dass Experten, die im Laufe der Jahre mit vielen Situationen zu tun haben, eine Art Wissensvorrat aufbauen, der sie in die Lage versetzt, schnell und ohne großen Aufwand ein Urteil zu fällen. Unternehmen müssen also erkennen, dass der demografische Wandel der Belegschaftsstruktur nicht zwangsläufig zu Einbußen der Wettbewerbsfähigkeit führen muss, sondern dass, wenn möglichen negativen Entwicklungen proaktiv im Rahmen einer integrierten Personalstrategie gegengesteuert wird, durchaus auch Vorteile über eine altersheterogene Belegschaft realisiert werden können (Tempest et al. 2002; Voelpel und Streb 2006). In der Tat kann das Altern der Belegschaft auch eine positive Seite haben, zumindest was das „Altern" und Reifen des Wissens betrifft. Die Wichtigkeit dieses Reifungsprozesses für Innovationen und Unternehmenserfolg wurde auch von einigen Forschern und Firmen bereits erkannt (z.B. Nonaka et al. 2006).

6 Abschlussbemerkung: Kommt das Jahr-2007-Problem wirklich?

Auch wenn in Japan derzeit vom Jahr-2007-Problem gesprochen wird, ist dies nicht auf das Jahr 2007 alleine beschränkt, sondern betont lediglich, dass davon ausgegangen wird, dass das Problem zum ersten Mal massiv im Jahr 2007 auftreten könnte. Tatsächlich werden sich aber die Herausforderungen in den nächsten drei bis fünf Jahren herauskristallisieren und vermutlich noch intensivieren. Allerdings gibt es auch kritische Stimmen, die die vielen Medienberichte und Diskussionen um das Jahr-2007-Problem für übertrieben oder gar für reine Panikmache halten. Eine Hochrechnung – basierend auf Daten des Workforce Survey Report des Ministry of General Affairs aus dem Jahr 2004 – spricht z.B. davon, dass nur etwa 442.000 von den insgesamt 6,8 Millionen Babyboomern zwischen 2007 und 2009 in den Ruhestand gehen werden (Murata 2006). Vor allem drei Gründe sprechen dagegen, dass es tatsächlich von 2007 an zu einem Antritt des Ruhestands en masse und einem daraus resultierenden plötzlichen Wissensverlust und Arbeitskräftemangel kommt.

Erstens wird im Rahmen der 2004 erlassenen und im April 2006 in Kraft getretenen „Revision des Gesetzes zur Stabilisierung der Beschäftigung älterer Personen" (Revision of the Stabilization of Employment for Elderly Persons Act – 改正高齢者雇用安定法)[6] ein verlängertes Arbeitsleben bis zu einem Alter von 65 Jahren ermöglicht oder vereinfacht. Firmen mit einem internen Ruhestandsalter von weniger als 65 Jahren haben dabei drei Möglichkeiten verpflichtend zur Auswahl: 1) Sie erhöhen die Altersgrenze auf 65 Jahre, 2) sie führen ein Weiterbeschäftigungssystem ein, oder 3) sie schaffen die Altersgrenze komplett ab. Die gesetzliche Mindestaltersgrenze steigt vom Finanzjahr 2006 an auf 62 Jahre, 2007 auf 63, 2010 auf 64 und 2013 schließlich auf 65 Jahre (Murata 2006; Yamashita 2006). Dies bedeutet, dass sich im Normalfall kaum ein Babyboomer, der 2007 60 Jahre alt wird, in den Ruhestand verabschieden wird (Kohlbacher 2006a; Murata 2006).

Zweitens hat es einen Anstieg an Frühpensionierungen gegeben. Vor allem aufgrund der wirtschaftlichen Situation seit den 1990er-Jahren und der damit einhergehenden „Umstrukturierungen" haben sich bereits viele für den Vorruhestand entschieden oder entscheiden müssen. In einigen Fällen haben die Betreffenden auch bereits in eine neue Stelle bei einer anderen Firma gewechselt oder sich selbständig gemacht.

Drittens gibt es für viele der weiblichen Babyboomer – und der Anteil der Frauen an der Gesamtzahl beträgt mehr als die Hälfte – keine wirkliche Altersgrenze. Die Mehrheit arbeitet entweder schon gar nicht mehr oder ist teilzeitangestellt oder von einer Personalfirma entsandt (Kohlbacher 2006a; Murata 2006). Welche Prognose oder Interpretation des Jahr-2007-Problems nun die richtige ist, wird sich wohl erst im Laufe der nächsten Jahre erweisen, aber der demografische Wandel, der im Moment im Gange ist, und seine potenziellen Konsequenzen für das

[6] Das Gesetz stammt ursprünglich aus dem Jahr 1986 (vgl. auch Schulz, 1990).

Land, für Bevölkerung, Firmen und andere Organisationen lassen sich weder abstreiten noch ignorieren.

Danksagung

Ich möchte besonders den folgenden Personen für Ihre Anregungen und Informationen sowie die intensiven Diskussionen mit einigen von ihnen danken (in alphabetischer Reihenfolge): Enno Berndt (Ritsumeikan University), Nigel Holden (Nottingham Trent University), Yuki Kuboshima (Deloitte Tohmatsu Consulting), Motohiro Morishima (Hitotsubashi University), Kazuo Mukai (Hamamatsu University), Ikujiro Nonaka (Hitotsubashi University), Sawaaki Yamada (Nomura Research Institute), Kenichi Yoshida (Realcom), Sven Voelpel (International University Bremen). Für den Inhalt des Beitrags, die dargestellten Daten, Beispiele und Interpretationen sowie für etwaige Fehler ist einzig und allein der Autor verantwortlich.

Literaturhinweise

Abegglen, J. C. (2006), *21st-century Japanese management: New systems, lasting values*, Basingstoke: Palgrave Macmillan

Al-Laham, A. (2003), *Organisationales Wissensmanagement. Eine strategische Perspektive*, München: Vahlen

Argote, L. (1999), *Organizational learning: Creating, retaining and transferring knowledge*, Boston: Kluwer Academic Publishers

Bryman, A. (2004), *Social research methods* (2nd ed.), New York: Oxford University Press

Cappelli, P. (2005), „Will there really be a labor shortage?", *Human Resource Management*, 44 (2), S.143-149

Carter, C. (2004), „When your gurus walk out the door", *KM Review*, 7 (3), S.16-19

Collison, C. und G. Parcell (2001), *Learning to fly: Practical lessons from one of the world's leading knowledge companies*, Oxford: Capstone Publishing

Cross, R. und L. Baird (2000), „Technology is not enough: Improving performance by building organizational memory", *Sloan Management Review*, 41 (3), S.69-78

Davenport, T.H. (2005), *Thinking for a living: How to get better performance and results from knowledge workers*, Boston: Harvard Business School Press

Davenport, T.H. und L. Prusak (2000), *Working knowledge. How organizations manage what they know*, Boston: Harvard Business School Press

DeLong, D.W. (2004), *Lost knowledge: Confronting the threat of an aging workforce*, New York: Oxford University Press

DeLong, D.W. und T.H. Davenport (2003), „Better practices for retaining organizational knowledge: Lessons from the leading edge", *Employment Relations Today*, 30 (3), S.51-63

Diekmann, A. (2003), *Empirische Sozialforschung: Grundlagen, Methoden, Anwendungen* (10. Aufl.), Hamburg: Rowohlt

Dirks, D., M. Hemmert, J. Legewie, H. Meyer-Ohle und F. Waldenberger (2000), „The Japanese employment system in transition", *International Business Review*, 9 (5), S.525-553

Doyé, T., R. Bittner, J. Hellmeyer und G. Sauter (2004), „Wie Erfahrungswissen beim Mitarbeiterwechsel im Unternehmen bleibt", *Wissensmanagement*, 6, S.32-35

Drucker, P.F. (2002), *Managing in the next society*, New York: Truman Talley Books, St. Martin's Griffin

Dychtwald, K. (2000), *Age power: How the 21st century will be ruled by the new old*, New York: Tarcher

Dychtwald, K., T. Erickson und B. Morison (2004), „It's time to retire retirement", *Harvard Business Review*, 82 (3), S.48-57

Dychtwald, K., T. Erickson und R. Morison (2006), *Workforce crisis: How to beat the coming shortage of skills and talent*, Boston: Harvard Business School Press

Dychtwald, K. und J. Flower (1990), *The age wave: How the most important trend of our time can change your future*, Los Angeles: Bantam

Farrell, D. und E. Greenberg (2005), „The economic impact of an aging Japan", *The McKinsey Quarterly - Web exclusive*, May 2005

Forster, N. (1994), „The analysis of company documentation", in: C. Cassell und G. Symon (Hrsg.), *Qualitative methods in organizational research, a practical guide*, London, Thousand Oaks, New Delhi: Sage, S.147-166

Froschauer, U. und M. Lueger (2003), *Das qualitative Interview. Zur Praxis interpretativer Analyse sozialer Systeme*, Vienna: WUV-UTB

Garvin, D.A. (2003), *Learning in action: Putting organizational learning to work*, Boston: Harvard Business School Press

Gläser, J. und G. Laudel (2004), *Experteninterviews und qualitative Inhaltsanalyse als Instrumente rekonstruierender Untersuchungen*, Wiesbaden: VS Verlag für Sozialwissenschaften

Grant, R.M. (1996), „Toward a knowledge-based theory of the firm", *Strategic Management Journal*, 17 (Winter Special Issue), 109-122

Haak, R. und M. Pudelko (Hrsg.) (2005), *Japanese management: The search for a new balance between continuity and change*, Basingstoke: Palgrave Macmillan

Haghirian, P. (2005), „Die Unternehmensgeschichte als Instrument des impliziten Wissenstransfers – ein Überblick", in: G. Reinmann (Hrsg.), *Erfahrungswissen erzählbar machen: Narrative Ansätze für Wirtschaft und Schule*, Lengerich et al.: Pabst Science Publishers, S.162-175

Haghirian, P. und F. Kohlbacher (2005), „Interkultureller Wissenstransfer in multinationalen japanischen Unternehmen", in: M. Pohl und I. Wieczorek (Hrsg.), *Japan 2005. Politik und Wirtschaft*, Hamburg: Institut für Asienkunde, S.213-233

Hedlund, G. und I. Nonaka (1993), „Models of knowledge management in the west and Japan", in: P. Lorange, B. Chakravarthy, J. Roos und A. Van de Ven (Hrsg.), *Implementing strategic processes: Change, learning and co-operation*, Oxford: Basil Blackwell, S.117-144

Heiss, S.F. (2004), „Personale und interpersonale Faktoren für die Wissenskommunikation in Communities of Practice“, in: R. Reinhardt & M.J. Eppler (Hrsg.), *Wissenskommunikation in Organisationen: Methoden, Instrumente, Theorien*, Berlin, Heidelberg: Springer, S.157-176

Hodder, I. (2000), „The interpretation of documents and material culture“, in: N.K. Denzin und Y.S. Lincoln (Hrsg.), *Handbook of qualitative research*, Thousand Oaks: Sage, S.703-715

Holden, N.J. (2002), *Cross-cultural management: A knowledge management perspective*, Harlow: Financial Times/Prentice Hall

Ichijo, K. (2006), „The strategic management of knowledge“, in: K. Ichijo und I. Nonaka (Hrsg.), *Knowledge creation and management: New challenges for managers*, New York: Oxford University Press

Ichijo, K. und F. Kohlbacher (2006), *The Toyota way of knowledge creation in emerging markets*, Paper presented at the The Association of Japanese Business Studies (AJBS) Conference, June 22-23, 2006, Beijing

Kogut, B. und U. Zander (1992), „Knowledge of the firm, combinative capabilities, and the replication of technology“, *Organization Science*, 3 (3), S.383-397

Kohlbacher, F. (2006a), „Das Jahr-2007-Problem in Japan: Arbeitskräftemangel und Wissensverlust?“, *JapanMarkt*, 2006, S.8-11

Kohlbacher, F. (2006b), „Erfolgsmaschine Toyota: Japans größter Automobilhersteller ist ein wirklicher Global Player geworden“, *JapanMarkt*, September, S.10-12

Kohlbacher, F. und S.C. Voelpel (2006), „Sayonara Wissensträger“, *Personalwirtschaft*, 33 (8), S.14-16

Krause, H. (2005), „Leaving experts: Erfahrung sichern durch Gespräch“, in: G. Reinmann (Hrsg.), *Erfahrungswissen erzählbar machen: Narrative Ansätze für Wirtschaft und Schule*, Lengerich et al.: Pabst Science Publishers, S.176-186

Leibold, M. und S.C. Voelpel (2006), *Managing the aging workforce: Challenges and solutions*, Erlangen: Publicis Corporate Publishing

Leonard-Barton, D. (1992), „Core capabilities and core rigidities: A paradox in managing new product development“, *Strategic Management Journal*, 13 (Special Issue), S.111-125

Leonard, D. (1998), *Wellsprings of knowledge: Building and sustaining the sources of innovation*, Boston: Harvard Business School Press

Leonard, D. (2000), „Tacit knowledge, unarticulated needs, and empathic design in new product development“, in: D. Morey, M. Maybury und B. Thuraisingham (Hrsg.), *Knowledge management: Classic and contemporary works*, Cambridge, Massachusetts: The MIT Press, S.223-237

Leonard, D. und S. Sensiper (1998), „The role of tacit knowledge in group innovation“, *California Management Review*, 40 (3), S.112-132

Leonard, D. und W.C. Swap (2004), „Deep smarts“, *Harvard Business Review*, 82 (9), S.88-97

Leonard, D. und W.C. Swap (2005a), „Aus Erfahrung gut“, *Harvard Business Manager* (1), S.20-33

Leonard, D.A. und W.C. Swap (2005b), *Deep smarts: How to cultivate and transfer enduring business wisdom*, Boston: Harvard Business School Press

Leonard, D.A. und W.C. Swap (2005c), *When sparks fly: Harnessing the power of group creativity*, Boston: Harvard Business School Press

McCormick, K. (2004), „Whatever happened to the 'the Japanese model'?", *Asian Business & Management*, 3 (4), S.371-393

McKinsey Global Institute (2004), *The coming demographic deficit: How aging populations will reduce global savings*

Mertins, K. und I. Finke (2004), „Kommunikation impliziten Wissens", in: R. Reinhardt und M.J. Eppler (Hrsg.), *Wissenskommunikation in Organisationen: Methoden, Instrumente, Theorien*, Berlin, Heidelberg: Springer, S.32-49

Murata, H. (2006), „2007 mondai saiko: Dankai sedai 'issei rishoku' wa honto ka" (Rethinking the 2007 problem: Is the simultaneous retirement of the baby boomers real?), *Economist*, January 17, S.84-87

Nihon Rôdô Kenkyû Zasshi (2006), „Tokushu '2007nen mondai' o kensho suru" (Special issue: Verification of the „2007" problem), *Nihon Rôdô Kenkyû Zasshi (The Japanese Journal of Labour Studies)*, 48 (5)

Nonaka, I. (1991), „The knowledge-creating company", *Harvard Business Review*, 69 (6), S.96-104

Nonaka, I., F. Kohlbacher und N. Holden (2006), „Aging and innovation: Recreating and refining high-quality tacit knowledge through phronetic leadership", Paper presented at the 66th Annual Academy of Management Meeting, Critical Management Studies Research Workshop „Managing The Aging Workforce: Leadership Towards A New Weltanschauung", August 11-16, 2006, Atlanta, USA

Nonaka, I. und H. Takeuchi (1995), *The knowledge-creating company. How Japanese companies create the dynamics of innovation*, New York: Oxford University Press

Parise, S., R. Cross und T.H. Davenport (2005), „It's not what but who you know: How organizational network analysis can help address knowledge loss crises", Working Paper, The Network Roundtable at the University of Virginia

Parise, S., R. Cross und T.H. Davenport (2006), „Strategies for preventing a knowledge-loss crisis", MIT *Sloan Management Review*, 47(4), S.31-38

Probst, G., S. Raub und K. Romhardt (2006), *Wissen managen: Wie Unternehmen ihre wertvollste Ressource optimal nutzen* (5. Aufl.), Wiesbaden: Gabler

Pudelko, M. (2004), „HRM in Japan and the west: What are the lessons to be learnt from each other?", *Asian Business & Management*, 3 (3), S.337-361

Reinhardt, R. und M.J. Eppler (Hrsg.) (2004), *Wissenskommunikation in Organisationen: Methoden, Instrumente, Theorien*, Berlin, Heidelberg: Springer

Reinmann, G. (Hrsg.) (2005), *Erfahrungswissen erzählbar machen: Narrative Ansätze für Wirtschaft und Schule*, Lengerich et al.: Pabst Science Publishers

Saint-Onge, H. und D. Wallace (2003), *Leveraging communities of practice for strategic advantage*, Boston: Butterworth-Heinemann

Schneider, U. (2004), „(Wie) funktionieren Communities of Practice?“, in: R. Reinhardt und M.J. Eppler (Hrsg.), *Wissenskommunikation in Organisationen: Methoden, Instrumente, Theorien*, Berlin, Heidelberg: Springer, S.137-156

Schreyögg, G. und D. Geiger (2006), „Developing organizational narratives: A new dimension in knowledge management“, in: B. Renzl, K. Matzler und H. Hinterhuber (Hrsg.), *The future of knowledge management*, Basingstoke: Palgrave Macmillan, S.82-98

Schulz, J.H. (1990), „What can Japan teach us about an aging U.S. work force?“, *Challenge*, 33 (6), 56-60

Swap, W.C., D. Leonard, M. Shields und L. Abrams (2001), „Using mentoring and storytelling to transfer knowledge in the workplace“, *Journal of Management Information Systems*, 18 (1), S.95-114

Takeuchi, H. und I. Nonaka (2000), „Reflection on knowledge management from Japan“, in: D. Morey, M. Maybury und B. Thuraisingham (Hrsg.), *Knowledge management: Classic and contemporary works*, Cambridge, Massachusetts: The MIT Press, S.183-186

Tempest, S., C. Barnat und C. Coupland (2002), „Grey advantage: New strategies for the old“, *Long Range Planning*, 35 (5), S.475-492

The Economist (2005a), „The grey market: Hey, big-spender“, December 3

The Economist (2005b), „The sun also rises: A survey of Japan“, October 8

The Economist (2006a), „The downturn – greying Japan“, January 7

The Economist (2006b), „Special report: The ageing workforce“, February 18

Thomke, S.H. (2001), „Enlightened experimentation: The new imperative for innovation“, *Harvard Business Review*, 79 (2), S.67-75

Thomke, S.H. (2003), *Experimentation matters: Unlocking the potential of new technologies for innovation*, Boston: Harvard Business School Press

Trojan, J. (2003), „Vor kollektiver Amnesie schützt nur die systematische Bewahrung von Wissen“, *Wissensmanagement*, 3, S.11-13

Trojan, J. (2006), *Strategien zur Bewahrung von Wissen: Zur Sicherung nachhaltiger Wettbewerbsvorteile*, Wiesbaden: Deutscher Universitätsverlag

Voelpel, S.C. und H. Arnold (2006), „Jedes Alter hat seine Kompetenz“, *Personalwirtschaft*, 33 (2), S.14-17

Voelpel, S.C. und C.K. Streb (2006), „Wettbewerbsfähigkeit im demographischen Wandel: Vom Risiko zur Chance“, *Personalwirtschaft*, 33 (8), S.24-27

Walsh, J.P. und G.R. Ungson (1991), „Organizational memory“, *The Academy of Management Review*, 16 (1), S.57-91

Wenger, E., R. McDermott und W.M. Snyder (2002), *Cultivating communities of practice*, Boston: Harvard Business School Press

Winkelmann-Ackermann, S. und C. Thoma (2004), „Globale HR Prozesse als Herausforderung: Kommunikation von HR Prozesswissen aufgezeigt am Beispiel von Succession Management in der Roche“, in: R. Reinhardt und M.J. Eppler (Hrsg.), *Wissenskommunikation in Organisationen: Methoden, Instrumente, Theorien*, Berlin, Heidelberg: Springer, S.332-351

Wolfram Cox, J. und J. Hassard (2005), „Triangulation in organizational research: A re-presentation", *Organization*, 12 (1), S.109-133

Yamada, S., Y. Saito, F. Kamio und T. Inoue (2005), *2010 nen no nihon: Koyo shakai kara kigyo shakai e* (Japan in 2010: from employment society to entrepreneur society), Tokyo: Nomura Research Institute/Toyo Keizai

Yamashita, N. (2006), „Konenreisha no koyokakuhosochi o meguru hoteki shomondai" (Legal problems of the old-age employment stabilitzation measures), *Nihon Rôdô Kenkyû Zasshi (The Japanese Journal of Labour Studies)*, 48 (5), S.43-50

Yin, R.K. (2003), *Case study research, design and methods* (3rd ed., Vol. 5), Thousand Oaks: Sage

M&A in Japan – Verborgene Konfliktpotenziale für ausländische Erwerber in der Integrationsphase

Wolfgang Dorow und Carsten Herbes

Einleitung

In Japan waren Mergers & Acquisitions, vor allem der Kauf japanischer Unternehmen durch ausländische Erwerber, im internationalen Vergleich ein Randphänomen. Die jüngst stark steigenden Fallzahlen und anstehende gesetzliche Veränderungen machen jedoch ein weiteres schnelles Wachstum in diesem Bereich wahrscheinlich. Im Land selbst ruft das Phänomen kontroverse Diskussionen hervor, während die internationale Wirtschaftspresse auf bessere Eintrittschancen ausländischer Unternehmen hofft. Bei der Euphorie über die Öffnung Japans auf diesem Gebiet gerät jedoch schnell in Vergessenheit, dass der Erfolg mit dem rechtlichen Abschluss der Transaktion keineswegs gesichert ist. Vielmehr beginnt an diesem Punkt erst die Phase, die darüber entscheidet, ob die mit dem Kauf angestrebten Ziele erreicht werden: die Post-Merger-Integration. In diesem Zeitraum erfolgen typischerweise Veränderungen in den Produktportfolios, Organisationsstrukturen, Geschäftsprozessen und z.T. der Unternehmenskultur – vor allem beim erworbenen Unternehmen – mit dem Ziel, Synergien zwischen den Partnern zu realisieren. Diese Veränderungen können erhebliche Konflikte mit den Stakeholdern des erworbenen japanischen Unternehmens, vor allem den Mitarbeitern, auslösen: Der ausländische Erwerber ist sich oft nicht bewusst, welche Interessen die japanischen Stakeholder vor dem Hintergrund japanischer Unternehmenskultur und Institutionen haben; darüber hinaus ist auch das Konfliktverhalten des japanischen Gegenübers für ihn schwer zu interpretieren. Daher wird er oft latente und selbst manifeste Interessenkonflikte nicht wahrnehmen und kann diese weder präventiv noch ad hoc handhaben. So bedrohen diese Konflikte unter Umständen das Gelingen der gesamten Integration. Der vorliegende Beitrag soll den Blick auf die Integration allgemein und im Besonderen auf das Konfliktpotenzial lenken, ausländischen Erwerbern Hinweise zur frühzeitigen Erkennung und erfolgreichen Handhabung geben und somit helfen, die Erfolgschancen einer Integration zu erhöhen.

1 Die Relevanz von Inbound-M&A in Japan

Die Zahl von M&A-Transaktionen mit japanischer Beteiligung ist im internationalen Vergleich noch sehr gering (vgl. Moerke 2003: 32); dies führte man in der Vergangenheit vor allem auf folgende Umfeldbedingungen in Japan zurück (vgl. Cooke 1991: 169-186; Debroux 1996: 248-251; Milhaupt und West 2001: 16-22):

- soziale Norm, dass Übernahmen unethisch seien,
- unvorteilhafte Regulierung von Tender-Offer-Prozessen und fehlende Möglichkeit des Squeezeout von Kleinaktionären,
- stabile Aktionärsstruktur[1] und Überkreuzverflechtungen als alternative Abwehrinstrumente, unzureichende Information über finanzielle Verhältnisse potenzieller Targets (keine strengen Verpflichtungen zur Rechnungslegung),
- Nichtvorhandensein von Stock Swaps (Transaktionen mussten bar bezahlt werden, Stock Swaps sind erst seit 1999 zugelassen).

In den letzten zwanzig Jahren hat die Gesamtzahl der Transaktionen mit japanischer Beteiligung jedoch rapide zugenommen.

In-in-Transaktionen[2] fanden bis in die 1990er-Jahre oft nur innerhalb einer Unternehmensgruppe statt: Motiv war häufig die Rettung finanziell schwacher Gruppenmitglieder, zum Teil initiiert durch die Behörden (vgl. Nakamura 2002: 2 und 7; Masuda 2002: 117). Diese nutzten M&A auch als Mittel der Industriepolitik und veranlassten Zusammenschlüsse, um einen „exzessiven" Wettbewerb zu vermeiden (vgl. Moerke 2003: 33-34). Es dominierten Transaktionen zwischen kleinen und mittleren Unternehmen (vgl. Raupach-Sumiya 2000: 23). Von 1991 bis 2000 waren wichtige Beweggründe die Restrukturierung und die Konsolidierung in Branchen wie Chemie, Pharma, Finanzen und Einzelhandel im Zuge der Branchenderegulierung (vgl. Debroux 1996: 245; Nakamura 2002: 10-12). Eine Reihe von Deregulierungsmaßnahmen im M&A-Recht wiederum, z.B. die Zulassung von Holdings im Jahr 1997 (vgl. Hemmert 1999: 19-22), erhöhte im selben Zeitraum die Zahl von Transaktionen zusätzlich.

---

[1] Aktionäre, die der Unternehmensleitung wohlgesinnt sind und die Anteile nicht ohne vorherige Konsultationen verkaufen (vgl. Haas 2004: 46).

[2] In-in: Transaktionen zwischen japanischen Unternehmen im Inland (ohne gruppeninterne Transaktionen); In-out: Erwerb ausländischer Unternehmen (auch Anteile) durch japanische Unternehmen; Out-in: Erwerb japanischer Unternehmen (auch Anteile) durch ausländische Unternehmen; Out-out: Transaktionen zwischen ausländischen Unternehmen, von denen mindestens eines mit einem japanischen Unternehmen verbunden ist (z.B. ausländische Tochtergesellschaft eines japanischen Unternehmens), im vorliegenden Fall zu vernachlässigen.

Am Ende der so genannten Bubble Economy, 1989 und 1990, überwogen zahlenmäßig die In-out-Transaktionen, also japanische Unternehmenskäufe im Ausland, z.T. mit starkem Diversifizierungscharakter.

Abbildung 1: Unternehmenszusammenschlüsse mit japanischer Beteiligung nach Typen 1985-2004[3]

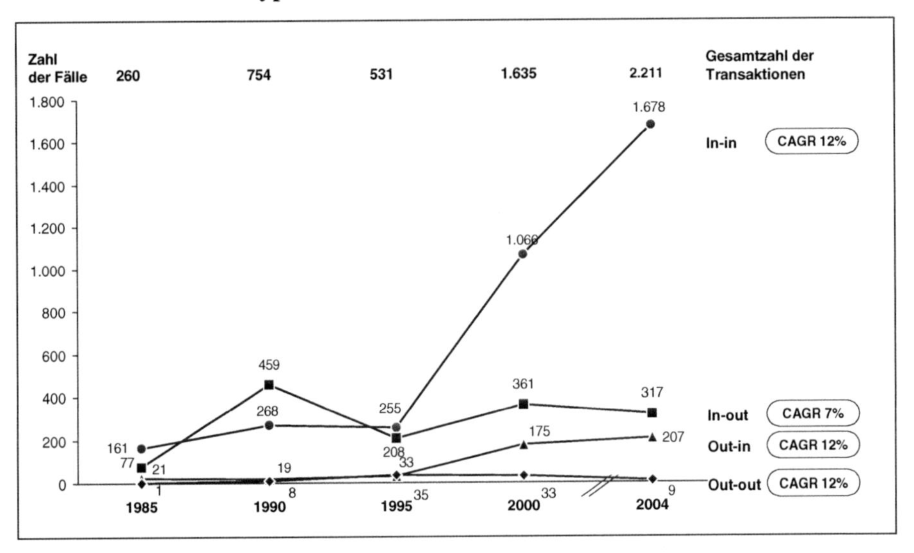

Quelle: Recof Corporation 2005: 6.

Die Zahl der Out-in-Transaktionen, d.h. der Fälle, in denen ausländische Erwerber japanische Unternehmen kauften, hat sich im vergangenen Jahrzehnt mehr als versechsfacht. Ein solches Wachstum schien noch Anfang der 1990er-Jahre selbst für die einschlägige wissenschaftliche Forschung undenkbar (vgl. Cooke 1991: 186). Die finanziellen Probleme vieler japanischer Unternehmen nach dem Platzen der Bubble Economy haben jedoch die Bereitschaft zu Zusammenschlüssen mit ausländischen Firmen stark erhöht (vgl. Nakamura 2002: 3-4; Legewie 1999: 52). Bei den Transaktionen ausländischer Unternehmen in Japan herrschen Akquisitionen vor; Mergers sind in diesem Zusammenhang, anders als bei innerjapanischen Transaktionen, extrem selten (vgl. Nakamura 2002: 4). Prominente ausländisch-japanische M&A-Transaktionen in den letzten Jahren mit industriellen Investoren waren z.B. DaimlerChrysler/Mitsubishi Motors, Renault/Nissan, Vodafone/J-Phone, Roche/ Chugai und Knoll/Hokuriku Seiyaku. Ripplewood Holdings/Japan Telecom und Ripplewood Holdings/Shinsei Bank sind Beispiele für Übernahmen durch ausländi-

[3] Ohne gruppeninterne Transaktionen (z.B. Zusammenschluss von Mutter- und Tochterunternehmen), die sehr häufig sind (z.B. 2002: nahezu 1.000 Transaktionen, vgl. Haas 2004: 127, Tab. 8).

sche Finanzinvestoren. Die Out-in-Fälle werden in der japanischen Unternehmenswelt und Öffentlichkeit stärker wahrgenommen als die innerjapanischen Transaktionen. Schon zwischen 1991 und 2000 gab es einige wenige feindliche Übernahmeversuche durch ausländische Unternehmen.[4] Gerade die Ereignisse des Jahres 2004 („Steel Partners shock"; *The Nikkei Weekly*, 2004a) aber haben die Debatte nochmals angeheizt: Sie führten in Japan zu einer intensiven und anhaltenden Diskussion über das Für und Wider von Akquisitionen durch ausländische Unternehmen und über mögliche Maßnahmen (u.a. Poison Pills) zur Abwehr feindlicher Übernahmen (vgl. *The Nikkei Weekly*, 2004d, f, g; Okazaki 2004: 61-62; Keizai Dôyûkai 2005: 3-6; Takazawa 2005; Suzuki 2005: 1). Auch die wirtschaftlichen Interessenvertretungen der ausländischen Unternehmen nehmen lebhaft an dieser Diskussion teil (vgl. European Business Council in Japan 2005; American Chamber of Commerce in Japan o.J.).

Im neuen Jahrtausend sind neben der starken Zunahme ausländischer Erwerber in Japan zwei weitere Veränderungen festzustellen: Zum einen treten neben klassischen industriellen Investoren seit kurzem verstärkt Buyout Funds als Käufer auf, vor allem die großen US-amerikanischen Player Ripplewood, Carlyle und Cerberus (vgl. *The Nikkei Weekly*, 2004c). Einer der Hintergründe ist, dass der Buchwert zahlreicher japanischer Unternehmen höher ist als ihr Börsenwert. Zum Teil übersteigt bereits die Summe von Barvermögen und Wertpapieren den Börsenwert und bildet damit einen hohen Anreiz, das Unternehmen zu erwerben und einen Zerschlagungsgewinn zu realisieren. Bei einigen Unternehmen erreichte allein der Wert des Barvermögens beinahe den Börsenwert, so bei Tenma (97 Prozent) oder Takuma (95 Prozent) (vgl. *The Nikkei Weekly*, 2004b). Zum anderen war mit der ersten großen innerjapanischen Übernahmeschlacht um die UFJ Bank ein kultureller „Dammbruch" zu verzeichnen (vgl. *The Nikkei Weekly*, 2004d); der Übernahmeversuch von Livedoor bei Fuji-TV bekräftigte diese Wende (vgl. *Euroweek* 2005). Bis dahin waren innerhalb Japans nur freundliche Übernahmen sowie Fusionen üblich.

Für die Zukunft wird ein weiteres Ansteigen der Transaktionsfälle, auch mit ausländischer Beteiligung, erwartet. Als Ursachen gelten auf der wirtschaftlichen Seite:

- ein weiterer Rückgang des gegenseitigen Anteilbesitzes (Cross Shareholding) (vgl. Nissei Kiso Kenkyûsho 2004: 4),
- die fortschreitende Deregulierung bestimmter Branchen (z.B. Einzelhandel) (vgl. Nakamura 2002: 5-6),
- die in vielen Industrien noch ausstehende Konsolidierung (vgl. Lambe 2003: 47),
- die Bereinigung nicht rentabler Diversifikationsstrategien (vgl. Raupach-Sumiya 2000: 30),

---

[4] Zu nennen sind hier T. Boone Pickens/Koito, gescheitert (1991); Cable & Wireless/IDC, gelungen (1999); Boehringer Ingelheim/SSP, gelungen (2000); vgl. *The Asian Wall Street Journal*, 2004; Muramatsu o.J.: 4-9; Okazaki 2004: 61.

- die Nachfolge- und Finanzprobleme in mittelständischen, vom Eigentümer geführten Unternehmen (vgl. Debroux 1996: 245; Nakamura 2002: 2).

Änderungen in den gesetzlichen Rahmenbedingungen (zu den gegenwärtig gültigen Regulierungen vgl. Haas 2004: 31-43) machen einen noch viel stärkeren Anstieg von Out-in-Transaktionen, auch feindlicher Übernahmen, sehr wahrscheinlich (vgl. *The Nikkei Weekly*, 2004b):

- Ermöglichen von Spinoffs (vgl. Muramatsu o.J.: 13-14) (bereits vollzogen),
- Ermöglichen eines Squeezeout von Minderheitsaktionären (vgl. Onodera und Harper-Tee 2004: 6-7) (bereits vollzogen),
- Eröffnung der Möglichkeit für ausländische Unternehmen, Akquisitionen in Japan mit eigenen Aktien zu bezahlen (von 2007 an).[5]

Der Erwerb japanischer Unternehmen durch Ausländer, ein schon heute wichtiges Phänomen, wird durch die anstehenden Veränderungen also noch weiter an Bedeutung gewinnen.

2 Post-Merger-Integration als kritischer Erfolgsfaktor des M&A-Prozesses

Die wissenschaftliche Forschung kommt hinsichtlich des Erfolgs von Unternehmenszusammenschlüssen zu unterschiedlichen Ergebnissen: Die genannten Fehlschlagsraten reichen von 35 bis zu 60 Prozent (vgl. Pautler 2003: 14). Für Japan scheinen, wenn auch empirisch nicht belegt, ähnliche Größenordnungen auf (vgl. Fujioka 2004: 14). Die an Kapitalmarktgrößen orientierte Forschung stellt z.T. geringe positive Effekte fest (vgl. Andrade, Mitchell und Stafford 2001: 109-116). In Studien aus dem wissenschaftlichen Bereich, die sich an operativen Kennzahlen wie dem Cashflow orientieren, werden widersprüchliche Aussagen getroffen (vgl. Healy, Palepu und Ruback 1992; Gosh 2001; Lucks und Meckl 2002: 11).

Der Erfolg von Unternehmenszusammenschlüssen ist also alles andere als sicher. Insbesondere für das Management stellt sich daher die grundlegende Frage nach den

---

5 Vorgesehen ist die Form eines Triangular Merger, bei dem das japanische Target mit der japanischen Tochter des Erwerbers verschmolzen wird und die Aktionäre des Target Aktien des Erwerbers erhalten (vgl. Tanahashi und Matsumura 2004: 64). Derzeit muss allerdings die Differenz zwischen dem Marktwert der erhaltenen Aktien und dem Buchwert der bisher gehaltenen Aktien des verkauften Unternehmens noch versteuert werden. Für die Aktionäre des Target ist diese Option des Merger daher vorerst unattraktiv (vgl. *The Nikkei Weekly* 2004e). Zum Mai 2007 soll dies aber geändert werden (vgl. *The Nihon Keizai Shinbun, European Edition* 2006). Japanischen Unternehmen steht eine Akquisition durch Aktientausch schon seit 1999 offen (vgl. Muramatsu o.J.: 17). Die ursprünglich für 2005 geplante Neuerung wurde zunächst um ein Jahr und dann bis 2007 verschoben, um den japanischen Unternehmen mehr Zeit für die Vorbereitung zur Abwehr feindlicher Übernahmen zu geben (vgl. *Euroweek* 2005).

Erfolgsfaktoren. In den Beiträgen aus der wissenschaftlichen Forschung und der Praxis wurden verschiedene Gruppen von Erfolgsfaktoren identifiziert (vgl. Bamberger 1994: 188-338; Schewe und Gerds 2001; Töpfer 2000: 12), z.B.

- die strategischen Ziele der Transaktion,
- Eigenschaften der Partnerunternehmen wie die relative Größe der Partner zueinander,
- die fast ausnahmslos als wichtiger Erfolgsfaktor betrachtete Unternehmenskultur der Beteiligten oder
- externe Faktoren wie die Wettbewerbssituation oder Konjunktur.

In den vorliegenden Studien finden sich keine eindeutigen Aussagen dazu, ob die Rahmenbedingungen den Erfolg stärker beeinflussen oder das Management, indem es Integrationsmaßnahmen initiiert. Einigkeit besteht aber sowohl in der wissenschaftlichen als auch in der Praktikerliteratur darüber, dass den Integrationsaktivitäten, vor allem in Relation zu anderen beeinflussbaren Erfolgsfaktoren, überragende Bedeutung zukommt (vgl. Datta 1991: 281; Gerpott 1993: 84; Koch 2000: 335; Schewe und Gerds 2001: 76)

In Anlehnung an die Definitionen von Gerpott (vgl. 1993: 115) und Reineke (vgl. 1989: 10, Fußnote 2) soll „Integration" in diesem Beitrag verstanden werden als ein Prozess,

- hauptsächlich vom Erwerber vorangetrieben,
- zur Erzielung von Veränderungen in erster Linie beim erworbenen Unternehmen,
- in den Dimensionen Strategie, Personal, Organisation, IT und Kultur,
- in verschiedenen Funktionsbereichen (Schwerpunkt hier: Beschaffungsfunktion),
- mittels geeigneter Maßnahmen,
- zur Realisierung von Synergiepotenzialen.

Während sich die Integration bei M&A in Europa oder den USA überwiegend am Größen- oder Machtverhältnis der Partner orientiert, herrscht nach Abschluss innerjapanischer Transaktionen meist eine ostentative Gleichbehandlung der beiden sich zusammenschließenden Unternehmen und ihrer Mitglieder (vgl. Debroux 1996: 248-249; Kondo 2005; Nishiguchi 2005). Oft ist von einem *taitô no seishin* [Geist der Gleichberechtigung, Übers. d. Verf.] die Rede (vgl. Ôta und Satô 2003: 30). In der Vergangenheit waren in Japan deshalb auch mehr Mergers als Akquisitionen zu beobachten. Die Gleichbehandlung geht dabei so weit, dass das Umtauschverhältnis der Aktien oft mit 1:1 festgelegt wird, selbst wenn allen Beteiligten (einschließlich der Aktionäre) klar ist, dass ein wertmäßiges Ungleichgewicht vorliegt (vgl. das Beispiel bei Nakamura 2002: 6). Auch beim neuen Firmennamen wird auf Gleichbehandlung geachtet. Die Öffentlichkeit bekommt dann entweder eine Kombination beider Unternehmensnamen als neuen Namen präsentiert, z.B. Daiichi Kangyo-Bank (entstanden aus Nihon Kangyo Bank und Daiichi Bank) oder Nissho Iwai Nichimen (heute Sojitz; hervorgegangen aus den Handelshäusern Nissho Iwai und Nichimen). Oder es wird alternativ ein neuer Name gewählt, der auf keines der beiden früheren Unternehmen verweist, z.B. JFE (abgeleitet aus Japan Fe Engineering), als Ergebnis des Zusammenschlusses von Kawasaki Steel und NKK.

Die Post-Merger-Integration ist also eine wesentliche Aufgabe für das Management des europäischen Erwerbers, um die Akquisition zum Erfolg zu führen. Gleichzeitig sieht sich das Management einigen japanischen Spezifika gegenüber, vor allem der demonstrativen Gleichbehandlung, die die Integration erschweren können.

3 Konfliktpotenziale im Post-Merger-Integrationsprozess: Bedeutung und japanspezifische Probleme

In empirischen Untersuchungen wurden zwei wichtige Integrationsbarrieren identifiziert: Nichtkönnen und Nichtwollen (vgl. z.B. Schewe und Gerds 2001: 85; Yaguchi 2003a: 25, Abb. 1). Gleichzeitig weisen solche Quellen darauf hin, dass Konfliktlösungsprogramme bei Integrationsprojekten in der Praxis als eher unwichtig betrachtet (vgl. Schweiger und Weber 1989: 84) und selten durchgeführt werden (vgl. Gerpott 1993: 381, Tab. 6-14). Insgesamt würde der Problemkomplex gerne verdrängt (vgl. Mohr 1995: 345; Buono und Bowditch 1989: 13). Dies ist insbesondere angesichts der Tatsache kritisch, dass Konflikthandhabung generell einen Großteil der Arbeitszeit von Managern in Anspruch nimmt (vgl. Staehle 1999: 389). Zudem haben Konflikte negative Folgen wie Stress bei den Mitarbeitern oder Funktionsstörungen im Organisationsablauf, die schlussendlich den Unternehmenswert mindern können (vgl. Buono und Bowditch 1989: 23 und 233-247; Schweiger und Ivancevich 1985).

Nun mag mit Blick auf den japanischen Kontext ein Einwand lauten, dass eine konfliktorientierte Betrachtung auf Grund der „Harmonieorientierung" der Japaner nicht greift. Eine solche Sichtweise verkennt jedoch das Wesen von Harmonie in der japanischen Kultur, insbesondere der Unternehmenskultur: Sie ist nicht der dominante finale Wert, als der sie oft dargestellt wird, sondern dient teilweise lediglich instrumentell zum Erhalt der Funktionalität der Gruppe (vgl. Leung, Tremain Koch und Lu 2002). Zudem bedeutet Harmonie mitnichten die Abwesenheit von Konflikten (vgl. Blazejewski und Dorow 2003: 69-70; Coulmas 1993: 164): Die Geschichte der Arbeitskämpfe in Japan zeigt vielmehr, dass konfrontative und zum Teil gewalttätige Konflikte zum japanischen Verhaltensrepertoire gehören (vgl. Kawanishi 1999: 1-17). In japanischsprachigen Artikeln zu M&A und Post-Merger-Integration werden denn auch Konflikte explizit als Problem genannt (vgl. Yaguchi 2003b: 16; Fujioka 2004: 20; Kondo 2005; Komoto 2005).

Diese wenigen Hinweise verdeutlichen, dass Konflikte in Japan ein reales, soziales Phänomen sind (zu Konflikten in Japan vgl. Befu 1990; Ben-Ari 1990; Cushman und King 1985; Eisenstadt 1990; Hanami 1984; Imazai und Ohbuchi 2002; Ohbuchi, Suzuki und Hayashi 2001; Sugiyama-Lebra 1984), jedoch zum Teil aus anderen Gründen entstehen und meist anders gehandhabt werden als in einem europäischen Kontext.

Ein eigenes Kapitel sind daher die Probleme ausländischer Erwerber mit Konflikten bei der Post-Merger-Integration in Japan: Sie entstammen den Schwierigkeiten der Nichtjapaner, die Konfliktträchtigkeit der von ihnen initiierten Integrationsmaßnahmen im Vorfeld abzuschätzen, Maßnahmen der japanischen Akteure in der Konflikthandhabung richtig zu deuten und adäquat mit eigenen Handhabungsmaßnahmen darauf zu reagieren. Japanspezifische Bedingungen können Konflikte an Stellen verursachen, die in einem europäischen Kontext eventuell als unkritisch erachtet werden. So strebt man während der Integration im Einkaufsbereich typischerweise eine Bündelung des Bedarfs und eine gemeinsame Nutzung von Lieferanten an. Dadurch transformiert man meist die Lieferantenbeziehungen von kooperativen, vertrauensbasierten, relationalen japanisch geprägten in kompetitive marktliche Beziehungen. Dies kann, wie später noch anhand von Beispielen erläutert werden wird, in elementare ökonomische Interessen der japanischen Mitarbeiter eingreifen und zusätzlich als kultureller Bruch empfunden werden. Auch die Konflikthandhabung in Japan ist leicht zu übersehen; wird sie wahrgenommen, sind Missverständnisse an der Tagesordnung. Die einschlägige Literatur kommt zu dem Schluss, dass Japaner trotz existierender Interessengegensätze eine Präferenz für Konfliktvermeidung oder zumindest für nicht konfrontative Handhabungsmaßnahmen haben (vgl. Sugiyama-Lebra 1984: 42; Ohbuchi 1998), sodass Konflikte zum Teil unter der Oberfläche weiter schwelen. Diese nicht konfrontative Handhabung wird häufig auf das Ziel zurückgeführt, das Funktionieren der (in Japan so wichtigen) Gruppe durch offene Konflikte nicht zu behindern (vgl. Leung, Tremain Koch und Lu 2002: 208-209). Japaner versuchen vielmehr, die Entstehung offener Konflikte durch antizipative Reduzierung, d.h. mittels intensiver, breit angelegter, informeller Konsultationen (*nemawashi*), einzuschränken (vgl. Cushman und King 1985: 128; Nishiyama 1971: 151). Ein zweites prophylaktisches Instrument ist die Rotation der Mitarbeiter und damit die Verhinderung von Abteilungsdenken (vgl. Krauss, Rohlen und Steinhoff 1984: 383). Auch das Senioritätsprinzip belohnt einen intensiven Wettbewerb mit Kollegen nur bedingt (am allerwenigsten mit älteren Mitarbeitern) und reduziert dadurch die Menge möglicher Konflikte (vgl. Ohbuchi 1998: 58).

Bei der Konfliktartikulierung und später bei der eigentlichen Handhabung kommen in Japan tatsächlich meist nichtkonfrontative Strategien zum Einsatz (vgl. Sugiyama-Lebra 1984; Leung et al. 1992):

- Kontaktvermeidung/Schweigen: Diese Maßnahme kann im japanischen Kontext eine starke Meinungsverschiedenheit signalisieren.
- Einschaltung von Dritten: Dieser Mechanismus wird sowohl zur Konfliktartikulierung als auch zur Konflikthandhabung eingesetzt.
- Ansprechen des Konfliktes in einem informellen Kontext.
- Einsetzen von Harmonie als Ideologie (vgl. Eisenstadt 1990: 31).

- Ritualisierung von Konflikten, z.B. im alljährlichen *shuntô* (Frühlingskampf) der Gewerkschaften (zum Ablauf des *shuntô* vgl. Pohl 1986: 186).

Eine konfliktorientierte Analyse kann die Erfolgswahrscheinlichkeit der Integration erhöhen, wenn sie auf der Kenntnis japanischer Unternehmenskulturen und ihrer Auswirkungen auf den Konfliktprozess basiert: Werden im Verlauf der Analyse als besonders konfliktär eingeschätzte Integrationsmaßnahmen identifiziert, sollten entweder diese Maßnahmen modifiziert oder ihre gezielte Durchsetzung gegen Widerstand im Voraus mit geplant werden.

4 Typische Integrationsmaßnahmen im Einkauf und Spezifika japanischer Organisationen

Bei den absoluten Erfolgswirkungen eines Zusammenschlusses nimmt der Beschaffungsbereich eine dominante Stellung ein. So können Industrieunternehmen im Laufe des Integrationsprozesses nach Meinung mehrerer Autoren 10 bis 15 Prozent, z.T. sogar bis zu 25 Prozent der Kosten für Material und Komponenten sparen (vgl. Chapman et al. 1998: 2; Koch 2000: 346). Besonders stark kommen diese Effekte in der Automobilindustrie zum Tragen: Der Nissan-Revival-Plan im Rahmen der Allianz mit Renault sah eine Senkung der Einkaufskosten um 20 Prozent in drei Jahren vor, wobei die Einkaufskosten 60 Prozent der einzusparenden Gesamtkosten ausmachten; bei DaimlerChrysler trug der Einkauf mehr als ein Drittel zu den geplanten Synergien bei (vgl. Koch 2000: 345). Die Synergieeffekte können sich auf unterschiedliche Weise manifestieren: in reduzierten Fixkosten durch Einsparen von doppeltem Arbeitsaufwand, z.B. für Lieferantenmanagement oder IT-Support, in verbesserten Einkaufskonditionen oder in verbesserten Dienstleistungen für interne Kunden.

Um diese Effekte zu erzielen, führt der Erwerber typischerweise Maßnahmen in den Bereichen Strategie, Organisation, Personal und Kultur durch. Dabei reicht der zeitliche Horizont denkbar weit: Sehr kurzfristig kann etwa die gesteigerte Marktmacht genutzt werden, z.B. durch Nachverhandlungen mit Lieferanten des erworbenen Unternehmens auf Basis von Preisinformationen durch Lieferanten des Erwerbers; die Änderung der Unternehmenskultur im Einkaufsbereich des erworbenen Unternehmens ist eher unter den langfristigen Maßnahmen zu sehen. Abbildung 2 zeigt 16 mögliche Maßnahmen im Überblick.

Der ausländische Erwerber muss sich auf Spezifika japanischer Einkaufsorganisationen gefasst machen, welche die Integration erheblich beeinflussen können: Japanische Organisationen weisen nicht nur beim einzelnen Mitarbeiter, sondern auch auf Abteilungsebene eine im Vergleich zu Europa relativ geringe Spezialisierung auf (vgl. Lincoln und Kalleberg 1990: 201-202; Clark und Fujimoto 1992: 260). Mit dem Prinzip einer breiten Qualifizierung und dem Verzicht auf Stellenbeschreibungen geht einher, dass in japanischen Organisationen häufig auch unregelmäßig anfallende Spezialaufgaben im Zuge der täglichen Arbeit erledigt anstatt an spezialisierte Stabsabteilungen ausgelagert werden (vgl. Bayerl 1991: 151). Außerdem ist die Einkaufsabteilung oft eine relativ neue Einrichtung in japanischen Organisationen und daher aus europäischer Sicht noch wenig professionalisiert (vgl. Lamming 2000: 767, Abb. 1). Die Funktion des strategischen Einkaufs ist in der Regel unterentwickelt. Noch größere Unterschiede zeigen sich bei den Lieferantenbeziehungen, die in Japan – im Gegensatz zu den USA oder Europa – relational und hierarchisch geprägt und durch folgende Merkmale gekennzeichnet sind (vgl. Hemmert 1998: 169-182; Dolles und Jung 1991: 39-55; Hemmert 1993: 112-152):

- langfristige Beziehungen,
- kundenspezifische Produkte,
- starke Abnehmerkonzentration,
- hohe abnehmerspezifische Investitionen der Lieferanten in Anlagen bzw. Maschinen, aber auch in Humanressourcen (vgl. Raupach-Sumiya 1998: 51),
- hohes Niveau von diffusem Vertrauen, das darauf baut, dass der Geschäftspartner die Beziehung langfristig aufrechterhält und sich kurzfristige Unausgewogenheiten im Austauschverhältnis langfristig wieder ausmitteln (vgl. Sako 1992: 10),
- Koordinationsformen, die eher an unternehmensinterne Abläufe als an marktliche Transaktionen erinnern (wenige vertragliche Regelungen, Kapitalbeteiligungen, Personalaustausch, Quasiweisungsgebundenheit).

Abbildung 2: Integrationsmaßnahmen im Einkauf

Integrationsdimensionen	**Strategie**				**Organisation (Struktur und Prozesse)**			**Personal**	**Kultur**
Aufgaben des Lieferantenmanagements	Beschaffungs- und Lieferantenpolitik	Management der Lieferantenbasis	Lieferantenentwicklung	Lieferantenintegration	(Organisationsstruktur)	Lieferantenbewertung und -auswahl	Lieferantenkommunikation		
Maßnahmen	Make-or-buy-Entscheidungen optimieren	Zugang zu den Lieferanten des anderen Unternehmens ermöglichen	Vorteilhafte Lieferantenentwicklungssysteme übertragen	Einbeziehung der Lieferanten in den Produktentwicklungsprozess nach hinten verschieben	Abteilungen integrieren	Globale Prozesse des Erwerbers zum erworbenen Unternehmen transferieren		Mitarbeiter des Erwerbers entsenden	Kultur beim erworbenen Unternehmen anpassen
	Von relationaler auf marktliche Zusammenarbeit umstellen	Gesteigerte Marktmacht nutzen			Organisationsstruktur beim erworbenen Unternehmen ändern	Bewertungskriterien ändern und detaillieren		Schulungen durchführen	
	Modularisierungsgrad erhöhen	Anzahl der Lieferanten reduzieren						Personal abbauen	

Quelle: Eigene Darstellung; zu Inhalten vgl. Gerpott 1993: 79-80; Kogeler 1992: 57-60; Shrivastava 1986: 68; Wildemann 2003: 662; Ziegler 1997: 153-160.

5 Spezifische Konfliktfelder bei der Integration des Einkaufs nach Kauf eines japanischen Unternehmens

Viele in Europa oder in den USA eingesetzte Integrationsmaßnahmen des Erwerbers können Konflikte mit den japanischen Stakeholdern auslösen. Nachfolgend sollen beispielhaft fünf potenzielle Konfliktfelder mit ihren Hintergründen am Beispiel der Lieferanten aufgezeigt werden, die sich aus einer fallstudiengestützten empirischen Untersuchung ergeben haben (vgl. Herbes 2006: 346-462).

5.1 Akquisition

Schon die Akquisition an sich kann mit den Interessen der japanischen Mitarbeiter konfligieren. So impliziert sie, dass das Unternehmen ein Vermögensgegenstand ist, der veräußert werden kann. Dies steht im Widerspruch zum Verständnis der japanischen Mitarbeiter von ihrem Unternehmen als „primarily a *community of people* rather than a *piece of property* that its owners can do what they like with“ (Dore 1994: 16; Hervorhebungen im Original). Dementsprechend wird Unternehmensakquisition in Japan z.T. auch mit dem Begriff „Menschenhandel“ belegt: „Any attempt to dispose of a company for money is construed as slavery – the ‘sale of human beings’“ (Debroux 1996: 248). Die Akquisition kollidiert mit dem Interesse der Mitarbeiter, „ihr“ Unternehmen zu erhalten, das häufig auch Quelle der persönlichen Reputation ist. Die Vermutung, dass der Arbeitsplatz unter dem westlichen Erwerber weniger sicher ist, kann in Kombination mit den erheblichen Gehaltseinbußen, die japanische Arbeitnehmer wegen der unternehmensspezifischen Ausbildung und dem Senioritätssystem bei einem Arbeitgeberwechsel erleiden, weitere Widerstände auslösen. Außerdem wurde in Abschnitt 2 darauf hingewiesen, dass in Japan oft Mergers stattfinden und eine demonstrative Gleichbehandlung von Erwerber und erworbenem Unternehmen herrscht, woraus auch eine gewisse Erwartungshaltung beim Erwerb durch ein ausländisches Unternehmen entstehen kann. Die Bezeichnung als Akquisition und eine klar dominante Position des Erwerbers während der Integration können mit dieser Erwartungshaltung konfligieren.

5.2 Einführung eines leistungsbezogenen Entlohnungs- und Beförderungssystems

Trotz eines Wandels hin zu mehr leistungsorientierten Systemen ist in der Mehrheit der größeren japanischen Unternehmen keine grundsätzliche Abkehr vom Senioritätsprinzip zu beobachten (vgl. Dirks und Otto 1998: 232; Yeow 2003: 383). Dessen Abschaffung oder starke Modifizierung und die Einführung von Leistungsorientierung gehören dann häufig zu den ersten Maßnahmen des Erwerbers. Für alle japanischen Mitarbeiter bedeutet dies zunächst, dass ein wesentliches Element der Unternehmenskultur verändert wird. Diese Tatsache allein kann schon Widerstände auslösen, da die Bewahrung der eigenen Unternehmenskultur – nicht nur in Japan – ein wichtiges Ziel der Mitarbeiter in der Integration ist (vgl. Nahavandi und Malekzadeh 1988; Buono und Bowditch 1989: 252). Dazu kommt, dass die Maßnahme im Widerspruch zu weiter bestehenden informellen kulturellen Elementen steht, wie z.B. der höflichen Anrede älterer Mitarbeiter durch jüngere. Aber auch die ökonomischen Interessen der Mitarbeiter sind betroffen: Während der Lohn im Senioritätssystem nach Eintritt ins Unternehmen zunächst viele Jahre unter dem tatsächlichen Beitrag des Mitarbeiters liegt, übersteigt er ihn in den letzten Jahren. Das heißt: Zu Beginn der Firmenzugehörigkeit leisten die Mitarbeiter eine Investition ins Unternehmen in Form der Lücke zwischen Beitrag und Lohn, später, in den Jahren vor dem altersbedingten Ausscheiden, wird diese Investition in Form eines „überhöhten" Lohns wieder ausgezahlt. Ändert sich nun das System, verlieren Mitarbeiter in mittleren Jahren diese anfängliche Investition und werden Widerstand leisten. Jüngere Mitarbeiter dürften dagegen eher die Chance eines schnellen Gehaltszuwachses durch hohe Leistung sehen und das System begrüßen. Zusätzlich wird ein Leistungssystem Konkurrenzdenken unter den Mitarbeitern hervorbringen.

5.3 Umstellung von relationalen auf marktliche Lieferantenbeziehungen

Auch die Veränderung der existierenden relationalen Beziehungen zu den Lieferanten gehört oft zu den ersten Maßnahmen ausländischer Erwerber in Japan. So trennten sich sowohl Nissan nach dem Zusammenschluss mit Renault als auch Mitsubishi Motors im Zuge der Beteiligung von DaimlerChrysler von großen Teilen ihrer Kapitalbeteiligungen an ihren Lieferanten und ersetzten ihre langfristigen Beziehungen durch formelle wettbewerbsfördernde Ausschreibungen. Dies war auch die Voraussetzung, um überhaupt Lieferanten gemeinsam zu nutzen und die durch Bündelung der Beschaffungsvolumina erhöhte Marktmacht einzusetzen. Worin liegt nun das Konfliktpotenzial? Zum einen konfligiert eine Hinwendung zu marktlichen, z.T. auch kurzfristigen Beziehungen mit den langfristig angelegten, auf Vertrauen basierenden relationalen Beziehungen als einem wichtigen Element japanischer Unternehmenskulturen. Zum anderen kann sich die Veränderung der relationalen Beziehungen aber auch direkt negativ auf die ökonomischen Interessen bestimmter Mitarbeiter auswirken: Ein typisches Karrieremuster für Führungskräfte aus dem Engineering oder dem Einkauf ist, nach Erreichen der betrieblichen Altersgrenze von ca. 55 Jahren eine Managementposition bei einem Lieferanten zu übernehmen (*amakudari*) und so die zehn Jahre bis zum Einsetzen der staatlichen Rentenzahlungen finanziell und sozial zu überbrücken. Der Vorteil für den Lieferanten liegt in den guten persönlichen Beziehungen, die diese Führungskräfte in der Organisation des Kunden, ihres früheren Arbeitgebers, haben. Sollten die Kundenbeziehungen aber aufgelöst werden, was bei einer Hinwendung zu marktlichen Beziehungen wahrscheinlich ist, dann besteht auch weniger Anlass, ehemalige Mitarbeiter des Kunden einzustellen. Für die Betreffenden kann dies ein ernstes finanzielles Problem werden, denn sie müssen sich nun nach einer Alternative für die Dekade zwischen 55 und 65 umsehen. Der Erwerber ist sich dieses Sachverhalts eventuell nicht bewusst und arbeitet an der Oberfläche, z.B. an den in der Diskussion vorgebrachten Argumenten zu Qualitätsrisiken beim Lieferantenwechsel, während der Kern des Interessenkonflikts latent bleibt. Eine sorgfältige Analyse der Interessen der japanischen Mitarbeiter dagegen legt das Problem offen und schafft die Möglichkeit alternativer Lösungen, z.B. einer Weiterbeschäftigung der älteren Mitarbeiter bis zum Einsetzen des staatlichen Pensionsalters.

5.4 Veränderte Einbeziehung der Lieferanten in den Produktentwicklungsprozess

Wenn der ausländische und der japanische Partner gemeinsam Produkte entwickeln und dafür gemeinsam Lieferanten nutzen wollen, um z.B. eine größere Verhandlungsmacht zu erreichen, hat dies auch Auswirkungen auf die Lieferantenauswahl und schließlich auf die Einbeziehung der Lieferanten in den Produktentwicklungsprozess. Für japanische Automobilhersteller beispielsweise stand in der Vergangenheit oft vor der Entwicklung neuer Teile fest, welcher Lieferant diese herstellen würde. Deshalb konnte man den Lieferanten schon in einem sehr frühen Stadium in den Produktentwicklungsprozess einbeziehen: Er bekam zunächst relativ unspezifische Anforderungen genannt, in den folgenden informellen Diskussionen wurden die Konzepte und Spezifikationen entwickelt. Bei gemeinsamen Projekten mit dem europäischen Erwerber ist dieses Vorgehen jedoch nicht möglich: Da über die Vergabe im Wettbewerb zwischen mehreren Lieferanten entschieden wird, müssen die Automobilhersteller schon früh und ohne intensive Mitarbeit der Lieferanten relativ spezifische Vorgaben machen, auf deren Basis die Lieferanten dann ihr Angebot abgeben. Deren Verantwortung erhöht sich bei dieser Vorgehensweise dann im späteren Teil des Entwicklungsprozesses. Diese Verschiebung wirkt sich negativ auf Lieferanten und Mitarbeiter aus: Die Ressourcen, die der Lieferant für die erste Phase des Entwicklungsprozesses vorgehalten hat, sind nun überflüssig und er steht im Extremfall vor der Wahl, Mitarbeiter abzubauen oder eine geringere Gewinnmarge hinzunehmen. Die Mitarbeiter des Abnehmers wiederum müssen bei den ersten Schritten des Entwicklungsprozesses ohne die Hilfe ihrer Lieferanten auskommen, was eine ungewohnte Art und einen größeren Umfang von Arbeitsbelastung darstellt.

5.5 Übertragung von Geschäftsprozessen

In Bereichen außerhalb der Produktion sind Geschäftsprozessbeschreibungen und klare Zuordnungen von Aufgaben in Japan kaum verbreitet (vgl. Bayerl 1991: 152-153; Suzuki 1996: 254). Eine Übertragung von Geschäftsprozessen des ausländischen Erwerbers wird also in der Regel mit einer stärkeren Formalisierung und Abgrenzung der Aufgaben einhergehen. Diese Entwicklung kollidiert mit der fest in der Unternehmenskultur verankerten unscharfen Arbeitsteilung. Darüber hinaus werten

Formalisierung und Spezialisierung die Bedeutung der persönlichen hierarchischen Beziehungen innerhalb des Unternehmens tendenziell ab.

Auf die allgemeinen Gefahren bei einer Übertragung von Prozessen des Erwerbers ohne Berücksichtigung der lokalen Unternehmenskultur wird in der allgemeinen Literatur zur Post-Merger-Integration hingewiesen (vgl. Reineke 1989: 173). Die Übertragung kann höhere Arbeitsbelastung verursachen und als unnötig und gängelnd empfunden werden. In Japan kommt hinzu, dass der Sinn einer situationsunabhängigen genauen Festlegung betrieblicher Abläufe, wie oben in den Ausführungen zum Formalisierungsgrad schon kurz erläutert, bezweifelt wird. „Denn unter der Prämisse der Überkomplexität von Wirklichkeit erscheint eine rational-analytische Ermittlung der [...] auszuführenden Handlungsschritte und ihre möglichst präzise innerorganisatorische Festlegung keinesfalls als Garant einer effizienten Zielrealisierung" (Bayerl 1991: 113). Dieser Auffassung steht eine rigide Einführung von Prozessen, die überdies für einen gänzlich anderen kulturellen Zusammenhang entwickelt wurden, entgegen. Japaner, die Unternehmen im Ausland kaufen, gehen ihrerseits sehr behutsam bei der Übertragung der eigenen Prozesse vor (vgl. Hayashi 1993: 125). Diese Tatsache mindert die Akzeptanz für schnelle Prozessänderungen im umgekehrten Fall zusätzlich.

6 Handlungsempfehlungen

Konflikte und Widerstände in Post-Merger-Integrationprozessen sind generell und daher auch in Japan ein wesentliches Integrationshindernis. Die fünf angeführten Konfliktbeispiele haben gezeigt, dass der ausländische Erwerber mit seinen Integrationsmaßnahmen die Interessen der japanischen Stakeholder, besonders die der Mitarbeiter des japanischen Unternehmens, verletzen kann, ohne sich dessen bewusst zu sein. Noch schwieriger, wenn nicht gar unmöglich ist daher naturgemäß das Antizipieren von Konflikten, wie in Abschnitt 2 verdeutlicht. Es fehlen Kenntnisse über Unternehmenskultur in Japan, wegen der oft nicht konfrontativen Konflikthandhabung der Japaner stellen Nichtjapaner Konfliktsituationen kaum fest und darüber hinaus herrscht relativ weit verbreitet die unrichtige Vorstellung, in Japan gebe es keine Konflikte. Für den europäischen Erwerber lassen sich daher drei Handlungsempfehlungen formulieren:

1. Den Integrationsprozess statt als rein ökonomisch-technischen Ablauf bewusst auch **als politischen Prozess begreifen**, in dem die Interessengegensätze der Beteiligten zu Konflikten führen können, die jedoch für den ausländischen Erwerber häufig nicht offen erkennbar sind. Als logische Konsequenz sollte der Erwerber prüfen, wessen Interessen seine Integrationsmaßnahmen auf welche Weise entgegenstehen. Dann kann er die potenziellen Synergieeffekte, die Heftigkeit der zu erwartenden Widerstände und die Machtbasen der Konfliktgegner abwägen und seine Entscheidung über das weitere Vorgehen in voller Kenntnis der Situation treffen. Folgende Alternativen stehen zur Verfügung:

- Der Erwerber wählt statt der ursprünglich geplanten Maßnahmen solche mit ähnlichen Ergebnissen, aber geringerem Konfliktpotenzial im japanischen Kontext, z.B.
  - Lohnsenkung für alle versus Entlassung Einzelner,
  - Schaffung einer neuen CEO-Position statt Ersetzen des alten Präsidenten,
  - Schaffen eines Beraterpostens statt Entlassung eines älteren Managers.
- Der Erwerber setzt die geplanten Maßnahmen bewusst um und ergreift dabei unterstützende Maßnahmen:
  - Er kann die Maßnahmen entsprechend kommunizieren und dadurch die Mitarbeiter überzeugen. Auch hier sind wieder Japanspezifika zu beachten: So hat zum einen die persönliche Kommunikation durch den direkten Vorgesetzten eine überragende Bedeutung gegenüber Medien wie dem Intranet. Zum anderen lassen sich japanische Mitarbeiter viel eher von konkreten Beispielen überzeugen, die praktische Vorteile demonstrieren, als von Konzepten und abstrakter Theorie. Die persönliche Kommunikation ist selbstverständlich durch eine entsprechende Schulung oder Bereitstellung von Material sorgfältig zu steuern.
  - Aber auch nichtkommunikative Maßnahmen können die Umsetzung in einem konfliktträchtigen Umfeld unterstützen, z.B. ein enges Projektcontrolling oder die Entsendung eines europäischen Mitarbeiters, der die Implementierung überwacht.
  - Zudem kann der Erwerber eventuell auch gezielt japanspezifische Konflikthandhabungsmuster einsetzen, z.B. ein *nemawashi* im Vorfeld.

Japanspezifika treten auch beim Thema Machtbasen auf. So können z.B. bei Konflikten mit Lieferanten bestimmte Distributoren über unerwartete Machtbasen verfügen, weil sie nicht nur bei der Belieferung des Unternehmens eingeschaltet sind, sondern auf der Absatzseite auch dessen Produkte vertreiben.

Generell sollte der neue Eigentümer bezüglich Konflikthandhabung nicht überadaptieren, d.h. vorauseilend Konflikte gänzlich zu vermeiden suchen. Obwohl Konfliktvermeidung für Japaner nach wie vor die sozialen Beziehungen prägt, haben doch viele Mitarbeiter längst die Nachteile dieses Verhaltensmusters erkannt (vgl. Ohbuchi und Kitanaka 1991: 795; für einen asiatischen Kontext vgl. Tjosvold et al. 2001: 305; Pöll 2002: 223).

2. Mut zur Änderung, aber auch zur Beibehaltung. Erfolgreiche Beispiele wie der bekannte Nissan Motor Case oder auch die weniger bekannte Fusion Schneider Electric/Digital Electronics zeigen, dass umfangreiche Veränderungen möglich sind und hohe Synergien freisetzen können. Daher sollten sich Erwerber nicht von dem häufig vorgebrachten Argument „Japan is unique" abschrecken lassen, sondern für jede Maßnahme genau prüfen, ob es wirklich zwingende Argumente für einen japanischen Sonderweg gibt. Im Zweifelsfall offenbart ein Benchmarking, dass ein fortschrittlicher japanischer Wettbewerber Dinge erfolgreich umgesetzt hat, die im eigenen Haus als „nicht machbar" bezeichnet werden. Andererseits sollte man bestimmte Spezifika nicht ohne genaue Abwägung verwerfen, sondern nach sorgfältiger Analyse eventuell beibehalten, auch wenn sie im Herkunftsland des Erwerbers nicht üblich sind. So erscheint die Lieferantenvereinigung (*kyôryokukai*) westlichen Erwerbern z.T. als Symbol der alten, aus ihrer Sicht ineffizienten Lieferantenbeziehungen und wurde, wie im Beispiel Mitsubishi Motors nach dem Erwerb durch DaimlerChrysler, abgeschafft. Inzwischen sehen jedoch einige Erwerber durchaus den Nutzen einer solchen Vereinigung und spielen mit dem Gedanken, wieder etwas Ähnliches zu schaffen.

3. Eine ganzheitliche Perspektive einnehmen. Die Elemente japanischer Unternehmenskultur hängen untereinander stark zusammen. Punktuelle Veränderungen können daher scheitern, wenn sie nicht mit Veränderungen in anderen Punkten abgestimmt sind. So ist es, um wieder ein Beispiel aus dem Bereich Lieferantenmanagement bzw. Einkauf zu bringen, schwierig, einen Ausschreibungsprozess nach westlichem Muster durchzuführen, solange japanische Ingenieure nicht daran gewöhnt sind, gerade im Frühstadium des Produktentwicklungsprozesses ohne Lieferanteninput zu arbeiten. Das Neuaufsetzen des vorderen Prozessteils ist daher Voraussetzung für die Durchführung von Ausschreibungen.

Literaturverzeichnis

American Chamber of Commerce in Japan (ACCJ) (ohne Jahrgangsangabe), *Gôru jitsugen ni mukete: tainichi chokusetsu tôshi ni okeru seisaku teigensho* [Auf dem Weg zur Verwirklichung des Ziels: Vorschlag für die Politik bezüglich der Direktinvestitionen nach Japan], Tokyo

Andrade, Gregor, Mark Mitchell und Eric Stafford (2001), „New Evidence and Perspectives on Mergers“, in: *The Journal of Economic Perspectives*, 15, 2, S.103-120

Bamberger, Burkhard (1994), *Der Erfolg von Unternehmensakquisitionen in Deutschland. Eine theoretische und empirische Untersuchung*, Bergisch Gladbach und Köln: Josef Eul

Bayerl, Achim (1991), *Japanische Unternehmen: Ein Gegenentwurf zum abendländischen Modell moderner Organisation*, Nürnberg: Dissertation

Befu, Harumi (1990), „Four Models of Japanese Society and their Relevance to Conflict“, in: Shmuel Noah Eisenstadt und Eyal Ben-Ari (Hrsg.), *Japanese Models of Conflict Resolution*, London und New York: Kegan Paul International, S.213-238

Ben-Ari, Eyal (1990) „Ritual, Strikes, Ceremonial Slowdowns: Some Thoughts on the Management of Conflict in Large Japanese Enterprises“, in: Shmuel Noah Eisenstadt und Eyal Ben-Ari (Hrsg.), *Japanese Models of Conflict Resolution*, London und New York: Kegan Paul International, S.94-124

Blazejewski, Susanne und Wolfgang Dorow (2003), „Abschied vom Stereotyp: Neubestimmung der Erkenntnisperspektive und evolutionärer Wandel japanischer Unternehmungskultur", in: Wolfgang Dorow und Horst Groenewald (Hrsg.), *Personalwirtschaftlicher Wandel in Japan: Gesellschaftlicher Wertewandel und Folgen für die Unternehmungskultur und Mitarbeiterführung*, Wiesbaden: Gabler, S.59-94

Bower, Joseph L (2001), „Not All M&As Are Alike – And That Matters", in: *Harvard Business Review*, March 2001, S.93-101

Buono, Anthony F. und James L. Bowditch (1989), *The Human Side of Mergers and Acquisitions: Managing Collisions between People, Cultures and Organizations*, San Francisco und London: Jossey-Bass

Chapman, Timothy L., Jack J. Dempsey, Glenn Ramsdell und Trudy E. Bell (1998), „Purchasing's big moment – after a merger", in: *The McKinsey Quarterly* 1, 1998, S.3-11

Clark, Kim B. und Takahiro Fujimoto (1992), *Automobilentwicklung mit System: Strategie, Organisation und Management in Europa, Japan und USA* [Product development performance: strategy, organization and management in the world auto industry], Frankfurt und New York: Campus

Cooke, T.E. (1991), „Environmental Factors Influencing Mergers and Acquisitions in Japan", in: *Journal of International Financial Management and Accounting* 3, 2, S.160-188

Coulmas, Florian (1993), *Das Land der rituellen Harmonie: Japan: Gesellschaft mit beschränkter Haftung*, Frankfurt und New York: Campus

Cushman, Donald P. und Sarah Sanderson King (1985), „National and Organizational Cultures in Conflict Resolution", in: William B. Gudykunst, Lea P. Stewart und Stella Ting-Toomey (Hrsg.), *Communication, culture, and organizational processes. International and intercultural communication annual*, Vol. IX, Beverly Hills (u.a.): Sage, S.114-133

Datta, Deepak K. (1991), „Organizational fit and acquisition performance: effects of post-acquisition integration", in: *Strategic Management Journal* 12, 4, S.281-297

Debroux, Philippe (1996), „Japanese Mergers and Acquisitions: Overcoming Obstacles to Improved Systemic Efficiency", in: *Asia Europe Journal* 24, 3, S.244-256

Dirks, Daniel und Silke-Susann Otto (1998), „Das 'japanische Unternehmen'", in: Deutsches Institut für Japanstudien (Hrsg.), *Die Wirtschaft Japans: Strukturen zwischen Kontinuität und Wandel*, Berlin (u.a.): Springer, S.211-244

Dolles, Harald und Herbert F. Jung (1991), *Subcontracting in Japan*, Lehrstuhl für Allgemeine Betriebswirtschaftslehre und Unternehmensführung der Universität Erlangen-Nürnberg, Diskussionsbeitrag Nr.58, 2. Auflage

Dore, Ronald (1994), „Japanese capitalism, Anglo-Saxon capitalism: how will the Darwinian contest turn out?", in: Nigel Campbell und Fred Burton (Hrsg.), *Japanese multinationals: strategies and management in the global kaisha*, London und New York: Routledge, S.9-28

Eisenstadt, Shmuel Noah (1990) „Patterns of Conflict and Conflict Resolution in Japan: Some Comparative Indications", in: Shmuel Noah Eisenstadt und Eyal Ben-Ari (Hrsg.), *Japanese Models of Conflict Resolution*, London und New York: Kegan Paul International, S.12-35

Euroweek (2005), „Japan's brave new world of M&A", Dec 2005, Supplement, S.21-26

European Business Council in Japan (2005), *Pojishon pêpa: tainichi chokusetsu tôshi (FDI)* [Positionspapier: Direktinvestitionen nach Japan (FDI)], Tokyo

Fujioka, Bunshichi (2004), *Keizai seisaku fôramu: waga kuni kigyô no M&A katsudô – kôzô kaikaku o koete* [Wirtschaftspolitisches Forum: Die M&A-Aktivitäten der Unternehmen unseres Landes – über die Strukturreform hinaus], Tokyo: Naikakufu Keizaishakai Sôg Kenkyûsho [The Institute of Economic and Social Research, Cabinet Office], http://www.esri.go.jp/jp/forum1/041110/gaiyo20.html (Zugriff am 11.12.2005)

Gerpott, Torsten J. (1993), *Integrationsgestaltung und Erfolg von Unternehmensakquisitionen*, Stuttgart: Schäffer-Poeschel

Gosh, Aloke (2001), „Does operating performance really improve following corporate acquisitions?", in: *Journal of Corporate Finance* 7, S.151-178

Haas, Michael (2004), *Unternehmensfusionen und -akquisitionen in Japan. Rigiditäten und Perspektiven des japanischen Marktes für Unternehmensressourcen*, Bonner Japanforschungen, Band 23, Bonn: Bier'sche Verlagsanstalt.

Hanami, Tadashi (1984) „Conflict and Its Resolution in Industrial Relations and Labor Law", in: Ellis S. Krauss, Thomas P. Rohlen und Patricia G. Steinhoff (Hrsg.), *Conflict in Japan*, Honolulu: University of Hawaii Press, S.107-135

Hayashi, Shinji (1993), *Nihon kigyô no M&A senryaku* [Die M&A-Strategie der japanischen Unternehmen], Tokyo: Doubunkan

Healy, Paul M., Krishna G. Palepu, und Richard S. Ruback (1992), „Does corporate performance improve after mergers?", in: *Journal of Financial Economics* 31, S.135-175

Hemmert, Martin (1993), *Vertikale Kooperation zwischen japanischen Industrieunternehmen*, Wiesbaden: Deutscher Universitäts-Verlag

Hemmert, Martin (1998), „Struktur und Organisation der Industrie", in: Deutsches Institut für Japanstudien (Hrsg.), *Die Wirtschaft Japans: Strukturen zwischen Kontinuität und Wandel*, Berlin (u.a.): Springer, S.165-182

Hemmert, Martin (1999), „Novelle des Antimonopolgesetzes", in: Jochen Legewie und Hendrik Meyer-Ohle (Hrsg.), *Japans Wirtschaft im Umbruch: Schlaglichter aus dem Deutschen Institut für Japanstudien*, München: iudicium, S.19-22

Herbes, Carsten (2006), *Post-Merger-Integration bei europäisch-japanischen Unternehmenszusammenschlüssen: Konfliktorientierte Analyse am Beispiel des Lieferantenmanagements*, Wiesbaden: Gabler

Imazai, Kei-ichiro und Ken-ichi Ohbuchi (2002), „Conflict resolution and procedural fairness in Japanese work organizations", in: *Japanese Psychological Research*, 44, 2, S.107-112

Kawanishi, Hirosuke (1999), „Theoretical and historical introduction", in: Hirosuke Kawanishi (Hrsg.), The *human face of industrial conflict in post-war Japan*, London und New York: Kegan Paul International, S.1-17

Keizai Dôyûkai (2005), *Kokumin seikatsu no kôjô ni shi suru tainichi chokusetsu tôshi no suishin o: tainai chokusetsu tôshi kakudai ni kansuru purojekuto chîmu teigen* [Hin zur Förderung der Direktinvestitionen in Japan, die die wirtschaftliche Existenz des Volkes verbessern: Vorschlag des Teams für die Ausweitung der eingehenden Direktinvestitionen], Tokyo

Koch, Tomas (2000), „Post Merger Management", in: Gerhard Picot (Hrsg.), *Handbuch Mergers & Acquisitions. Planung, Durchführung, Integration*, Stuttgart: Schäffer-Poeschel, S.335-358

Kogeler, Ralf (1992), *Synergiemanagement im Akquisitions- und Integrationsprozess von Unternehmungen – Eine empirische Untersuchung anhand branchenübergreifender Fallstudien*, München: GBI-Verlag

Komoto, Keisho (2005), „M&A o seikô saseru chikamichi" [Die Abkürzung zum erfolgreichen M&A], *Ekonomisuto no manako, 2005 nen 06 gatsu 06 nichi go* [Das Auge des Economist, Ausgabe vom 06.06.2005], Tokyo: Nissei Kiso Kenkyûsho, http://www.nli-research.co.jp./stp.nnet/nn050606.html (Zugriff am 22.07.2005)

Kondo, Hiroshi (2005), „Nihon de no M&A wa naze umaku ikanai ka (sono 1)" [Warum läuft M&A in Japan nicht gut? (1. Teil)], Tokyo: Nikkei Business Publications, Inc. (Internet), http://nikkeibp.jp/sj2005/contribute/02/index.html (Zugriff am 25.07.2005)

Krauss, Ellis S., Thomas P. Rohlen und Patricia G. Steinhoff (1984), „Conflict and Its Resolution in Postwar Japan", in: Ellis S. Krauss, Thomas P. Rohlen und Patricia G. Steinhoff (Hrsg.), *Conflict in Japan*, Honolulu: University of Hawaii Press, S.377-397

Lambe, Geraldine (2003), „Japan's M&A blueprint", in: *The Banker*, April 2003, S.46-47

Lamming, Richard (2000), „Japanese Supply Chain Relationships in Recession", in: *Long Range Planning*, London, 33, S.757-778

Legewie, Jochen (1999), „Mergers and Acquisitions durch ausländische Unternehmen", in: Jochen Legewie und Hendrik Meyer-Ohle (Hrsg.), *Japans Wirtschaft im Umbruch: Schlaglichter aus dem Deutschen Institut für Japanstudien*, München: iudicium, S.51-54

Leung, Kwok, Yuk-Fai Au, José Miguel Fernández-Dols und Saburo Iwakaki (1992), „Preference for Methods of Conflict Processing in Two Collectivist Cultures", in: *International Journal of Psychology* 27, 2, S.195-209

Leung, Kwok, Pamela Tremain Koch und Lin Lu (2002), „A Dualistic Model of Harmony and its Implications for Conflict Management in Asia", in: *Asia Pacific Journal of Management* 19, S.201-220

Lincoln, James R. und Arne L. Kalleberg (1990), *Culture, control, and commitment: a study of work organization and work attitudes in the United States and Japan*, Cambridge u.a.: Cambridge University Press

Lucks, Kai und Reinhard Meckl (2002), *Internationale Mergers & Acquisitions – der prozessorientierte Ansatz*, Berlin (u.a.): Springer

Masuda, Tatsuyoshi (2002), „A Comparative Study of Merger Activity in Japan and the UK", in: *Economic Journal of Hokkaido University*, 31, S.113-124

Milhaupt, Curtis J. und Mark D. West (2001), *Institutional Change and M&A in Japan: Diversity Through Deals*, Columbia Law School Working Paper No.193

Moerke, Andreas (2003), „M&A in Japan – eine Bestandsaufnahme“, in: Harald Conrad und Rolf Kroker (Hrsg.), *Deutschland und Japan: Mit Reformen zu neuer Dynamik*, Köln: Deutscher Institutsverlag, S.31-55

Mohr, Niko (1995), „Kommunikation als Interaktionsvariable im Kooperationsmanagement“, in: Walter Schertler (Hrsg.), *Management von Unternehmenskooperationen: branchenspezifische Analysen, neueste Forschungsergebnisse*, Wien: Ueberreuter

Muramatsu, Shinobu (o.J.), *Transformation in Japanese Mergers and Acquisitions*, Department of Business Administration, Soka University Working Paper, Tokyo

Nahavandi, Afsaneh und Ali R. Malekzadeh (1988), „Acculturation in Mergers and Acquisitions“, in: *The Academy of Management Review* 13, 1, S.79-90

Nakamura, Richard H. (2002), *Preliminary report on the current state of mergers and acquisitions in Japan,* Stockholm School of Economics Working Paper No.140

Nishiguchi, Naohiro (2005), *Koramu 176: Taitô gappei ga umaku iku tame ni wa ...* [Kolumne 176: Damit Mergers of Equals gut laufen ...], Tokyo: Mercer Human Resource Consulting LLC and Mercer Investment Consulting LLC, http://www.mercerhr.co.jp/summary.jhtml/dynamic/idContent/1142045 (Zugriff am 26.07.2005)

Nishiyama, Kazuo (1971), „Interpersonal persuasion in a vertical society – the case of Japan“, in: *Speech Monographs* 38, S.148-154

Nissei Kiso Kenkyûsho (2004), *Kabushiki mochiai jôkyô chôsa. 2003 nendoban* [Untersuchung über den Zustand des Anteilsbesitzes. Ausgabe 2003], Tokyo

Ohbuchi, Ken'ichi (1998), „Conflict Management in Japan: Cultural Values and Efficacy“, in: Kwok Leung und Dean Tjosvold (Hrsg.), *Conflict Management in the Asia Pacific: Assumptions and Approaches in Diverse Cultures*, Singapore (u.a.): John Wiley & Sons, S.49-72

Ohbuchi, Ken'ichi und Takama Kitanaka (1991), „Effectiveness of Power Strategies in Interpersonal Conflict Among Japanese Students“, in: *The Journal of Social Psychology* 131, 6, S.791-805

Ohbuchi, Ken'ichi, Mariko Suzuki und Yoichiro Hayashi (2001), „Conflict management and organizational attitudes among Japanese: individual and group goals and justice“, in: *Asian Journal of Social Psychology* 4, 2001, S.93-101

Okazaki, Seiichi (2004), „Corporates set defences as takeover threat grows“, in: *International Financial Law Review*, 23, 5, S.61-62

Onodera, Mie und Adrian Harper-Tee (2004), „Taxes and Takeovers in Japan“, in: *Asia Financial Buyer*, Hong Kong, 3, 2004, S.6-7, http://www.pwchk.com/webmedia/doc/1074234879772_afb3_tax_takeover_jp.pdf (Zugriff am 24.05.2005)

Oota, Nobuyuki und Tsukasa Satou (2003), „M&A ni okeru jinjibu no shimei“ [Die Aufgaben der Personalabteilung bei M&A], in: *Jinzaikyôiku*, September 2003, S.14-24

Pautler, Paul A. (2003), „The Effects of Mergers and Post-Merger Integration: A Review of Business Consulting Literature“, ohne Ortsangabe: Bureau of Economics, Federal Trade Commission

Pöll, Maximilian Stephan (2002), *Interkulturelle Zusammenarbeit in Auslandsniederlassungen am Beispiel deutscher Niederlassungen in Japan*, Frankfurt am Main (u.a.): Peter Lang

Pohl, Manfred (1986), „Die japanischen Gewerkschaften: Zukunftssorgen in einer postindustriellen Gesellschaft?“, in: Manfred Pohl (Hrsg.), *Japan: Geographie – Geschichte – Kultur – Religion – Staat – Gesellschaft – Bildungswesen – Politik – Wirtschaft*, Stuttgart und Wien: Thienemann, S.180-188

Raupach-Sumiya, Jörg (1998), *Anpassungsstrategien des japanischen Maschinenbaus unter besonderer Berücksichtigung konjunktureller Zyklen*, Baden-Baden: Nomos

Raupach-Sumiya, Jörg (2000), „Auswirkungen wachsender M&A-Aktivitäten auf das japanische Unternehmenssystem“, in: Karl Lichtblau, Werner Pascha und Cornelia Storz (Hrsg.), *Workshop Klein- und Mittelunternehmen in Japan V. Themenschwerpunkt: M&A in Japan – ein neues Instrument der Unternehmenspolitik?*, Duisburger Arbeitspapiere Ostasienwissenschaften Nr.29/2000

Recof Corporation (2005), in: *marr* (Mergers & Acquisitions Research Report), Februar 2005, Statistikteil

Reineke, Rolf-Dieter (1989), *Akkulturation von Auslandsbeteiligungen – Eine Untersuchung zur unternehmenskulturellen Anpassung*, Wiesbaden: Gabler

Sako, Mari (1992), *Prices, quality and trust: Inter-firm relations in Britain and Japan*, Cambridge: Cambridge University Press

Schewe, Gerhard und Johannes Gerds (2001), „Erfolgsfaktoren von Post Merger Integrationen: Ergebnisse einer pfadanalytischen Untersuchung“, in: *Zeitschrift für Betriebswirtschaft*, Ergänzungsheft 1/2001, S.75-102

Schweiger, David L. und John M. Ivancevich (1985), „Human Resources: The forgotten factor in mergers and acquistions“, in: *Personnel Administrator*, 30, 11, S.47-61

Schweiger, David L. und Yaakov Weber (1989), „Strategies for managing human resources during mergers and acquisitions: An empirical investigation“, in: *Human Resource Planning*, 12, 2, S.69-86

Shrivastava, Paul (1986), „Postmerger Integration“, in: *The Journal of Business Strategy*, Bradford 7, 1, S.65-76

Staehle, Wolfgang H. (1999), *Management: Eine verhaltenswissenschaftliche Perspektive*, 8. Auflage, München: Vahlen

Sugiyama-Lebra, Takie (1984), „Nonconfrontational Strategies for Management of Interpersonal Conflicts“, in: Ellis S. Krauss, Thomas P. Rohlen und Patricia G. Steinhoff (Hrsg.), *Conflict in Japan*, Honolulu: University of Hawaii Press, S.41-60

Suzuki, Hiroshi (2005), *M&A no kappatsuka wa keizai ni dono yôna eikyô o oyobosuka* [Welchen Einfluss übt die Belebung von M&A auf die Wirtschaft aus?],

Tokyo 2005: Nôrinchûkin Sôgô Kenkyûsho [Norinchukin Research Institute Co., Ltd.]

Suzuki, Yoshiji (1996), *Nihonteki seisan shisutemu to kigyôshakai: japanese production system, management and workers* [Das japanische Produktionssystem und die Unternehmensgesellschaft: ...], Sapporo: Hokkaido daigaku toshokankôkai

Takazawa, Miyuki (2005), *M&A no sokushin to tekitaiteki kigyôbaishû bôeisaku* [Die Förderung von M&A und Abwehrmaßnahmen gegen feindliche Übernahmen], Kokuritsukokkaitoshokan [Staatliche Parlamentsbibliothek], Issue Brief Number 466, 2005

Tanahashi, Hajime und Yuto Matsumura (2004), „Japan's M&A overhaul nears completion", in: *International Financial Law Review*, London 23, 5, S.64-67

The Asian Wall Street Journal (2004), „Hostile bidders target Japan", 16.01.2004, S.M1

The Nihon Keizai Shinbun, European Edition (2006), „'Kabushiki kôkan' no zeisei seibi" [Die Vorbereitung des Steuersystems auf den „Aktientausch"], 25.04.2006, S.1

The Nikkei Weekly (2004a), „'Steel Partners shock' wave forcing firms to boost value", 01.03.2004, S.28

The Nikkei Weekly (2004b), „Global M&A wave heading for Japan", 22.03.2004, S.8

The Nikkei Weekly (2004c), „Buyout targets in Japan getting mixed results", 05.07.2004, S.4

The Nikkei Weekly (2004d), „Weapons needed to fight takeovers", 27.09.2004, S.29

The Nikkei Weekly (2004e), „M&A key to vital economy: ACCJ chief Grondine", 18.10.2004, S.5

The Nikkei Weekly (2004f), „Foreign takeover threat hangs heavy", 18.10.2004, S.4

The Nikkei Weekly (2004g), „Clear meaning of 'hostile' needed in M&A defense", 08.11.2004, S.9

The Nikkei Weekly (2004h), „Shareholders' interests key in TOB defense debate", 15.11.2004, S.9

Töpfer, Armin (2000), „Mergers & Acquisitions: Anforderungen und Stolpersteine", in: *Zeitschrift für Führung und Organisation*, 69, 1, S.10-17

Tjosvold, Dean, Yung-Ho Cho, Ho-Hwan Park, Chaoming Liu, Whei-Ching Liu und Shigeru Sasaki (2001), „Interdependence and Managing Conflict with Sub-Contractors in the Construction Industry in East Asia", in: *Asia Pacific Journal of Management* 18, S.295-313

Wildemann, Horst (2003), „Programm zur Realisierung von Synergien nach Mergers & Acquisitions. Teil 2", in: *Wirtschaftswissenschaftliches Studium* 11, S.660-664

Yaguchi, Nobuhisa (2003a), „PMI (M&A go no tôgô) ni okeru komyunikêshon senryaku (ue)" [Die Kommunikationsstrategie bei PMI (Integration nach M&A) (1. Teil)], in: *marr* 7, 2003, S.24-26

Yaguchi, Nobuhisa (2003b), „M&A ni okeru kigyô bunka no mondai (ichi)“ [Probleme der Unternehmenskultur bei M&A (1. Teil)], in: *marr* 9/10, 2003, S.16-18

Ziegler, Markus (1997), *Synergieeffekte bei Unternehmenskäufen – Identifikation im Beschaffungs- und Produktionsbereich von Industriebetrieben*, Wiesbaden: Gabler

Yeow, Pamela (2003), „The dissolution of life-long employment in Japan and its consequences for the work attitudes“, in: Wolfgang Dorow und Horst Groenewald (Hrsg.), *Personalwirtschaftlicher Wandel in Japan: Gesellschaftlicher Wertewandel und Folgen für die Unternehmungskultur und Mitarbeiterführung*, Wiesbaden: Gabler, S.369-392

Markteintritt von Klein- und Mittelbetrieben in den japanischen Markt – Herausforderungen und Chancen

Parissa Haghirian

Zusammenfassung

Viele Unternehmen zeigen Zurückhaltung, wenn es um den Markteintritt in den japanischen Markt geht, da dieser im Vergleich mit anderen Märkten als sehr schwierig bezeichnet wird. Als Gründe für die schwierige Marktbearbeitung gelten die japanische Infrastruktur, das traditionelle japanische Distributionssystem und große kulturelle Unterschiede zum Heimatmarkt.

In vielen Fällen liegen die Herausforderungen beim Markteintritt aber auch in der Unternehmensstruktur der Investoren. Vor allem für Klein- und Mittelbetriebe scheinen die Barrieren beim Markteintritt oft schwer überwindbar und schrecken ab. Da Klein- und Mittelbetriebe für die europäische Wirtschaftsstruktur aber typisch sind, stellt sich die Frage, welche Vorraussetzungen für einen erfolgreichen Markteintritt in den japanischen Markt notwendig sind.

Diese Frage wird im vorliegenden Artikel untersucht. Die Ergebnisse zeigen, dass die ersten Hindernisse beim Markteintritt die Informationssuche und lokale Marktforschung sind, die durch Sprachschwierigkeiten und Kulturunterschiede erschwert werden. Die anschließende Partnersuche ist in den meisten Fällen auch von interkulturellen Missverständnissen geprägt und dauert mindestens sechs Monate. Ist der Partner dann gefunden, sind viele Unternehmen erst mehrere Jahre passive Exporteure und entschließen sich erst nach drei bis fünf Jahren, eine Niederlassung in Japan aufzubauen, um den Markt aktiv mit eigenen Mitarbeitern zu bearbeiten. Für kleine und mittlere Unternehmen stellen da in erster Linie die ständige Nachfrage nach innovativen Produkten und die notwendigen Anpassungen an japanische Service- und Produktqualität eine große Herausforderung dar. Weitere Problembereiche sind die Kommunikation mit dem Mutterhaus sowie die Auswahl und Betreuung von Personal vor Ort.

1 Einleitung

Seit Beginn des neuen Jahrtausends zeichnen sich positive Veränderungen in der japanischen Wirtschaft ab. Japan scheint das Konjunkturtal durchschritten zu haben und auf dem Weg der Erholung zu sein. Der Aufschwung wird aber bis dato hauptsächlich durch starke Exportleistungen und eine höhere Investitionsneigung der Unternehmen gestützt. Vor allem der Handel mit der Europäischen Union scheint sich sehr gut zu entwickeln, der Außenhandel zwischen Japan und der EU nahm schon im Jahr 2003 um 7,4% zu. Nun hofft die japanische Regierung, dass auch der private Konsum von dieser Entwicklung positiv beeinflusst wird, um ein robustes Wachstum der Gesamtwirtschaft zu erreichen.

Der japanische Markt wird im Vergleich mit anderen Märkten allerdings oft als problematisch bezeichnet. Als Gründe für die schwierige Marktbearbeitung werden meist die japanische Infrastruktur, das traditionelle japanische Distributionssystem und Kulturunterschiede gesehen. Viele dieser Hürden sind durch die anhaltende Wirtschaftskrise und die damit einhergehenden Veränderungen längst nicht mehr unüberwindbar. Auch das japanische Konsumentenverhalten wurde durch die wirtschaftlichen Veränderungen der letzten Jahre positiv beeinflusst. Ausländische Unternehmen finden daher leichteren Zugang zum Markt. Trotzdem scheint Japan sich nicht so richtig gegen seinen übermächtigen Nachbarn China, den Favoriten unter den Investitionsstandorten, durchsetzen zu können. Auch der eindeutige Aufschwung der japanischen Wirtschaft spiegelt sich nicht direkt in einer höheren Zahl von Auslandsinvestitionen wider. Es stellt sich also die Frage, was Unternehmen davon abhält, in einen wirtschaftlich so profitträchtigen Markt einzutreten.

Der Bedarf an mehr Information über Markteintrittsprozesse in den japanischen Markt bildet daher die Grundlage dieses Artikels. Das Hauptaugenmerk liegt dabei auf den Markteintrittsprozessen von Klein- und Mittelbetrieben, weil diese die typischste Unternehmensform in Zentraleuropa darstellen. Von besonderem Interesse sind die Barrieren, die ein Unternehmen überwinden muss, wenn es plant, in den japanischen Markt einzutreten.

2 Untersuchungsmethode

Der vorliegende Artikel will einen Gesamtüberblick über die Herausforderungen beim Markteintritt in den japanischen Markt geben. Die Ergebnisse des Projekts sollen den Entscheidungsträgern die Möglichkeit bieten, sich besser über die Besonderheiten des japanischen Marktes und die Herausforderungen beim Markteintritt zu unterrichten und die zukünftigen Strategien den Gegebenheiten anzupassen. Am Ende des Artikels werden erste Lösungsvorschläge zur Überwindung der Markteintrittsbarrieren aufgezeigt.

Das hier beschriebene Forschungsprojekt wurde im Jahr 2005 durchgeführt. Zu Beginn des Projekts stand eine ausführliche Literaturanalyse, um einen Überblick über wissenschaftliche Erkenntnisse zum Thema Markteintritt in den japanischen Markt sowie die Spezifika bei der Internationalisierung von Klein- und Mittelbetrieben zu bekommen.

Der zweite Schritt der Untersuchung beinhaltete eine qualitative Interviewserie mit zehn Managern und Beratern, die langjährige Erfahrung in der japanischen Marktbearbeitung aufweisen. Die Interviews wurden in Form offener Interviews mit Hilfe eines Frageleitfadens durchgeführt. Die Interviewpartner bekamen den Leitfaden zuerst zugeschickt, um sich auf die Fragen etwas vorbereiten zu können. Danach wurden die Interviews telefonisch oder direkt mit den Interviewpartnern geführt. Wichtig war hier vor allem das freie und offene Gespräch mit den Interviewpartnern, um eventuelle Problembereiche, die noch nicht in der wissenschaftlichen Literatur erfasst wurden, aufzuzeigen. Die Interviews wurden elektronisch aufgenommen und dann in Textform transkribiert. Die Auswertung wurde anhand der Markteintrittsphasen durchgeführt. So konnten unterschiedliche Problembereiche erfasst und dokumentiert werden.

In der dritten Projektphase wurden die Unternehmen auch mit Hilfe eines standardisierten Fragebogens untersucht. Der Fragebogen bestand aus Frageblöcken zu Themen, die nach der Analyse der qualitativen Interviews als wichtig erachtet wurden und die auf getesteten Questionscales basierten. Der Fragebogen wurde an 20 in Japan ansässige Manager versandt. 15 Antworten konnten ausgewertet werden.

3 Investieren in Japan

3.1 Das japanische Investitionsklima

Bis zur Wirtschaftskrise in den 1990er-Jahren zeigte Japan viele Jahre lang große Vorbehalte gegenüber ausländischen Investitionen, das Investitionsklima verbesserte sich jedoch während des Jahrzehnts der Rezession sehr stark. Besonders in den Jahren 1997 bis 2000 stiegen ausländische Investitionen außerordentlich stark an. Die Hauptfaktoren dafür waren größere Unternehmenszusammenschlüsse zwischen ausländischen Investoren und japanischen Unternehmen in der Automobil-, Telekommunikations- und Finanzierungsindustrie, die an einer ausländischen Beteiligung interessiert waren (Kodansha 2003). Europäische Unternehmen sind mit einem Anteil von 29,3% die einflussreichsten Investoren in Japan (vgl. Tabelle 1). US-amerikanische Investoren haben einen Anteil von 27,2% (Jetro 2003).

Aus wirtschaftlicher Perspektive weist Japan ein sehr positives Klima auf, da das japanische Wirtschaftssystem Investoren sehr viele Freiheiten lässt. Die japanische Regierung spricht sich außerdem deutlich für eine Erhöhung der ausländischen Investitionen als Maßnahme aus, um die Wirtschaft anzukurbeln. Seit 2003 versucht sie diesen Trend zu beleben und schuf die „Invest Japan“, um ausländische Investitionen zu fördern. Mit Hilfe der Kampagne wurden in Ministerien, Regierungsagenturen und -institutionen Büros eingerichtet, um Investoren direkt zu unterstützen (FPC

2004). Markteintritte sollen so erleichtert werden. Investoren berichten, dass das Geschäftsumfeld in Japan immer weniger reguliert und offener für ausländische Unternehmen werde (ACCJ 2004).

3.2 Auswirkungen der Wirtschaftskrise auf ausländische Investitionen

Das Investitionsklima in Japan für ausländische und inländische Unternehmen ist aus diesem Grund starken Veränderungen unterworfen. Japan war traditionell nur zögernd bereit, ausländische Investoren zu akzeptieren, obwohl diese eine wichtige Rolle in der wirtschaftlichen Erholung des Landes spielten. Aber auch andere Faktoren werden von den Investoren als Hindernis angesehen. Der japanische Markt hat in den Augen westlicher Investoren eine komplizierte, teure Distributionsstruktur sowie hohe Lohn- und Mietkosten. Außerdem werden die traditionellen *keiretsu* (Verflechtung mehrerer Firmen) als sehr dominant am Markt und als Behinderung für westliche Unternehmen bei der Marktbearbeitung empfunden (Roland Berger 2005).

Die Rezession führte allerdings auch zu Veränderungen am japanischen Markt. Japanische Konsumenten wurden kostenbewusster. Der Einzelhandel hat auf diesen Trend sehr schnell reagiert und begonnen, billigere Produkte zu verkaufen oder neue Distributionsschienen, wie beispielsweise Diskontmärkte, aufzubauen. Das veränderte den japanischen Einzelhandel nachhaltig. Traditionell hatten japanische Hersteller große Marktmacht. Sie mieteten Verkaufsflächen in japanischen Kaufhäusern oder großen Supermärkten, wo in manchen Fällen 90% des ausgestellten Produkts direkt vom Hersteller verkauft wurden. Die Gewinnspannen der Einzelhändler waren niedrig, auf Kundenwünsche wurde dementsprechend wenig reagiert. Auf der anderen Seite mussten die Produzenten damit rechnen, nur einen Prozentsatz der nicht sehr stark beworbenen Waren zu verkaufen. Dieses System geriet durch die wirtschaftlichen Veränderungen stark unter Druck. Einzelhändler begannen, Produkte direkt von Produzenten zu kaufen und mit eigenem Risiko zu verkaufen. Viele Geschäfte wurden auch zu in Europa und USA üblichen Discountern und begannen, Produkte zu niedrigeren Preisen anzubieten (Fields 2000).

Diese neuen Geschäftsmodelle wurden von den Konsumenten sehr positiv aufgenommen, da viele von ihnen durch die wirtschaftliche Entwicklung verunsichert waren. Das führte seit 1995 vermehrt zu Markteintritten westlicher Unternehmer, die neue Distributionskanäle, wie Diskontgeschäfte und Internet-Retailing, am japanischen Markt einführten. Diese Entwicklung beeinflusste weiter die traditionelle japanische Distributionsinfrastruktur.

Tabelle 1: Wirtschaftsdaten Japan

Wirtschaftsdaten	**2004**	**2005**
Bruttoinlandsprodukt	3,745 Billionen US$	3,914 Billionen US$
Reales Wachstum	2,9%	2,4%
Bruttonationalprodukt pro Kopf	29.400 US$ (Kaufkraftparität)	30.700 US$ (Kaufkraftparität)
Sektoren	Landwirtschaft: 1,3% Industrie: 24,7% Dienstleistungen: 74,1%	Landwirtschaft: 1,3% Industrie: 25,3% Dienstleistungen: 73,5%
Andere Wirtschaftsindikatoren		
Inflationsrate	-0,1%	-0,2%
Anzahl der Arbeitskräfte	66,97 Millionen	66,4 Millionen
Arbeitslosenrate	4,7%	4,3%
Exporte		
Gesamt	538,8 Milliarden US$	550,5 Milliarden US$
Gebrauchsgüter	Kraftfahrzeuge, Halbleiter, Maschinen, Chemikalien	Kraftfahrzeuge, Halbleiter, Maschinen, Chemikalien
Wichtigste Partner	USA 22,7%, China 13,1%, Südkorea 7,8% Taiwan 7,4%, Hongkong 6,3%	
Importe		
Gesamtwert	401,8 Milliarden US$	451,1 Milliarden US$
Gebrauchsgüter	Maschinen und Equipment, Rohöl Nahrungsmittel, Chemikalien	Maschinen und Equipment, Rohöl Nahrungsmittel, Chemikalien
Wichtigste Partner	China 20,7%, USA 14%, Südkorea 4,9%, Indonesien 4,3%	
Wichtigste ausländische Investoren (2002)		
USA (Vergleich mit 2001)	27,2% (+5,1)	
EU (Vergleich mit 2001)	29,3% (+38,4%)	
Asien (Vergleich mit 2001)	2,1% (+17,6%)	

Quelle: *CIA Factbook 2006* (www. cia.gov), JETRO 2004

Große Veränderungen gab es auch in den so genannten *keiretsu*, den typisch japanischen Firmenverbänden, die den Markt stark beherrschen. Das bekannteste Beispiel ist hier die französische Beteiligung von Renault an Nissan Japan im Jahr 1999. Renault setzte im traditionell japanischen Unternehmen einen nichtjapanischen Manager namens Carlos Ghosn an die Spitze, der das Unternehmen komplett restrukturierte. 21.000 Mitarbeiter wurden abgebaut und ein leistungsorientiertes Entlohnungssystem wurde eingeführt. Ghosn schaffte es außerdem, das Unternehmen von seinen starken Verpflichtungen der anderen Unternehmen im *keiretsu*-Verband zu lösen. Seine Bemühungen führten das Unternehmen rasch in die schwarzen Zahlen, und nach vier Jahren lukrierte Nissan die höchsten Gewinne seit der Firmengründung. Carlos Ghosn wurde zu einer Art japanischer Popstar und Nissan zum Symbol für Veränderungen in der japanischen Wirtschaft, trotz der großen Angst und Unsicherheit, die durch die französischen Investitionen zu Beginn ausgelöst worden waren. Der Fall Nissan hatte außerdem positive Auswirkungen auf die Einstellung gegenüber ausländischen Investitionen.

Die Rezession hinterließ ihre Spuren aber auch bei den Lohn- und Mietkosten, die auch einen Abwärtstrend in den letzten fünf Jahren zeigten. Japan war bis dato kein interessanter Standort für Unternehmen, die billige Produktionsmöglichkeiten suchten, sondern eher für Unternehmen mit marken- und qualitätsbewussten Konsumenten. Auch in diesem Bereich versucht die japanische Regierung billigere Produktionsoptionen oder Outsource-Möglichkeiten anzubieten.

3.3 Chancen und Herausforderungen am japanischen Markt

Europäische Unternehmen sind die wichtigsten Investoren am japanischen Markt. Der Hauptgrund für das rege Interesse ist die strategische Relevanz des japanischen Marktes (siehe Abbildung 1). Trotz der Krise ist Japans Bruttonationalprodukt immer noch höher als das jedes anderen asiatischen Landes. Allein das Bruttonationalprodukt der Region Tokyo ist höher als das der gesamten Volksrepublik China.

Japan ist mit über 120 Millionen Konsumenten außerdem der zweitgrößte Markt weltweit (Lasserre und Schuette 1999) und unter allen asiatischen Ländern der führende Markt. Aus diesem Grund ist Japan auch ein sehr wichtiger Testmarkt für die asiatische Region.

Ein anderer Aspekt, den Investoren in Japan als besonders attraktiv empfinden, ist das geringe Geschäftsrisiko. Vor allem das Zahlungsverhalten japanischer Geschäftskunden gilt als vorbildlich (Roland Berger 2005). Ausländische Unternehmen sehen außerdem ihren Status als *gaijin*-(Ausländer-)Unternehmen als großen Vorteil. Sie können im japanischen Markt sehr viel freier in der Neukundenakquisition agieren als die japanische Konkurrenz und sich auch bei Produkten und Konsumentenansprache leichter differenzieren.

Abbildung 1: Chancen und Herausforderungen japanischer Unternehmen am japanischen Markt

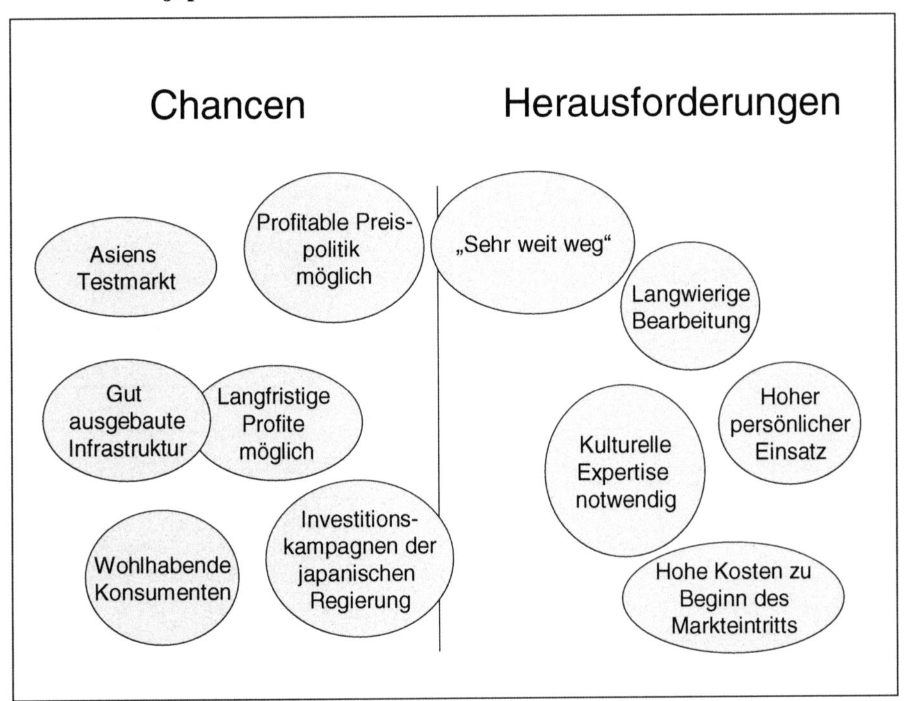

Quelle: Eigene Darstellung.

Die Mehrheit (99,7%) japanischer Unternehmen sind Klein- und Mittelbetriebe, die sich nur auf den japanischen Markt beschränken. Diese Unternehmen haben in den meisten Fällen keine effektiven Wettbewerbsstrategien entwickelt und konkurrieren nur über niedrigere Preise. Ausländische Unternehmen begegnen dieser Konkurrenz meist sehr erfolgreich mit Produktinnovationen und Produktdifferenzierung (Roland Berger 2005). Weiter bieten auch die Kampagnen der japanischen Regierung, um ausländische Investition zu unterstützen, viele neue Chancen für europäische Unternehmen. Vor allem die Ansiedlung von Investoren außerhalb der Ballungsgebiete Osaka und Tokyo wird durch zahlreiche Aktivitäten unterstützt.

Es gibt allerdings auch einige Herausforderungen, die den Markteintritt in den japanischen Markt erschweren. Vor allem die Kulturunterschiede werden als problematisch empfunden. Vielen europäischen Unternehmen scheint die kulturelle Distanz zu groß, setzt sie doch überdurchschnittlich hohen Einsatz und Expertise voraus. Sorgen bereiten auch die hohen Kosten, mit denen ein Markteintritt in den japanischen Markt verbunden ist. Aber trotz der hohen Kosten eines Markteintritts in den japanischen Markt ist der Break-Even schneller erreicht als allgemein angenommen. In einer Untersuchung der deutschen Handelskammer berichten 47% der befragten Unternehmen, dass der Break-Even am japanischen Markt schon nach drei Jahren erreicht wurde. Nur 4% der Unternehmen erreichten den Break-Even erst nach den ersten zehn Jahren (Roland Berger 2005).

4 Internationalisierungsprozesse von Klein- und Mittelbetrieben

Im Vergleich zu Großunternehmen finden Internationalisierungsprozesse bei mittelständischen Unternehmen langsamer statt. Grundsätzlich kann man den Internationalisierungsprozess in fünf Stufen unterteilen, bis das Ziel, ein internationales Unternehmen zu sein, erreicht ist (siehe Abbildung 2).

Abbildung 2: Internationalisierungsprozess bei Klein- und Mittelbetrieben

Markteintritts-entscheidung | Erster Markteintritt und Partnersuche | Lokale Niederlassung | Marktetablierung

Marktauswahl

Bestimmung der Marktsituation

Schritt 1: Passiver Export → Schritt 2: Export Management → Schritt 3: Export Abteilung → Schritt 4: Verkaufs-niederlassung → Schritt 5: Produktion im Zielmarkt → Inter-nationales Unternehmen

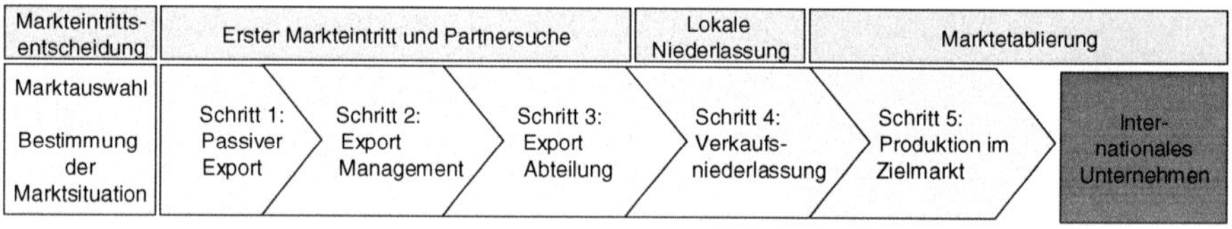

Quelle: Haghirian 2005.

Der „klassische" Markteintritt beginnt bei Klein- und Mittelbetrieben mit der Markteintrittsentscheidung. Hier muss das Unternehmen den für den Internationalisierungsprozess am besten geeigneten Markt auswählen (Marktwahl). Danach beginnt eine Phase direkten Exports, in der das Unternehmen internationale Aufträge bearbeitet, ohne das Marktpotenzial im Zielmarkt aktiv auszubauen. Zeigen die Exportmaßnahmen Erfolge, versucht das Unternehmen die Exportmöglichkeiten mit Hilfe eines Importeurs im Zielmarkt auszubauen und widmet sich im Rahmen einer Exportabteilung vermehrt dem Thema. Der eigentliche Einsatz im Zielmarkt beginnt aber erst mit der Gründung einer lokalen Niederlassung, die den Verkauf und das Marketing vor Ort übernimmt. Wenn die Profite im Zielmarkt steigen, wird in manchen Fällen auch mit der Produktion vor Ort begonnen.

Beim Markteintritt in Japan kann man allerdings nicht von einem „klassischen" Markteintritt sprechen (siehe Abbildung 3). Keines der befragten Unternehmen hat Japan als ersten internationalen Markt gewählt. Die Entscheidung, in den japanischen Markt einzutreten, wird oft erst gefällt, nachdem das Unternehmen schon internationale Erfahrung gesammelt hat. Bei Unternehmen, die sich schon mehr als zehn Jahre am japanischen Markt befinden, wurde die Entscheidung auch oft zufällig und nicht als Teil einer Internationalisierungsstrategie getroffen. Erst jüngere

Unternehmen planen den Markteintritt in den japanischen Markt strategischer und suchen sich gezielt einen Partner für die Aktivitäten vor Ort.

Abbildung 3: Markteintrittsprozesse im japanischen Markt

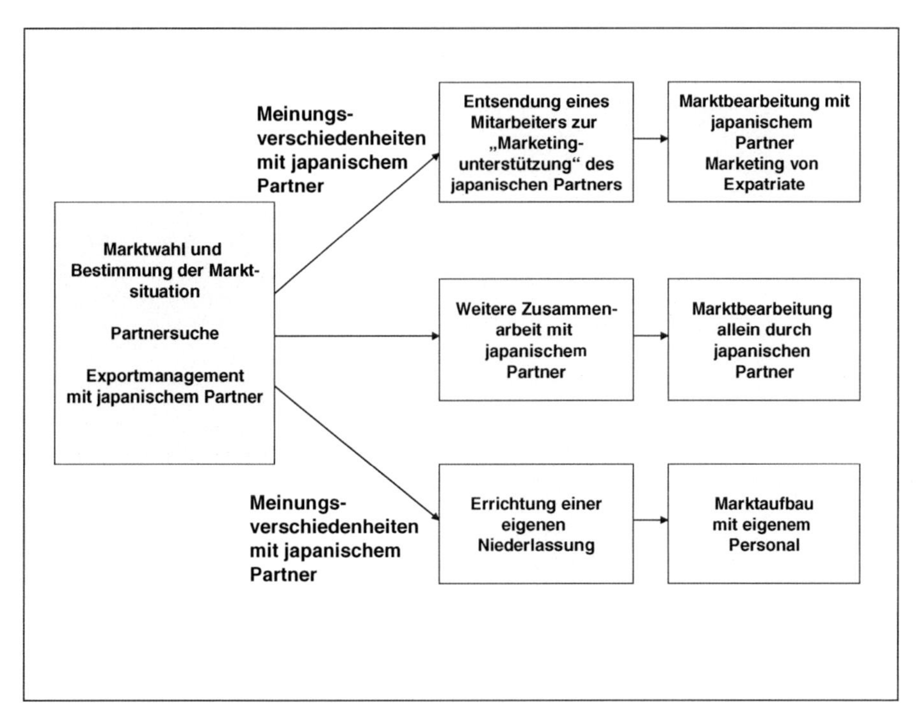

Quelle: Eigene Darstellung.

Der nächste Schritt im Markteintrittsprozess ist die Bestimmung der möglichen Marktposition im japanischen Markt. In dieser Phase wird in vielen Fällen aus Kostengründen sehr wenig Marktforschung betrieben, was ein Risiko darstellen kann.

Keines der befragten Unternehmen begann den Markteintritt ohne lokales Marktwissen. Meist betritt der ausländische Investor den japanischen Markt mit einem lokalen Partner und importiert seine Waren indirekt mit dessen Hilfe. Die Partnersuche ist oft von Kommunikationsproblemen mit den potenziellen Partnern geprägt. Ist ein Handelspartner gefunden, findet für eine Weile eine intensive Zusammenarbeit (Exportmanagement mit dem japanischen Partner) statt. Im Gegensatz zum „klassischen" Markteintritt von Klein- und Mittelbetrieben dauert diese Phase oft überdurchschnittlich lange, in manchen Fällen bis zu zehn Jahren. In manchen Fällen funktioniert die Zusammenarbeit so gut, dass eine jahrelange Partnerschaft entsteht. Oft kommt es nach drei bis fünf Jahren Zusammenarbeit allerdings zu unterschiedlichen Auffassungen bezüglich der Marktbearbeitung. Viele Unternehmen entscheiden sich daher, einen Mitarbeiter zur Unterstützung des japanischen Partners zu entsenden oder eine eigene Niederlassung in Japan zu gründen. Danach folgt die Phase der Marktetablierung, in der das Unternehmen versucht, den japanischen Markt langfristig mit eigenen Mitteln zu bearbeiten. Die letzte Phase ist die der langfristigen Marktbearbeitung. Die japanische Niederlassung wird hier vor allem durch die Initiative eines japanerfahrenen Managers aufgebaut.

5 Barrieren beim Markteintritt in den japanischen Markt

Das folgende Kapitel gibt einen Überblick über die qualitativen Ergebnisse der Untersuchung. Das Hauptaugenmerk liegt vor allem auf den Barrieren, die von Unternehmen mit Interesse an einem Markteintritt in den japanischen Markt überwunden werden müssen. Der Markteintritt wurde daher in mehrere Stufen unterteilt, die einzeln analysiert wurden.

5.1 Markteintrittsentscheidung

In der Phase der Marktentscheidung ist das Unternehmen mit Markteintrittsbarrieren konfrontiert (siehe Abbildung 4).

Abbildung 4: Hürden bei der Markteintrittsentscheidung

Markteintritts-entscheidung	Barriere		Lösungsvorschläge
Marktwahl	Wenig Informationen über den japanischen Markt	→	Infoblätter der Handelskammern
	Zielgerichtete Strategie für Japan fehlt	→	Entwicklung einer langfristigen Internationalisierungsstrategie
	Notwendiges Commitment wird unterschätzt	→	
	Abschreckung durch kulturelle Distanz	→	Suche nach japanerfahrenen Manager/Innen
Bestimmung der möglichen Marktsituation/ lokale Marktforschung	Informationssuche behindert von Sprachproblemen	→	Lokale Handelskammern/eigene Marktforschung

Quelle: Eigene Darstellung.

5.1.1 Marktwahl

Grundsätzlich bietet Japan einen profitables Investitionsumfeld für europäische Unternehmen mit qualitativ hochwertigen Produkten.

> Jeder, der erfolgreich in die USA exportiert, kann auch nach Japan exportieren. Man braucht hier qualitativ hochwertige Produkte, die einen vernünftigen Preis haben. Die sind auch in Japan verkaufbar. Besonders boomen hier der Seniorenmarkt oder der Umweltmarkt. Alles was mit Emissionsvermeidung zu tun hat, ist auch sehr gefragt. Wichtig sind auch klingende Namen und sehr bekannte Markenprodukte (Interview O.).

Informationssuche: Gewöhnlich sind allgemeine Informationen zum japanischen Markt (wie beispielsweise allgemeine Wirtschaftsdaten) auf Englisch zugänglich und in Europa via Internet auf einfache Weise erhältlich. Sehr gute und für den ersten Überblick ausreichende Informationen zum japanischen Markt bieten lokale Handelskammern und die JETRO (Japan External Trade Organisation). In vielen Fällen begleiten die Handelskammern die ersten Schritte im Markteintrittsprozess. Ein Mitarbeiter einer lokalen Handelskammer in Tokyo erläutert:

> Zuerst bekommt man von uns einen überblicksmäßigen Marktbericht. Dann wird gemeinsam mit der europäischen Firma abgeklärt, wie der ideale Markteintritt gestaltet werden sollte. Danach folgt die direkte Kontaktaufnahme mit japanischen Interessenten (Interview O.).

Japan/Asienstrategie: Ein Großteil der befragten Unternehmen hatte zur Zeit des Eintritts in den japanischen Markt keine klare Internationalisierungsstrategie. Meist wurde der Markteintritt nur aufgrund sich ergebender Marktchancen durchgeführt. Auch die Rolle des japanischen Marktes in einer großflächigeren Asienstrategie wurde von den Unternehmen vor dem Markteintritt nicht diskutiert. Interviewpartner G. sieht das folgendermaßen:

> Ich denke, viele Unternehmen planen zu wenig. Es ist wahrscheinlich einfach ein Fehler, den Markt hier erstürmen zu wollen. Man muss mit Sicherheit eine sehr gute Vorbereitung und eine Budgetidee haben, die auf fundierten Informationen beruht, wenn man in einen so fremden Markt eintritt. Und auch einen Plan haben, wie man sich wieder zurückzieht, wenn gewisse Meilensteine nicht erreicht werden. Denn es ist hier ziemlich wichtig, gut vorbereitet und zum richtigen Zeitpunkt sowie mit den richtigen Unterlagen, dem richtigen Produkt und der richtigen finanziellen Basis zu kommen (Interview G.).

Außerdem sollte Japan in eine größere Asien- und Internationalisierungsstrategie eingebettet werden. Die meisten der befragten Unternehmen waren bereits vor über zehn Jahren in den Markt eingetreten, also zu einem Zeitpunkt, an dem es noch einfacher war, den Markt mit ausländischen Produkten zu betreten. Der Markteintritt war in manchen Fällen auch strategisch wenig durchgeplant, in allen Fällen jedoch sehr erfolgreich.

Unternehmen, die jetzt in den japanischen Markt eintreten, finden hingegen einen Markt vor, auf dem schon eine Vielzahl hochwertiger ausländischer Produkte angeboten wird und der daher sehr wettbewerbsorientiert ist. Die Rolle des japanischen Marktes in der Asienstrategie des Unternehmens (beispielsweise Japan als Testmarkt) sowie die Ziele am japanischen Markt sollten daher schon in einem sehr frühen Stadium des Markteintritts festgelegt werden. Weiter sollte der richtige Zeitpunkt für einen eventuellen Rückzug schon in dieser Phase überlegt werden.

Unterschätztes Commitment und Zeitaufwand: Viele Firmen unterschätzen auch den notwendigen Einsatz. Man muss damit rechnen, dass ein Markteintritt und die damit verbundenen Prozesse dreimal so lange benötigen als wie geplant.

> Wenn man sich da einen Plan macht, was man im ersten Halbjahr und im zweiten etc. macht, dann sollte man schon damit rechnen, dass alles dreimal so lange braucht. Das hört natürlich niemand gern. Das kann ich auch schwer meinem Headquarter sagen, da denkt man ja, ich will mich drei Jahre auf die faule Haut legen. Das gut verständlich zu machen, ist sicher einer der Knackpunkte. Aber das ist einfach so (Interview L.).

Besonders in technologieintensiven und produktinnovativen Branchen ist dieser Einsatz von großer Bedeutung. Kundenkontakte müssen langsam aufgebaut werden und den Willen zu langfristiger Zusammenarbeit signalisieren.

Das kann für Klein- und Mittelbetriebe schon eine sehr große Hürde bedeuten. Denn selbst wenn man den japanischen Markt nicht von Osaka oder Tokyo aus betreut, sind Commitment und Zeitaufwand extrem hoch. Einer der Interviewpartner, der seine Weine direkt von seinem österreichischen Weingut nach Japan exportiert, beschreibt seine Strategie folgendermaßen:

> Wir haben, wie gesagt, sehr wenig investiert und das Japangeschäft sehr langsam aufgebaut. Das ging aber nur, weil wir andere erfolgreiche Geschäftsbereiche haben. Nach einigen Jahren hat sich das eben ausgezahlt und jetzt fangen wir an zu verkaufen. Das ist sehr gut so, Geduld ist da aber schon notwendig. Also, ich bin der Meinung, man sollte als Klein- und Mittelbetrieb Japan am Anfang nur als Nebenmarkt betrachten und auch die Investitionen klein halten. Aber wenn man dann Geduld hat, kann man nach einiger Zeit schon gute Geschäfte machen (Interview F.).

Kulturelle Distanz: Viele Firmen sind auch durch die kulturelle Distanz, die Japan immer noch vermittelt, sehr vorsichtig, wenn es um Japan als Zielmarkt geht. Japan als Markt scheint nicht nur geografisch, sondern auch emotional sehr weit entfernt. Viele Unternehmen scheuen daher vor einer Investition zurück. Die Ergebnisse der qualitativen Interviews zeigen aber auch, dass die kulturelle Barriere, wenn die Entscheidung für Japan erst einmal getroffen ist, nicht als sehr hoch empfunden wird. Unternehmer schätzen vor allem das verlässliche und sichere Geschäftsumfeld und die hohe Qualität und Disziplin der Mitarbeiter.

5.1.2 Bestimmung der möglichen Marktsituation

Problematischer wird es, wenn genauere Daten benötigt werden, um das Marktpotenzial und den Markteinfluss der Konkurrenz einzuschätzen. In diesem Fall beweisen sich die Japaner zwar als sehr genaue Sammler wichtiger Informationen, diese sind aber meist nur auf Japanisch erhältlich. Hier besteht zwar in den meisten Fällen die Möglichkeit, eine lokale Marktforschungsagentur zu engagieren, das ist aber oft mit sehr hohen Kosten verbunden. Professionelle Marktforschung wird daher oft unterlassen, was ein großer Risikofaktor beim Markteintritt ist.

5.2 Erster Marktzugang und Partnersuche

Nach der Markteintrittsentscheidung plant das Unternehmen die ersten Schritte im neuen Markt und beginnt, einen lokalen japanischen Partner zu suchen (siehe Abbildung 5). Zu Beginn führt der Investor meist nur passiven Export durch und beginnt erst nach einer Weile mit konkreterem Exportmanagement.

Abbildung 5: Erster Markteintritt und Partnersuche

Erster Markteintritt und Partnersuche	Barriere		Lösungsvorschläge
Passiver Export	Partnerwahl findet oft zufällig statt	→	Konkrete Unterstützung durch lokale Handelskammern anfordern
	Direkte Partnersuche erschwert durch Kultur und Sprache	→	
Export-management	Partner vertreibt auch Konkurrenzprodukte	→	Mediations-Gespräch mit Hilfe von lokalen Handelskammern Expat-Entsendung zur „Unterstützung“
	Partner akquiriert keine Neukunden	→	
	Partner beeinflusst Markenimage und -positionierung	→	

Quelle: Eigene Darstellung.

5.2.1 Passiver Export

Partnersuche: Die erste Partnersuche und die Wahl des richtigen Partners ist einer der kritischsten Punkte im Markteintrittsprozess. In den meisten Fällen ist dieser Partner ein japanisches Handelshaus, das als Distributeur in Japan agiert. Wichtig ist hier vor allem, einen Partner zu finden, der einen in Japan bekannten Namen besitzt. Renommierte, alteingesessene Unternehmen haben oft schon einen sehr loyalen Kundenstamm und können durch ihre Reputation diesen auch vom Kauf eines bis dato unbekannten Produktes überzeugen. Es ist daher ratsam, sich sehr sorgfältig nach dem Ruf und der Unternehmensstruktur des potenziellen japanischen Partners zu erkundigen. Ein besonders wichtiger Punkt sind hier die Beziehungen, die der Partner hat. Geschäfte werden in Japan in erster Linie über persönliche Kontakte gemacht. Die Verflechtungen und der Status des Partners sind daher ausschlaggebend für seine Marktmacht und seine Verhandlungsmöglichkeiten. Auch die Größe des Partners sollte überlegt werden.

> Wichtig ist außerdem die Größe des japanischen Partners. Speziell bei kleineren Importeuren ist es oft so, dass sie nur Preispromotions machen und nur wenig in den Aufbau und die Pflege der Marke investieren. Das war zuerst auch bei unserem Partner so. Das ist dann der Punkt, wo das Unternehmen eingreifen und gemeinsam mit dem Partner am Aufbau der Marke arbeiten muss. Kurzfristig in Japan Erfolg zu haben ist nicht schwer, weil japanische Konsumenten auf alles „springen", was neu ist. Aber konstant zu verkaufen, das ist die große Herausforderung und dafür ist konsequente Markenarbeit erforderlich. Ist der japanische Partner hingegen zu groß, besteht die Gefahr, dass er sich nicht die nötige Zeit nimmt, die für den Aufbau der Marke erforderlich ist, weil er sowieso genügend andere Produkte in seinem Portfolio hat. Mein Rat für die Partnerwahl ist deshalb: mittlere Größe, aber markt- und marketingorientiert (Interview S.).

Die Partnersuche selbst ist für den Investor oft eine Geduldsprobe. Unternehmen müssen mit einer Zeitspanne von sechs bis zwölf Monaten rechnen, um einen guten und soliden Handelspartner zu finden. Oft kommt es an dieser Stelle zu ersten interkulturellen Missverständnissen.

> Man sollte diese Phase im Prozess nicht unterschätzen. Es ist sehr wichtig, genug Informationen zur Verfügung zu stellen. Da muss man echt Einsatz zeigen. Da werden dann oft die gleichen Fragen auch dreimal gestellt, oft in etwas umformulierter Form. Grundprobleme in diesem Stadium des Markteintritts sind meist Missverständnisse, wie beispielsweise: „Warum brauchen die Japaner diese Information?" oder: „Warum schon wieder die gleiche Frage? Die Antwort habe ich ja schon gegeben." Dann gibt es natürlich auch noch Sprachschwierigkeiten. Manchmal gibt es auch Schwierigkeiten bei den Formulierungen. Aber da sollte man sehr pragmatisch sein und die Informationen einfach bieten und sich anpassen (Interview O.).

Der japanische Interessent erwartet außerdem sehr genaue Informationen, die mit Markteintritt in Japan (aus europäischer Sicht) nichts zu tun haben. Oft sind das auch Informationen, die mit Markteintritt in Japan nichts zu tun haben. Fragen werden sehr detailliert und wiederholt gestellt, Antworten sofort erwartet. Interviewpartner S. meint dazu:

> Wichtig ist außerdem, auf Fragen, auch wenn sie noch so oft gestellt werden, sehr detailliert zu antworten. Wenn man neue Produkte im Ausland vorstellt, reicht in vielen Ländern oft nur ein Produktfoto und eine Erklärung der main benefits. In Japan ist aber sehr viel mehr Detailinformation erforderlich. Da gibt es nicht nur Fragen

> vom Partner, sondern auch vom Handel und den Konsumenten. Das war auch für unsere Mitarbeiter in der Zentrale ein Lernprozess, weil sie sich erst an die Flut von Fragen, die von keinem anderen Land gestellt werden, gewöhnen mussten (Interview S.).

Die detaillierte Informationsnachfrage irritiert und verärgert europäische Partner in manchen Fällen. Dieses wiederholte Interesse hat allerdings den Zweck, sich vorab schon sehr genau über den neuen Partner zu informieren. Auch wenn die Details des Informationsaustausches über das Übliche hinausgehen, sind dann doch, wenn die Partnerschaft erst einmal beschlossen ist, viele Fragen schon im Vorfeld geklärt.

> Es ist allerdings absolut unwahrscheinlich, dass da innerhalb einer Woche oder innerhalb eines Monats Verträge unterschrieben werden (Interview O.).

5.2.2 Exportmanagement

Nachdem die Partnersuche abgeschlossen ist, beginnt die Zusammenarbeit zwischen dem japanischen Handelshaus und dem Investor. Nach einigen Jahren der Marktbearbeitung durch ein japanisches Handelshaus und mit dessen Hilfe beschließen die Investoren in vielen Fällen, ein eigenes Tochterunternehmen zu gründen, denn oft ergibt sich aus dieser „japanischen" Vorgehensweise eine Anzahl von Problemen. Der europäische Partner hat wenig Einblick, wie die Marktbearbeitung aussieht.

> Zuerst wird das Projekt erstmal laufen. Nach ungefähr drei bis fünf Jahren entsteht dann das nächste Problem. Jeder japanische Partner, egal wie groß und bekannt, hat normalerweise seinen bestimmten Kundenstamm. Mit diesem Kundenkreis kann man meist einen zufrieden stellenden Umsatz machen. Während dieser Zeit kommt der europäische Partner dann auch nach Tokyo, ihm wird dann alles gezeigt und alles ist o.k. Aber dann wird von der Investorenseite oft die Frage gestellt, ob das Marktpotenzial ausgeschöpft ist. Japan ist ja ein Riesenmarkt und man kann da auch gut mit den USA vergleichen und bemerkt dann schnell, dass man hier oft noch viel mehr Marktpotenzial hat (Interview O.).

In vielen Fällen kommt es auch zu einem sehr individuellen Marken-„Management", das heißt, die Produktpositionierung wird in Japan ohne genauere Absprache neu vorgenommen. Auch die Tatsache, dass japanische Handelsfirmen oft eine Vielzahl von Produkten unterschiedlicher Lieferanten vertreiben und daher einem einzelnen Produkt nur bedingte Aufmerksamkeit widmen können, ist ein häufiger Reibungspunkt. Meist werden zur selben Zeit auch Produkte der Konkurrenz vertrieben, was die Aufmerksamkeit auf das eigene Produkt naturgemäß schmälert.

> Wir haben mit einer Handelsfirma zusammengearbeitet, aber in der Zusammenarbeit hat wenig funktioniert. Da hat der Partner tonnenweise Kupfer importiert oder andere Dinge, die man für verkäuflich hielt. Aber da war kein Know-how dahinter. Das braucht man bei unserem Produkt eben. Wir haben dann den Vertrag gekündigt (Interview L.).

Der Hauptgrund für die Auflösung der Partnerschaften sind allerdings unterschiedliche Auffassungen über die mögliche Marktbearbeitung. Bestehende Kundenbeziehungen werden in Japan außerordentlich intensiv gepflegt, jedoch oft nicht aktiv erweitert. Japanische Handelsfirmen bearbeiten daher meist nur ihren vorhandenen Kundenstamm und akquirieren keine Neukunden. Das Marktpotenzial wird so meist nicht ausgeschöpft, was den Investor dazu veranlasst, die Partnerschaft zu beenden und eine eigene japanische Niederlassung zu gründen. Interviewpartner A. meint dazu:

> Erst nach gewisser Exportumsatzhöhe bzw. langfristigem Potenzial für die heimischen Produkte ergibt es Sinn, in Japan selbst Fuß zu fassen. Japan ist sicher in den wenigsten Fällen ein „Kurz- oder Mittelstreckenlauf" und man muss damit rechnen dass alles mindestens das Doppelte kostet bzw. doppelt oder dreimal soviel Zeit braucht. Ausdauer, langer Atem und Geduld (für jeden investierten Euro) sind auf jeden Fall Voraussetzung. Sollten diese Voraussetzungen nicht zutreffen, ist es sicher besser, mit einem guten japanischen Handelspartner zu arbeiten als hier mit einem Fuß selbst „herumzuwackeln" oder einen armen Europäer ohne Munition hier in den Kampf zu schicken. Da kommt man besser zum „Türöffnen" oder „Klinkenputzen" ab und zu nach Japan und vertraut die Details dann einem japanischen Partner an. Wenn es um die vielen Details, Informationen und persönliche Betreuung geht, die japanische Kunden im Tagesgeschäft brauchen, sind Japaner (abgesehen vom Kommunikationsvorteil) ohnehin viel besser geeignet. Da haben wir oft gar nicht die Geduld dazu (Interview A.).

5.3 Errichtung einer japanischen Niederlassung

Die Errichtung einer eigenen Niederlassung in Japan ist naturgemäß mit großem Aufwand und Einsatz verbunden. Die Barrieren in dieser Markteintrittsphase sind in Abbildung 6 dargestellt.

Auswahl des Managements vor Ort: Die wichtigste Frage bei der Errichtung einer lokalen Niederlassung ist die Wahl des Verantwortlichen, der den Markteintritt in den japanischen Markt begleiten soll. Hier stellt sich zuerst die Frage, ob man einen Mitarbeiter aus dem Mutterhaus (in den meisten Fällen einen Nichtjapaner) mit dieser Aufgabe betrauen oder vor Ort einen lokalen Manager engagieren soll. Die Nationalität des Managers vor Ort ist je nach Branche von unterschiedlicher Wichtigkeit. Generell kann man sagen, je traditioneller die Branche ist, desto besser ist es, einen japanischen Manager mit der Errichtung einer Niederlassung zu betrauen. Vor allem Unternehmen, die keine Konsumgüter verkaufen, bevorzugen daher japanisches Management vor Ort, weil es so leichter ist, Kunden in sehr traditionellen Branchen anzusprechen.

Abbildung 6: Errichtung einer japanischen Niederlassung

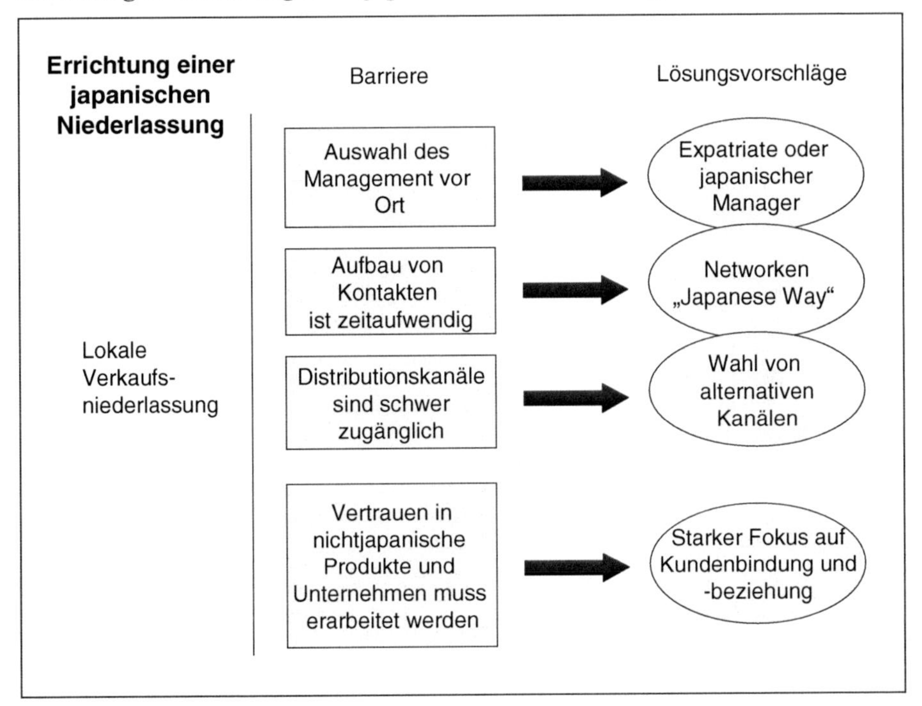

Quelle: Eigene Darstellung.

Die meisten der Befragten raten allerdings, zu Beginn des Markteintritts eine(n) Nichtjapaner/in für die Leitung des Repräsentanzbüros verantwortlich zu machen. Diese(r) sollte Japanerfahrung haben und, wenn möglich, auch Japanisch sprechen. Die Begründung für diese Vorgehensweise ist einfach. Ausländer in Japan können sich vor allem bei der Neukundenakquisition freier verhalten, sprich mögliche Interessenten direkter ansprechen. Bei Japaner sind Methoden wie „cold calls“ nicht üblich. Ein ausländischer Manager kann in Japan Networking-Möglichkeiten, welche die Expat-Community in Japan häufig bietet, nutzen. Auch vom marketingtechnischen Aspekt her gesehen, ist es oft ratsam, einen Nichtjapaner mit der Verantwortung für die Niederlassung zu betrauen. Das ist vor allem bei Produkten mit einem gewissen kulturellen Hintergrund (beispielsweise Nahrungsmittel) sowie bei Produkten, denen der Country-of-Origin-Effekt als Positionierungsgrundlage dient, ratsam. Hier kann ein Nichtjapaner auch den kulturellen Hintergrund authentischer vermitteln. Vor allem Produkte, die einen starken europäischen Bezug haben, können mit dem Ausländerbonus besser verkauft werden. Interviewpartner M. führt dazu aus:

> Ich habe bei Produkten, die ich in Japan forciert habe, einen starken kulturellen Hintergrund. Ich vermittle Lifestyle, ich vermittle europäisches Wohnen und das kann ich natürlich als Europäer auch gut. Ich will nicht sagen, dass ein Japaner unsere Kultur nicht versteht, aber ich denke, man würde das einem Japaner weniger gut abkaufen. Ich muss das von unserer Kultur vermitteln, von dem ich glaube, dass der Japaner am ehesten darauf anspricht. Und vor allem auch das, was andere nicht haben, was „unique" ist (Interview M.).

Vor allem in den ersten Jahren des Marktaufbaus wird das Engagement eines Nichtjapaners betont:

> Ich bin der Meinung, dass für die ersten drei bis fünf Jahre des Markteintritts ein Europäer besser sein könnte, weil er freier agieren kann. Ein Japaner ist in seinen sozialen Regeln gefangen. Ausländer haben über ihre Botschaften, Handelskammern und anderen Wirtschafts- und Geschäftsbeziehungen aber auch andere Zugänge und Kanäle. Daher kann es auch für die Erweiterung eines bestehenden Geschäftes sinnvoll sein, alte Strukturen aufzubrechen und einem Ausländer die Führung zu überlassen. Das gilt übrigens nicht nur für ausländische Firmen in Japan sondern, wie die Beispiele Nissan oder Sony zeigen, auch für japanische Firmen in Japan. Im späteren Geschäft kann es dagegen hilfreich sein, einen Japaner vor Ort zu haben, der die bestehenden Beziehungen weiterpflegt und das Geschäft langsam ausweitet und vielleicht auch etwas japanisiert (Interview L.).

Wichtig sind vor allem die Sprachkenntnisse des Managers vor Ort. Je nach Kundengruppe können gute Japanischkenntnisse den Markteintritt sehr erleichtern. Interviewpartnerin E. meint dazu:

> Es kommt darauf an, mit welcher Art von Kundengruppen man zu tun hat. Wenn man nur mit den großen Handelsfirmen zu tun hat, kann man sich mit Englisch gut verständigen. Wenn man mit Mittelbetrieben arbeitet oder auch mit großen Firmen, die Importhandel nicht als Hauptgeschäft betreiben, ist die japanische Sprache unerlässlich, da meist kaum oder gar keine Personen mit Englischkenntnissen verfügbar sind. Praktisch kommt es zwar manchmal auch vor, dass die gesprochene Kommunikation in Japanisch gehalten wird und der schriftliche Teil auf Englisch ist, um auch anderen Personen in unserem Unternehmen Zugang zu den Informationen zu geben. Aber wir haben auch viele Kunden, bei denen englische Kommunikation nicht möglich ist. Und es reicht oft auch nicht aus, einen Übersetzer zu beschäftigen, denn um wirklich gut übersetzen zu können, braucht dieser Branchenkenntnis und viel Erfahrung (Interview E.).

Kontaktaufbau – Networken „Japanese Way": Japan ist eine kollektivistische Gesellschaft, in der persönliche Beziehungen eine außerordentlich wichtige Rolle spielen. Das gilt auch für das Geschäftsleben. Für ausländische Manager stellt das zu Beginn des Marktaufbaus eine besonders hohe Barriere dar, da Beziehungen in Japan sich sehr, sehr langsam entwickeln.

> Jeder Firmenchef muss sich eine persönliche Basis zu seinen japanischen Partnern aufbauen und diese Beziehungen „automatisieren". Sie können in Japan schlecht vor Gericht gehen. Das bringt üblicherweise kaum etwas und kostet nur Geld. Das heißt, damit alles klappt, sollte man ein friktionsfreies, gutes persönliches Verhältnis mit

> allen Partnern herstellen. Bis in Japan die Dinge funktionieren, darf man nicht nachgeben (Interview S.).

Allerdings sehen die Interviewpartner auch schon einige durch die Rezession bedingte Veränderungen am japanischen Markt:

> Die persönlichen Beziehungen sind hier wichtiger als bei uns, aber das ändert sich gerade. Vielleicht weniger in unserem Geschäft, weil wir ein sehr konservatives Geschäft mit konservativen Partnern und konservativen Kunden betreiben. Aber ich denke, in modernen Unternehmen nimmt der Anteil traditioneller Bindungen, nicht zuletzt durch die Entflechtungen der *keiretsu*, stark ab. Das wird auch viel von westlichen Medien beeinflusst. Das finde ich auch ein bisschen schade, weil viele japanische Unternehmen sehr erfolgreich mit ihrer japanischen Art sind. Bestes Beispiel ist Toyota, die, glaubt man den „Spezialisten" von Financial Times und Wall Street Journal, gar nicht mehr existieren dürften (Interview L.).

Interviewpartner A. erläutert weiter:

> Wenn im Westen der Preis, Produkt und Service stimmen, wird ein Geschäft gemacht. Dann kann es auch eine persönlichere „Beziehung" geben. In Japan (oder auch in anderen asiatischen Ländern) ist es oft noch umgekehrt. Zuerst kommt persönliches Vertrauen und dann erst kommt das Geschäft. Mittlerweile halten sich Leistung und Beziehung auf Grund der immer noch relativ trägen Wirtschaft im Schnitt so ziemlich die Waage und teilweise ist auch Japan dem Westen in dieser Hinsicht etwas ähnlicher geworden (vor allem in Tokyo). Trotzdem ist das traditionelle japanische Denken immer noch sehr verankert und es werden sehr viele Geschäfte oft nicht gemacht, wenn die Chemie nicht stimmt. Wird Japan wirtschaftlich wieder stärker, so dürfte das Pendel wieder ein wenig mehr in Richtung „Tradition" schlagen (Interview A.).

Vertrauensaufbau: Nicht nur die Beziehungen zwischen den Geschäftspartnern sind wichtig. Auch die Langfristigkeit des Commitment in Japan muss klar vermittelt werden. Interviewpartner L. beschreibt das so:

> Man muss Vertrauen aufbauen. Jede japanische Firma will wissen, ob man in drei Jahren noch da ist. Und die einfachste Weise, das rauszufinden ist, einfach mal drei Jahre zu warten. Denn da taucht die Frage auf, was passiert, wenn das Gerät kaputt ist und die Firma nach einem Jahr nicht mehr in Japan vertreten ist. Was sagt man da dem Kunden? Aber wenn Japaner sehen, diese Firma ist jetzt schon drei Jahre da und wird immer größer, dann werden auch die Geschäfte leichter (Interview L.).

5.4 Marktetablierung

Nach der Errichtung einer eigenen Unternehmenseinheit oder der Entsendung eines Expatriate zur Unterstützung des Handelsunternehmens steht das Unternehmen vor der Herausforderung, den japanischen Markt ohne lokalen Importeur zu bearbeiten. Abbildung 7 gibt einen Überblick über die Barrieren in dieser Markteintrittsphase.

Abbildung 7: Marktetablierung in Japan

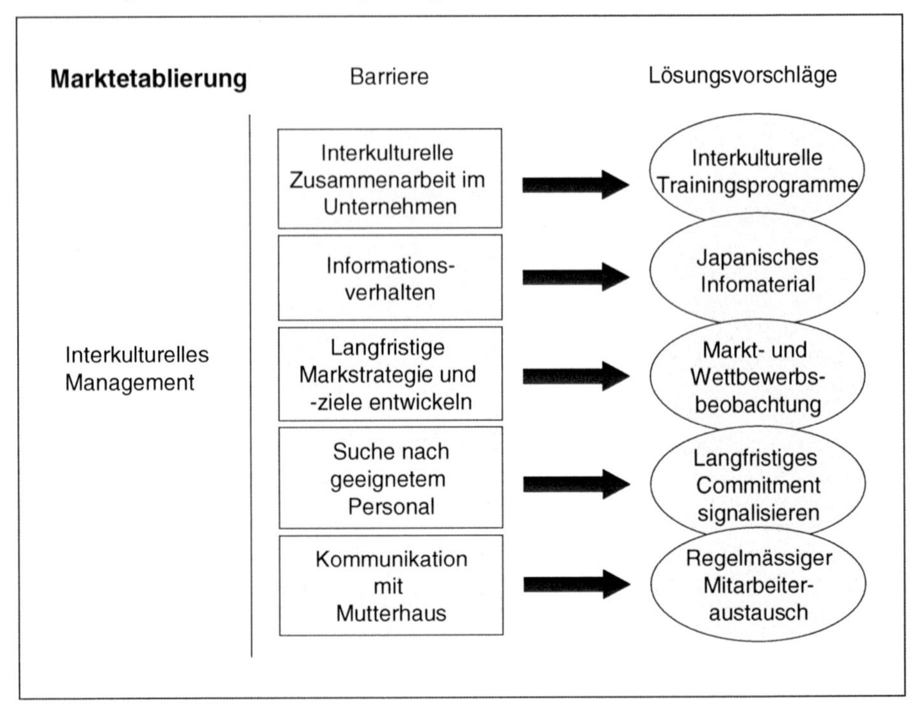

Quelle: Eigene Darstellung.

In den meisten Niederlassungen in Japan arbeitet nur ein geringer Prozentsatz von ausländischen Managern. Die meisten Mitarbeiter sind, um eine adäquate Marktbearbeitung zu gewährleisten, natürlich lokale Angestellte. Aus diesem Grund ist interkulturelles Management vor Ort von großer Relevanz. Missverständnisse im Umgang mit japanischen Mitarbeitern können allerdings trotzdem vorkommen. Unterschiede gibt es vor allem in der Arbeitsintensität. Interviewpartner S. erläutert:

> Beim Personal ist es wichtig, die Leute nicht zu überschätzen. Japanische Mitarbeiter sind im Vergleich zu Europäern/Amerikanern schlichtweg langsamer und – gemessen an der Bürozeit – einfach weniger produktiv. Nur sehr wenig ist diskussionslos voraussetzbar, alles sollte genau erklärt und durchgespielt werden. Das heißt, Arbeitsabläufe, Unternehmensverständnis, Ziele etc., alles muss ganz genau erklärt werden, am besten schriftlich. Und man darf nicht müde werden, alles noch und noch, immer und immer wieder, vom Anfang bis zum Ende, zu erklären (Interview S.).

Auch der Informationsbedarf innerhalb der japanischen Niederlassung ist sehr viel größer als in der Zentrale.

> Wir haben auf der Kommunikationsebene intern mehr Erklärungsbedarf, als wir es in einem heimischen Unternehmen von dieser Größe hätten. Wobei der Trend auch in anderen Ländern zu mehr Mitarbeiterintegration und -information geht. Man muss einfach die Wichtigkeit von informierten Mitarbeitern erkennen (Interview G.).

Informationsverhalten: Japanische Konsumenten erwarten mehr Information als westliche Konsumenten. Gewünschte Informationen betreffen allerdings nicht nur das Produkt, sondern oft auch das Unternehmen. Vor allem die Unternehmensgeschichte und -tradition sind von großem Interesse, bezeugen sie doch die Beständigkeit und den Erfolg der Firma. Viele der befragten Unternehmen in Japan lassen daher eigene Unternehmensbroschüren für den japanischen Markt anfertigen.

> Wir werden nicht müde, zu erzählen, wer wir sind und woher wir kommen. Aber entscheidend ist bei japanischen Kunden, dass man ihnen die Produkte sehr genau erklärt. Das ist für uns nicht immer leicht, weil wir eine sehr vielfältige Modellpalette haben. Wir machen da gerade einen Lernprozess durch und denken, dass wir unsere Produktpalette für Japan werden einschränken müssen, weil wir sonst zu großen Erklärungsbedarf haben (Interview S.).

Entwicklung langfristiger Marktstrategien und -ziele: Ein besonders wichtiger Punkt ist die Entwicklung von langfristigen Markt- und Marketingzielen in Japan. Zu Beginn der Marktbearbeitung werden vor allem Marktchancen wahrgenommen, die sich kurzfristig anbieten, aber oft nur kurzfristig Erfolge versprechen. Spätestens zwei Jahre nach der Eröffnung einer eigenen Niederlassung in Japan sollte das Unternehmen langfristige Marktziele definieren. Das ist oft leichter gesagt als getan, denn

> auch wenn das Produkt stimmt, stößt man ohne ein entsprechendes Marketing in Japan sehr schnell an eine Decke. Es geht dann gleich schnell runter, wie es aufwärts gegangen ist (Interview S.).

Marktforschungsaktivitäten gestalten sich außerdem oft sehr zeitaufwendig und kostspielig. Ein weiterer Hinderungsgrund ist das für Nichtjapaner schwer kalkulierbare japanische Konsumentenverhalten. Das Marktpotenzial ist daher sehr schwer abzuschätzen. Erst Unternehmen, die schon einige Jahre im Markt sind, können diese Barriere aufgrund ihrer Erfahrung im Markt überwinden und sind in der Lage, sehr konkrete Markteinschätzungen abzugeben.

Personalsuche vor Ort: Mit der zunehmenden Größe des Unternehmens in Japan steigen auch die Managementanforderungen. Ein immer wiederkehrender Aspekt ist die Personalpolitik in der lokalen Niederlassung. Bis vor einigen Jahren war es für westliche Unternehmen relativ schwierig, japanische Angestellte einzustellen. Japanische Unternehmen rekrutieren ihren Nachwuchs direkt nach ihrem Universitätsabschluss und bieten meist traditionelle japanische soziale Nebenleistungen, wie lebenslange Anstellung und Bonuszahlungen. Auch Interviewpartner G. erwähnt diese Problematik:

> Es ist aber trotzdem eine ziemliche Aufgabe, Leute zu finden, deren spezifische Kenntnisse genau passen. Wir haben ja hier kein System, in dem es beispielsweise Lehrlinge gibt oder andere Fachkräfte, die nach einem gewissen Plan geschult werden. Hier sind es vor allem angelernte Kräfte mit einem mehr oder weniger technischen Hintergrund. Daher ist es nach wie vor eine Kernaufgabe, Leute aufzunehmen, Leute in die richtige Richtung auszubilden und dann auch eine Karriereperspektive zu bieten (Interview G.).

Auch die Branche, in der Personal gesucht wird, ist für den Erfolg ausschlaggebend. Traditionelle Branchen, wie beispielsweise die Automobil- oder Motorradbranche, sind in Japan sehr beliebte Arbeitgeber. Interviewpartner S. beschreibt seine Erfahrungen auf diesem Gebiet:

> Das Finden von Personal ist branchenspezifisch sehr unterschiedlich. In unserer Firma in der Motorindustrie etwa war es sehr schwierig, Fachleute aus der Branche zu bekommen, weil der Durchschnittsjapaner eine Firma wie Honda nicht leicht verlässt. Wir haben eher Mitarbeiter von anderen ausländischen Anbietern etwa Harley Davidson oder Ducatti bekommen, aber diese auch erst, nachdem klar war, dass wir langfristig im japanischen Markt bleiben wollen (Interview S.).

Japanische Mitarbeiter in der Niederlassung sollten im Idealfall mehrsprachig sein. Das schränkt die Auswahl an Kandidaten naturgemäß ein:

> Ich habe mehrere Leute, die nicht besonders gut Englisch sprechen. Das ist ein Nachteil, da sie natürlich nicht ausreichend oder gar nicht an den Headquarter-Trainingsprogrammen teilnehmen können. Aber es verlangt auch der Markt eher japanische Sprachkenntnisse und technische Kenntnisse als Englischkenntnisse. Es ist daher sehr schwer, gut ausgebildete Fachkräfte zu finden, die auch Englisch sprechen (Interview G.).

Die Wirtschaftskrise führte aber in den letzen Jahren zu einer höheren Elastizität des japanischen Arbeitsmarkts. Jobwechsel und das Arbeiten in einer ausländischen Organisation wird daher öfter in Betracht gezogen als noch vor einigen Jahren. Vor allem Frauen scheinen Arbeit in einer nichtjapanischen Firma zu bevorzugen, weil ihnen ausländische Unternehmen mehr Aufstiegsmöglichkeiten und Weiterbildungsmaßnahmen bieten. Wichtig bei der Einstellung japanischer Mitarbeiter sind vor allem ihre Sprachkenntnisse. So können mehrere Mitarbeiter in der Niederlassung mit dem Mutterhaus kommunizieren, und die Expatriates sind nicht „die alleinigen Kommunikationsdrehscheiben“. Es ist außerdem gut, wenn auch die japanischen Mitarbeiter die Gepflogenheiten und die Arbeitsweise im Mutterhaus kennen lernen. Regelmäßige Besuche und Entsendungen der lokalen Mitarbeiter ins Mutterhaus sind daher zu empfehlen. Ein weiterer wichtiger Punkt ist die Ausbildung von zukünftigen Expatriates für die Niederlassung. Klein- und Mittelbetriebe haben zwar sehr oft Mitarbeiter, die an einem Auslandsaufenthalt interessiert sind, „aber es ist einfach besser, jemanden hierher zu schicken, der Sprache und Land kennt“. Manche der befragten Unternehmen begannen daher, Mitarbeiter aus dem Mutterhaus zu längeren Arbeitseinsätzen nach Japan zu schicken und für die Zukunft Mitarbeiter mit den Marktbedingungen vertraut zu machen.

Kommunikation mit dem Mutterhaus: Die notwendigen Anpassungen in den Bereichen Service und Produktqualität im japanischen Markt werden von den Kollegen in den Mutterfirmen nicht immer verstanden. Die Kommunikation mit dem Mutterhaus ist daher ein sehr kritischer Punkt in der Marktetablierungsphase. Hier kommen die kulturellen und sprachlichen Unterschiede besonders zur Geltung.

> Sie müssen natürlich erklären, wie die Headquarters funktionieren, wie die Prozesse im Headquarter funktionieren. Auch wer wofür kontaktiert werden kann. Dass beispielsweise E-Mail nicht die Lösung aller Dinge ist, sondern ein Telefonat oft mehr hilft. Vor allem wenn es dringend ist. Wichtig ist, dass man sich als Führungskraft aus der Kommunikationsdrehscheibe etwas herauslöst. Sonst besteht die Gefahr, dass Sie zum einzigen Mittler zwischen Mutterhaus und lokalen Mitarbeitern werden. Das ist auch nicht immer im Sinne des Mutterhauses, weil die natürlich manchmal auch etwas bequem sind und in ihrer Landessprache sprechen wollen, Deutsch eben (Interview G.).

Auch Vertrauen spielt eine wichtige Rolle, um die Besonderheiten des japanischen Markts zielbringend zu vermitteln.

> Die Entfernung der Headquarters von Tokyo spielt schon eine wichtige Rolle. Es ist auch oft schwierig, für die Leute zu Hause den Dringlichkeitsgrad zu verstehen. Wir haben ja im Unternehmen auch Leute, die zum Teil schon jahrelange Erfahrung mit anderen Märkten haben und die sich oft als Produktmanagerprofi, als Verkaufsprofi oder als Qualitätsprofi fühlen und man diesen halt schwer sagen kann, dass es hier einfach ganz anders ist. Der Expatriate hat daher auch eine sehr starke Vermittlerrolle (Interview G.).

5.5 Langfristige Marktbearbeitung

Im Vergleich zu anderen Märkten ist der Markteintritt und langfristige Erfolg in Japan außerordentlich zeitaufwendig. Auch wenn der erste Markteintritt mit einem passenden Produkt gut gelingt, ist die langfristige Marktbearbeitung eine große Herausforderung. Wichtig sind vor allem Geduld und das Verständnis für eine überdurchschnittlich lange Anlaufphase. Einer der Interviewpartner drückt das so aus:

> Wenn sie einen Markt neu aufbauen müssen, dauert das schon eine Zeit. Bei uns kann man sagen, wir hätten sicher fünf bis sechs Jahre von diesem Geschäft nicht leben können. Allerdings, wir haben außerdem noch unser eigenes Vertriebssystem aufgebaut. Ich habe dann auch selbst ein Geschäft aufgemacht und daneben schon mal verdient und das Geld dann in den Marktausbau investiert. Man muss halt wissen, was man will. Wenn man nur Geld verdienen will, ist es hier anfangs sicher schwer (Interview M.).

Diese Meinung wird auch von anderen Interviewpartnern geteilt:

> Ich verwende immer die Analogie zu einem Jumbo. Insbesondere für Markenartikel im Konsumgüterbereich ist Japan wie ein Jumbo, der braucht vier Antriebsmotoren und eine lange Anlaufbahn. Das ist kein Sportflieger, der mit einem kleinen Propeller nach ein paar Metern abhebt. Aber wenn er abhebt, dann hebt er ab und kann auch

sehr weit fliegen. So war das auch bei uns so. Ohne fünf oder sechs Jahre Vorbereitung hätten wir kein dauerhaftes und erfolgreiches Geschäft aufbauen können (Interview A.).

5.5.1 Der japanische Marketing-Mix

Die erste Frage, die sich bei der langfristigen Marktbearbeitung stellt, ist die der Adaption an die japanischen Marktbedürfnisse. Der Marketing-Mix muss allerdings nicht in allen Aspekten an die Kundenbedürfnisse angepasst werden. Viele ausländische Unternehmen verkaufen in Japan Produkte, die vor allem durch ihren Country-of-Origin-Effekt beliebt und erfolgreich sind. Das Produkt selbst wird daher in vielen Fällen nur sehr gering verändert. Ausnahmen bilden hier natürlich rechtliche und regulative Vorgaben (z.B. die Anpassung elektrischer Geräte).

Abbildung 8 gibt einen Überblick über die Anpassungsbemühungen der befragten Unternehmen. Produkte werden zu Beginn gar nicht und nach einer Weile nur wenig angepasst. Auch die Produktnamen und die Produktpositionierung werden nur in geringem Masse verändert.

Abbildung 8: Anpassungen bei der Marktetablierung

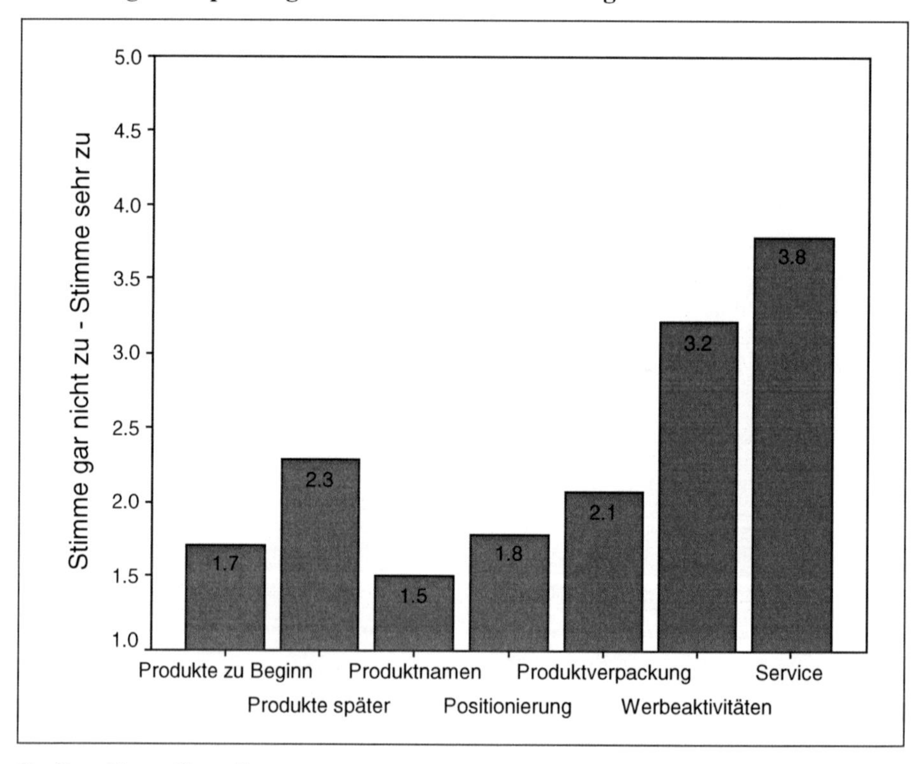

Quelle: Eigene Darstellung.

Der wichtigste Punkt, in dem sich europäische Unternehmen an die japanischen Kundenbedürfnisse anpassen, sind die Bereiche Werbung und Service. Eine westliche Werbelinie kann in Japan oft nicht eingesetzt werden. Nichtjapanische Werbesujets werden in Japan nicht immer positiv wahrgenommen und sollten daher sehr gut an die lokalen Werbegepflogenheiten angepasst werden.

Auch die Präsentation des Produktes ist von großer Bedeutung. Vor allem die Verpackung von Produkten und Geschenken spielt in der japanischen Kultur eine sehr große Rolle. Viele Unternehmen mussten daher ihre Produktverpackungen an den Geschmack japanischer Kunden anpassen. Bei eindeutigen Importprodukten, wie beispielsweise Lebensmitteln, ist das allerdings nicht immer notwendig, weil sonst der „exotische" Touch der Produkte verloren geht. Interviewpartner S. erzählt:

> Da haben schon viele, auch größere Firmen, einen Fehler gemacht, indem sie versucht haben, japanische Verpackungen für ausländische Produkte herzustellen. Macht man das, verliert das Produkt den Importcharakter, der für das Marketing eines Produktes wie des unseren sehr wichtig ist. Man kommt vielleicht kurzfristig leichter mit japanisierten Produkten in die japanischen Distributionskanäle, hat dann aber das Problem, dass man der Schnelllebigkeit des japanischen Marktes voll ausgesetzt ist und so wie die japanischen Hersteller ständig Neuprodukte auf den Markt bringen muss. Auch wenn das meistens nicht wirkliche Innovationen, sondern nur Produkt- und Verpackungsvariationen sind. Aber bei einem japanischen Hersteller gibt es alle zwei bis drei Monate etwas Neues. Europäische Hersteller sind hingegen mehr auf die langfristige Etablierung von Produkten am Markt ausgelegt. Wenn man also langfristig hier mit einem Produkt am Markt sein will, dann ist es erst einmal wichtig, dass man am Packaging erkennt, dass es sich um ein Importprodukt handelt, um sich von den einheimischen Produkten differenzieren zu können. Wir haben natürlich alle Produktinformationen in Japanisch auf das Produkt etikettiert oder bei den Hauptprodukten auch direkt auf die Packung aufgedruckt (Interview S.).

Der wichtigste Bereich ist allerdings die Anpassung des Servicelevels an die japanischen Kundenbedürfnisse. In Japan werden Service und Qualität strenger definiert als in Europa. Hier gehören auch Dinge wie Lieferpünktlichkeit, Umtauschrecht und eine entsprechende Verpackung des Produkts zum Bereich Service. Vor allem die Produktqualität, After-Sales-Service und gut ausgebildete japanische Mitarbeiter im Servicebereich spielen eine außerordentlich wichtige Rolle.

5.5.2 Hohe Motivation des Managements

Eine weitere Voraussetzung für erfolgreiche Marktetablierung ist der überdurchschnittliche Einsatz des Managements vor Ort. Wie schon erläutert, sind in Japan persönliche Kontakte sehr wichtig, was bedeutet, dass vor allem der leitende Manager eine sehr wichtige Rolle in der Marktbearbeitung und im Kontakt mit japanischen Kunden einnimmt. Darüber hinaus ist jedoch auch ein hohes Maß an Enthusiasmus und persönlicher Motivation notwendig, um dem Japangeschäft zum Erfolg zu verhelfen.

Abbildung 9 zeigt die hohe Motivation der Japanmanager sehr deutlich. Besonders wichtig sind Flexibilität (Höchstwert 4.6), um sich auf die ständig ändernden

Marktbedingungen einzustellen, sowie die hohe Motivation (4.5) des gesamten Teams vor Ort. Die wahrgenommenen Geschäftsmöglichkeiten werden als außerordentlich zufrieden stellend wahrgenommen. Ein weiterer interessanter Punkt ist die Entwicklung neuer alternativer Lösungen (4.4). Die hohe Einsatzbereitschaft des Managements vor Ort wird damit gut dokumentiert. Sie wird auch von allen Befragten in den qualitativen Interviews betont.

Abbildung 9: Einstellung des Managements

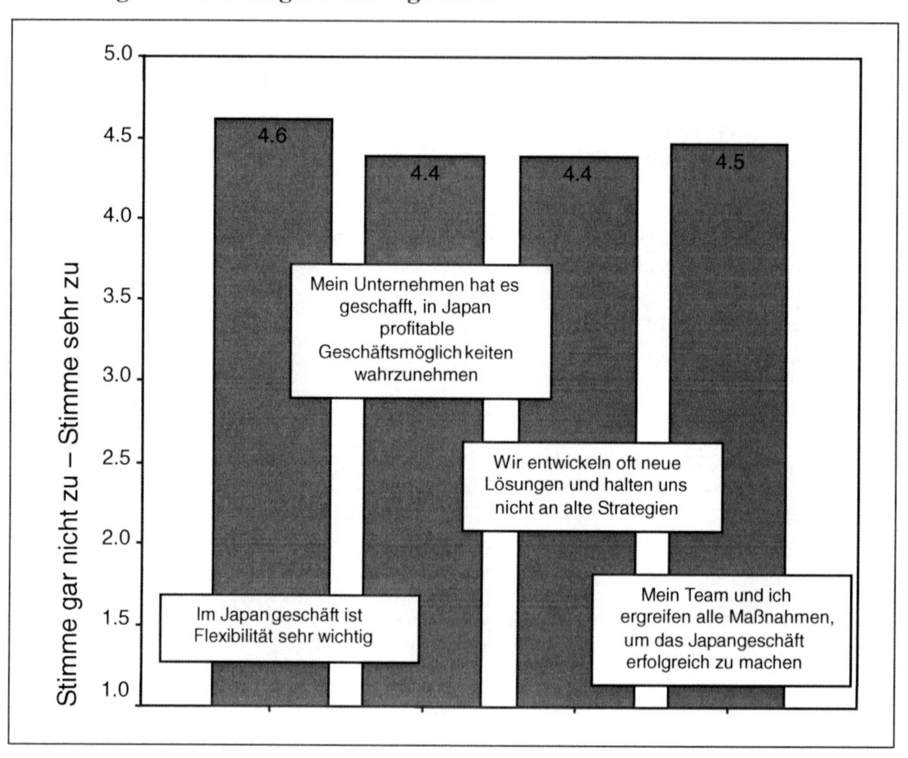

Quelle: Eigene Darstellung.

5.6 Japanisches Konsumentenverhalten

Wie die Ergebnisse der quantitativen Untersuchung zeigen, spielt das japanische Konsumentenverhalten eine entscheidende Rolle in der Marktetablierungs- und Marktbearbeitungsphase. Abbildung 10 gibt einen Überblick über die Herausforderungen.

Abbildung 10: Japanisches Konsumentenverhalten

Japanisches Konsumenten-verhalten	Barriere		Lösungsvorschläge
	Starke Anpassungen in Produktqualität notwendig	→	Japan als Benchmark sehen
	Erhöhter Service-bedarf	→	Japanische Servicemitarbeiter
Anpassung an japanische Konsumenten-wünsche	Ständige Nachfrage nach innovativen Produkten	→	Jedes im Mutterhaus entwickelte Produkt screenen
	Produktverpackung hat hohe Bedeutung (außer bei Importprodukten)	→	Eigene Verpackung für den jap. Markt
	Produktfehler werden nicht verziehen	→	Mehrfachüber-prüfung der Produkte

Quelle: Eigene Darstellung.

Starke Anpassungen in der Produktqualität: Das Thema Produktqualität ist spielt in Japan die wichtigste Rolle. Japaner zeigen sehr wenig bis gar keine Toleranz für fehlerhafte Produkte. In Europa hingegen rechnet sich der Hersteller aus, ob es billiger ist, die fehlerhaften Produkte auf Unternehmenskosten zu reparieren oder die Fehlerquote auf Null zu senken. Meist sind Reparaturen billiger und ein europäischer Konsument kann auch mit einer Gratis-Reparatur vertröstet werden. In Japan ist das nicht so. Wenn in Japan ein Fehler passiert, kann das die Geschäfte nachhaltig schädigen, daher sollte in Japan die Fehlerquote Null sein. Ausländischen Produkten gegenüber herrscht oft ein gewisses Misstrauen, wenn dann ein Produktfehler auftritt, sind viele Vorurteile bestätigt. Es ist daher sehr wichtig, die Produktqualität genau zu kontrollieren. „Wir testen jedes Gerät hier in Tokyo noch einmal", erklärt einer der Interviewpartner, „auch wenn das Mutterunternehmen das nicht gerne sieht. Aber ein defektes Gerät kann einen sehr hohen Imageschaden nach sich ziehen, da gehen wir lieber auf Nummer sicher."

Viele Unternehmen nützen diese Marktbedingungen auch zu ihrem eigenen Vorteil. Japan wird so für viele Unternehmen aber auch ein internes Benchmark.

> Japan ist natürlich auch extrem anspruchsvoll. Es gibt sicher keinen kritischeren Konsumenten als den Japaner. Da muss man auf alles achten. Wenn z.B. die Etiketten nicht ganz gerade auf dem Produkt sind, kann es bei großen Ketten passieren, dass sie die Produkte retournieren. Das ist natürlich am Anfang schon sehr hart und erfordert auch einen Lernprozess firmenintern. Ist man allerdings dann in der Lage, dem extrem hohen Qualitätsanspruch der Japaner gerecht zu werden, dann hat man auch einen entscheidenden Wettbewerbsvorteil auf anderen Märkten. Für uns war Japan daher sicher einer der Schlüsselmärkte (Interview S.).

Erhöhter Servicebedarf: Trotz eines aktiven Verkaufsmanagers ist es wichtig, gut geschulte japanische Mitarbeiter in der Niederlassung zu beschäftigen. Selbst wenn neue japanische Kunden einfacher von ausländischen Managern angesprochen werden können, fühlen sich japanische Kunden oft wohler, wenn die weitere Geschäftsabwicklung „japanisch“ passiert, sprich die weitere Kundenbetreuung von Japanern gemanagt und die Zusammenarbeit japanisiert wird. Ein Interviewpartner meinte außerdem, dass es unerlässlich sei, japanischer Mitarbeite im After-Sales-Service- und Supportbereich einzusetzen.

> Bei uns haben oft Leute mit einem technischen Problem angerufen. Es ist doch so, dass die Leute, die mit dem Produkt ein Problem haben, auch wenn es nur ein kleines ist, nicht gerade höflich sein wollen. Die wollen den Ärger dann auch loswerden, aber das ist nicht gegangen, weil ich Ausländer bin. Wenn ich mich mit ausländischem Namen melde, dann werden die Leute schon zurückhaltender und können sich nicht so beschweren, wie sie möchten. Ich hatte das Gefühl, dass das für uns nicht gut ist und ein negatives Image hat. Daher haben wir einen japanischen Techniker gefunden, der solche Telefonate eben entgegennimmt, wie er es eben muss. Der kann auch am Telefon schneller Auskunft geben, weil er eben ein Techniker ist und dann schon mal Probleme aus dem Weg räumen, die keine sind. Manchmal bildet sich der Kunde ja nur ein, er hat ein Problem. Da reicht oft schon eine einfache Erklärung, aber eben von einem Japaner. Das hat die Dinge schon sehr vereinfacht (Interview L.).

Ständige Nachfrage nach innovativen Produkten: Ein weiteres Problem für Klein- und Mittelbetriebe ist die dynamische Produktentwicklung in Japan. Vor allem im Konsumgüterbereich ist es notwendig, ständig Innovationen auf den Markt zu bringen. Interviewpartner S. führt dazu aus:

> Japaner haben einfach gern neue Produkte. Wenn Sie sich z.B. das Sortiment in einem Convenience-Store anschauen, sehen Sie, dass ein Großteil des Sortiments im Dreimonatsrhythmus ausgetauscht wird. Die ständige Neuproduktentwicklung ist für alle Hersteller eine riesige Herausforderung. In den Markt eintreten kann man ja schnell, aber man muss dann auch langfristig die richtigen Produkte anbieten können (Interview S.).

Das ist für kleine und mittlere Unternehmen meist eines der größten Hindernisse, erlaubt die Unternehmensgröße oft keine eigene Produktentwicklung für einen einzelnen Markt. Unternehmen im Konsumgüterbereich screenen daher alle im Heimatland neu entwickelten Produkte, um so viele Innovationen wie möglich in Japan vorstellen zu können.

6 Bewertung der Markteintrittsbarrieren

Die qualitative Phase des Forschungsprojekts zeigt, das jede Markteintrittsstufe unterschiedliche Herausforderungen für ausländische Investoren bereithält. In der quantitativen Phase des hier vorgestellten Projekts wurden die Interviewpartner nochmals mit Hilfe eines Fragebogens zu denselben Themen befragt, um die Relevanz der einzelnen Punkte genauer zu untersuchen. Abbildung 11 und 12 zeigen, wie die Markteintrittsbarrieren von den Befragten bewertet werden.

Abbildung 11: Übersicht Barrieren beim Eintritt in den japanischen Markt

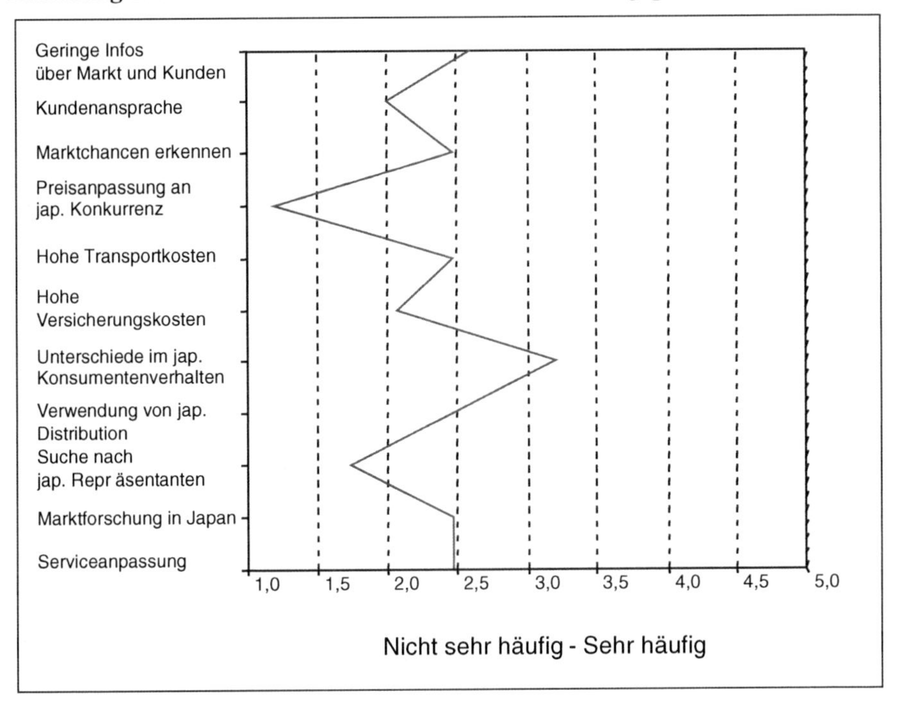

Quelle: Eigene Darstellung.

Abbildung 11 zeigt, dass es für die befragten Unternehmen vor allem schwierig ist, Marktinformationen zu erhalten. Die Punkte „Marktforschung in Japan", „Marktchancen erkennen" und „geringe Infos über Markt und Kunden" wurden mit dem Durchschnitt von 2,5 bewertet. Die größte Barriere stellt allerdings japanisches Konsumentenverhalten dar. Japanische Konsumenten und Kunden akzeptieren – wie schon in den vorigen Kapiteln erläutert – keine Produktfehler, legen besonderen Wert auf einwandfreien Service und erwarten ständige Produktinnovationen.

Die geringsten Probleme gibt es bei der Preisanpassung an die japanische Konkurrenz. Wie schon erwähnt, sind japanische Kunden bereit, einen der Qualität des

Produkts angemessenen Preis zu bezahlen. Die Preisfestsetzung, die in anderen asiatischen Ländern durchaus ein Problem darstellen kann, ist daher für die befragten Firmen keine Barriere. Sprachprobleme sind die am häufigsten genannte Barriere beim Markteintritt, wie Abbildung 12 zeigt. An zweiter Stelle steht das Feedback von Konsumenten, das durch die Sprach- und Kulturbarriere schwerer zu erhalten ist.

Abbildung 12: Übersicht Barrieren beim Markteintritt in den japanischen Markt

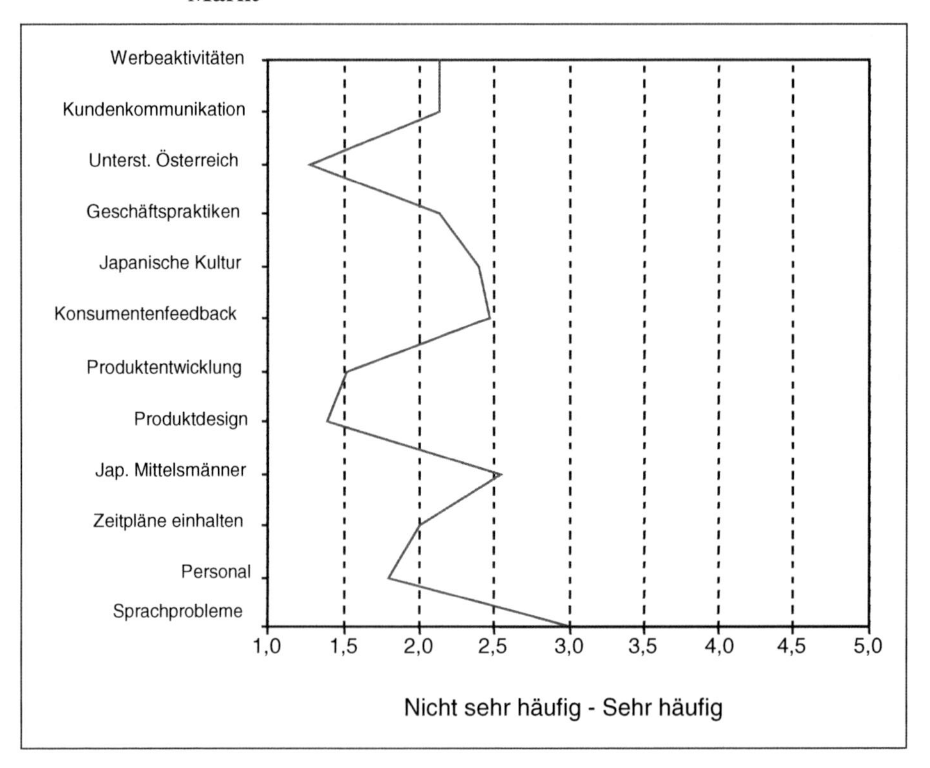

Quelle: Eigene Darstellung.

Auch die Koordination japanischer Mittelsmänner stellt eine Herausforderung dar, was nicht erstaunt, da ein Großteil der befragten Unternehmen erst nach Problemen mit den Mittelsmännern beschloss, eine eigene Niederlassung zu errichten.

7 Zusammenfassung und Konklusio

Der japanische Markt bietet sehr viele neue Möglichkeiten für europäische Unternehmen und ein sehr sicheres und hochmodernes Investitionsumfeld. Um am japanischen Markt erfolgreich zu sein, müssen europäische Investoren aber mit einigen Herausforderungen rechnen. In Tabelle 2 sind die größten Herausforderungen und die erarbeiteten Strategien in Form eines Maßnahmenkatalogs nochmals zusammengefasst.

Tabelle 2: Maßnahmenkatalog – Markteintrittsbarrieren Japan

Maßnahmenkatalog – Barrieren beim Markteintritt in den japanischen Markt			
Markteintrittsphase	**Prozess**	**Barrieren**	**Lösungsvorschläge**
Markteintritts-entscheidung	Marktwahl	Japan- u. Asienstrategie fehlt	Entwicklung einer langfristigen Internationalisierungsstrategie
		Notwendiges Commitment wird unterschätzt	
		Kulturelle Distanz sehr hoch	Look-and-See-Trips, Suche nach japanerfahrenem Personal
	Bestimmung der möglichen Marktsituation	Lokale Marktforschung wird durch Sprachprobleme behindert	Lokale Handelskammern oder eigene Marktforschung
Erster Markteintritt und Partnersuche	Passiver Export	Partnerwahl oft zufällig	Unterstützung durch lokale Handelskammern
		Direkte Partnersuche kompliziert	
	Exportmanagement	Partner vertreibt auch Konkurrenzprodukte	Mediationsgespräch, Expat-Entsendung zur Unterstützung des japanischen Partners
		Partner akquiriert keine Neukunden	
		Partner beeinflusst Markenimage und -positionierung	
Gründung einer japanischen Niederlassung	Lokale Verkaufsniederlassung	Auswahl des Managements vor Ort	Expatriates mit Japanerfahrung und Japanischkenntnissen
		Aufbau von Kontakten braucht mehrere Jahre	Networken "Japanese Way"
		Distributionskanäle sind schwer zugänglich	Wahl alternativer Distributionskanäle
		Vertrauen in nichtjapanische Produkte und ins Unternehmen muss erarbeitet werden	Starker Fokus auf Kundenbindung und langfristige Kundenbeziehungen
Marktetablierung	Interkulturelles Management	Interkulturelle Zusammenarbeit innerhalb der jap. Niederlassung	Interkulturelle Trainingsprogramme
		Informationsverhalten	Japanisches Informationsmaterial über Unternehmen
		Langfristige Marktstrategie und -ziele entwickeln	Markt- und Wettbewerbsbeobachtung durch jap. Mitarbeiter
		Suche nach geeignetem Personal	Langfristiges Commitment signalisieren
		Kommunikation mit dem Mutterhaus	Regelmäßiger Mitarbeiteraustausch mit Headquarter
Japanisches Konsumenten-verhalten	Anpassung an japanische Konsumentenwünsche	Starke Anpassungen in Produktqualität notwendig	Japan als Benchmark sehen
		Erhöhter Servicebedarf	Japanische Servicemitarbeiter
		Ständige Nachfrage nach innovativen Produkten	Jedes im Mutterhaus entwickelte Produkt screenen
		Produktverpackung hat sehr hohe Bedeutung (außer bei Importprodukten)	Eigene Verpackungen für den japan. Markt entwickeln oder Importprodukte klar kennzeichnen
		Produktfehler werden nicht verziehen	Mehrfachüberprüfung der Produkte vor Ort

Quelle: Eigene Darstellung.

Die Hauptvorurteile, die Unternehmen von einem Markteintritt in den japanischen Markt abhalten, sind hohe Kosten und die Kulturunterschiede zwischen Japan und dem europäischen Geschäftsumfeld. Die Ergebnisse der Untersuchung zeigen jedoch, dass die Kostenfrage zwar relevant ist und Japan zu Beginn der Marktbearbeitung sehr viel höhere Eintrittskosten aufweist, dass die Margen und Profitmöglichkeiten jedoch langfristig auch viel höher sind als in anderen Märkten. Die Kulturunterschiede sind sicherlich eine Herausforderung, die aber von den befragten Managern nach jahrelanger Japanerfahrung nur mehr in geringem Maße wahrgenommen wird.

Besonders wichtig ist die Erarbeitung einer gezielten Internationalisierungsstrategie für den asiatischen Raum. Die meisten der befragten Unternehmen betraten den japanischen Markt meist nur zufällig, weil sich eine Geschäfts- oder Exportmöglichkeit ergeben hatte. Diese Vorgehensweise war zum Zeitpunkt des Markteintrittes der befragten Unternehmen (vor über zehn Jahren) noch durchaus akzeptabel und führte in den beschriebenen Fällen zu sehr großen Erfolgen. Japan ist aber wie alle anderen asiatischen Märkte kompetitiver geworden. Unternehmen, die zukünftig in diesen Markt einsteigen wollen, werden sehr viel mehr Aufbauarbeit leisten müssen. Der wichtigste Punkt ist daher die Einsatzbereitschaft, die Unternehmen aufweisen müssen, um am japanischen Markt langfristig erfolgreich zu sein.

Problembereiche zu Beginn des Markteintritts sind die Partnersuche und die langfristige Zusammenarbeit mit dem japanischen Partner. Schon die Partnersuche gestaltet sich oft recht schwierig, da japanische Handels- und Importunternehmen nicht nur aus einem sehr großen Angebot an ausländischen Produkten wählen können, sondern auch die Zusammenarbeit schon von Beginn an sehr japanisch gestalten. Es ist außerdem nicht so einfach, einen geeigneten Partner, sprich einen Partner mit genügend Produkt-Know-how und Marktmacht, zu finden, wenn man zum ersten Mal Geschäfte in Japan macht.

Oft gestaltet sich die langfristige Zusammenarbeit mit dem japanischen Partner auch kompliziert. Meist werden unterschiedliche Auffassungen bei den Themen Marktbearbeitung und Marketing offensichtlich und es kommt zu ersten Konfrontationen. Zu diesem Zeitpunkt entscheiden sich viele Unternehmen, eine eigene Niederlassung vor Ort zu etablieren.

In der Marktetablierungs- und -bearbeitungsphase ist das Unternehmen dann mit zusätzlichen Herausforderungen konfrontiert. Die wichtigste Frage ist die des Managements vor Ort. Für den Marktaufbau und die Errichtung einer japanischen Niederlassung ist eine sehr engagierte und japanerfahrene Managerpersönlichkeit notwendig. Ein Großteil der befragten Manager wurde nicht durch übliche Rekrutierungsmaßnahmen gefunden, sondern eher zufällig. Weitere Punkte, die während der Marktetablierung beachtet werden müssen, sind die Suche nach geeignetem Personal vor Ort und die Kommunikation mit dem Mutterhaus.

Der wichtigste Punkt im erfolgreichen Japangeschäft ist die langfristige Marktbearbeitung. Diese ist, je nach Branche, oft von großen Anpassungen geprägt. Viele Unternehmen am japanischen Markt deklarieren ihre Produkte zwar eindeutig als Importprodukte, müssen aber bei der Produktverpackung und vor allem im Service sehr starke Veränderungen vornehmen, um den japanischen Kundenwünschen gerecht zu werden. Weitere Voraussetzungen bei der Marktbearbeitung sind ständige Produktinnovationen und ein sehr hoher Marketingaufwand.

Japanisches Konsumentenverhalten ist eine der wichtigsten Herausforderungen beim Markteintritt in den japanischen Markt. Wie schon beschrieben, sind hohe Anpassungen in den Bereichen Produktqualität, Service und Innovationsbereitschaft gefragt. Wichtig ist auch, japanischen Kunden ein „japanisches" Geschäftsverhalten zu signalisieren und langfristige Kontakte mit Firmen und Managern anderer Unternehmen auszubauen. Diese Kontakte herzustellen kann oft sehr lange dauern und viel Einsatz erfordern.

Trotz der Hürden, die beim Markteintritt zu nehmen sind, ist die Zufriedenheit mit dem Japangeschäft überdurchschnittlich groß. Vor allem Umsätze und Gewinnmöglichkeiten vor Ort werden als sehr gut eingestuft. Verbesserungsmöglichkeiten sehen die befragten Manager vor allem in den Bereichen Marketing, Werbung und in der Erhöhung des Bekanntheitsgrads.

Literaturverzeichnis

ACCJ (2004), „The Long Road to Reform. American Chamber of Commerce in Japan", Available: www.accj.or.jp/tmp/longroadE.pdf [November 15, 2004]

FPC (2004), „Fact and Figures of Japan 2004. Foreign Press Center Japan", Available: www.fpcj.jp/e [October 25, 2004]

Jetro (2003), „2003 Jetro White Paper on International Trade and Foreign Direct Investment", Jetro Japan, Available: www.jetro.go.jp/it/e/pub/whitepaper/2003.pdf [October 25, 2004]

Jetro (2004), *Nippon. Business Facts and Figures,* Japan External Trade Organization, Tokyo

Kodansha (2003), *Bairingaru nihon jiten,*Tokyo: Kodansha International

Lasserre, Philippe und Hellmut Schuette (1999), *Strategies of Asia Pacific, Beyond the Crisis* (Revised and Updated Paperback Edition), Houndmills et al.: MacMillan Press Ltd

Roland Berger (2005), *Making Money in Japan: A profitability survey among German affiliates in Japan,* Tokyo: Roland Berger Strategy Consultants & Deutsche Industrie- und Handelskammer in Japan

Das japanische Gesellschaftsmodell in der Krise: Fazit und Versuch eines Ausblicks am Ende des verlorenen Jahrzehnts

David Chiavacci

1 Einleitung

Noch vor einigen Jahren schien Japan das unaufhaltsame Erfolgsmodell. Es wurde sogar über eine Pax Nipponica spekuliert, die die Epoche der US-amerikanischen Vorherrschaft ablösen werde (Kennedy 1987; Vogel 1986). Doch anstatt dass Japan Flügel wuchsen und es sich zum Hegemon über die Welt aufschwang, blieb Japan von den frühen 1990er-Jahren an im Sumpf der wirtschaftlichen Stagnation stecken. Der ökonomische Wunderknabe Japan hatte sich fast über Nacht in einen weltwirtschaftlichen Problemfall verwandelt. Das verlorene Jahrzehnt des ökonomischen Stillstandes, in dem einzig die Verschuldung der öffentlichen Hand und die Arbeitslosenquote stetig anwuchsen, hat sowohl in Japan selbst als auch im Ausland zu einem Wandel in der Betrachtung und Einschätzung Japans und zu einer Hinterfragung des „Systems Japan" geführt. Dementsprechend virulent war gerade in den letzten Jahren die Diskussion um grundlegende Reformen und einen Umbau in Japan.

Gegenwärtig scheint Japan wieder auf einen Pfad aus der wirtschaftlichen Stagnation und zu einem langfristig tragenden Wachstum zurückzufinden. Somit bietet es sich an, ein Fazit über die Entwicklung Japans im Laufe des verlorenen Jahrzehnts zu ziehen und einen Ausblick auf seine zukünftige Entwicklungstendenzen zu unternehmen. Hat sich in Japan im Laufe der wirtschaftlichen Stagnation und dem damit verbundenen Hinterfragen der bisherigen Ordnung ein grundlegender Wandel vollzogen? Oder ist ein solcher in absehbarer Zeit zu erwarten? In diesem Zusammenhang gibt es bereits eine ganze Reihe von Publikationen, die sich mit der Frage einer grundlegenden Transformation in Bezug auf die politökonomischen Strukturen und das wirtschaftliche System in Japan beschäftigen (vgl. u.a. Anchordoguy 2005;

Ito, Patrick und Weinstein 2005; Vogel 2006; Yamamura und Streeck 2003). Im vorliegenden Artikel stehen jedoch das japanische Gesellschaftsmodell der Nachkriegszeit und die Frage einer möglichen Neuformulierung in der Gegenwart im Mittelpunkt.

Unter Gesellschaftsmodell soll hierbei eine langfristig dominante soziale Ordnung verstanden werden, die auf einem Gesellschaftsprojekt und einer daraus folgenden relativ stark ausgeprägten Komplementarität zwischen gesellschaftlichen Institutionen beruht. Durch das Gesellschaftsprojekt als implizitem Sozialvertrag zwischen Eliten und Bevölkerung erfolgt eine Ausrichtung der gesellschaftlichen Institutionen auf das im Projekt anvisierte Ziel, wodurch die Verzahnung und gegenseitige Ergänzung zwischen den gesellschaftlichen Institutionen verstärkt und die Komplementarität unter ihnen erzeugt wird. Einzelne Gesellschaftsmitglieder sind somit sowohl bezüglich ihrer Lebensführung als auch hinsichtlich ihres Lebenslaufs stark durch das Gesellschaftsmodell beeinflusst, indem sie einerseits in die institutionelle Ausgestaltung eingebunden und ihre Handlungsopportunitäten durch diese eingegrenzt sind und sich andererseits ihre Wertvorstellungen am Basiskonsens orientieren. Mit dem Konzept Gesellschaftsmodell ist auch die Vorstellung einer Diskontunität des sozialen Wandels verbunden. Zwar erfolgt ständig sozialer Wandel, doch gibt es in der gesellschaftlichen Entwicklung Krisenphasen, in denen die soziale Ordnung aufbricht und eine grundlegende gesellschaftliche Neuausrichtung oder zumindest eine umfassende Adaption erfolgt.

Betrachtet man den historischen Verlauf eines Gesellschaftsmodells, so kann von einer Entwicklung gesprochen werden, bei der grob vier Phasen unterschieden werden können: Definition, Implementierung, Höhepunkt und Krise. In der ersten Phase erfolgt die Formulierung des Gesellschaftsprojektes, was oft ein konfliktiver Prozess unter sozialen Akteuren und ihren Interessen ist, die unterschiedliche Projekte als gesamtgesellschaftlich dominante Agenda zu definieren versuchen. Daran anschließend wird in der zweiten Phase der Implementierung das Projekt sozial in der Gesellschaft verankert und die Institutionen werden auf das Projekt ausgerichtet. In der dritten Phase, dem Höhepunkt eines Gesellschaftsmodells, hat sich dieses etabliert und gibt unangefochten die Orientierung einer Gesellschaft vor, wodurch eine hochgradige soziale Ordnung entsteht. Diese Dominanz eines Gesellschaftsmodells ist jedoch nicht unabänderlich. Wenn ein Modell entweder seine eigenen Vorgaben nicht mehr erfüllt oder nicht mehr den Normen der Bevölkerung und/oder Elite entspricht, so folgt die vierte Phase der Krise, in der das gesamte Modell grundlegend in Frage gestellt wird und somit der Freiraum entsteht, in dem ein neues Gesellschaftsmodell definiert werden kann. Die Karriere von Gesellschaftsmodellen soll jedoch nicht als unabänderlicher Ablauf betrachtet werden. So muss z.B. eine Krisenphase nicht unbedingt in ein neues Gesellschaftsmodell münden, sondern kann auch zu einer Erneuerung und Adaption des bisherigen Gesellschaftsmodells führen.[1]

---

[1] Diese Ausführungen zum Konzept Gesellschaftsmodell bauen auf dem Ansatz der diskontinuierlichen Evolution von Gesellschaftsmodellen von Volker Bornschier auf (vgl.

Die vorliegende Arbeit hat den folgenden Aufbau: In Abschnitt zwei wird die historische Entwicklung des Gesellschaftsmodells in der Nachkriegszeit kurz skizziert und seine Basiselemente als institutioneller Kern des Gesellschaftsmodells werden genauer umschrieben. Auffällig ist hierbei der hohe Grad an sozialer Ordnung, den das japanische Gesellschaftsmodell der Nachkriegszeit generiert hat. Darauf aufbauend wird im dritten Abschnitt der soziale Wandel im Japan der 1990er-Jahre dargestellt und die gegenwärtige Krise des Nachkriegsmodells diskutiert. Im vierten Abschnitt wird ein Fazit der Entwicklungen in den letzten Jahren gezogen und es erfolgt ein Ausblick auf mögliche zukünftige Entwicklungstendenzen. Hierbei steht die Frage im Mittelpunkt der Erörterungen, ob die gegenwärtige Krise unweigerlich zu einem neuen japanischen Gesellschaftsmodell führen wird oder ob eine Adaption des bisherigen eine Überwindung der Krise ermöglichen wird. Die Hauptthese dieses Artikels lautet hierbei, dass das Gesellschaftsmodell trotz der langen wirtschaftlichen Stagnationsphase erstaunlich stabil geblieben ist und in einer adaptierten Form auch den gegenwärtigen Wertewandel vor allem bezüglich Geschlechterrollen aufnehmen könnte. Zukünftige Entwicklungen in Form des demografischen Wandels und des Endes der generellen Aufwärtsmobilität werden jedoch meines Erachtens dazu führen, dass diese adaptierte Version eine ungleich schwächer ausgeprägte soziale Ordnung generieren wird. Es wird also wohl zwar keine grundlegende Neudefinition geben, jedoch ist eine signifikante Abschwächung der sozialen Ordnung zu erwarten.

2 Entwicklung und Hauptelemente des japanischen Gesellschaftsmodells der Nachkriegszeit

Das japanische Gesellschaftsmodell der Nachkriegszeit war auf nachholende Wirtschaftsentwicklung und wirtschaftliches Wachstum als Gesellschaftsprojekt ausgerichtet. Den institutionellen Kern des Gesellschaftsmodells bildete die institutionelle Komplementarität zwischen seinen drei Basiselementen: dem frauenzentrierten Familienmodell, dem Beschäftigungsmodell und dem generellen Mittelschichtmodell. Das Zusammenspiel dieser drei Elemente bildete einerseits die soziale Basis für die Realisierung des Wachstumsprojektes in Japan. Andererseits hatte das Wachstumsprojekt als dominanter Diskurs und etablierter Basiskonsens zentralen Einfluss auf die institutionelle Ausgestaltung und Verzahnung der drei Elemente. Mit anderen Worten: Das japanische Gesellschaftsmodell der Nachkriegszeit basiert nicht auf einer kausalen Beziehung, sondern konstituiert sich auf einer rückkoppelnden, sich

---

z.B. Bornschier 1995; 1998). Es bestehen jedoch im vorliegenden Ansatz und in der Theorie von Volker Bornschier einige grundlegende Unterschiede. So spielen technologischer Wandel oder der technologische Stil in der Begrifflichkeit Volker Bornschiers im vorliegenden Ansatz keine zentrale Rolle und eine Krisenphase muss nicht unweigerlich zur Formierung eines neuen Gesellschaftsmodells führen.

gegenseitig verstärkenden Beziehung zwischen institutioneller Ausgestaltung und Wachstumsprojekt als dominanter Diskurs.

Die Entwicklung des japanischen Gesellschaftsmodells der Nachkriegszeit kann grob in die vier in der Einleitung erörterten Entwicklungsphasen unterteilt werden (vgl. Darstellung 1). Im Folgenden werden die drei Phasen bis etwa 1995, so weit im Rahmen dieser Arbeit möglich, eingehender dargestellt und die Entwicklung der Hauptelemente des Gesellschaftsmodells diskutiert.

Darstellung 1: Entwicklung und Hauptelemente des japanischen Gesellschaftsmodells in der Nachkriegszeit

	Definition (1945-1960)	**Implementierung (1960-1975)**	**Höhepunkt (1975-1995)**	**Krise (seit 1995)**
Gesellschafts-projekt	Konflikt zwischen Wachstumsprojekt und Agenda für umfassende politische Eigenständigkeit innerhalb Elite	Dominanz des Wachstumsprojekts innerhalb der Elite und zunehmende soziale Verankerung in der Bevölkerung	Kontinuität des Wachstumsprojekts als Basiskonsens	Wachstumsprojekt durch Erfolglosigkeit in Frage gestellt: Regionalisierung des Wachstumsprojekts oder Neonationalismus?
Beschäftigungs-modell	Konflikt zwischen Rationalisierungspriorität des Managements und Vision des Unternehmens als sicherer Arbeitgeber der Gewerkschaften	Zunehmend sozialer Schulterschluss auf Unternehmensebene, langfristig stabile Arbeitgeber-Arbeitnehmer-Beziehungen und Beschäftigungsverhältnisse	Unangefochtene Anerkennung und kulturelle Aufladung neokooperativer Arbeitgeber-Arbeitnehmer-Beziehungen auf der Mesoebene der Unternehmen als Basis	Hinterfragen der Zukunftsfähigkeit des bisherigen Arrangements und zunehmend neue Beschäftigungsziele
Familienmodell	Wiederaufnahme der „modernen" Kernfamilie mit der Frau als Hausfrau und Mutter	Herausbildung der Kernfamilie um die Frau und einen modernen Haushalt	Erstes Hinterfragen der Frauenrolle, doch insgesamt unveränderte Kontinuität der Geschlechterrollen	Beschränkung der Frau auf Haushalts- und Erziehungsaufgaben zunehmend in Frage gestellt
Mittelschicht-modell	Erste Formen von Massenkonsum und zunehmende Urbanisierung	Verwandlung Japans in eine Wohlstandsgesellschaft mit einer generellen Aufwärtsmobilität	Generelle Mittelschichtgesellschaft mit ausgeprägter Egalität bei Lebenschancen und beim Resultat	Zusammenbruch der generellen Aufwärtsmobilität und Kaufkraftzunahme

2.1 Definition des japanischen Gesellschaftsmodells (1945-1960)

Die erste Phase von 1945 bis 1960 war durch starke politische und ökonomische Konflikte und somit eine schwach ausgeprägte soziale Ordnung gekennzeichnet. Nach der Kriegsniederlage und den umfassenden Reformen während der Besatzungszeit erfolgte ein Ringen unter den gesellschaftlichen Kräften um die Neuausrichtung des Gesellschaftsmodells. Selbst unter der konservativen Elite bestand in diesen Jahren keine Einigkeit bezüglich des Gesellschaftsprojektes. Ein Teil der Elite betrachtete angesichts des desolaten Zustands Japans wirtschaftlichen Wiederaufbau und Entwicklung als prioritär und nahm hierfür eine nur partielle nationale Eigenständigkeit in Kauf. Dieses unter der Führerschaft von Premierminister Shigeru Yoshida entworfene Projekt stellte einen grundlegenden Bruch mit dem bisherigen Gesellschaftsprojekt bis 1945 dar, das auf die Etablierung Japans als ein führender Akteur unter den dominanten Mächten des Imperialismus gezielt hatte. Dementsprechend kann es nicht überraschen, dass eine solche ökonomische Agenda nicht den Vorstellungen aller konservativen Kräfte entsprach (Gao 1999: 230-233, Pyle 1992: 31-32). Premierminister der 1950er-Jahre wie Hatoyama und Kishi verfolgten eine politische Agenda, in der eine stärkere Wiederbewaffnung Japans und eine klare Eigenständigkeit gegenüber den USA im Vordergrund standen.

Auch die industriellen Beziehungen zwischen Arbeitnehmern und Arbeitgebern waren in den ersten Nachkriegsjahren nicht durch einen Basiskonsens gekennzeichnet. Im Gegenteil herrschten zwischen Management und Gewerkschaft konträre Auffassungen bei der Frage, was den Kern eines Unternehmens ausmachen sollte (Gordon 1993: 378-383). Durch die Reformen unter der alliierten (de facto US-amerikanischen) Besatzung war das Recht der Arbeitnehmer auf gewerkschaftliche Organisation und kollektive Interessenvertretung zum ersten Mal in der japanischen Geschichte juristisch anerkannt worden. Dementsprechend konnte die Gewerkschaftsbewegung nicht mehr wie bis 1945 durch den Staat und die Unternehmensführungen ausgegrenzt und drangsaliert werden. Unter diesen neuen Umständen blühte die Arbeiterbewegung auf und erlebte einen richtiggehenden Boom. Der gewerkschaftliche Organisationsgrad der Arbeiter erreichte innerhalb weniger Jahre über 50% (Cusumano 1985: 138). Die Arbeiterbewegung betrachtete es als Hauptaufgabe der Unternehmen, den Arbeitnehmern gerade in den Krisenjahren sowohl langfristig sichere wie auch möglichst unfallfreie Arbeitsplätze zu garantieren. Diese Ziele sollten unter anderem durch die Verstaatlichung von Banken und Schlüsselindustrien erreicht werden. Die Arbeitgeber betrachteten hingegen Effizienzsteigerungen in der Produktion durch Rationalisierungen und die Einführung neuer Technologien als die wichtigste Aufgabe, da einzig eine höhere Produktivität langfristig das Überleben der Firmen im Hinblick auf die westliche Konkurrenz sichern könne. Während die Arbeitnehmerseite somit für eine hohe Arbeitsplatzsicherheit und eine eigentliche Arbeitsplatzgarantie eintrat, war die Arbeitgeberseite hingegen davon überzeugt, dass eine Redimensionierung der Belegschaft und die Steigerung der Produktivität erste Priorität haben müssten. Dementsprechend waren die Arbeitgeber-Arbeitnehmer-Beziehungen gerade in den ersten Nachkriegsjahren durch Streiks und Arbeitskämpfe gekennzeichnet. Von harmonischen kooperativen Beziehungen konnte in den meisten Unternehmen nicht die Rede sein. Die Arbeitskonflikte der ersten Nachkriegsjahre hinterließen selbst in den späteren 1950er-Jahren, als Japan bereits ein hohes Wachstum erreichte und Umstrukturierungsmaßnahmen somit bei den meisten Firmen nicht mehr auf der Tagesordnung standen, tiefe Wunden und führten zu einem Graben des Misstrauens zwischen Management und Arbeitnehmern.

Aufgrund der Zerstörung in den urbanen Gebieten durch den Krieg und die prekäre Versorgungslage in den Städten strömte in den ersten Nachkriegsjahren ein großer Teil der Bevölkerung sowie der Rückkehrer aus den ehemaligen Kolonien und aus der Armee wieder aufs Land und in die Landwirtschaft. Die erweiterte Stammfamilie war in diesen Jahren des Wiederaufbaus das eigentliche soziale Auffangnetz, das der japanischen Gesellschaft auch in diesen sozioökonomischen Krisenjahren Stabilität verlieh. Durch die erfolgreiche Realisierung der Landreform wurde der stabilisierende Einfluss der ruralen Gebiete zusätzlich verstärkt. Mit dem wirtschaftlichen Aufschwung durch den Koreakrieg (1950-1953) und dem anhaltenden wirtschaftlichen Wachstum der 1950er-Jahre gewann die „moderne“ Kernfamilie wieder an Bedeutung. In den Städten entstanden neue Arbeitsplätze und die Urbanisierung gewann an Dynamik. In den engen Verhältnissen in den Städten waren Kernfamilien eindeutig zahlenmäßig dominant. Die Kernfamilie stand auch für eine neue, modernere und demokratischere Form des Zusammenlebens.

Im Bereich der sozialen Schichtung zeichneten sich die ersten Nachkriegsjahre in Japan durch eine relative Egalität aus. Es muss hierbei jedoch von einer generellen Unterschichtgesellschaft und nicht von einer generellen Mittelschichtgesellschaft gesprochen werden. Die ersten Nachkriegsjahre waren für weite Teile der Bevölkerung eine Zeit der Entbehrung, wenn nicht sogar der sozialen Not. Parallel zum wirtschaftlichen Aufschwung der 1950er-Jahre stabilisierte sich die ökonomische Lage vieler Haushalte und es hielten erste Ansätze eines Massenkonsums in Japan Einzug, obwohl die Kaufkraft weiterhin sehr gering war (vgl. z.B. Partner 1999: 137-192). Trotzdem war Japan bei weitem noch keine Wohlstandsgesellschaft. Als in den USA ausgebildete japanische Soziologen in den späten 1950er-Jahren eine Diskussion über Japan als eine klassenlose Gesellschaft eröffneten, wurden sie relativ schnell von marxistischen Akademikern zurückgedrängt und Vorstellungen von Japan als einer allgemeinen Mittelschichtgesellschaft entwickelten in dieser Zeit vorerst keinen nennenswerten Einfluss auf die öffentliche Meinung in Japan (Hashimoto 2003: 16-20; Kôsaka 2000: 146-150). Massenkonsum war noch zu schwach ausgebildet, als dass er als tragendes Element der japanischen Gesellschaft in der Bevölkerung wahrgenommen wurde. Vor allem jedoch widersprachen auch die ausgeprägten politischen Konflikte und Arbeitskämpfe in den Jahren 1959-1960 der These von einer allgemeinen Mittelschichtgesellschaft.

2.2 Implementierung des japanischen Gesellschaftsmodells (1960-1975)

Die Jahre 1959-1960 waren eine Art Wasserscheide in der Entwicklung des japanischen Gesellschaftsmodells der Nachkriegszeit. Die Verlängerung des bilateralen Sicherheitsvertrages mit den USA unter der stark umstrittenen Führerschaft von Premierminister Kishi hatte zu einer sozialen Protest- und Gegenbewegung mit riesigen Massendemonstrationen in Tokyo über Monate hinweg und einer Aktivierung großer Teile der Bevölkerung geführt, die die japanische Demokratie an den Rand des Abgrunds gebracht hatten. Unter dem neuen Premierminister Hayato Ikeda wurde wirtschaftliches Wachstum 1960 unhinterfragt zum hegemoniellen Gesellschaftsprojekt innerhalb der Eliten. Der überwältigende Erfolg Ikedas im Wahlkampf 1960 verankerte das Wachstumsprojekt innerhalb der LDP, und konservative Träume von einem Wiederaufstieg Japans zu einer weltpolitischen Großmacht wurden für die nächsten Jahrzehnte an den Rand gedrängt.

Für eine erfolgreiche Realisierung des Wachstumsprojekts war es jedoch wichtig, dieses nicht nur in der Elite, sondern auch in der japanischen Bevölkerung zu verankern. Es entbehrt nicht einer gewissen Ironie, dass ausgerechnet Ikeda zum Garant für Hochwachstum und allgemeinen Wohlstand in Japan wurde. Denn in seinen frühen Jahren als Politiker war er immer wieder durch seine elitären und barschen Äußerungen aufgefallen und deswegen in den frühen 1950er-Jahren auch als Wirtschaftsminister abgewählt worden (Shioguchi 1975: 80-92). Doch nun trat Ikeda im Wahlkampf 1960 mit dem gewagten Einkommensverdoppelungsplan an und präsentierte sich als Freund der Bevölkerung und Garant für Hochwachstum und allgemeinen Wohlstand. Damit stellte er Wirtschaftswachstum nicht mehr als eine Form von ökonomischem Nationalismus dar, für den der Einzelne persönliche Opfer zu bringen habe, sondern versprach, dass jeder Einzelne vom Wachstum mitprofitieren könne, wodurch das Wachstumsprojekt in den Augen der Bevölkerung ungleich attraktiver wurde.

Mit dem Sieg in den Wahlen und der Etablierung der LDP als Champion für wirtschaftliches Wachstum war das Wachstumsprojekt noch nicht vollständig in der Bevölkerung verankert. Hierzu bedurfte es auch einer Befriedung der Beziehungen zwischen Arbeitgebern und Arbeitnehmern durch die Schaffung eines auch von den Belegschaften als fair empfundenen Sozialkompromisses. Trotz abnehmender Streikaktivitäten konnte in Japan in den 1950er-Jahren noch keineswegs von harmonischen Arbeitgeber-Arbeitnehmer-Beziehungen gesprochen werden. Gerade der lange und erbitterte Streik im Bergwerk Mi'ike in den Jahren 1959-60 war ein großer und symbolischer Arbeitsmarktkonflikt parallel zu den politischen Auseinandersetzungen um die Verlängerung des Sicherheitsvertrages mit den USA, der im ganzen Land mitverfolgt und durch eine Solidaritätsbewegung begleitet wurde. Als neuer Premierminister begnügte sich Ikeda dementsprechend auch nicht mit der Verkündung und Umsetzung des Einkommensverdoppelungsplans, sondern war auch aktiv in die Schlichtung der Mi'ike-Streiks und anderer Arbeitskämpfe involviert. Auch die Unternehmensleitungen begannen sich in diesen Jahren um bessere

Beziehungen zwischen Arbeitgebern und Arbeitnehmern zu bemühen. Auf Arbeitnehmerseite standen ihnen zudem im Vergleich zu den ersten Nachkriegsjahren ungleich kooperativere Gewerkschaften gegenüber, wobei dieser Wandel von den Unternehmensleitungen oft durch die aktive Förderung einer zweiten, weniger klassenkämpferisch ausgerichteten Betriebsgewerkschaft unterstützt worden war. Insgesamt erfolgte im Laufe der 1960er-Jahre zunehmend ein sozialer Schulterschluss auf Unternehmensebene zwischen Management und Gewerkschaft, der auf langfristig stabilen Arbeitgeber-Arbeitnehmer-Beziehungen und Beschäftigungsverhältnissen beruhte.

Als Teil dieses Kompromisses im Arbeitsmarkt wurde auch die Dauer der Betriebszugehörigkeit als wichtiges Basisprinzip bei der Entlohnung und Beförderung von Beschäftigten eingeführt (Senioritätsprinzip). Damit nahmen die Unternehmen eine Forderung von Gewerkschaftsseite auf, die Bezahlung dem Lebenszyklus entsprechend auszugestalten. Das japanische Beschäftigungsmodell, das sich in den 1960er-Jahren herausbildete, wurde also zur Grundlage der Arbeitgeber-Arbeitnehmer-Beziehungen in Japan. Einerseits erkannten die Betriebsgewerkschaften hierbei die Vormachtstellung des Managements und die Priorität von Effizienzsteigerung an, andererseits wurden jedoch die Beschäftigten und ihre Gewerkschaften vom Management als vollumfängliche Unternehmensmitglieder und anerkannte Gesprächspartner behandelt. Obwohl die drei Prinzipien des japanischen Beschäftigungsmodells (implizite langfristige Beschäftigungsgarantie, Senioritätsprinzip und Betriebsgewerkschaften) primär in Großunternehmen umfassend realisiert waren, hatten sie jedoch auch bei Klein- und Mittelunternehmen (KMU) prägenden Einfluss.

Das Hochwachstum der 1960er-Jahre führte zu einem umfassenden Urbanisierungsschub der japanischen Gesellschaft. Parallel hierzu bildete sich auch die Kernfamilie bestehend aus Ehepaar und zwei Kindern als dominantes Familien- und Hauhaltsmodell heraus (Ochiai 1997). Auch die Geschlechterrollen wurden durch diesen Wandel in ihre moderne Variante überführt mit dem Mann als Alleinernährer, der als abhängiger Beschäftigter erwerbstätig ist, und der Frau als Mutter und Hausfrau, die nicht erwerbstätig ist, im Zentrum der Familie und des modernen Haushaltes. Diese Ideale der Geschlechterrollen wurden jedoch auch während des Hochwachstums nur in einer Minderheit der Haushalte umfassend realisiert, denn sowohl in den weiterhin auch zahlenmäßig bedeutenden Familienunternehmen als auch in Familien mit relativ geringen Einkommen des männlichen „Ernährers“ spielten Frauen als wichtige Arbeitskraft und zur Ergänzung des Einkommens eine wichtige Rolle. Doch die Geschlechterrollen mit dem Mann als Alleinernährer und der Frau als Hausfrau und Mutter stellten das dominante Modell und Ideal für die Geschlechterbeziehungen seit den 1960er-Jahren dar.

Durch diese modernen Geschlechterrollen wurde vor allem die „Rundumnutzung“ (Deutschmann 1987) der männlichen Arbeitkraft durch den Arbeitgeber möglich, indem der Mann von Aufgaben und Pflichten im Haushalt und bei der Kindererziehung befreit war. Die Geschlechterrollen stellten in diesem Sinne eine wichtige Ergänzung dar, durch die mit dem japanischen Beschäftigungsmodell erst der soziale Schulterschluss auf Unternehmensebene zwischen männlichen Arbeitnehmern und Arbeitgebern möglich war. Zudem war es aufgrund der Geschlechterrollen explizit möglich, Frauen schlechter als männliche Arbeitskräfte zu behandeln. Wenn durch das japanische Beschäftigungsmodell implizit eine Beschäftigungsgarantie von den Arbeitgebern für ihre männlichen Arbeitnehmer erwartet wurde, dann war es ebenso aufgrund des frauenzentrierten Familienmodells und der damit verbundenen Vorstellung, dass der Lebensmittelpunkt der Frauen sich im Haushalt befinde, möglich, Frauen als flexible Teilzeitarbeitskräfte oder temporäre Arbeitskräfte zu beschäftigen, die in der Regel ungleich schlechter bezahlt wurden. Insgesamt führten die Möglichkeit der zeitlichen und geografischen Inanspruchnahme der männlichen Arbeitskräfte und die ergänzende Funktion der Frauen als Arbeitskraft zu einer hohen Flexibilisierung des Arbeitsmarktes.

Trotz der Etablierung der Kernfamilie aufgrund neolokaler Haushaltsgründungen nach der Eheschließung als zahlenmäßig dominante Familienform hielt sich jedoch die Vorstellung der erweiterten Stammfamilie (*ie*) auch in den 1960er-Jahren. Oft verblieb der älteste Sohn mit seiner Familie im Elternhaushalt auf dem Lande, während die jüngeren Geschwister in die urbanen Zentren abwanderten, wodurch die Kontinuität der Stammfamilie gesichert wurde. Zudem betrachteten sich die neu gegründeten Haushalte in den Städten oft aufgrund ihrer direkten Verwandtschaft als Seitenlinien (*bunke*) der auf dem Land zurückgebliebenen Hauptlinie (*honke*) der erweiterten Stammfamilie. Mit dieser Kontinuität der erweiterten Stammfamilie hielt sich auch die Vorstellung, dass die Betreuung von Betagten in der eigenen Familie durch die Nachfahren zu erfolgen habe. Falls der älteste Sohn mit seiner Kernfamilie nicht im Hauhalt der Eltern verblieben war, zogen diese oft nach Beendigung ihrer Arbeitstätigkeit in dessen neuen Haushalt. Real hatte hierbei primär die Ehefrau des ältesten Sohnes die Betreuungsaufgabe der Schwiegereltern wahrzunehmen. Dadurch leisteten die Frauen im frauenzentrierten Familienmodell auch einen wichtigen Beitrag dafür, dass der Sozialstaat in Japan sehr klein gehalten und dem Wachstumsprojekt eindeutig untergeordnet werden konnte (Takeda 2005: 115-121).

Der Einkommensverdoppelungsplan Ikedas war auch für die Realisierung des generalisierten Mittelschichtmodells Japans als des dritten institutionellen Standbeins des japanischen Gesellschaftsmodells von zentraler Bedeutung. Der Plan ist exemplarisch für ein Projekt „gemeinsamen Wachstums“ (Campos und Root 1996), in dem die Elite verspricht, dass die Früchte der harten Arbeit und gegenwärtigen Konsumzurückhaltung auf lange Sicht von allen fair geteilt werden. Nicht nur wurden die Ziele des Einkommensverdoppelungsplans bereits in sieben statt wie vorgesehen in zehn Jahren realisiert, im Zuge dieses zweistelligen Wachstums stieg auch für die große Mehrheit der Bevölkerung die Kaufkraft signifikant und der Lebensstandard erhöhte sich sukzessive. Konsumgüter wie Radios, Farbfernseher, Kühlschränke, Waschmaschinen und selbst Autos wurden zur Standardausrüstung fast jeden Haushaltes und zu Symbolen für die generelle gesellschaftliche Diffusion des Massenkonsums. Gleichzeitig fand auch eine deutliche Ausweitung der tertiären Bildung statt, wodurch immer breitere Bevölkerungsschichten darauf aspirieren konnten, ihren Kindern höhere Schulbildung zukommen zu lassen. Japan verwandelte sich somit in eine Wohlstandsgesellschaft mit einer allgemeinen Aufwärtsmobilität, die nicht nur die gegenwärtige Generation erfassen, sondern ungebremst auch bei der Generation der Kinder ihre Fortsetzung finden sollte.

Parallel zu diesem einsetzenden Wohlstand und der generellen Aufwärtsmobilität vollzog sich in Japan auch ein Wandel in der Selbstwahrnehmung. Seit 1963 betrachteten sich über 90% der Bevölkerung laut der repräsentativen Umfragen des Amtes des Premierministers als Mitglied der Mittelschicht (CAO 2002). Dieser Trend wurde bald in den Massenmedien aufgenommen und führte zur Bezeichnung Japans als einer 90%-igen Mittelschichtgesellschaft und ähnlicher Ausdrücke, die auch in westlichen Publikationen zu Japan übernommen wurden. Hierbei gilt es jedoch zu beachten, dass aufgrund der fünf vorgegebenen Antwortkategorien (Oberschicht, obere Mittelschicht, mittlere Mittelschicht, untere Mittelschicht und Unterschicht) in dieser Umfrage eigentlich zu erwarten ist, dass sich über 90% der Befragten zu einer der drei Mittelschichtkategorien zählen. Dasselbe Ergebnis wird bei Vorgabe derselben Antwortkategorien auch in westlichen Industrieländern und selbst in Entwicklungsländern mit großen Einkommensunterschieden repliziert (Hayashi 1995: 53; Watanabe 1997: 57). Somit ist im Fall Japans eher relevant, dass sich eindeutig über 10% der Bevölkerung noch in den späten 1950er-Jahren mit der Unterschicht identifizierten. Was als ein Indikator betrachtet werden kann, dass selbst gegen Ende der 1950er-Jahre noch in Teilen der Bevölkerung ein Bewusstsein für die eigene Verarmung in der Nachkriegszeit und die materielle Not verankert war. Auch wenn viele Leute selbst in den 1960er-Jahren noch in sehr bescheidenen Verhältnissen lebten, so orientierten sie sich jedoch aufgrund des generellen und anhaltenden Aufwärtstrends nicht mehr nach unten, sondern nach oben.

2.3 Höhepunkt des japanischen Gesellschaftsmodells (1975-1995)

Mit dem Zusammenbruch des Bretton-Woods-Systems und der Erdölkrise in den frühen 1970er-Jahren endete auch das goldene Zeitalter des Kapitalismus. Auch Japan verzeichnete 1974 eine kurze, jedoch starke Rezession und erreichte anschließend nie mehr Wachstumszahlen wie ab den späten 1950er- bis in die frühen 1970er-Jahre, als die Wirtschaft im Schnitt pro Jahr fast zweistellig gewachsen war. Doch im Gegensatz zu vielen und gerade großen fortschrittlichen Ökonomien des Westens, die sich mit einer stagnierenden Wirtschaftsentwicklung, hohen Inflationsraten und steigender Arbeitslosigkeit konfrontiert sahen, verzeichnete Japan weiterhin eine gute konjunkturelle Entwicklung bei einer sehr niedrigen Arbeitslosenrate. Von diesem Erfolg getragen blieb das Wachstumsprojekt der unhinterfragte Gesellschaftsvertrag Japans.

Innerhalb des konservativen Establishments bestand kein signifikanter Widerstand mehr gegen eine klare Priorität ökonomischen Wachstums bei Inkaufnahme einer semiautonomen Außenpolitik im Schatten der USA. Denn gerade indem Japan der treue politische Verbündete der USA blieb, konnte trotz aller Friktionen aufgrund des zunehmenden Ungleichgewichts in den bilateralen Wirtschaftsbeziehungen eine offene Eskalation dieser Konflikte verhindert werden. Zwar entstanden aufgrund der Umweltschäden und anderer negativer Effekte, die im Zuge des ungehemmten Wirtschaftswachstums zunehmend auftraten, neue Sozialbewegungen in der Bevölkerung, doch diese entwickelten niemals eine solche Breitenwirkung, um die Hegemonie des Wachstumsprojekts real gefährden zu können.

Das wachsende Selbstbewusstsein Japans angesichts des eigenen Erfolges im Vergleich zum Westen zeigte sich in einer kulturellen Aufladung des eigenen Wachstumspfades. Japan folgte in dieser Sichtweise nicht mehr dem westlichen, primär US-amerikanischen Vorbild, sondern wies einen eigenen Entwicklungspfad auf, der auf kulturellen Eigenheiten beruhte. Augenscheinlich ist diese Entwicklung z.B. beim japanischen Sozialstaat. Während in den frühen 1970er-Jahren noch ein umfassender Ausbau nach westlichem Vorbild geplant war, stand spätestens seit den frühen 1980er-Jahren eine Eingrenzung und Verringerung im Vordergrund. Der japanische Sozialstaat wurde nun gerade für seinen geringen Umfang gerühmt und dem westlichen Modell als überlegen betrachtet (z.B. Nakagawa 1979). Es galt sozusagen, den Fleiß und Einsatzwillen der Bevölkerung als „japanische Seele" des Wirtschaftswachstums vor dem schädlichen Einfluss westlicher Dekadenz zu schützen.

Das japanische Beschäftigungsmodell mit seinen neokooperativen Arbeitgeber-Arbeitnehmer-Beziehungen auf der Mesoebene der Unternehmen als Grundlage, das im Laufe der 1960er-Jahre sozial verankert worden war, wurde zur unhinterfragten Norm. Gerade in der kurzen, jedoch heftigen Wirtschaftskrise nach der Erdölkrise 1973 bestand das Beschäftigungsmodell seine Feuertaufe, indem die Gewerkschaften in dieser Situation zugunsten langfristigen Wachstums auf einen vollen Teuerungsausgleich verzichteten (Takanashi 2002). In der Folge wurde auch die japanische Arbeitsmarktpolitik der Maxime der langfristigen Beschäftigung entsprechend ausgeformt, wodurch das Beschäftigungsmodell sozialstaatlich abgesichert wurde. Welche dominante und hegemoniale Stellung das Beschäftigungsmodell in den 1970er-Jahren erreicht hatte, ist am Beispiel der Arbeitskämpfe im öffentlichen Dienst dieser Jahre ersichtlich. Die Gewerkschaften im öffentlichen Dienst waren die letzte Hochburg, die sich gegen eine organisationelle Ausrichtung auf Wachstum und Effizienz sträubte. Die fehlende öffentliche Unterstützung und daraus folgende Niederlage in den Arbeitskämpfen in diesen Jahren zeigt jedoch, dass alternative Modelle der Unternehmensausrichtung keinen gesellschaftlichen Rückhalt mehr in Japan hatten (Gordon 1993: 388-390).

Gerade beim Beschäftigungsmodell wird die kulturelle Aufladung der gesellschaftlichen Institutionen ganz besonders deutlich. Die Praktiken im Arbeitsmarkt wurden zunehmend in Abgrenzung zur Usanz in fortschrittlichen Industrieländern des Westens als japanische Besonderheiten beschrieben, die auf traditionelle Formen des Sozialverhaltens zurückgeführt werden können. Damit gewannen die Arbeitsmarktpraktiken einen identitätsstiftenden Aspekt, der der japanischen Bevölkerung die Gewähr gab, dass sie trotz aller (und äußerst erfolgreichen) Modernisierungsanstrengungen ihre kulturelle Wurzeln nicht verloren hatte. Zudem wurde das Beschäftigungsmodell als urjapanischer Kompromiss für die Lösung des Arbeitsmarktskonflikts der Moderne zusätzlich legitimiert. Die kulturelle Aufladung der dominanten Arbeitsmarktinstitutionen und -praktiken in Japan ist daran ersichtlich, dass die drei Pfeiler des Beschäftigungsmodells als die drei Schätze (*sanshu no jingi*) des modernen Japan bezeichnet und damit als Äquivalent zu den drei Throninsignien gesetzt wurden, die das Kaisergeschlecht gemäß den japanischen Mythen von der Sonnengöttin erhalten haben soll. So wie die drei kaiserlichen Insignien die Grundlage der sozialen und politischen Ordnung und damit auch des ökonomischen Wohlergehens des klassischen Japan waren, wurden die drei Praktiken als die Basis des Wirtschaftswunders des Nachkriegsjapan und seiner ausgeprägten politischen und sozialen Stabilität betrachtet.

Das frauenzentrierte Familienmodell erreichte seinen Höhepunkt bereits in den 1970er-Jahren. In der Folge kann eine gewisse Abschwächung des Modells und der damit verknüpften Geschlechterrollen in Japan beobachtet werden. Der Anteil der erwerbstätigen Frauen begann in den 1970er-Jahren wieder zuzunehmen. Auch der Anteil der Betagten, die im Haushalt mit einem ihrer Kinder lebten, begann im Laufe der 1970er-Jahren langsam abzunehmen (Ochiai 1997: 13, 150). Einer der wichtigsten Faktoren für den langsam einsetzenden Wandel war die neue Form von Feminismus, die seit den 1970er-Jahren auch in Japan Fuß fasste. Zwar hatte es bereits früher eine Frauenbewegung in Japan gegeben, die sich für die Rechte der Frauen eingesetzt hatte, doch im Allgemeinen war diese Bewegung vom hegemonialen Modell der Frau als Mutter und Hausfrau ausgegangen (Möhwald 2002: 22; Uno 1993: 312–15). Die neue Frauenbewegung seit den 1970er-Jahren sprengte jedoch diese Auffassungen und forderte eine egalitäre Beteiligung der Frauen jenseits des Haushaltes und eine grundlegende Neudefinition der Geschlechterrollen. Der neue Feminismus hatte vorerst nur marginale Wirkung, doch im Laufe der 1980er- und frühen 1990er-Jahre veränderte sich zusehends das Bild der Frau in Japan und begann die Akzeptanz der idealen Geschlechterrollen des frauenzentrierten Familienmodells mit der Frau als Mutter und Hausfrau und dem Mann als Alleinernährer in der Gesellschaft abzunehmen. Ein weiterer Faktor für die Abschwächung des frauenzentrierten Familienmodells war die Zunahme der Lebenserwartung in der Nachkriegszeit. Nicht nur hatte die Lebenserwartung sprunghaft zugenommen, sondern auch die Sterbemuster hatten sich in Japan in den ersten Nachkriegsjahrzehnten grundlegend geändert, „weg von den ehedem rasch tötenden Infektionskrankheiten und hin zu langwierigen chronischen degenerativen Leiden, zu Senilität und langer Abhängigkeit von Fremdbetreuung“ (Imhof 1986: 378). Die familieninterne Betreuung von Betagten (in der Regel durch die Schwiegertochter) war damit zu einer wahren Herkulesarbeit geworden, wodurch auch die Attraktivität der Rolle der Frau als Mittelpunkt der Familie stark gemindert wurde. Trotz dieser Abschwächungstendenzen und der zunehmenden Hinterfragung des frauenzentrierten Familienmodells und der damit verbundenen Geschlechterrollen blieben diese jedoch insgesamt bis in die frühen 1990er-Jahren intakt. Auch wenn sich ein langsamer Wertewandel und Differenzierungsprozess vollzog, stellte weiterhin das frauenzentrierte Familienmodell die dominante Norm dar, an der die wachsenden Abweichungen registriert wurden. Aufgrund der Bildungsexpansion in der Nachkriegszeit hatte sich die Rolle der Frau spätestens seit den 1970er-Jahren um die Aufgabe der Erziehungsmutter (*kyôiku mama*) erweitert. Hierbei fiel der Frau die wichtige Funktion zu, die Bildungsanstrengungen der eigenen Kinder zu begleiten und zu fördern.

Obwohl sich seit Mitte der 1970er-Jahre das Wirtschaftswachstum signifikant abschwächte, hielt die generelle Aufwärtsmobilität weiter an. Die Kaufkraft der Familien stieg weiter sukzessive an und vor allem die neue obere Mittelschicht bestehend aus gut ausgebildeten Angestellten mit sicheren Karriereaussichten expandierte (vgl. Darstellung 2). Diese Entwicklungen bildeten die Grundlage für die Wahrnehmung Japans als einer generellen Mittelschichtgesellschaft, die den Diskurs der Massenmedien aus den 1960er-Jahren aufnahm und auf zwei Annahmen beruhte. Erstens wurde Japan als das Paradebeispiel für eine Bildungsmeritokratie betrachtet, in welcher der Bildungserfolg einzig durch die individuellen Bildungsanstrengungen und nicht die soziale Herkunft bestimmt wird. Hierbei wurde auch davon ausgegangen, dass der Bildungserfolg in Japan im Vergleich zu anderen fortschrittlichen Industrieländern eine weitaus größere Rolle für den Erfolg im weiteren Lebenslauf spiele.

Darstellung 2: Sozialstrukturen Japans 1975-1995

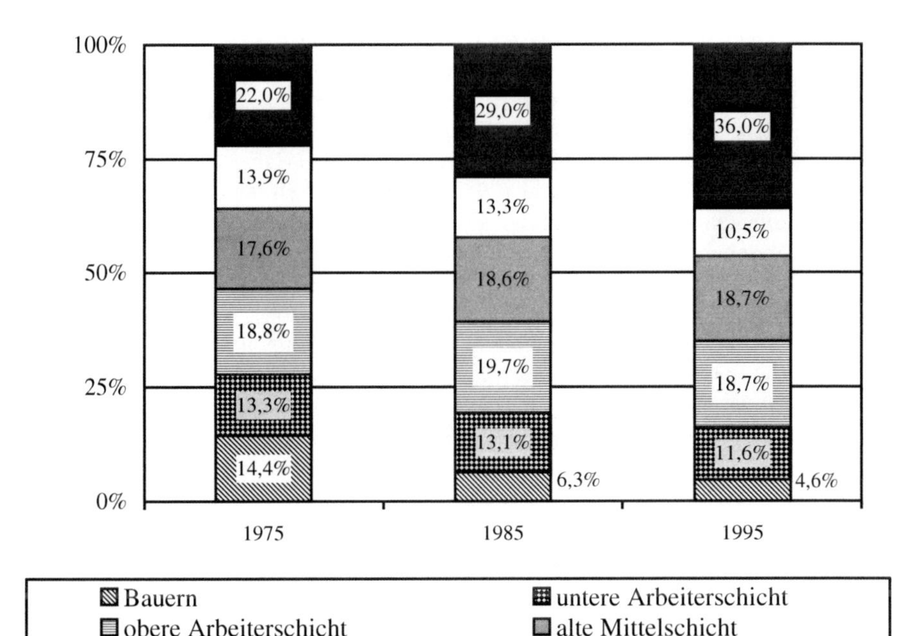

Quelle: Ishida 2002: 21.

Zweitens wies Japan gemäß dem generellen Mittelschichtmodell aber auch eine im internationalen Vergleich äußerst egalitäre Einkommensverteilung auf. Die soziale Egalität war somit laut der Selbstwahrnehmung in Japan nicht nur bezüglich Chancen, sondern auch bezüglich des Ergebnisses sehr stark ausgeprägt. Dieses dominante Selbstbild einer großen, fast die gesamte Gesellschaft umfassenden Mittelschicht und einer ausgeprägten sozialen Egalität wurde durch westliche Publikationen und Studien zu Japan gestützt, in denen der meritokratische Charakter des Bildungssystems hervorgehoben (u.a. Dore 1987: 204-207; Galtung 1976; Vogel 1979: 120-121) und die egalitäre Einkommensverteilung herausgestrichen wurde (u.a. Boltho 1975: 161-187; Sawyer 1976). In den Augen der Bevölkerung galt in Japan das Prinzip des gemeinsamen Wachstums, weshalb die Einkommensverteilung kein großes Thema war. Erst mit den ins scheinbar Unermessliche ansteigenden Bodenpreisen in den späten 1980er-Jahren wurden die sozialen Unterschiede wieder sichtbarer, indem der Traum vom Eigenheim zumindest in urbanen Gebieten für die meisten Familien nicht mehr erreichbar war. Insgesamt blieb jedoch das generelle Mittelschichtmodell bis in die Mitte der 1990er-Jahre die dominante Selbstwahrnehmung.

In Kombination mit dem Beschäftigungsmodell und dem frauenzentrierten Familienmodell wurde durch das allgemeine Mittelschichtmodell ein idealer Lebenslauf für Männer und Frauen vorgezeichnet: der *Japanese way of life*. Laut diesem Lebenslaufmodell eröffnen die Bildungsanstrengungen einem Mann den Abschluss einer möglichst ranghohen tertiären Bildungsinstitution. Das hierbei erworbene Bildungszertifikat ermöglicht eine gute Anstellung in einem Großunternehmen oder der öffentlichen Verwaltung mit sicheren Karriereaussichten. Dies stellt für einen Mann ein erfolgreiches Leben dar (Kariya 1995: i). Eine Frau heiratet einen solchen erfolgreichen Mann und tritt anschließend aus dem Erwerbsleben aus, um sich auf ihre Rolle als Erziehungsmutter zu konzentrieren. Ihr obliegt die Aufgabe als Bildungscoach dafür zu sorgen, dass die Kinder durch Erfolg im Bildungssystem die Grundlage für ein ebenso erfolgreiches Leben schaffen (Hirao 2001; Vogel 1978). Um ihre Rolle als Erziehungsmutter möglichst gut erfüllen zu können, war auch für Frauen seit den späteren 1970er-Jahren eine höhere Schulbildung von Vorteil. Beide Geschlechterrollen basierten auf dem Leistungsprinzip und waren durch eindeutige Kriterien für Erfolg oder Misserfolg gekennzeichnet. So wie der Erfolg eines Mannes an seiner Alma Mater und dem Arbeitgeber erkennbar war, konnte der Erfolg einer Frau an den schulischen Leistungen ihrer Kinder gemessen werden. Obwohl das japanische Gesellschaftsmodell somit als ein Paradebeispiel für Fairness und Egalität galt, beinhaltete es gleichzeitig auch einen ausgeprägten Wettbewerb und Erfolgsdruck. Entscheidend für die Attraktivität des Gesellschaftsmodells und seine Dominanz bis Mitte der 1990er-Jahre war, dass trotz allen Wettbewerbs der ideale Lebenslauf für einen immer größeren Anteil der Bevölkerung realisierbar oder zumindest teilweise realisierbar war.

Betrachtet man die Erstanstellung männlicher Schulabsolventen in der Nachkriegszeit, so zeigt sich eindeutig der strukturelle Wandel (vgl. Darstellung 3). In der ersten Kohorte von Schulabsolventen aus den Jahren 1946-1955 gelang es nicht einmal jedem fünften Absolventen, eine Stelle im Staatsdienst oder als Angestellter in einem Großunternehmen mit mehr als 1.000 Beschäftigten zu finden. In der Folge nahm dieser Anteil sukzessive zu und verzeichnete auch nach dem Ende des Hochwachstums keinen Einbruch, sodass in der letzten Kohorte von Schulabsolventen von 1986 bis 1995 über 40% den Bildungserfolg in eine Stelle im Staatsdienst oder als Angestellter in einem Großunternehmen ummünzen konnten. Durch die Dominanz des Beschäftigungsmodells seit den 1960er-Jahren konnten auch diejenigen Schulabsolventen, die als Angestellte in KMUs oder als Arbeiter in Großunternehmen eine Stelle fanden, zumindest teilweise den idealen Lebenslauf verwirklichen. Das japanische Gesellschaftsmodell beinhaltete zwar einen starken Wettbewerb, doch war es für die Bevölkerung als Norm sehr attraktiv, da die darin enthaltenen Ideale bis Mitte der 1990er-Jahre für einen stetig zunehmenden Teil der männlichen Schulabsolventen (und ihrer Mütter) (zumindest partiell) realisierbar waren.

Darstellung 3: Erstanstellung männlicher Schulabsolventen 1946-1995

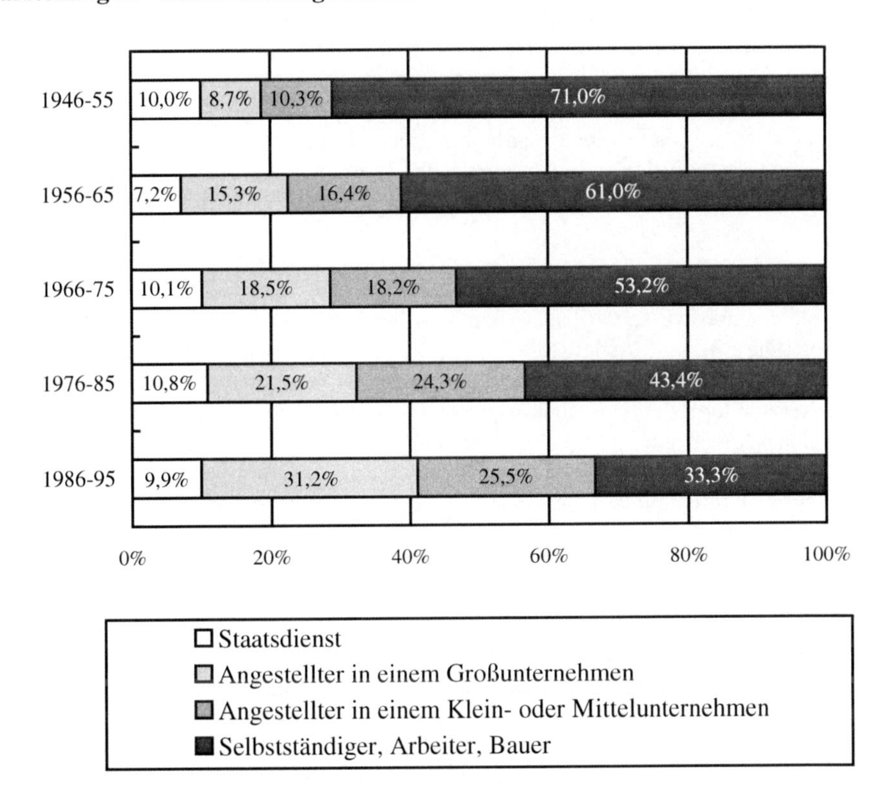

Quelle: Nakamura 2000: 50.

3 Krise des Gesellschaftsmodells: Wertewandel und Wirtschaftsstagnation

Das japanische Gesellschaftsmodell mit dem Wachstumsprojekt erreichte zwischen Mitte der 1970er- und Mitte der 1990er-Jahre eine solche Dominanz, dass Japan oft als eine gut geschmierte Maschine betrachtet wurde, die scheinbar unaufhaltsam Wirtschaftswachstum produzierte. Der *Japanese way of life* versorgte hierbei die japanische Wirtschaft und vor allem die Großunternehmen mit einem ständigen Nachschub an gut ausgebildeten und einsatzwilligen Arbeitnehmern. Umso stärker wurde Japan (wie auch westliche Beobachter) durch die anhaltende wirtschaftliche Stagnation überrascht und getroffen. Das verlorene Jahrzehnt wirtschaftlichen Kriechgangs hat im japanischen Selbstbewusstsein tiefe Spuren hinterlassen. Die Frage scheint nicht mehr, ob umfassende Reformen implementiert, sondern welche umfassenden Reformen im politökonomischen System Japans durchgesetzt werden müssen. Die Krise erstreckt sich jedoch über das politökonomische System hinaus. Auch das Gesellschaftsmodell als Ganzes ist durch den Misserfolg nach eigenen Kriterien in eine tiefe Krise geraten, die sich in allen drei basalen Institutionen des Modells zeigt. Es stellt sich somit die Frage, ob gegenwärtig eine grundlegende Neuausrichtung der Gesellschaft erfolgt. Bevor diese Frage diskutiert werden kann, gilt es vorerst, eine Bestandesaufnahme zu machen, um die wichtigsten Entwicklungslinien des verlorenen Jahrzehnts darzustellen und diese mit dem bisherigen Gesellschaftsmodell vergleichend zu erörtern.

3.1 Ausfransen des Beschäftigungsmodells

Die anhaltende wirtschaftliche Stagnation hat im Arbeitsmarkt tiefe Spuren hinterlassen. Die offizielle Arbeitslosenquote, die im Jahre 1990 noch wenig über 2% betrug, hat sich im Laufe der 1990er-Jahre mehr als verdoppelt und hat zu Beginn des 21. Jahrhunderts deutlich über 5% erreicht. Ein Wert, der zwar im internationalen Vergleich immer noch gering erscheinen mag, doch für japanische Verhältnisse sehr hoch ist und für entsprechende Verunsicherung in der Öffentlichkeit gesorgt hat.

Die Zukunftsfähigkeit des japanischen Beschäftigungsmodells ist aufgrund der ökonomischen Stagnation in Frage gestellt worden. In den japanischen Massenmedien wird ausführlich über Umstrukturierungsmaßnahmen und Entlassungen berichtet, die selbst nicht vor den Pforten der Großunternehmen Halt machen. Angesichts des starken Wachstums und der dynamischen Entwicklung in den USA in den 1990er-Jahren wurde die Frage aufgeworfen, ob nicht eine liberalere Ausgestaltung der Arbeitsmarktsinstitutionen mit stärker ausgeprägten externen Arbeitsmärkten im gegenwärtigen Zeitalter der Globalisierung und des raschen technologischen Wandels besser geeignet ist (Waldenberger 2004: 88; Yamamura 2003). Dementsprechend wurde im Rahmen der Reformdiskussion in den 1990er-Jahren in Japan auch eine stärkere Flexibilisierung der Beschäftigung und Externalisierung der Arbeitsmärkte gefordert (z.B. Nakatani 1996).

Die Berichterstattung über Restrukturierungen und die Diskussion über das Beschäftigungsmodell haben in Japan die Wahrnehmung japanischer Unternehmen stark verändert. Selbst Großunternehmen werden nicht mehr als Garanten für eine langfristige Beschäftigung betrachtet. Dies hat auch den Wertewandel gerade unter jungen Arbeitnehmern beschleunigt, der bis in die späten 1980er-Jahre zurückverfolgt werden kann.[2] Die Nachteile des japanischen Beschäftigungsmodells mit einer vollkommenen Vereinnahmung der Arbeitnehmer durch den Arbeitgeber oder durch die Betonung der Seniorität beginnen in den Augen dieser jungen Arbeitnehmer gegenüber den Vorteilen zu überwiegen, da vor allem der Hauptvorteil einer langfristigen Beschäftigungssicherheit auch bei einem japanischen Großunternehmen nicht mehr gegeben scheint. Junge, selbstsichere und gut ausgebildete japanische Arbeitnehmer richten sich vermehrt auf die Herausforderungen einer Karriere über den externen Arbeitsmarkt ein und bevorzugen deswegen Stellen mit einer starken Betonung von Leistung und ohne langfristige Bindungen (Yomiuri Shinbun Keizaibu 2001). Gerade westliche Unternehmen in Japan haben in den letzten Jahren von diesem Wertewandel unter den japanischen Beschäftigten stark profitiert, indem sie als Arbeitgeber ungleich attraktiver wurden (Chiavacci 2002; Morgan und Kubo 2005).

Dennoch kann nicht von einem Zusammenbruch des japanischen Beschäftigungsmodells gesprochen werden (Mouer und Kawanishi 2005; Rebick 2005). Trotz aller Veränderungen hat das japanische Beschäftigungsmodell auch in der Gegenwart eine tragende und zentrale Rolle und ist nach wie vor auch die Norm, an welcher der Wandel gemessen wird. Das Beschäftigungsmodell stellt auch nach wie vor den Grundkonsens dar, auf dem die Arbeitgeber-Arbeitnehmer-Beziehungen beruhen. Dies zeigt sich auch in den wenigen Arbeitskämpfen der letzten Dekade trotz wirtschaftlicher Stagnation, die nicht nur auf eine Schwächung der Gewerkschaften in Japan zurückgeführt werden kann. Trotz der andauernden Stagnation haben gerade Großunternehmen in sehr geringem Umfang Entlassungen vorgenommen und primär über andere Maßnahmen wie Frühpensionierungen oder Versetzungen in affiliierte Unternehmen ihre Beschäftigtenzahlen an die neue ökonomische Situation angepasst (z.B. Chuma 2002).

Diese Kontinuität des Beschäftigungsmodells für die älteren Arbeitnehmer, die bereits ins System integriert sind, hat jedoch dazu geführt, dass vor allem jüngere Arbeitnehmer und neu in den Arbeitsmarkt eintretende Absolventen des Bildungssystems ungleich stärker von der schwachen konjunkturellen Entwicklung betroffen waren (Genda 2001). Indem die Unternehmen die Neueinstellungen stark gedrosselt haben, bekunden junge Arbeitnehmer große Mühe, eine feste Anstellung zu finden. Laut des Weißbuchs zur Lebensführung der japanischen Bevölkerung aus dem Büro des Premierministers hat sich die Zahl der nichtregulären Beschäftigten (*furiitaa*) unter japanischen Arbeitnehmern im Alter von 15 bis 34 Jahren von 1,83 Millionen (1990) auf 4,17 Millionen (2001) im Laufe der 1990er-Jahre mehr als verdoppelt.

---

[2] Zu einer ausführlicheren Darstellung und Diskussion des Wandels und der Diversifizierung in den Wertvorstellungen bezüglich Arbeit in Japan vgl. Imada (1999) und Jaufmann (2002: 343-355).

Damit ist der Anteil der nichtregulären Beschäftigten in diesem Zeitraum von 15,6% auf 26,7% angestiegen. Besonders stark betroffen von dieser Entwicklung war die Kohorte im Alter von 15 bis 24 Jahren, bei denen der Anteil der nichtregulären Beschäftigten im Jahre 2001 über 40% erreicht hat (CAO 2003). Dieser Trend wird als besonders problematisch betrachtet, da die Qualifizierung im Beschäftigungsmodell zum großen Teil im Unternehmen erfolgt. Somit entsteht mit diesem wachsenden Anteil nichtregulärer junger Beschäftigter – da sie in der Regel keine interne Weiterbildung im Unternehmen erhalten – eine große Schicht nur gering qualifizierter Beschäftigter, die nicht nur zeitlebens mit geringeren Verdienstaussichten, höherem Arbeitslosigkeitsrisiko etc. konfrontiert sein werden, sondern auch für die gesamtökonomische Entwicklung Japans zu einem Hemmnis werden könnten.

Auch Universitätsabsolventen waren vom Nachfrageeinbruch im Arbeitsmarkt betroffen. Bei ihnen zeigt sich auch deutlich, dass nicht nur die Arbeitslosenquote unter jungen Arbeitnehmern überproportional zugenommen hat und der Anteil der nichtregulären Beschäftigten stark expandiert ist, sondern dass selbst bei denjenigen, die eine Vollzeitstelle ergattern konnten, eine qualitative Verschlechterung eingetreten ist. Unter den japanischen Arbeitgebern gelten dem Beschäftigungsmodell entsprechend vor allem Großunternehmen als attraktiv, da sie einen höheren Lohn, einen sicheren Arbeitsplatz mit internen Aufstiegschancen und weitaus bessere Sozialleistungen offerieren. Der Anteil der Universitätsabsolventen, denen es jedoch gelingt, in einem Großunternehmen unterzukommen, hat jedoch in den 1990er-Jahren sehr stark abgenommen. Traten im Jahre 1990 noch über die Hälfte der Universitätsabsolventen, die in der Privatwirtschaft ihre Arbeitstätigkeit aufnahmen, eine Stelle bei einem Großunternehmen mit über 1.000 Beschäftigten an, so hat sich dieser Anteil im Jahre 2000 auf etwas über ein Viertel halbiert (Kosugi 2002: 64). Auch ein Universitätsdiplom eröffnet in Japan nur noch bedingt die Möglichkeit, eine nach den eigenen Normvorstellungen gute Stelle bei einem großen und sicheren Arbeitgeber zu finden.

Insgesamt kann zwar nicht von einem Zusammenbruch des Beschäftigungsmodells in Japan gesprochen werden, denn der Kernbereich des Modells hat trotz der ökonomischen Stagnation weiterhin Bestand. Doch es ist eindeutig ein Ausfransen des Beschäftigungsmodells zu beobachten. Die Randzonen des Arbeitsmarktes, die nicht ins Modell integriert sind, haben sich ausgeweitet. Gerade junge Arbeitnehmer bekunden große Mühe, sich ins Modell zu integrieren. Durch diese Entwicklungstendenzen ist auch der Modellcharakter des Beschäftigungsmodells langfristig in Frage gestellt. Denn indem es im Arbeitsmarkt nicht mehr im gleichen Umfang verbreitet und dominant ist, verliert es auch an normativer Kraft. Zudem zeigt sich in der öffentlichen Debatte zum Beschäftigungsmodell eine starke Verunsicherung über dessen Zukunftsfähigkeit. Es kann somit auch nicht überraschen, dass z.B. ein grundlegender Umbau des Bildungssystems gefordert wird. Anstatt wie bisher Zulieferer für Unternehmen zu sein, soll es in ein Ausbildungssystem transformiert werden, in dem Wissen und Fähigkeiten erworben werden, die es den jungen Absolventen erlauben, auf dem externen Arbeitsmarkt zu bestehen (z.B. Honda 2005).

3.2 Frauenzentriertes Familienmodell ohne Frau?

Wie oben erwähnt, begann die Hinterfragung der Geschlechterrollen, die mit dem frauenzentrierten Familienmodell verknüpft waren, bereits in den 1970er-Jahren. Der Wertewandel hat jedoch gerade in den letzten Jahren zusätzliche Dynamik gewonnen. Dies wird in repräsentativen Umfragen ersichtlich, in denen die Zustimmung innerhalb der japanischen Bevölkerung zu diesen Geschlechterrollen stark abgenommen hat. In der letzten Umfrage des Büros des Premierministers vom Jahr 2004 wurden diese Geschlechterrollen erstmals sogar nur noch von einer Minderheit der Antwortenden unterstützt (vgl. Darstellung 4). Parallel zu diesem Wertewandel und der Abkehr von den bisherigen Wertvorstellungen – unter den Frauen besonders ausgeprägt – hat sich auch ein Wandel im tertiären Bildungspfad von Frauen in den 1990er-Jahren ergeben. In der Nachkriegszeit besuchte ein größerer Anteil der Frauen eine Kurzzeituniversität, die auf ihre spätere Tätigkeit als Hausfrau und (Erziehungs-)Mutter vorbereitete. Seit den 1990er-Jahren nimmt jedoch der Anteil der Frauen in vierjährigen Universitäten rasant zu und hat etwa Mitte der 1990er-Jahre den Anteil von Frauen in Kurzzeituniversitäten überflügelt (Gender Equality Bureau 2006: 22). Zusammen können der Wertewandel und dieser Trend im Bildungssystem als Indikatoren dafür interpretiert werden, dass Frauen zunehmend sich nicht mehr auf eine Rolle innerhalb der Familie beschränken möchten, sondern Aspirationen für eine Arbeitskarriere und Tätigkeit jenseits der Familie hegen.

Allerdings kollidierte diese neue Einstellung mit der realen Entwicklung auf dem Arbeitsmarkt. Zwar wurde bereits 1985 ein Gesetz zur Gleichberechtigung der Frauen im Arbeitsmarkt erlassen, das jedoch nur einen sehr geringen Einfluss hatte, da es in zentralen Punkten einzig Empfehlungen an die Unternehmen enthält. Frauen waren zudem ungleich stärker durch die Auswirkungen der wirtschaftlichen Stagnation im Arbeitsmarkt betroffen, wodurch sich eine große Diskrepanz zwischen den zunehmenden Karriereaspirationen von Frauen und ihren realen Karriereaussichten in Japan ergeben hat (Chiavacci 2005a: 115-116). Eine Kombination von eigener Familie und Arbeitskarriere wird zudem im Falle Japans durch die Kontinuität der Normen bezüglich der Rolle der Mutterschaft erschwert. Zwar hat sich ein Wertewandel im Hinblick auf die Arbeitstätigkeit von Frauen ergeben, doch dominiert weiterhin die Vorstellung der Mutter als einer ständig anwesenden und sich vollständig um die Kinder und gerade die Kleinkinder im Alter von bis zu drei Jahren kümmernde Beschützerin und Erzieherin (Chiavacci 2005a: 123-125). Dieses Rollenverständnis ist schwerlich mit einer gerade in Japan anspruchsvollen Arbeitskarriere kombinierbar. Zudem hat sich kein signifikanter Wandel bei der Rolle des Mannes in Japan ergeben. Zwar gibt es Kampagnen von Behörden, die die Männer an ihre Vaterrolle zu erinnern und zu einer stärkeren Partizipation in der Kindererziehung zu bewegen versuchen, doch ist kaum vorstellbar, wie Männer gerade in einer Zeit der Verunsicherung am Arbeitsplatz ihre familiären Aufgaben wieder stärker entdecken sollen.

Darstellung 4: Einstellung zur Aussage „Der Ehemann sollte arbeiten gehen, die Ehefrau sollte sich um die Familie kümmern" 1979-2004

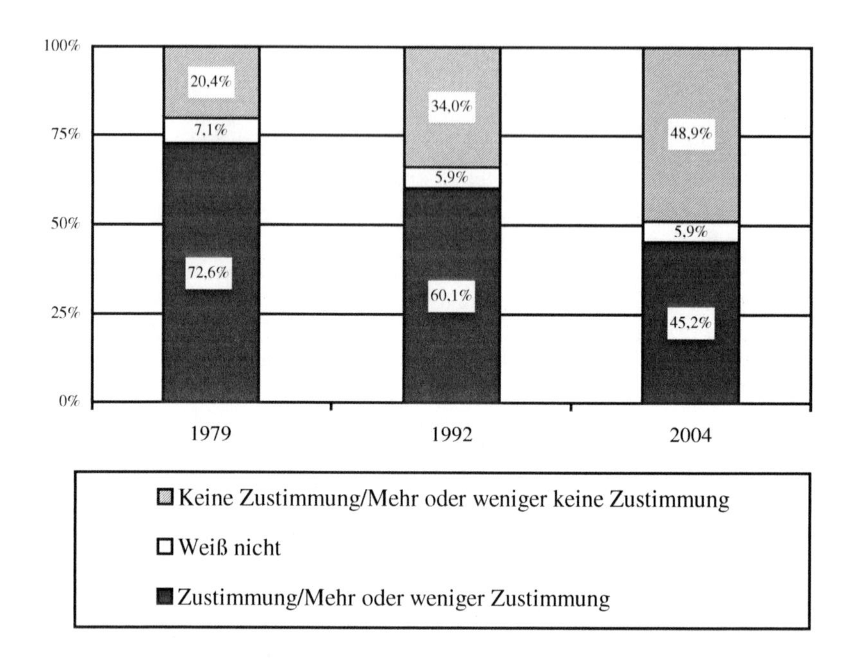

Quelle: CAO 2004.

Die Unmöglichkeit für japanische Frauen, unter diesen Umständen eine eigene Familie und Arbeitskarriere zu kombinieren, wird oft als wichtiger Grund für das spätere Heiratsalter, die Zunahme von Singles und die sinkende Geburtenrate betrachtet. Angesichts eines Absinkens der totalen Fertilitätsrate in den letzten Jahren auf etwa 1,3 wird hierbei von einer Reproduktionskrise gesprochen, die oft auf eine Art Geburtenstreik der Frauen zurückgeführt wird, die sich weigern, auf die eigene Arbeitskarriere zu Gunsten von Kindern zu verzichten (u.a. Schoppa 2006: 182). In diesem Kontext ist auch die Debatte um die so genannten Parasitensingles (*parasaito singuru*) zu sehen, die durch den Soziologen Masahiro Yamada (1999) ausgelöst wurde (vgl. auch Lunsing 2003; Schad-Seifert 2002). Auch wenn damit von Yamada eigentlich junge, erwerbstätige Japanerinnen *und* Japaner bezeichnet werden, die noch bei den Eltern wohnen, so waren doch in der Diskussion dieses Phänomens in den Massenmedien primär junge japanische Frauen im Blickpunkt. Ihnen wurde teilweise vorgeworfen, dass sie sich lieber ein angenehmes Leben bei den Eltern einrichten, statt ihrer gesellschaftlichen Pflicht des Heiratens und Kinderkriegens nachzukommen. Gerade diese Debatte zeigt somit auch, wie stark nach wie vor auch in der Gegenwart das frauenzentrierte Familienmodell als Norm in Japan ist.

Sicher haben jedoch die Anforderungen an den Ehepartner unter den jüngeren Generationen in Japan zugenommen. Unter gering qualifizierten jungen Frauen aus eher niedrigeren sozialen Schichten ist gerade auch angesichts der geringen eigenen Karriereaussichten das frauenzentrierte Familienmodell mit dem Mann als Allein- oder zumindest Hauptemährer und der Frau als Hausfrau und Mutter zwar weiterhin durchaus attraktiv. Doch auch bei dieser Gruppe bestehen klare Idealvorstellungen an den zukünftigen Ehepartner, die oft kaum zu erfüllen sind (Takeda 2005: 162-164). Auch darf der Einfluss der verschlechterten Arbeitsmarktbedingungen für junge Arbeitskräfte nicht unterschätzt werden. Empirische Studien zeigen, dass vor allem junge Arbeitnehmer mit niedrigen Einkommen noch bei ihren Eltern wohnen (Raymo 2003). Der Hintergrund für die Zunahme erwerbstätiger Singles, die bei den Eltern verbleiben, könnte somit weniger mit dem angenehmen und sorgenfreien Leben im Elternhaus zu tun haben, als oft schlichtweg dadurch bedingt sein, dass das eigene Einkommen nicht ausreicht, um einen eigenen Haushalt, geschweige denn eine eigene Familie zu gründen.

3.3 Soziale Differenzierungsprozesse

Parallel zur anhaltenden wirtschaftlichen Stagnation ist auch das generelle Mittelschichtmodell seit den 1990er-Jahren in Frage gestellt worden. Kommentatoren, aber auch einflussreiche Reformkomitees, die von der japanischen Regierung eingesetzt wurden, haben explizit eine stärkere soziale Differenzierung gefordert (u.a. Keizai Senryaku Kaigi 1999; Nakatani 1996; Watanabe 2001). Hierbei wird argumentiert, dass die soziale Egalität in Japan zu weit getrieben wurde und als „böse Egalität“ (*akubyôdô*) einen hindernden Einfluss auf den individuellen wirtschaftlichen Elan und damit die wirtschaftliche Erholung insgesamt habe. Als Modell in diesem Diskurs dient die USA mit ihrer liberalen Wirtschaftsordnung, die eine weitaus dynamischere Wirtschaftsentwicklung in den 1990er-Jahren erreicht haben. Die Diskussion vermittelte hierbei der Bevölkerung den Eindruck, dass zumindest ein Teil der Elite sich vom bisherigen generellen Mittelschichtmodell abwende und für eine stärkere soziale Differenzierung plädiere.

In diesem neuen Umfeld haben zwei empirische Studien von Satô (2000) zur sozialen Mobilität und von Tachibanaki (1998) zur Einkommensverteilung in Japan eine hitzige Diskussion über die Frage ausgelöst, ob die ausgeprägte soziale Egalität bezüglich Chancen und Ergebnis in Japan vor dem Zusammenbruch stehe oder nicht. Zwar wurden bereits früher Studien publiziert, die die angebliche äußerst egalitäre Einkommensverteilung und die ausgesprochene Offenheit der sozialen Schichtung in Japan anzweifelten oder sogar bestritten (u.a. Ishida 1993; Ishizaki 1983), doch diese empirischen Arbeiten konnten keine Breitenwirkung in der japanischen Gesellschaft entwickeln, die das generelle Mittelschichtmodell ernsthaft in Frage gestellt hätte. Die Studien von Satô (2000) und Tachibanaki (1998) lösten hingegen ein viel größeres Echo, gar ein wahres Erdbeben aus. In seiner Untersuchung zur Einkommensverteilung in Japan argumentiert Tachibanaki (1998), dass die Einkommensdistribution in Japan sehr ungleich geworden sei und Japan zu Beginn der 1990er-Jahre das Land mit der höchsten Inegalität unter den fortschrittlichen Industrieländern sei (zu einer überarbeiteten und erweiterten Version der Studie auf Englisch vgl. Tachibanaki 2005). Satô (2000) analysiert hingegen die soziale Mobilität in Japan und stellt hierbei fest, dass sich auch die soziale Schichtung in der japanischen Gesellschaft zwischen 1985 und 1995 gewandelt habe. Die Wissenselite (*chishiki eriito*), Personen in führenden Positionen mit hoher Qualifikation, weist laut seiner empirischen Studie starke Tendenzen der sozialen Schließung auf, indem sie sich 1995 primär aus Personen rekrutierte, deren Vater auch bereits eine solche Führungsposition innegehabt hatte. Somit werden durch diese beiden Studien die beiden Grundannahmen des Mittelschichtmodells und also das ganze Modell in Abrede gestellt.

In der nachfolgenden intensiven öffentlichen und akademischen Diskussion wurden die beiden Studien teilweise scharf kritisiert und mit ihren Ergebnissen grundlegend in Frage gestellt (u.a. Ôshi und Itô 1999; Ôta 1999; Ôtake 2000; Seiyama 2000). Was die Einkommensverteilung in Japan betrifft, so besteht zwar ein genereller Konsens in der Forschung, dass diese haushaltsbezogen in den letzten Jahren stärker ungleich geworden ist. Dieser soziale Differenzierungsprozess in Japan wird jedoch allgemein nicht als dramatisch betrachtet und derselbe Trend ist auch in den meisten fortschrittlichen Industrieländern in den 1980er- und 1990er-Jahren aufgetreten (Alderson und Nielsen 2002; Förster und Pearson 2002). Auch wird die Aussage von Tachibanaki als falsch bezeichnet, dass „Japan unter den entwickelten Ländern die ausgeprägteste Ungleichheit hat“ (Tachibanaki 1998: 6).[3] Auch ein grundlegender Wandel bezüglich sozialer Mobilität oder eine soziale Schließung der Elite in den letzten Jahren wird in den meisten anderen Studien zur sozialen Schichtung in Japan nicht bestätigt (Hara und Seiyama 1999; Hashimoto 2003; Ishida 2002; Kanomata 2001; vgl. jedoch auch Kariya 2001). Obwohl somit bisher noch keine Beweise für einen neuen und grundlegenden Differenzierungsprozess erbracht worden sind, hat die Diskussion um ein stärkeres Auseinanderdriften und eine soziale Polarisierung der japanischen Gesellschaft in den letzten Jahren nicht an Intensität verloren. Im Gegenteil, nach wie vor wird eine große Zahl von Artikeln zu diesem Thema publiziert und auch wissenschaftliche und populärwissenschaftliche Publikationen zu diesem Thema gibt es weiterhin (z.B. Yamada 2004; Ôtake 2005). Selbst Premierminister Koizumi sah sich im März 2006 gezwungen, seine Reformpolitik im

---

[3] Es sind jedoch keine klaren Aussagen darüber möglich, ob Japan bezüglich Einkommensverteilung im internationalen Vergleich eher zu den Ländern mit einer ausgeprägten Egalität oder zu denjenigen mit einer hohen Ungleichheit gehört. Je nach nationaler Erhebung, die für die Berechnung der Einkommensverteilung verwendet wird, ergeben sich für die relative Position Japans im Vergleich zu anderen fortschrittlichen Industrieländern sehr stark divergierende Ergebnisse. So hat Japan laut Berechnung basierend auf dem Family Income Expenditure Survey eine sehr egalitäre Einkommensverteilung (z.B. World Bank 2003: 236-237), jedoch laut Studien basierend auf dem Income Redistribution Survey eine ausgesprochen ungleiche Einkommensdistribution (z.B. Gottschalk und Smeeding 2000: 279).

Parlament gegen Anschuldigungen zu verteidigen, dass diese soziale Differenzierungsprozesse auslöse und zu einer Zweiteilung Japans führe.

Der eigentliche Hintergrund für diese ganze Diskussion ist, dass sich während der wirtschaftlichen Stagnation grundlegende Veränderungen in der Alltagswelt der Bevölkerung ergeben haben. In der Nachkriegszeit bis in die 1990er-Jahre hinein erlebte die große Mehrheit der Bevölkerung eine stetige Zunahme der Kaufkraft, was sich in einem neuen Massenkonsum niederschlug. Seit 1997 ist jedoch das durchschnittliche Haushaltseinkommen in Japan kleiner geworden (vgl. Darstellung 5).

Darstellung 5: Durchschnittliches Haushaltseinkommen 1984-2004 (in Yen)

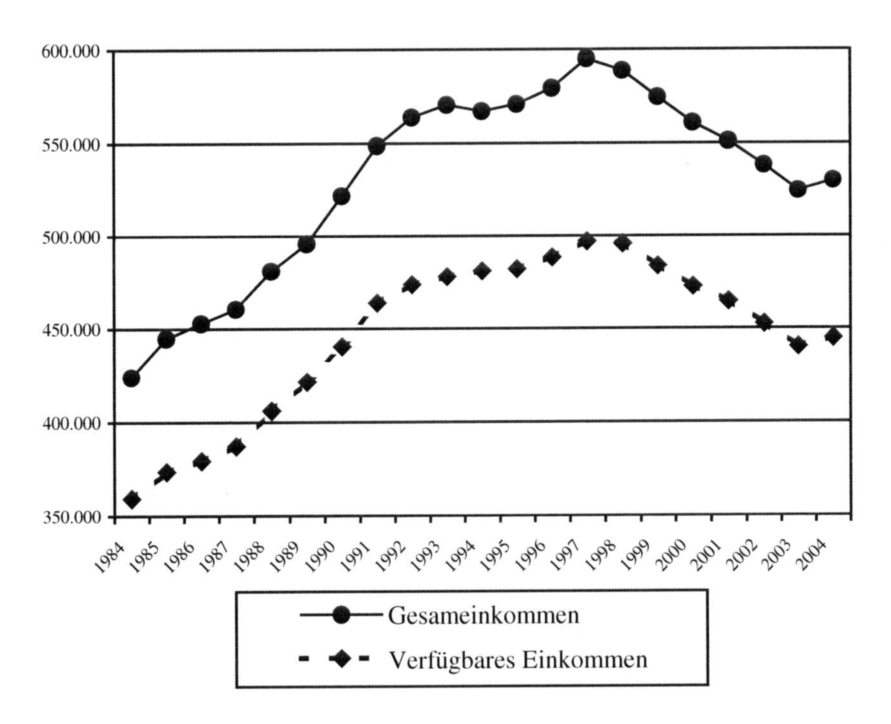

Quelle: MIAC 2005.

Betrug das durchschnittliche Gesamteinkommen der japanischen Haushalte im Jahre 1997 noch etwa 595.000 Yen, so sank es sukzessive bis zum Jahre 2003 um insgesamt über 10% auf etwa 525.000 Yen. Zwar mag die Kaufkraft aufgrund der gleichzeitigen Deflation nicht im gleichen Umfang abgenommen haben, doch werden Fragen der Einkommensverteilung und der sozialen Unterschiede unter diesen ganz neuen Umständen in einem ganz anderen Licht betrachtet. Lapidar gesagt, so lange der gesamtgesellschaftliche Kuchen größer wird, interessiert es nicht so sehr, wie groß das Stück ist, das jeder einzelne abbekommt. Denn in der Regel wird es größer sein als das bisherige Stück und es ist auch in der Zukunft zu erwarten, dass man wieder ein größeres Kuchenstück abbekommen wird. Doch wenn der Kuchen kleiner wird, dann ist die Größe der einzelnen Kuchenstücke ein ganz anderes Thema, dem sehr viel mehr Aufmerksamkeit gewidmet wird.

Auch bezüglich sozialer Aufwärtsmobilität hat sich die erlebte Realität der Bevölkerung seit den 1990er-Jahren grundlegend geändert. In der Nachkriegszeit erlebten Familien über Generationen hinweg einen sozialen Aufstieg. Seit den 1970er-Jahren wurde der ideale Lebenslauf, der als Teil des generellen Mittelschichtmodells vorgegeben wurde, für einen wachsenden Anteil der Bevölkerung realisierbar. Doch in der Gegenwart ist Japan in eine Phase des sozialen Stillstands geraten. Wie in Abschnitt 3.1 beschrieben, laufen schlechter qualifizierte junge Arbeitnehmer zunehmend Gefahr, sich in einer nichtregulären Form der Beschäftigung wiederzufinden. Und selbst für männliche Universitätsabsolventen (und ihre Mütter) ist die Realisierung des idealen Lebenslaufes, d.h. die Sicherung einer guten Anstellung in einem Großunternehmen oder in der öffentlichen Verwaltung, sehr viel schwieriger geworden. Hochqualifizierte Frauen, die das gleiche Ziel verfolgen, bekunden meist noch größere Mühe bei dessen Realisierung. Und selbst schlechter qualifizierte Frauen, die tendenziell durchaus noch das frauenzentrierte Familienmodell bevorzugen, finden nur sehr schwer Männer, mit denen sie ihr Ideal der Hausfrau und Mutter realisieren können. Es scheint, dass die japanische Gesellschaft, die sich in der Nachkriegszeit mit einer ungeheueren Dynamik immer höher und höher geschraubt hat, plötzlich an eine Glasdecke gestoßen sei, die sie nicht zu durchdringen vermag.

4 Japan – quo vadis?

Das japanische Gesellschaftsmodell der Nachkriegszeit ist seit den 1990er-Jahren in eine tiefe Krise geraten. Einerseits gelang es Japan nicht mehr, ein kontinuierliches Wirtschaftswachstum zu generieren, was das zentrale Projekt des Modells darstellt. Damit war Japan laut dem eigenen Maßstab, den es sich gesetzt hatte, nicht mehr erfolgreich. Dadurch ist das ganze Modell per se in Frage gestellt. Darüber hinaus zeigen jedoch auch die drei zentralen institutionellen Modelle, auf denen das Gesellschaftsmodell beruhte, zunehmend Auflösungserscheinungen. Das Beschäftigungsmodell hat sich abgeschwächt, indem die Randzonen im Arbeitsmarkt außerhalb des Modells sich sukzessive ausgeweitet haben. Gerade im Falle junger Beschäftigter scheint das Beschäftigungsmodell einfach unter deren Füssen wegzubrechen. Das frauenzentrierte Familienmodell ist von zwei Seiten unter Druck geraten: Ein Teil der Frauen, vor allem diejenigen mit hoher Qualifikation, sind zunehmend nicht mehr bereit, sich auf die Rolle der Mutter und Hausfrau einengen zu lassen, und verlangen nach einer egalitären gesellschaftlichen Partizipation jenseits des Haushaltes. Doch auch die Rolle des Mannes als Alleinernährer der Familie ist durch die Abschwächung des Beschäftigungsmodells immer mehr in Frage gestellt. Die wirtschaftliche Stagnation hat schließlich auch dazu geführt, dass Fragen der sozialen Ungleichheit in einem ganz anderen Licht in Japan erscheinen, da die allgemeine

Aufwärtsmobilität und Kaufkraftzunahme zu einem abrupten Halt gekommen sind. Hierdurch ist das generelle Mittelschichtmodell nicht mehr eine ge- und erlebte Realität. Der *Japanese way of life*, der im Gesellschaftsmodell vorgegeben war, hat im Laufe der 1990er-Jahre stark an Attraktivität eingebüßt, da die Realisierung dieses idealen Lebenslaufes ungleich schwieriger geworden ist.

Insgesamt hat das japanische Gesellschaftsmodell somit seit den späteren 1990er-Jahren immer mehr an integrativer Kraft verloren. Die Kontinuität der ausgeprägten sozialen Ordnung, die durch das Gesellschaftsmodell generiert wurde, ist langfristig nicht mehr gesichert. Die beiden Hauptfaktoren für die Krise und die Auflösungstendenzen des Gesellschaftsmodells seit den 1990er-Jahren sind einerseits ein Wertewandel und andererseits die wirtschaftliche Stagnation. Der Wertewandel im Hinblick auf die Geschlechterrollen, aber auch in Bezug auf die Beschäftigungsziele kann bis in die 1980er-Jahre zurückverfolgt werden. Durch die wirtschaftliche Stagnation seit den 1990er-Jahren wurde der Wertewandel jedoch sicher zusätzlich verstärkt, da das Gesellschaftsmodell zunehmend seinen Modellcharakter verliert und somit die Neuorientierung in der Gesellschaft dynamisiert.

Die gegenwärtige Krise des japanischen Gesellschaftsmodells wirft die Frage nach der zukünftigen Entwicklung Japans auf. Hierbei erscheint der Versuch, diese Frage zu beantworten, in der Gegenwart besonders lohnend, denn seit etwa zwei bis drei Jahren scheint Japan wieder auf den Pfad des kontinuierlichen Wirtschaftswachstums zurückgefunden zu haben.[4] Basierend auf der theoretischen Perspektive des Gesellschaftsmodells sollten für eine Einschätzung der zukünftigen Entwicklung Japans drei Punkte betrachtet werden. Erstens gilt es abzuschätzen, ob das Gesellschaftsmodell der Nachkriegszeit durch ein neues Gesellschaftsmodell abgelöst wird oder nicht. Zweitens sind die Chancen dafür zu erörtern, dass das bisherige Gesellschaftsmodell in einer adaptierten Version aus der Krisenphase gestärkt wieder hervorgeht. Drittens muss auch diskutiert werden, welchen Grad an sozialer Ordnung das neue Gesellschaftsmodell oder die angepasste Version des bisherigen Gesellschaftsmodells in der Zukunft generieren kann. Diese drei Punkte sollen im Folgenden erörtert werden.[5] Den Anfang macht hierbei die Frage nach einem neuen Gesellschaftsmodell.

---

[4] Es gilt sich jedoch zu erinnern, dass bereits 1996 angesichts des guten Wirtschaftswachstums in Japan unter Kommentatoren im Aus- und Inland die Einschätzung dominierte, dass Japan wieder auf einem stetigen ökonomischen Expansionskurs sei. Dies hinderte das Wachstum im nachfolgenden Jahr jedoch nicht daran, wieder abrupt zusammenzubrechen. Die Frage, ob Japan wirklich gegenwärtig die wirtschaftliche Stagnation der 1990er-Jahre überwunden hat, kann somit wohl erst in ein paar Jahren mit Sicherheit beantwortet werden.

[5] Bei einem solchen Versuch gilt es, das Inferno Dantes im Hinterkopf zu behalten. Im vierten Graben des achten Höllenkreises fristen laut Dantes Schilderung die Wahrsager ihr Dasein, wobei ihnen der Kopf um 180 Grad nach hinten gedreht wurde, sodass sie nicht mehr nach vorne, in die Zukunft, blicken können. Der Autor hofft, dass ihm eine solche Bestrafung erspart bleibt und ist sich bewusst, dass Aussagen über zukünftige Entwick-

4.1 Fehlende gesellschaftliche Basis für ein neues Gesellschaftsprojekt

Voraussetzung für ein neues Gesellschaftsmodell in Japan wäre ein neues Gesellschaftsprojekt, das sozial verankert werden kann. In der Gegenwart ist jedoch keine neue Vision Japans erkennbar, die in absehbarer Zeit als Basiskonsens für ein neues Gesellschaftsmodell dienen könnte. Nationales wirtschaftliches Wachstum ist und wird wohl auch in Zukunft die zentrale Größe bleiben, um welche die japanische Gesellschaft formiert ist.

Die aussichtsreichste Alternative zum ökonomischen Nationalismus wäre wohl eine reaktivierte Form von politischem Nationalismus, wie sie in Japan bis 1945 vorherrschte. Teile der LDP versuchen zwar in den letzten Jahren, das nationale Bewusstsein und den politischen Nationalismus in der Bevölkerung zu steigern und mit einer geplanten Verfassungsreform auch die Grundlagen für eine aktivere Außenpolitik zu schaffen. Doch ist gegenwärtig keine breite Basis in der Bevölkerung erkennbar, die ein Gesellschaftsmodell mit einem politischen Nationalismus im Mittelpunkt mittragen würde (vgl. z.B. Agakimi 2006). Die Kontinuität und Dominanz des bisherigen Gesellschaftsprojekts sind auch der Hintergrund für die hohen Zustimmungsraten zu Koizumi und seinem Kabinett. Denn die Popularität Koizumis in der Bevölkerung kann mit Sicherheit nicht auf seine Besuche im Yasukuni-Schrein als Symbol für politischen Nationalismus zurückgeführt werden. Vielmehr ist Koizumi in den Augen der Bevölkerung der Politiker, der Japan durch Reformen wieder auf einen Wachstumspfad zurückgeführt hat. Er ist somit für die Bevölkerung der Garant für die erneute erfolgreiche Realisierung des alten Projektes nationalen ökonomischen Wachstums.

4.2 Erfolgreiche Adaption des bisherigen Gesellschaftsmodells?

Die wahrscheinlichste zukünftige Entwicklung ist eine Adaption des bisherigen Gesellschaftsmodells. Ein solcher Trend ist bereits in der neuesten Entwicklung in Japan erkennbar. Die konjunkturelle Erholung in den letzten drei Jahren hat sich bereits auf die Nachfrage im Arbeitsmarkt ausgewirkt. Die offizielle Arbeitslosenquote ist wieder unter 5% gesunken. Eine Entspannung und ein klarer Aufwärtstrend sind auch im Arbeitsmarkt für Universitätsabsolventen deutlich. Laut den Berechnungen des auf Studien zum japanischen Arbeitsmarkt spezialisierten Works Institute (2005) hat im Jahre 2006 die Nachfrage nach Universitätsabsolventen in der Privatwirtschaft bereits wieder das Niveau der späten 1980er-Jahre erreicht. Aufgrund der demografischen Entwicklung Japans wird sich dieser Trend wohl in der Zukunft selbst bei einem relativ geringen Wachstum weiter verstärken. Im Jahre 2007 wird der erste Jahrgang der geburtenstarken Generation (*dankai sedai*, geboren 1947-1949)

---

lungen schlussendlich nicht mehr als informierte Spekulationen sein können. Und dies gilt gerade in einer gesellschaftlichen Umbruchphase wie im gegenwärtigen Japan.

pensioniert, wodurch die Nachfrage im Arbeitsmarkt einen weiteren Schub erhalten wird. Laut einer Umfrage der *Nikkei Shinbun* (2006) planen die Unternehmen im Jahre 2007 im Vergleich zum Vorjahr die Neueinstellungen bei den Universitätsabsolventen um etwa 21% und bei den Oberschulabsolventen um etwa 15% zu erhöhen. Ein kontinuierliches Wirtschaftswachstum in Kombination mit der demografischen Entwicklung könnte dementsprechend sehr bald wieder dazu führen, dass ein relativer Arbeitskräftemangel, gerade im Falle hochqualifizierter Arbeitskräfte, in Japan entstehen könnte, wie während der Boomjahre in den späten 1980er- und frühen 1990er-Jahren. Eine solche Entwicklung hätte sicher auch zur Folge, dass Unternehmen die Beschäftigten wieder stärker langfristig an sich zu binden versuchen würden. In einem Arbeitsmarkt mit relativem Arbeitskräftemangel wäre das japanische Beschäftigungsmodell mit seiner langfristigen Beschäftigung für die Arbeitgeber sehr attraktiv und ökonomisch auch sinnvoll. Durch diesen Wandel im Arbeitsmarkt wäre auch das japanische Lebenslaufmodell wieder einfacher zu verwirklichen. Insgesamt zeichnet sich eine signifikante Entschärfung der Krise des Gesellschaftsmodells ab. Auch im Haushaltseinkommen ist im Jahre 2004 wieder eine Trendumkehr eingetreten, indem das Durchschnittseinkommen wieder zu steigen beginnt (vgl. Darstellung 5).

Mit der Abschwächung der Krise des Gesellschaftsmodells durch die Überwindung der wirtschaftlichen Stagnation würde auch ein Freiraum entstehen, um den Wertewandel als zweiten Faktor durch eine gewisse Anpassung im Gesellschaftsmodell in dieses zu integrieren. Gerade hochqualifizierte Frauen würden wohl von der verstärkten Nachfrage im Arbeitsmarkt profitieren und weitaus bessere Karriereaussichten haben. Es ist nicht abzusehen, dass sich die soziale Rolle der hochqualifizierten Männer grundlegend ändern wird, weshalb wohl die stärkste Adaption in Teilen des frauenzentrierten Familienmodells erfolgen wird, das sich zumindest im Falle von Vollzeitdoppelverdienern zu einem neuen Familienmodell mit Haushaltshilfen sowie umfassenderen und billigeren außerfamiliären Betreuungsmöglichkeiten für Kinder und Betagte wandeln wird. Hierbei ist auch eine konsequente Sozialpolitik durch den Staat gefordert. Bei den neuen Beschäftigungsziele, wie einer schwächeren Bindung an einen Arbeitgeber gerade unter den hochqualifizierten jüngeren Arbeitnehmern in den letzten Jahren, ist es schwierig, die zukünftige Entwicklung abzusehen. Die Entwicklungstendenzen in der wirtschaftlichen Boomphase der späten 1980er- und frühen 1990er-Jahre haben jedoch angedeutet, dass sich wohl zu einem gewissen Grad auch ein externer Arbeitsmarkt institutionalisieren wird, weil die Nachfrage gerade bei bestimmten Spezialisten zu einem verstärkten Stellenwechsel führt. Insgesamt erscheint eine Rekonstitutierung des bisherigen Gesellschaftsmodells in einer adaptierten Version eine sehr realistische Variante in der zukünftigen Entwicklung Japans. Denn erstens fehlt ein alternatives Gesellschaftsprojekt, das sozial breit verankert werden könnte. Und zweitens ist aufgrund der demografischen Entwicklung selbst bei einem relativ geringen Wachstum in Zukunft eine Zunahme der Nachfrage im Arbeitsmarkt zu erwarten, was Freiraum für gewisse Anpassungen im Gesellschaftsmodell, vor allem im Familienmodell und bei der Rolle der Frau, ermöglichen sollte.

4.3 Abschwächung des Gesellschaftsmodells

Doch selbst im Fall eines kontinuierlichen Wachstums in den kommenden Jahren sprechen zwei Faktoren dafür, dass es zu einer signifikanten Abschwächung des Gesellschaftsmodells kommen wird. Erstens wird die demografische Entwicklung selbst im Fall eines geringen Wirtschaftswachstums wohl zu einer verstärkten Immigration ausländischer Arbeitskräfte führen. Die stärkere regionale Integration Japans in Ostasien hatte seit den 1980er-Jahren zu ersten Immigrationsbewegungen geführt und Japan von einem Nichtimmigrationsland in ein Immigrationsland verwandelt (Chiavacci 2005b). Auch die wirtschaftliche Stagnation der 1990er-Jahre hat die neuen Immigrationsströme nicht zum Erliegen gebracht. Seit den späten 1990er-Jahren ist in Japan eine Debatte um Immigrationspolitik im Zusammenhang mit dem demografischen Wandel zu verzeichnen (Iguchi 2001). Auch wenn wohl kaum zu erwarten ist, dass versucht werden wird, die demografische Entwicklung durch eine gezielte nationale Immigrationspolitik abzufangen,[6] so ist doch eine starke Zunahme der Immigration zu erwarten. Denn eine ganze Reihe schlecht bezahlter Dienstleistungsjobs kann im Gegensatz zur Industrieproduktion nicht ins Ausland transferiert werden. Mit der Zunahme ausländischer Arbeitskräfter in Japan wird sich wohl auch eine ethnische Schichtung herausbilden, wie sie in Ansätzen bereits heute zu beobachten ist (Shipper 2002). Dadurch wird das Gesellschaftsmodell wohl an integrativer Kraft verlieren, denn diese ethnische Schichtung wird vor allem im klaren Gegensatz zum generellen Mittelschichtmodell stehen.

Der zweite Faktor, der zu einer Abschwächung des japanischen Gesellschaftsmodells führen wird, ist das voraussehbare Ende der generellen Aufwärtsmobilität. Die ausgeprägte soziale Ordnung, die durch das Gesellschaftsmodell erzeugt wurde, kann primär auf die hohe Attraktivität des Modells für jeden Einzelnen zurückgeführt werden. Diese Attraktivität basierte jedoch auf einer allgemeinen Aufwärtsmobilität über eine Kaufkraftzunahme und sozialen Aufstieg. Es ist jedoch selbst im Fall einer langfristig guten konjunkturellen Entwicklung in Japan vorauszusehen, dass die generelle Aufwärtsmobilität sich signifikant abschwächen wird. Denn ein großer Teil der Bevölkerung hat bereits eine Position in der oberen Mittelschicht erreicht. Ein weiterer sozialer Aufstieg kann für diesen Teil der Bevölkerung nur eine Position in der Elite bedeuten. Da jedoch in jeder Gesellschaft per Definition nur eine begrenzte Zahl von Elitepositionen vorhanden ist, hat Japan wohl gegenwärtig die strukturelle Grenze der generellen Aufwärtsmobilität erreicht. Selbst gutes Wirtschaftswachstum wird sich für die Mitglieder der Gesellschaft nicht in einer generellen sozialen Aufwertung der eigenen Position auswirken. Japan hat die strukturellen Grenzen des Wachstums erreicht (vgl. auch Hirsch 1976). Die struktu-

---

[6] Laut einer UN-Studie müsste Japan zwischen 2005 und 2050 pro Jahr etwa 609.000 ausländische Arbeitskräfte aufnehmen, um die erwerbstätige Bevölkerung zahlenmäßig konstant zu halten (United Nations 2001: 50). Eine solche massive Form der Immigration wäre selbst bei Vorhandensein eines entsprechenden politischen und gesellschaftlichen Konsenses wohl kaum realisierbar.

relle Kontinuität Japans, die für die Zukunft zu erwarten ist, wird sich wohl über die soziale Reproduktion auch in einer Festigung der sozialen Schichtlage auswirken. Dadurch wird auch der soziale Aufstieg aus unteren Schichten abgebremst werden und es wird langfristig zu einer stärkeren Differenzierung der Lebenschancen abhängig von der sozialen Herkunft kommen. Diese Abschwächung der Aufstiegschancen wird im Falle von unteren sozialen Schichten zu einer Abschwächung der eigenen Aspirationen und des entsprechenden Einsatzes führen, da die Realisierung eigener Aufstiegsaspirationen sich wohl sehr schwierig gestalten wird. Solche Tendenzen werden bereits in der gegenwärtigen Entwicklung festgestellt (Kariya 2001; Yamada 2004). Doch selbst für die oberen Schichten wird die Attraktivität des Gesellschaftsmodells tendenziell abnehmen. Denn die realistisch Lebensaussicht wird auch für diese Teile der Gesellschaft nicht mehr sozialer Aufstieg, sondern Beibehaltung der jetzigen Statusgruppe sein. Insgesamt kann somit erwartet werden, dass sich aufgrund der beiden Faktoren das generelle Mittelschichtmodell abschwächen wird und dadurch auch die integrative Kraft dieses Modells und die Ausprägung der dadurch hervorgebrachten sozialen Ordnung abnehmen wird.

5 Schlussbetrachtungen

In einer Art Tour de Force wurde im vorliegenden Artikel versucht, 60 Jahre Entwicklung der japanischen Nachkriegsgesellschaft mit dem theoretischen Konzept des Gesellschaftsmodells nachzuzeichnen und die mögliche Zukunftsentwicklung zu erörtern. Das japanische Gesellschaftsmodell, das in den ersten Nachkriegsjahren durch einen konfliktiven Gesellschaftsprozess herausgebildet wurde, gründete auf dem nationalen Wachstumsprojekt als Basiskonsens und war um drei basale Modelle aufgebaut: firmenzentriertes Beschäftigungsmodell, frauenzentriertes Familienmodell und generelles Mittelschichtmodell. Diese drei Modelle generierten über ihre starke institutionelle Komplementarität eine hochgradig ausgeprägte soziale Ordnung, die für jedes Gesellschaftsmitglied einen idealen Lebenslauf, den *Japanese way of life*, vorgab. Die hohe integrative Kraft des Gesellschaftsmodells verdankte dieses einerseits der Tatsache, dass es die Quadratur des Kreises zu sein schien, indem es ausgeprägte Egalität und hohe Fairness mit starkem Wettbewerb und hohem Einsatzwillen zu verknüpfen verstand. Andererseits war es für die Bevölkerung auch sehr attraktiv, da dank der generellen Aufwärtsmobilität der ideale Lebenslauf für einen zunehmenden Anteil der Bevölkerung verwirklicht werden konnte. Zusätzlich abgesichert und legitimiert wurde das Modell durch seine kulturelle Aufladung, indem seine zentralen Institutionen als japanische Besonderheiten definiert wurden, die auf alten japanischen Traditionen beruhen sollten.

Mit der wirtschaftlichen Stagnation der 1990er-Jahre ist das Gesellschaftsmodell in eine tiefe Krise geraten. Dem Modell gelingt es nicht mehr, Wirtschaftswachstum zu realisieren, und in jedem seiner drei Basiselemente sind tiefe Risse sichtbar geworden. In den letzten Jahren scheint Japan jedoch wieder auf einen Wachstumspfad zurückgefunden zu haben, wodurch auch der gesellschaftliche Gestaltungsraum wieder größer geworden ist. Es wurde deswegen versucht, einen Blick auf die zukünftige Entwicklung Japans zu werfen. Erstens wurde hierbei eine Kontinuität des ökonomischen Nationalismus als Grundkonsens und damit der Weiterbestand des bisherigen Gesellschaftsmodells in einer adaptierten Fassung als realistische Entwicklung vorhergesagt (vgl. auch Hall 2004), da es an einem alternativen Gesellschaftsprojekt mangelt, das sozial breit verankert werden könnte. Es wurde auch angenommen, dass es vor allem beim Familienmodell zu umfassenden Anpassungen im bisherigen Gesellschaftsmodell kommen werde. Jedoch wurde auch mit einer Kontinuität und sogar einer erneuten Stärkung des Beschäftigungsmodells aufgrund der demografischen Entwicklung gerechnet. Die demografische Entwicklung und die strukturelle Grenze der generellen Aufwärtsmobilität wurden jedoch als zwei wichtige Faktoren angesehen, die zu einer Abschwächung des Gesellschaftsmodells bezüglich seiner integrativen Kraft führen werden. Aufgrund der Schwächung der sozialen Ordnung als Teil des Gesellschaftsmodells kann ein Differenzierungs- und Individualisierungsprozess in der japanischen Gesellschaft erwartet werden. Einerseits wird dieser Differenzierungsprozess eine große Herausforderung für den japanischen Staat sein, der diesen Prozess über eine konsequente Politik gerade im Sozialbereich wird begleiten und abschwächen müssen. Andererseits wird dieser Differenzierungsprozess jedoch auch den individuellen Freiraum in der japanischen Gesellschaft erweitern. Von Sugahara (1994) wurde dem firmenzentrierten Beschäftigungsmodell beispielsweise vorgeworfen, dass es *sarariiman*-Klone produziere, die sich in ihrem Leben einzig auf die Arbeit konzentrierten. Ähnliche Aussagen könnten auch über die beiden anderen Grundbausteine und das japanische Gesellschaftsmodell als Ganzes gemacht werden (vgl. auch Baba 1991). Die soziale Ordnung, die durch das Gesellschaftsmodell generiert wurde, hatte eine solche Ausprägung erreicht, dass fast von einem totalitären System gesprochen werden konnte.

Zudem wird Japan mit dieser Entwicklung nicht alleine dastehen. Die breite soziale Basis und gesellschaftliche Verankerung der Antiglobalisierungsbewegung und die Stagnation des europäischen Integrationsprozesses sind Anzeichen dafür, dass auch diese Projekte keinen umfassenden Rückhalt in der Bevölkerung fortschrittlicher Industrieländer haben, da sie als wenig attraktive Gesellschaftsprojekte betrachtet werden. Eine schwache Ausprägung der sozialen Ordnung kann in der Gegenwart in den meisten fortschrittlichen Industrieländern festgestellt werden.

Literaturverzeichnis

Abe, Shinzô (2006), *Utsukushii kuni e* [In ein schönes Land], Tokyo: Bungei shunjû

Agakimi, Hikari (2006), *'We the Japanese People': A Reflection on Public Opinion*, Tokyo: The Japan Institute of International Affairs (JIIA Commentary, Nr. 2)

Alderson, Arthur S. und François Nielsen (2002), „Globalization and the Great U-Turn: Income Inequality Trends in 16 OECD Countries", in: *American Journal of Sociology* 107, 5, S.1244-1299

Anchordoguy, Marie (2005), *Reprogramming Japan: The High Tech Crisis under Communitarian Capitalism*, Ithaca: Cornell University Press

Baba, Hiroji (1991), „Gendai seikai to nihon kaishashugi“ [Die gegenwärtige Welt und die firmenzentrierte Gesellschaft Japans], in: Tôkyô Daigaku Shakaikagaku Kenkyûjo (Hrsg.), *Gendai nihon shakai: kadai to shikaku* [Gegenwärtige japanische Gesellschaft: Themen und Perspektiven], Tokyo: Tôkyô daigaku shuppankai, S.29-83

Boltho, Andrea (1975), *Japan: An Economic Survey*, London: Oxford University Press

Bornschier, Volker (1995), „Die westliche Gesellschaft im Wandel: Abfolge und Karriere von Gesellschaftsmodellen“, in: Christian Pfister (Hrsg.), *Das 1950er Syndrom: Der Weg in die Konsumgesellschaft*, Bern: Verlag Paul Haupt, S.105-126

Bornschier, Volker (1998), *Westliche Gesellschaft: Aufbau und Wandel*, Zürich: Seismo-Verlag

Campos, Jose Edgardo und Hilton L. Root (1996), *The Key to the Asian Miracle: Making Shared Growth Credible*, Washington: Brookings Institution

CAO (Cabinet Office, Naikakufu) (2002), *Kokumin seikatsu ni kansuru seron chôsa* [Umfrage zum Leben der Bevölkerung], Tokyo: CAO

CAO (Cabinet Office, Naikakufu) (2003), *Kokumin seikatsu hakusho*, Tokyo: CAO

CAO (Cabinet Office, Naikakufu) (2004), *Danjo kyôdô sankaku shakai ni kan suru seron chôsa*, Tokyo: CAO

Chiavacci, David (2002), *Der Boom der ausländischen Unternehmen als Arbeitgeber: Paradigmawechsel in Japan?,* München: Iudicium Verlag

Chiavacci, David (2005a), „Changing Egalitarianism? Attitudes Regarding Income and Gender Equality in Present Japan“, in: *Japan Forum* 17, 1, S.107-131

Chiavacci, David (2005b), „Vom Nichtimmigrationsland zum Immigrationsland: Der regionale Kontext der neuen Migration nach Japan“, in: *Asien: Deutsche Zeitschrift für Politik, Wirtschaft und Kultur* 95, S.9-29

Chuma, A. Hiroyuki (2002), „Employment Adjustments in Japanese Firms during the Current Crisis“, in: *Industrial Relations* 41, 4, S.653-682

Cusumano, Michael A. (1985), *The Japanese Automobile Industry: Technology and Management at Nissan and Toyota*, Cambridge: Harvard University Press

Deutschmann, Christoph (1987), *Arbeitszeit in Japan: Organisatorische und organisationskulturelle Aspekte der „Rundumnutzung“ der Arbeitskraft*, Frankfurt: Campus

Dore, Ronald (1987), *Taking Japan Seriously*, London: Athlone Press

Förster, Michael und Mark Pearson (2002), „Income Distribution and Poverty in OECD Area: Trends and Driving Forces“, *OECD Economic Studies* 34, S.7-39

Galtung, Johan (1971), „Social Structure, Education Structure and Life Long Education: The Case of Japan“, in: OECD (Hrsg.), *Reviews of National Policies for Education: Japan*, Paris: OECD, S.131-152

Gao, Bai (1999), „The Search for National Identity and Japanese Industrial Policy, 1950-1969“, *Nations and Nationalism* 4, 2, S.227-245

Genda Yûji (2001), *Shigoto no naka no aimai na fuan: Yureru jakunen no genzai* [Die diffuse Unsicherheit in Bezug auf Arbeit: Bange Gegenwart der Jugend], Tokyo: Chûô kôron shinsha

Gender Equality Bureau (2006), *Women in Japan Today 2006*, Tokyo: Gender Equality Bureau, Cabinet Office

Gordon, Andrew (1993), „Contests for the Workplace", in: Andrew Gordon (Hrsg.), *Postwar Japan as History*, Berkeley: University of California Press, S.373-394

Gottschalk, Peter und Timothy M. Smeeding (2000), „Empirical Evidence on Income Inequality in Industrialized Countries", in: Anthony B. Atkinson und François Bourguignon (Hrsg.), *Handbook of Income Distribution 1*, Amsterdam: Elsevier, S.261-307

Hall, Derek (2004), „Japanese Spirit, Western Economics: The Continuing Salience of Economic Nationalism in Japan", *New Political Economy* 9, 1, S.79-99

Hara, Junsuke und Kazuo Seiyama (1999), *Shakai kaisô: Yutakasa no naka no fubyôdô* [Soziale Schichtung: Die Ungleichheit innerhalb des Wohlstandes], Tokyo: Tôkyô daigaku shuppankai

Hashimoto, Kenji (2003), *Class Structure in Contemporary Japan*, Melbourne: Trans Pacific Press

Hayashi, Chikio (1995), *Sûji kara mita nihonjin no kokoro* [Der Charakter der Japaner anhand von Zahlen], Tokyo: Tokuma shoten

Hirao, Keiko (2001), „Mothers as the Best Teachers: Japanese Motherhood and Early Childhood Education", in: Mary C. Brinton (Hrsg.), *Women's Working Lives in East Asia*, Stanford: Stanford University Press, S.180-203

Hirsch, Fred (1976), *Social Limits to Growth*, Cambridge: Harvard University Press

Honda, Yuki (2005), *Wakamono to shigoto: „Gakkô keiyu no shûshoku" o koete* [Jugend und Arbeit: Jenseits einer „schulvermittelten Stellensuche"], Tokyo: Tôkyô daigaku shuppankai

Iguchi, Yasushi (2001), *Gaikokujin rôdôsha shinjidai* [Eine neue Epoche ausländischer Arbeitskräfte], Tokyo: Chikuma shobô

Imada, Sarako (2000), „Hatarakikata saikôchiku: Tayôka shi konmei suru rôdô ishiki no yukue" [Rekonstruktion der Arbeitsweise: Entwicklung der sich differenzierenden und verwirrten Arbeitseinstellung], *Nihon rôdô kenkyû zasshi* 42, 6, S.2-13

Imhof, Arthur E. (1986), „Individualismus und Lebenserwartung in Japan", in: *Leviathan: Zeitschrift für Sozialwissenschaft* 14, 3, S.361-391

Ishida, Hiroshi (1993), *Social Mobility in Contemporary Japan: Educational Credentials, Class and the Labour Market in a Cross-National Perspective*, London: MacMillan

Ishida, Hiroshi (2002), „Sedai aida idô kara mita shakaiteki fubyôdô no suisen: JGSS-2000 ni miru saikin no keikô" [Entwicklung der sozialen Ungleichheit aus der Perspektive der intergenerationellen Mobilität: Neueste Entwicklungstendenzen laut der JGSS-2000-Erhebung], in: Ôsaka shôgyô daigaku hikaku chiten kenkyûjo, Tôkyô daigaku shakai kagaku kenkyûjo (Hrsg.), *JGSS-2000 de mita Nihonjin no ishiki to kôdô* [Verhalten und Bewusstsein der japanischen Bevölkerung laut der JGSS-2000-Erhebung], Tokyo: Tôkyô daigaku shakai kagaku kenkyûjo, S.17-31

Ishizaki, Tadao (1983), *Nihon no shotoku to tomi no bunpai* [Verteilung von Einkommen und Besitz in Japan], Tokyo: Tôyô keizai shinpôsha

Ito, Takatoshi, Hugh Patrick und David E. Weinstein (Hrsg.) (2005), *Reviving Japan's Economy Problems and Prescriptions*, Cambridge: MIT Press

Jaufmann, Dieter (2000), „Japan – Mythos versus Realität beim Themenkomplex Arbeit und Wirtschaft", Dieter Jaufmann und Martin Pfaff (Hrsg.), *Die neue Arbeitsmoral: Industrieländer im internationalen Vergleich*, Frankfurt: Campus Verlag, S.319-383

Kanomata, Nobuo (2001), *Kikai to kekka no fubyôdô: Sedai kan idô to shotoku · shisan kakusa* [Inegalität bei Chancen und Ergebnissen: Besitz- und Einkommensunterschiede und intergenerationale Mobilität], Tokyo: Mineruba shobô

Kariya, Takehiko (1995), *Taishû kyôiku shakai no yukue: Gakurekishugi to byôdô shinwa no sengoshi* [Entwicklung der Massenerziehungsgesellschaft: Die Nachkriegsgeschichte der Mythen Bildungsmeritokratie und Egalität], Tokyo: Chûô kôron shinsha

Kariya, Takehiko (2001), *Kaisôka nihon to kyôiku: Fubyôdô saiseisan kara insentibu dibaido e* [Klassengesellschaft Japan und Erziehung: Von der Inegalitätsreproduktion zur Anreizdebatte], Tokyo: Yûshindô kôbunsha

Kennedy, Paul M. (1987), *The Rise and Fall of Great Powers: Economic Change and Military Conflict from 1500 to 2000*, New York: Random House

Keizai Senryaku Kaigi (1999), *Nihon keizai saisei e no senryaku* [Strategie für eine Erholung der japanischen Wirtschaft], Tokyo: Keizai senryaku kaigi

Kôsaka Kenji (2000), „Gendai nihon ni okeru 'naka' ishiki no imi: Chûkansô ronsô to seiji no taipu" [Die Bedeutung von Identifikation mit der „Mitte" im gegenwärtigen Japan: Debatten zur Mittelschicht und Typen der Politik], *Shakai Gakubu kiyô (Kansai gakuin daigaku)* 86, S.145-159

Kosugi, Reiko (2002), „Gakkô to shûgyô no setsuzoku: Zôka suru furiitaa keiyu no idô" [Verknüpfungen zwischen Schule und Erwerbstätigkeit: Wandel in der Transition der zunehmenden Freeter], in: *Kyôiku shakaigaku kenkyû* 70, S.59-74

Lunsing, Wim (2003), „'Parasite' and 'Non-Parasite' Singles: Japanese Journalists and Scholars Taking Positions", in: *Social Science Japan Journal* 6, 2, S.261-265

MIAC (Ministry of Internal Affairs and Comunication, Sômuchô) (2005), *Katei chôsa nenpô* [Jahresbericht der Erhebung zu den Finanzen der Privathaushalte], Tokyo: Nihon tôkai kyôkai

Möhwald, Ulrich (2002), *Changing Attitudes towards Gender Equality in Japan and Germany*, München: Iudicium

Morgan, Glenn und Izumi Kubo (2005), „Beyond Path Dependency? Constructing New Models for Institutional Change: The Case of Capital Markets in Japan", *Socio-Economic Review* 3, 1, S.55-82

Mouer, Ross und Hirosuke Kawanishi (2005), *A Sociology of Work in Japan*, Cambridge: Cambridge University Press

Nakagawa, Yatsuhiro (1979), „Japan, the Welfare Super Power“, in: *Journal of Japanese Studies* 5, 1, S.5-51

Nakamura, Makiko (2000), „Shinchû kaisô no tanjô“ [Geburtsstunde der neuen Mittelschicht], in: Junsuke Hara (Hrsg.), *Nihon no kaisô shisutemu 1: Kindaika to shakai kaisô* [Das Stratifikationssystem Japans: Modernisierung und soziale Schichtung], Tokyo: Tôkyô daigaku shuppankai, S.47-63

Nakatani, Iwao (1996), *Nihon keizai no rekishiteki tenkan* [Historischer Wendepunkt in der japanischen Wirtschaft], Tokyo: Tôyô keizai shinpôsha

Nikkei Shinbun (2006), *Shinsotsu saiyô keikaku chôsa* [Erhebung zur geplanten Einstellung von Schulabsolventen], http://job.nikkei.co.jp/2007/contents/corp/saiyou/ [Zugriff am 28. April 2006]

Ochiai, Emiko (1997), *The Japanese Family System in Transition: A Sociological Analysis of Family Change in Postwar Japan*, Tokyo: LTCB International Library Foundation

Ôishi, Akiko und Yukiko Itô (1999), „Shotoku bunpai no mikata to tôkei ue no mondaiten“ [Perspektive bezüglich der Einkommensverteilung und Probleme der Statistik], in: *Nihon keizai kenkyû sentaa kaihô* 827, S.40-45

Ôta, Kiyoshi (1999), *Deeta de yomu seikatsu no yutakasa* [Der in den Daten sichtbare Wohlstand], Tokyo: Tôyô keizai shinpôsha

Ôtake, Fumio (2000), „Kyûjû nendai no shotoku kakusa“ [Einkommensunterschiede in den 1990er-Jahren], in: *Nihon rôdô kenkyû zasshi* 42, 7, S.2-11

Ôtake, Fumio (2005), *Nihon no fubyôdô: Kakusa shakai no gensô to mirai* [Japans Inegalität: Mythos und Zukunft der ungleichen Gesellschaft], Tokyo: Nihon keizai shinbunsha

Partner, Simon (1999), *Assembled in Japan: Electrical Goods and the Making of the Japanese Consumer*, Berkeley: University of California Press

Pyle, Kenneth B. (1992), *The Japanese Question: Power and Purpose in a New Era*, Washington: The AEI Press

Raymo, James M. (2003), „Premarital Living Arrangements and the Transition to First Marriage in Japan“, in: *Journal of Marriage and Family* 65, 2, S.302-315

Rebick, Marcus (2005), *The Japanese Employment System: Adapting to a New Economic Environment*, Oxford: Oxford University Press

Satô, Toshiki (2000), *Fubyôdô shakai nihon: Sayônara sôchûryû* [Ungleiche Gesellschaft Japan: Auf Wiedersehen allgemeine Mittelschicht], Tokyo: Chûô kôron shinsha

Sawyer, Malcolm C. (1976), „Income Distribution in OECD Countries“, in: OECD (Hrsg.), *OECD Economic Outlook Occasional Studies*, Paris: OECD, S.3-36

Schad-Seifert, Anette (2002), „(Ehe-)Paarhaushalt als Auslaufmodell? Die Debatte um die Parasitensingles in Japan“, in: Manfred Pohl und Iris Wieczorek (Hsrg.), *Japan 2001/2002 – Politik und Wirtschaft*, Hamburg: Institut für Asienkunde, S.228-253

Schoppa, Leonard (2006), *Race for the Exits: The Unraveling of Japan's System of Social Protection*, Ithaca: Cornell University Press

Seiyama, Kazuo (2000), „Chûryû hôkai wa 'monogatari' ni suginai" [Der Kollaps der Mittelschicht ist nicht mehr als ein „Märchen"], in: *Chûô kôron* 115, 12, S.84-91

Shioguchi, Ki'ichi (1975), *Kikigaki Ikeda Hayato: Kôsei seichô seiji no keisei to zasetsu* [Bericht zu Ikeda Hayato: Formulierung und Versäumnisse der Hochwachstumspolitik], Tokyo: Asahi shinbunsha

Shipper, Apichai W. (2002), „The Political Construction of Foreign Workers in Japan", in: *Critical Asian Studies* 34, 1, S.41-68

Sugahara, Mariko (1994), „'Nihonbyô' itsutsu no shôjô" [Die fünf Symptome der „japanischen Krankheit"], in: *Chûô kôron* 109, 4, S.108-116

Tachibanaki, Toshiaki (1998), *Nihon no keizai kakusa: Shotoku to shisan kara kangaeru* [Ökonomische Inegalität in Japan: Von Einkommen und Vermögen aus betrachtet], Tokyo: Iwanami shinsho

Tachibanaki, Toshiaki (2005), *Confronting Income Inequality in Japan: A Comparative Analysis of Causes, Consequences, and Reform*, Cambridge: MIT Press

Takanashi, Akira (2002), *Shunto Wage Offensive*, Tokyo: Japanese Institute of Labour

Takeda, Hiroko (2005), *The Political Economy of Reproduction in Japan: Between Nation-State and Everyday Life*, London: Routledge

United Nations (2001), *Replacement Migration: Is it a Solution to Declining and Ageing Populations?*, New York: United Nations

Uno, Kathleen S. (1993), „The death of 'good wife, wise mother'?", in: Andrew Gordon (Hrsg.), *Postwar Japan as History*, Berkeley: University of California Press, S.293-322

Vogel, Suzanne H. (1978), „Professional Housewife: The Career of Urban Middle Class Japanese Women", in: *The Japan Interpreter* 12, 1, S.17-43

Vogel, Ezra F. (1979), *Japan as Number One: Lessons for America*, Cambridge: Harvard University Press

Vogel, Ezra F. (1986), „Pax Nipponica?", in: *Foreign Affairs* 64, 4, S.752-767

Vogel, Steven K. (2006), *Japan Remodeled: How Government and Industry Are Reforming Japanese Capitalism*, Ithaca: Cornell University Press

Waldenberger, Franz (2004), „Changes in the Japanese Employment System: Facts and Speculations", in: Gesine Foljanty-Jost (Hrsg.), *Japan in the 1990s: Crisis as an Impetus for Change*, Münster: LIT Verlag, S.77-101

Watanabe, Masao (1997), „Class Differences and Educational Opportunities in Japan", in: *Hitotsubashi Journal of Social Studies* 29, 2, S.49-71

Watanabe, Shôichi (2001), *Fubyôdô no susume: Nijû seiki no jubaku o koete* [Ratschlag zur Inegalität: Überwindung des Banns des 20. Jahrhunderts], Tokyo: PHP Kenkyûjo

Works Institute (2005), *Da nijûnikai waakusu daisotsu kyûjin bairitsu chôsa (2006 Nensotsu)* [22. Umfrage des Works Institute zur Erhebung zum Verhältnis zwischen Universitätsabsolventen und Stellenangeboten (Abschlussjahr 2006)], Tokyo: Works Institute

World Bank (2003), *Sustainable Development in a Dynamic World: Transforming Institutions, Growth, and Quality of Life (World Development Report 2003)*, Oxford: Oxford University Press

Yamada, Masahiro (1999), *Parasaito singuru no jidai* [Das Zeitalter der Parasitensingle], Tokyo: Chikuma shobô

Yamada, Masahiro (2004), *Kibô kakusa shakai: „Makegumi“ no setsuboukan ga nihon o hikisaku* [Gesellschaft mit Kluft in den Aspirationen: Die Hoffnungslosigkeit der Verlierergruppe zerreißt Japan], Tokyo: Chikuma shobô

Yamamura, Kozo (2003), „Germany and Japan in a New Phase of Capitalism: Confronting the Past and the Future“, in: Kozo Yamamura und Wolfgang Streeck (Hrsg.), *The End of Diversity? Prospects for German and Japanese Capitalism*, Ithaca: Cornell University Press, S.115-146

Yamamura, Kozo und Wolfgang Streeck (Hrsg.) (2003), *The End of Diversity? Prospects for German and Japanese Capitalism*, Ithaca: Cornell University Press

Yomiuri shinbun keizaibu (2001), *Dokyumento „chô“-sarariiman* [Dokumentation „Super“-Angestellter], Tokyo: Chûô shinsho rakure

Japans kinderarme Gesellschaft – Die niedrige Geburtenrate und das Gender-Problem

Annette Schad-Seifert

1 Einleitung

Der demografische Wandel und die veränderte strukturelle Zusammensetzung der Bevölkerung sind eine Herausforderung, der sich alle Industriegesellschaften in den nächsten Jahren zu stellen haben. Aus ökonomischer Sicht ist es in erster Linie die Abnahme der produktiven Bevölkerung zwischen 15 und 64 Jahren und die relative Zunahme der älteren (unproduktiven) Bevölkerungsgruppen, die als volkswirtschaftlich belastend angesehen werden. Befürchtet werden eine Abnahme der Produktivität, eine schwächere Konsumnachfrage und eine Überlastung der sozialen Sicherungssysteme wie Renten, Pflege und medizinische Versorgung. Bei einem Altersquotienten[1] von weit über 20% ist überdies das alte Modell des Generationenvertrags überfordert. Industrieländer wie Japan, Deutschland, Italien, Spanien, die Schweiz und Österreich zeigen übereinstimmend eine Tendenz zu weniger Kindern in der Gesellschaft und sind durch ihre extrem niedrigen Fertilitätsraten von durchschnittlich 1,3 Kindern pro Frau (Tabelle 1) mit dem Problem der gesellschaftlichen Alterung konfrontiert.

Es zeigt sich, dass sich in den Gesellschaften der industrialisierten Welt ein einschneidender Strukturwandel vollzieht, der nicht zuletzt als Auslöser für die demografische Transformation betrachtet werden muss. Hierzu zählen insbesondere die Globalisierung und das mit ihr einhergehende Brüchigwerden von Institutionen wie berufliche Vollbeschäftigung und nationalstaatliche Wohlfahrt. Aber nicht nur höhere soziale Risiken beeinflussen die elterliche Entscheidung für oder gegen ein Kind, auch die allgemeine Verbreitung gesellschaftlichen Wohlstands wird dafür verantwortlich gemacht, dass das individuelle Interesse, Nachwuchs zu produzieren,

[1] Der Altersquotient ergibt sich aus dem prozentualen Verhältnis zwischen den über 64-Jährigen und den 20- bis 64-Jährigen.

sinkt, ein Phänomen, das unbemerkt blieb, solange die durchschnittliche Geburtenrate mit der staatlich gewollten regulierten Geburtenrate in Übereinstimmung lag. Erst nachdem die Geburtenzahl deutlich unter die gesellschaftliche Ersatzrate von durchschnittlich 2,1 Geburten gesunken ist, werden familienpolitische Maßnahmen erörtert und durchgesetzt, die das Interesse an Familie und Kindern anspornen möchten. Geburtenförderung ist aber in Ländern mit militaristischer oder faschistischer Vergangenheit – und hierzu zählt auch Japan – ein Tabuthema, weshalb von politischer Seite aus häufig betont wird, dass ein Anstieg der Geburten nicht durch eine pronatalistische Politik, sondern durch Abbau der Hindernisse zu verwirklichen sei, die Eltern davon abhalten, Kinder in die Welt zu setzen (Atoh 2000: 89; Chitose 2004: 13).

Tabelle 1: Zusammengefasste Geburtenraten verschiedener Länder nach „Human Development Indicators“

		1970-1975	2000-2005
1	Norwegen	2,2	1,8
2	Island	2,8	2,0
3	Australien	2,5	1,7
4	Luxemburg	2,5	1,5
5	Kanada	2,0	1,7
6	Schweden	1,9	1,6
7	Schweiz	1,8	1,4
8	Irland	3,8	1,9
9	Belgien	1,9	1,7
10	USA	2,0	2,0
11	Japan	2,1	1,3
12	Niederlande	2,1	1,7
13	Finnland	1,6	1,7
14	Dänemark	2,0	1,8
15	Großbritannien	2,0	1,7
16	Frankreich	2,3	1,9
17	Österreich	2,0	1,4
18	Italien	2,3	1,3
19	Neuseeland	2,8	2,0
20	Deutschland	1,6	1,3
21	Spanien	2,9	1,3
22	Hongkong, China	2,9	0,9
23	Israel	3,8	2,9
24	Griechenland	2,3	1,3
25	Singapur	2,6	1,4

Quelle: *Human Development Report 2005*, UNDP, URL: http://hdr.undp.org/statistics/data/images/pdf_s.gif.

Für die japanische Regierung war die extrem niedrige Geburtenrate von 1,3 Kindern und die dadurch entstandene „Gesellschaft mit abnehmender Bevölkerung“ (*jinkô genshô shakai*) Anlass, im Dezember 2004 ein eigenes Ministeramt zur Lösung dieses Problems einzurichten. Das ans Kabinettbüro angegliederte Amt für „Geburtenrückgang und Geschlechtergleichstellung" (*shôshika – danjo kyôdô sankaku*) hat den Auftrag, „grundlegende Maßnahmen zur Bekämpfung der Gesellschaft mit einer sinkenden Geburtenrate" (*shôshika shakai taisaku taikô*) zu entwerfen und sowohl auf nationaler wie auch regionaler Ebene zu implementieren. Wie aus dem Namen des Ministeramtes deutlich wird, ist die Entwicklung der niedrigen Fertilität ein Phänomen, das ganz offensichtlich als „Gender-Problem" begriffen wurde, und die japanische Regierung unter Premierminister Koizumi erhofft sich mit der Verwirklichung einer *gender equal society* im Sinne einer „Gesellschaft der gemeinsamen Teilnahme von Frauen und Männern" auch eine Lösung des Geburtenproblems (Naikakufu 2005). Hierzu zählen Maßnahmen wie verbesserte Vereinbarkeit von Familie und beruflicher Beschäftigung für beide Geschlechter sowie finanzielle und institutionelle Unterstützung für erziehende Paare.

Schon seit längerem ist der Trend zu beobachten, dass das traditionelle Modell der Familie mit lebenslanger Bindung an einen festen Partner an Attraktivität verloren hat. Der damit verbundene Strukturwandel familiärer Beziehungen, der Anstieg der Zahl der Singles und deren verlängerter Verbleib im elterlichen Haushalt, Aufschub der Heirat und „späte Elternschaft" oder gänzlicher Verzicht auf Kinder gelten als die hauptsächlichen Verursacher des demografischen Wandels und der damit verbundenen sozialen und ökonomischen Probleme.

Im Folgenden werden die in der wissenschaftlichen Literatur entwickelten Thesen zur Entstehung dieses Trends in Japan diskutiert. Die Erforschung der strukturellen und demografischen Faktoren ist aus soziologischer Sicht deshalb interessant, weil die Frage gestellt werden muss, ob die Modernisierungsentwicklung in allen Industriegesellschaften mit ähnlichen demografischen Folgewirkungen in Richtung einer nachlassenden Bereitschaft zu Familiengründung und Kindergeburten führt. Aus kulturwissenschaftlicher Perspektive ist zu erforschen, ob hinter einer äußerlich ähnlich scheinenden parallelen Entwicklung nicht bedeutende strukturelle und vor allem kulturelle Unterschiede zu finden sind. Die gründliche Faktorenanalyse ist zudem notwendig, um zu klären, welche familienpolitischen Maßnahmen sinnvoll und Erfolg versprechend sein können.

In Japan ist vor allem das Heiratsverhalten der reproduktiven Bevölkerung in den Fokus der soziologischen Demografiedebatten gerückt und die zunehmende Zurückhaltung, in eheähnliche Lebenspartnerschaften einzutreten, wird hauptsächlich auf veränderte Entscheidungsprozesse von Frauen zurückgeführt (Takahashi 2004). Der wohl wichtigste Grund dafür, dass die sozialwissenschaftliche Forschung sich vor allem für das Verhalten von Frauen oder in weiterem Sinne für Geschlechterbeziehungen interessiert, ist die Annahme, dass Frauen als Trägerinnen der Reproduktion und diejenigen, die traditionell die familiären Aufgaben der Pflege und Versorgung übernommen haben, sich mehr und mehr von dieser traditionellen Geschlechtszuschreibung zurückziehen und damit den bisherigen Gesellschaftsvertrag namens „weibliche Familienarbeit gegen wirtschaftliche Versorgung durch einen Ehemann" aufkündigen (Meguro 2003: 23-24).

Diese Interpretation der „Befreiung der Frauen von ihrer traditionellen Rolle" als wesentlicher Grund für die Auflösung der Familie und den Geburtenrückgang wird in dem vorliegenden Aufsatz hinterfragt. Diese Infragestellung erfolgt nicht, um Frauen in Japan mangelnden Emanzipationswillen zu unterstellen, sondern um zu vermeiden, dass der gesellschaftliche Wandel, der die demografische Transformation bedingt, einseitig als Resultat individueller weiblicher Wertverschiebungen interpretiert wird. Ferner wird im Folgenden argumentiert, dass die zurückhaltende Heiratsneigung und die niedrige Geburtenrate aus einem Zusammenspiel komplexer Faktoren resultieren. Dazu zählen unter anderem die fortgesetzte Erwartung an die Erfüllung traditioneller Geschlechterrollen, eine spezifische demografische Konstellation zwischen der alten Eltern- und der erwachsenen Kindergeneration sowie der sozioökonomische Strukturwandel des japanischen Arbeitsmarktes.

2 Demografischer Wandel als Resultat von Wertewandel?

Die wissenschaftliche Erforschung des demografischen Wandels zeigt mitunter die Tendenz, mit einer gewissen Besorgnis über den gesellschaftlichen Zusammenhalt nachzudenken. Insbesondere die mediale Berichterstattung zu demografischer Entwicklung ist von dieser Haltung geprägt. Der Grund liegt wohl darin, dass die Auflösung des Generationenvertrages nicht nur ein finanzielles Problem birgt, sondern die Ungewissheit aufwirft, ob nicht familiäre oder altruistische Werte überhaupt verschwinden und wir uns in der Zukunft als einsame und unversorgte Alte zurechtfinden müssen. Der Wert von Familie oder Ehe steht auf dem Prüfstand und angesichts der gesellschaftlichen Tendenz, nur noch kurzfristige soziale Beziehungen einzugehen, geht es um die Frage, welche Faktoren dafür verantwortlich gemacht werden können, dass sich in den meisten Industriegesellschaften vehemente Veränderungen des privaten Lebens vollziehen.

Bereits zu Beginn der Gründung des Deutschen Instituts für Japanstudien gab es eine umfassend angelegte Studie zum „Wertewandel in Japan". Damals wurden der Einfluss und die Gewichtung der Werte Individualismus und Kollektivismus sowie Gleichheit und Ungleichheit in den Lebensbereichen Familie und Arbeit untersucht. Die Analysen wollten verdeutlichen, in welchem Umfang die japanische Gesellschaftsentwicklung nach dem letzten Krieg eine Angleichung an die modernen Werte wie Individualismus und Gleichheit vollzogen hat. Dahinter steckte die Annahme, dass die japanische Gesellschaft noch stärker als die westliche von traditionellen Normen der Orientierung am Kollektiv und hierarchischen Machtbeziehungen geprägt sei (Möhwald 1996: 170; 2002: 12-13). Die Ergebnisse der Studie zeigten, dass die Werte der befragten Bevölkerungsgruppen keine einheitliche Ausrichtung in Richtung Individualismus oder Kollektivismus auswiesen, sondern eine Pluralisierung von Wertetypen ähnlich wie in westlichen Gesellschaften festgestellt werden könne. Insbesondere in den jüngeren Altersgruppen sei der „westliche" Typ des hedonistischen Materialisten verbreitet (Möhwald 1996: 170).

Nachfolgende Analysen haben deshalb hinter den veränderten Familienbeziehungen und der nachlassenden Heiratswilligkeit eine wachsende Tendenz zu modernen Werten wie Individualismus, Hedonismus und nachlassender Akzeptanz traditioneller Institutionen vermutet. Lützeler stellte dagegen fest, dass das Heiratsverhalten selbst in Japan noch eher an konventionellen Mustern der Familiengründung orientiert sei, und vermutete in der nachlassenden Heiratsneigung keine Infragestellung der Ehe an sich, sondern eine gestiegene emotionale Bedeutung der Ehe als Liebesheirat, die dazu führe, dass ideale Erwartungen an den zukünftigen Ehepartner einen verzögerten Eintritt in die Ehe bewirken (Lützeler 1996: 30).

Ferner konnte belegt werden, dass der Wandel individueller Einstellungen in einem Verhältnis zu strukturellen Veränderungen der Gesellschaft wie Urbanisierung oder Kernfamilienbildung steht. Zum Beispiel hatten nach dem Krieg die meisten Regierungen der westlichen Industrieländer ein Interesse an einer Geburtenregulierung, um das Reproduktionsniveau nicht weit über die gesellschaftliche Ersatzrate steigen zu lassen. Dahinter stand die Vorstellung, dass ein Wohlstandsniveau nur in Gesellschaften mit gemäßigtem Bevölkerungswachstum verwirklicht werden kann. Zum anderen steckte hinter der Verbreitung von Verhütungsmitteln oder der Liberalisierung von Abtreibungen auch der humanistische Wert, die Zahl ungewollter Schwangerschaften zu reduzieren. Gleichzeitig war die Gründung einer Familie ein bindender normativer Wert und deshalb folgten viele Menschen dem gesellschaftlichen Imperativ, zu heiraten und Kinder in die Welt zu setzen.

In Japan spiegelt sich diese Politik im Geburtentrend von 1947 bis 2003 wider, der einen beachtlichen Unterschied zur Geburtenentwicklung anderer Industrieländer aufweist. Während die Jahre von 1947 bis 1949 durch enorm hohe Geburtenraten von über 4,0 gekennzeichnet sind, fällt vom Jahr 1949 an die Geburtenrate steil ab und erreicht bereits im Jahr 1957 ein Niveau von etwas über 2,0 Geburten (Abbildung 1). Die Familie mit zwei Kindern konnte in Japan vor allem durch die Praxis einer liberalen Abtreibungspolitik verwirklicht werden. Aufgrund mangelnder Alternativen einer zuverlässigen Geburtenverhütung wurde die unerwünschte Geburt eines dritten oder vierten Kindes häufig durch Schwangerschaftsabbruch vermieden (Ueno 1998: 104).

Die Beschränkung auf zwei Kinder pro Familie seit den 1950er-Jahren war in der japanischen Gesellschaft überwiegend eine ökonomisch induzierte Entscheidung. Ein vergleichbarer Geburtenabfall lässt sich in den westlichen Industrieländern erst seit den 1960er-Jahren mit Einführung der Antibabypille nachweisen. Neben der Geburtenkontrolle wurden für die westlichen Industrieländer grundlegende Veränderungen im Heiratsverhalten und die Bildung neuer familiärer Lebensformen wie Zusammenleben ohne Trauschein, der Anstieg des durchschnittlichen Alters von Erstgebärenden, der Anstieg des durchschnittlichen Erstheiratsalters, der Anstieg der Scheidungsrate und der Anstieg der Zahl Unverheirateter für ein Sinken der Geburtenrate unterhalb der gesellschaftlichen Reproduktion verantwortlich gemacht (Ölschleger 2002: 258).

Da in Japan die Geburtenrate der verheirateten Paare unverändert bei 2,2 Geburten liegt, ist deutlich, dass der Kinderschwund vornehmlich durch den Anstieg der Unverheirateten ausgelöst wird. Auffällig ist auch, dass im Vergleich zu anderen westeuropäischen Ländern in Japan die Rate der unehelich geborenen Kinder verhältnismäßig niedrig ist. Ebenso wird deutlich, dass die Gruppe von Personen, die ihr Leben lang Single bleiben, unter Frauen von 5 auf 15 Prozent und unter Männern von 6 auf 22 Prozent angestiegen ist (Mason und Ogawa 2001: 53).

Abbildung 1: Geburtentrend und Geburtenrate in Japan (1947-2003)

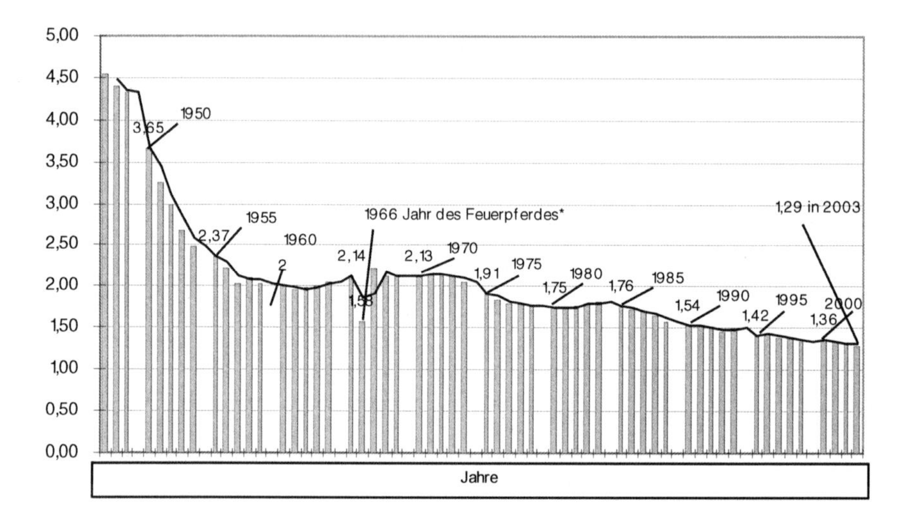

* Anmerkung zu „Jahr des Feuerpferdes“: Im Jahr 1966 fiel die Geburtenrate plötzlich von 18,6 Geburten je 1.000 Einwohner auf 13,7 und stieg im Jahr 1967 erneut stark auf 19,4 an. Man führt dieses Phänomen auf den vor allem seit der Frühmoderne stark verwurzelten Aberglauben zurück, dass Mädchen, die im Jahr des Feuerpferdes (*Hinoe-uma*), dem 43. Jahr im traditionellen 60-Jahres-Zyklus (*jikkan jûnishi*), geboren werden, später einmal ihren Ehemann töten werden (siehe *Glossar der Bevölkerungswissenschaften und des demographischen Wandels*, Deutsches Institut für Japanstudien, Tokyo).

Quelle: Japanisches Ministerium für Gesundheit, Arbeit und Wohlfahrt, *Bevölkerungsstatistik 2004.*

3 Gründe für Heiratsaufschub

Um das Phänomen der aufgeschobenen Heirat zu verstehen, ist es notwendig, sich den Entwicklungstrend der Eheschließung in Japan in den Jahrzehnten nach dem letzten Krieg zu verdeutlichen. Wie aus Abbildung 2 hervorgeht, ist ein kontinuierlicher Anstieg des Ersthciratsalters seit Mitte der 1970er-Jahre zu verzeichnen. Das durchschnittliche Ersthciratsalter betrug im Jahr 2005 bei Frauen 27,4 Jahre und bei Männern 29,1 Jahre. Für den Anstieg des Erstheiratsalters gibt es verschiedene Gründe, die sowohl individuelle Motive aufweisen als auch auf soziale Bedingungen zurückzuführen sind. Insbesondere wenn Überlegungen im Spiel sind, von staatlicher Seite Maßnahmen zu ergreifen, um die Individuen zur Heirat und zur Familiengründung zu motivieren, ist es wichtig, genau zu erforschen, welche Faktoren es sind, die eine Person daran hindern, eine Ehe einzugehen.

In der Zeit nach dem letzten Krieg war in Japan 1972 das Jahr mit der höchsten Zahl von Eheschließungen (1.100.000), im Jahr 2000 wurden dagegen nur 800.000 Ehen geschlossen. Im Jahr 1975 kamen die 1947 bis 1949 geborenen geburtenstarken Jahrgänge ins heiratsfähige Alter. Das durchschnittliche Erstheiratsalter der Männer in diesem Jahr betrug 26,7 Jahre und das der Frauen 24,2 Jahre. Von diesem

Abbildung 2: Durchschnittliches Erstheiratsalter in Japan (1960-2005)

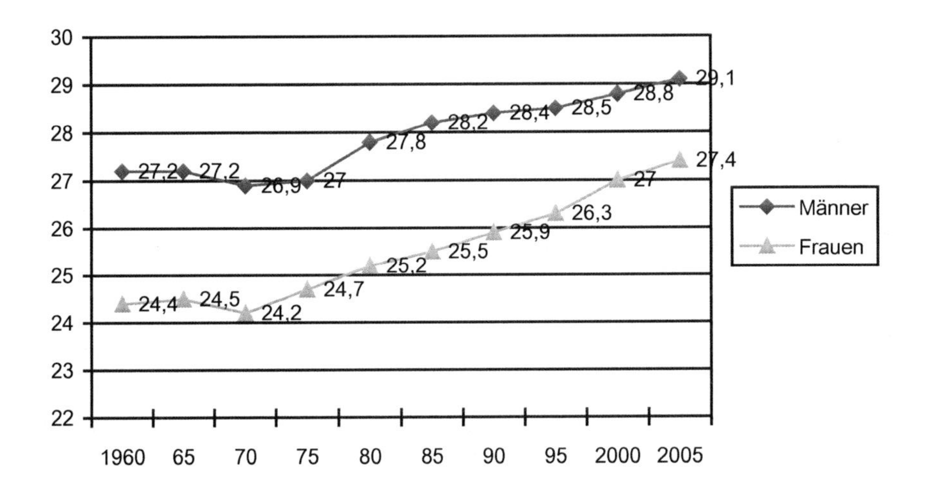

Quelle: Japanisches Ministerium für Gesundheit, Arbeit und Wohlfahrt, *Bevölkerungsstatistik 2005.*

Jahr an stieg das Erstheiratsalter immer mehr an und gleichzeitig verringerte sich der Altersunterschied zwischen den Ehepartnern. Das Jahr 1972 stellt die Spitze eines Heiratsbooms dar, der ungefähr in der zweiten Hälfte der 1950er-Jahre einsetzte. Ausgelöst wurde der Boom durch eine Bevölkerungsentwicklung, die viele Menschen vom Land in die großen Städte des Landes trieb. In den 1950er- und 1960er-Jahren zogen jährlich mehr als 600.000 Menschen nach Tokyo, Osaka und Nagoya. Die prosperierende Wirtschaft der japanischen Nation, die unter anderem im Jahr 1964 die Olympiade ausrichtete und dazu große Bauprojekte wie den Tôkaidô-Shinkansen und Autobahnen in Angriff nahm, absorbierte große Mengen an Arbeitskräften. Im selben Zeitraum bildete sich das für die Nachkriegszeit typische Modell der Kernfamilie mit vollbeschäftigtem Ehemann, Vollzeithausfrau und zwei Kindern heraus. Die sich in dieser Zeit etablierenden Beschäftigungssysteme wie lebenslange Anstellung und Senioritätslohn bewirkten einen hohen Anreiz zur Familiengründung, auch wenn der ausgezahlte Grundlohn für die jungen Neuangestellten in dieser Phase der Wirtschaftsentwicklung noch niedrig lag. Gleichzeitig wurden Wohnungsbauprogramme angekurbelt und in den entstehenden Neubau-Wohnsiedlungen etablierte sich die Platz sparende Wohnung mit Wohn- und Essküche – die so genannte Living-Dining-Kitchen (LDK) – mit ein oder zwei Schlafräumen zum Standardwohnmodell der japanischen Kernfamilie. Die Versorgung der Familie lag in den Händen der Ehefrau als Vollzeithausfrau, deren Tageszeit zu einem großen Teil mit Einkaufen und der Zubereitung von Essen ausgefüllt war. Zudem war die Verbreitung von Halb- und Fertigwaren wie Instant-Nudeln oder Gefrierprodukten in Läden des täglichen Bedarfs noch gering, wie sie heute in den *konbini*, den 24-Stunden-Supermarktketten zu finden sind (Sodekawa et al. 2005: 23-24). Die japanische Konsumenten- und Lebensstandardforschung nimmt an, dass aus Sicht der männlichen Erwerbspersonen ein gewichtiger Ansporn zur Eheschließung die Versorgung des Haushalts durch eine Ehefrau als Hausfrau war. Ein Verzicht auf Heirat hätte keine Option eröffnet, die eigene Versorgung alternativ durch andere Familienmitglieder wie Eltern oder Geschwister ausüben zu lassen, wie das heutzutage bei Erwerbspersonen möglich ist, die in Großstädten bei ihren Eltern leben. Die demografische Entwicklung der Migration vom Land in die Stadt hat durch die damit verbundene lokale Trennung von der eigenen Stammfamilie den Drang zur Kernfamiliengründung und den damit verbundenen Heiratsboom ausgelöst.

Die heutigen jungen Erwachsenen, die in großer Zahl solo bleiben, sind die unmittelbaren Nachkommen der geburtenstarken Jahrgänge, die vom Land in die Stadt gezogen sind, um ein Studium, eine berufliche Ausbildung oder eine Anstellung zu finden. Berufliche Mobilität ist für heutige junge Erwachsene nicht mehr notwendig mit einem Ortswechsel in die Großstadt verbunden. Findet ein Hochschulabgänger eine Anstellung in einem Betrieb, hat er durch die zentrumsnahe Wohnlage seines Elternhauses den Vorteil einer relativ kurzen Anfahrtszeit. Der Auszug aus dem Elternhaus würde eine fühlbare Verschlechterung bedeuten, da bezahlbarer Wohnraum nur in sehr weit entfernten Vororten zu finden ist. Ein junger Erwachsener, der freiwillig einen Auszug aus dem Elternhaus anstrebt, muss stark steigende Lebenshaltungskosten und sehr viel längere Anfahrtszeiten zur Arbeitsstelle in Kauf nehmen. Ähnliches passiert, wenn eine Heirat mit Familiengründung erfolgt und zumeist am Beginn des Ehelebens nur das Einkommen des männlichen Hauptverdieners zur Verfügung steht. Die vom Staat oder vom Familienverband ausgehende normative Aufforderung, zu heiraten und Kinder in die Welt zu setzen, vermag nur zu wirken, wenn damit ein spürbarer gesellschaftlicher Aufstieg für das Individuum verbunden ist, sei es in Form von mehr sozialem Prestige oder ökonomischer Besserstellung. Heiratsverhalten steht in einem Verhältnis zur Entwicklung des wirtschaftlichen Wachstums und zur Urbanisierung der Gesellschaft und es ist auffällig, dass seit dem Jahr 1974 im Anschluss an die Ölkrise und eine anhaltende Phase des Niedrigwachstums ein deutlich verzögerter Eintritt in die Ehe zu verzeichnen ist. In der Phase des wirtschaftlichen Wachstums erhöhten sich die Einkommen der männlichen Hauptverdiener kontinuierlich. Familienväter hatten ein hohes soziales Prestige innerhalb der Firma, und der Anstieg der Einkommen verbesserte die Kaufkraft der Familien, was zu mehr materiellem Wohlstand führte (Sodekawa et al. 2005: 29-30).

Sozialer Aufstieg war aber nicht nur ein Effekt der ökonomischen Besserstellung der Familien. Auch im Heiratsverhalten war ein typisches Muster ausgeprägt, das den männlichen städtischen Newcomer mit Bildung und beruflicher Perspektive mit einer jungen Frau verband, die erst kürzlich vom Land in die Stadt gekommen war. Aus dieser Konstellation ergab sich zwischen den Geschlechtern nicht nur eine Altersdifferenz, sondern auch ein Bildungs- und Klassengefälle. Der soziale Aufstieg durch Heirat wird in der Soziologie auch Hypergamie oder „Aufwärtsheirat" genannt und bezeichnet die Tendenz, aus weiblicher Perspektive nach einem Heiratspartner Ausschau zu halten, der den Bildungs- und Einkommenshintergrund der eigenen Herkunftsfamilie überschreitet. Auch heute noch ist laut Umfragen einer der häufigsten Gründe, der junge Frauen davon abhält, eine Ehe einzugehen, die Überzeugung, keinen passenden Heiratspartner finden zu können (Abb. 3).

Abbildung 3: Gründe für Heiratsaufschub in Japan (Frauen 25-34 Jahre)

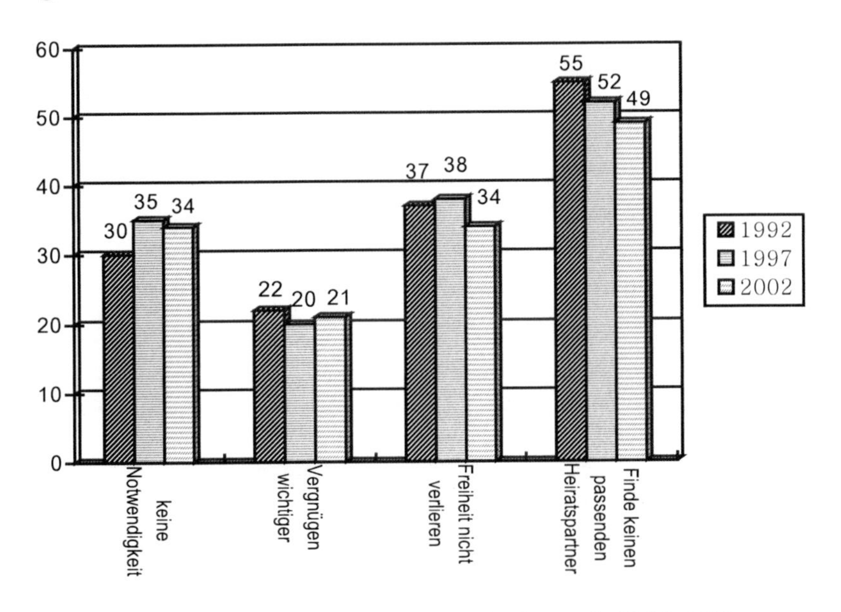

Quelle: National Institute of Population and Social Security Research (IPSS), 2006.

Der Soziologe Manabu Akagawa nimmt an, dass diese Ansicht weniger ein Missmatch in Bezug auf Charakter oder Interesse impliziert, sondern dass vielmehr eine sozialstrukturelle Entwicklung in den männlichen Einkommensklassen dafür sorgt, dass potenzielle männliche Heiratspartner nicht ausreichend zur Verfügung stehen bzw. männliche Geringverdiener keine attraktiven Heiratspartner mehr für Frauen darstellen (Akagawa 2005: 148). Die anhaltende weibliche Hypergamie sieht ebenso der Marktforscher Atsushi Miura statistisch nachgewiesen, indem er belegt, dass für japanische Männer die Chance, eine Heiratspartnerin zu finden, mit höherem Einkommen signifikant ansteigt. In Lohngruppen von etwa 3 Mio. Yen Jahresgehalt liegt der Grad der Verheiratung bei nur 33,3% und steigt in den Gehaltsgruppen von 5 Mio. Yen kontinuierlich auf 78,3%, während Männer mit hohen Einkommen von 7 bis 9 Mio. Yen zu nahezu 100% verheiratet sind (Miura 2005: 124-125).

Das veränderte Heiratsverhalten steht für Miura in einem Zusammenhang mit dem Abstieg weiter Bevölkerungsteile aus der Mittelschicht, von der insbesondere die ehemals privilegierten männlichen Hauptverdiener betroffen sind. Es bleibt also zu fragen, ob die Veränderungen im Geschlechterverhältnis tatsächlich Folge eines Emanzipationsschubs sind oder ob nicht vielmehr der Abschied von der Mittelschichtgesellschaft dafür sorgt, dass traditionelle Rollenmodelle nicht mehr wirken können.

In den Medien wird die Verschiebung der soziokulturellen Werte teilweise mit pejorativen Schlagworten wie *makeinu* (wortwörtlich „im Kampf geschlagener Hund", Verlierer, Außenseiter) belegt, um damit 30- bis 40-jährige Frauen zu beschreiben, die auf die klassische Option Ehemann und Kinder verzichtet haben. Der Bestseller der Single-Frau Junko Sakai hat mit dem Titel *Makeinu no toboe* („Das Heulen der Verliererhündin") zur Verbreitung dieses Trendwortes beigetragen. Sakais Analyse machte klar, dass die traditionelle Norm der Mittelschichtfamilie mit männlichem Hauptverdiener und weiblicher Hausfrau ein gesellschaftliches Auslaufmodell darstellt und dass Frauen sich heutzutage nicht mehr ausschließlich über eine Ehe absichern können (Sakai 2003). Viele Frauen sahen in Sakais Buch eine Bestätigung dafür, dass es einem in der Lebensform als *makeinu* viel besser gehen kann als einer verheirateten Vollzeithausfrau, die in der Werteskala der Mittelschichtgesellschaft immer noch als Gewinnerin (*kachiinu*) gilt.

Weiblicher Heiratsaufschub wird in der demografischen Literatur über westliche Länder vornehmlich auf eine verstärkte Beteiligung von Frauen in beruflicher Beschäftigung zurückgeführt (Atoh 2000: 78). In den westeuropäischen und nordamerikanischen Gesellschaften gilt zumeist ein höherer Bildungsabschluss als Grund dafür, dass Frauen in qualifizierte Berufstätigkeit eintreten und deshalb dazu neigen, den Eintritt in eine Ehe aufzuschieben. Der Soziologe Thomas Meyer führt die Berufsorientierung der Frauen auf eine Emanzipation und „Enthäuslichung" der Frauen zurück, in deren Folge Familiengründung eine zunehmend einengende, belastende und demobilisierende Entscheidung bedeutet, die mit den modernen Ansprüchen eines flexiblen Lebensstils nicht mehr in Übereinstimmung zu bringen sei (Meyer 2004: 59). Unterstellt wird, dass für berufstätige Frauen der gesellschaftliche Statusgewinn, den sie aus ihrer Berufstätigkeit ziehen, größer ist als der Gewinn, den Mutterschaft und Familienleben für eine gebildete Frau bedeuten könnten (Meyer 2004: 59-60). Voraussetzung für die Spaltung in „Familienfrau" und „Berufsfrau" ist, dass die Lebensform Familie letztlich Frauen zwingt, die herkömmliche Geschlechtertrennung zu akzeptieren, nach der die Ehefrau überwiegend an den Haushalt gebunden bleibt und der Mann mit seiner Berufstätigkeit für den Unterhalt der Familie zuständig wird. Schlechte Vereinbarkeit von Familie und Beruf, verursacht durch gesellschaftliche Rahmenbedingungen wie mangelnde Kinderbetreuung und sozial-politische Rücksichtslosigkeit gegenüber Familien, ist ein zusätzlicher Grund, der die persönlichen Wahlmöglichkeiten einer Frau einschränkt (Meyer 2004: 60).

Der Soziologe und Demograf Makoto Atoh hat die sinkende Motivation weiblicher Personen, eine Geburtenkarriere einzuschlagen, als Auswirkung einer ökonomischen Kosten-Nutzen-Abwägung bezeichnet. Wenn eine Frau vor der Alternative steht, entweder durch fortgesetzte Berufstätigkeit über ein finanzielles Einkommen zu verfügen oder durch ein Ehe- und Familienleben darauf verzichten zu müssen, wird Ehe und Kinderaufzucht als finanzieller Verlust des von der Frau potenziell erwirtschafteten Einkommens gewertet. Die materiellen „Opportunitätskosten", die Heirat und Kindergeburt zumindest in den ersten Jahren einer Familiengründung bedeuten, würden in Japan heutzutage stärker empfunden als früher, da laut Atoh in der Vergangenheit Frauen keine Möglichkeit hatten, zwischen den Optionen Familie und Beruf zu wählen. Außerdem galten Kinder ihren Eltern in früheren Zeiten ohne staatliche Altersvorsorge als ökonomisches „Investitionsgut", das als Arbeitskraft und Versorgungsabsicherung im Alter diente, während laut Atoh heutzutage Kinder nur noch ein „Konsumgut" sind, an dem Eltern ihre eigene Zahlungsfähigkeit unter Beweis stellen können. Je finanziell belastender die Aufzucht von Kindern empfunden wird, desto stärker träten Kinder als lebende Konsumgüter hinter anderen materiellen Gütern in den Hintergrund (Atoh 2004: 78).

4 Der „Wert" des Kindes und das Intergenerationenverhältnis

Wird aus ökonomischer Sicht im Sinne der „Opportunitätskostenthese" unterstellt, dass Individuen grundsätzlich optimal kostenrational handeln, liegt es nahe, nach den Belastungen zu fragen, die die Erziehung von Kindern für Eltern heutzutage mit sich bringt. Umfragen in Japan haben ergeben, dass der häufigste Grund, die Zahl der gewünschten Kinder einzuschränken, die finanzielle Belastung der zukünftigen Ausbildung des Kindes ist. Die gesamten Gebühren für Schulbesuch und weiterführende Ausbildung belaufen sich in Japan heutzutage auf mindestens 9,34 Mio. Yen (66.290,00 Euro), wenn das Kind öffentliche Schulen oder Universitäten vom Elternhaus aus besucht. Werden Privatschulen oder private Universitäten für die Ausbildung des Kindes in Anspruch genommen und lebt das Kind getrennt in einem eigenen Haushalt, belaufen sich die elterlichen Belastungen auf schätzungsweise mindestens 19 Mio. Yen (113.500,00 Euro) (Atoh 2000: 81). Auch Umfragen, die allgemein nach den „Härten" fragen, die Kindererziehung für Eltern in Japan bedeutet, geben mit fast 40% an, dass es die Kosten für die zukünftige Ausbildung sind. An zweiter Stelle folgt mit 21,6% die Aussage, dass es die geringer werdende freie Zeit für sich selbst ist, die als einschränkend empfunden wird (Abb. 4).

Das Bedauern über den Verlust an freier Zeit wird wiederum als Ausdruck für einen schwindenden Altruismus in der japanischen Gesellschaft interpretiert. Das Erreichen materiellen Wohlstands bereits im jungen Erwachsenenalter und die hohe emotionale Befriedigung, die aus dem Erwerb eines nach außen hin sichtbaren kostspieligen Lebensstils gezogen wird, wirkt nach Ansicht des Familiensoziologen Masahiro Yamada hemmend auf die soziale Bereitschaft, vorübergehende finanzielle Einbußen für eine Familiengründung in Kauf zu nehmen (Yamada 1999, 2001). Vor allem die vergnügungsorientierten jungen Frauen scheuten zunehmend die Belastungen der Kindererziehung (Yamada 1999: 181). Andere Wissenschaftler/innen haben darauf hingewiesen, dass nicht Egozentrismus das wesentliche Motiv ist, auf Kinder zu verzichten, sondern im Gegenteil die gestiegene gesellschaftliche Erwartung, Kinderpflege als wichtige Aufgabe ernst zu nehmen, junge Menschen in Japan zögern lässt, diesen bedeutungsvollen Auftrag zu übernehmen (Kashiwagi 2001: 172, Ueno 2002: 29, Meyer 2004: 61).

Abbildung 4: Antworten auf die Frage „Was empfinden Sie für sich selbst bei der Kindererziehung als belastend?“ (Mehrere Antworten möglich, Angaben in Prozent)

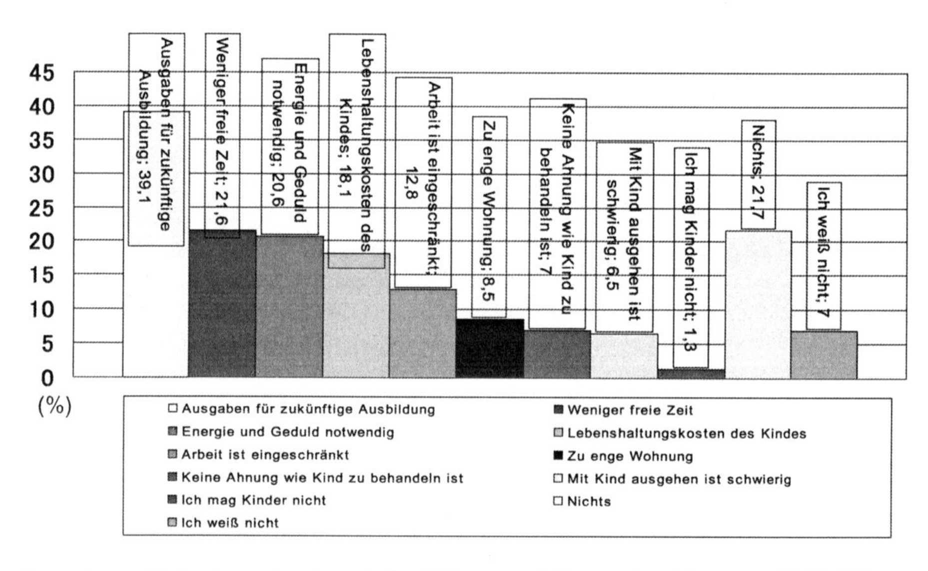

Anmerkung: Befragt wurden japanische Männer und Frauen im Alter von 20-69 Jahren, n = 6.886.

Quelle: Seikatsu Jôhô Sentaa [Living Information Centre] (Hrsg.) 2004: 126.

Aus den bisherigen Ausführungen ist deutlich geworden, dass der „Wert“ eines Kindes für die eigenen Eltern oder für die Gesellschaft einem historischen Wandel unterliegt. Theorien, die nach den finanziellen Belastungen fragen, die Kinder ihren Eltern verursachen, vertreten im Grunde noch die These vom Kind als ökonomischem Investitionsgut, in das sich nicht mehr zu investieren lohnt, wenn die anfänglichen Belastungskosten zu hoch liegen. Die Erziehungspsychologin Keiko Kashiwagi hat dagegen in ihrer Untersuchung deutlich gemacht, dass in entwickelten Industriegesellschaften der Wert eines Kindes kaum noch wirtschaftlich zu bemessen sei (Kashiwagi 2001: 3-4). Im internationalen Vergleich besitzen in Japan ebenso wie in anderen fortgeschrittenen Industrieländern wie USA oder den europäischen Ländern die eigenen Nachkommen nur noch eine geringe Bedeutung als wirtschaftliche Versorgungsquelle oder Arbeitskraft (Kashiwagi 2001: 13).

So zeigt eine Umfrage der Weltbank (Abb. 5), dass zwar von den eigenen Kindern keine wirtschaftliche Unterstützung des Lebensabends erwartet wird, gleichwohl aber ein psychisch-emotionaler Beistand oder Nähe der Kinder im Alter durchaus gewünscht ist. Zwar würde der wirtschaftliche Aufwand, der in Kinder investiert werden muss, als Beeinträchtigung empfunden, dennoch sei der psychische Wert, den Kinder in den Wohlstandsländern für ihre Eltern vor allem im fortgeschrittenen Alter besitzen, nicht zu unterschätzen (Kashiwagi 2001: 12).

Abbildung 5: Wert des Kindes im Ländervergleich

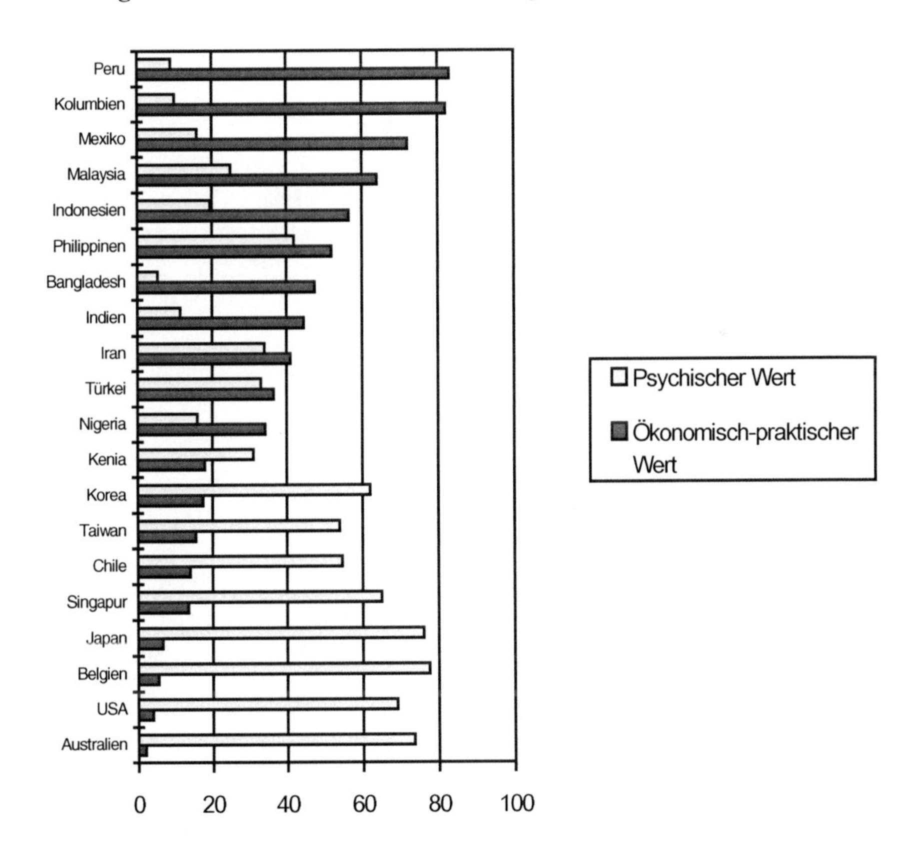

Quelle: Kashiwagi (2001: 4).

Der Wunsch nach emotionaler Unterstützung des erwachsenen Kindes schlägt sich in Japan ebenfalls im signifikant veränderten Geschlechterwunsch nieder. So wurden in den letzten Jahrzehnten Töchter gegenüber Söhnen zunehmend favorisiert. Unbedingt eine Tochter wünschen sich viele Eltern auch dann, wenn sie nur ein Kind bekommen können. Es zeigt sich, dass die Bedeutung des männlichen Kindes als wirtschaftlicher Ernährer oder Stammhalter in den Hintergrund getreten ist. In den meisten Familien verlieren die Eltern nach dem Verlassen des Hauses den näheren Kontakt zum eigenen Sohn, während die eigene Tochter durch häufige Besuche und Hilfsleistungen eine wichtige soziale Bezugsperson bleibt. Viele Eltern hoffen deshalb, von der eigenen Tochter im Alter pflegerisch versorgt zu werden, und sind daran interessiert, mit der Familie der Tochter zusammenzuwohnen (Koyano 2003: 279).

Abbildung 6: Bevorzugtes Geschlecht des Kindes in Japan (1972-1997)

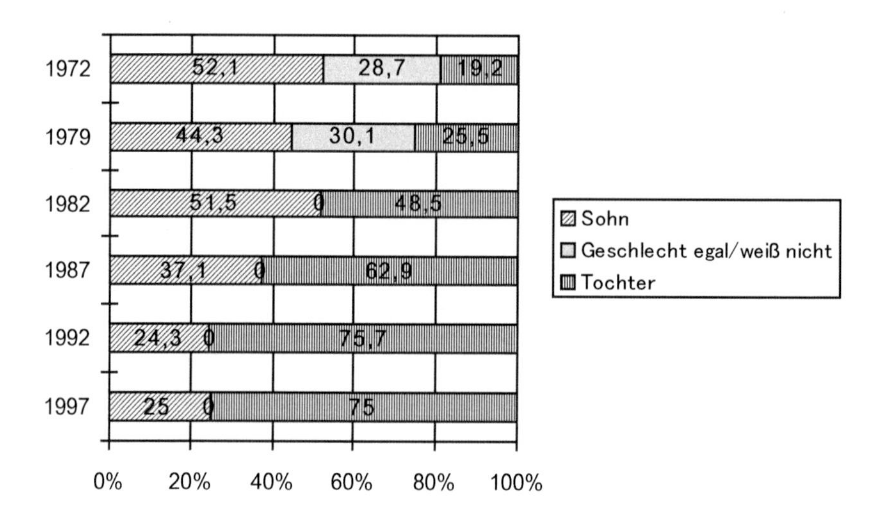

Quelle: Ministerium für Gesundheit, Arbeit und Wohlfahrt, 1998.

Veränderte elterliche Erwartungen an die eigenen erwachsenen Kinder zeigen sich ferner in einem Phänomen, das Yamada als „Parasiten-Singles" bezeichnet hat. Gemeint sind damit unverheiratete und kinderlose Erwachsene, die noch nach Erreichen einer beruflichen Selbständigkeit im elterlichen Haushalt wohnen. Er führt die Tendenz des verlängerten Wohnens im Elternhaus auf eine gesellschaftliche Entwicklung zurück, in der die Elternhaushalte der so genannten Babyboom-Generation eine einträgliche ökonomische Grundlage haben und den eigenen erwachsenen Kindern ein Zusammenleben ermöglichen können. Die Kinder ziehen daraus wiederum ökonomische Vorteile, die zum Beispiel darin liegen, dass ihnen ihr erwirtschaftetes Einkommen vollständig zum eigenen Verbrauch zur Verfügung steht. Ferner werden nahezu sämtliche Haushaltspflichten an die eigene Mutter delegiert, die offenbar bereitwillig dazu in der Lage ist, sie zu erfüllen. Die generöse Haltung der Eltern wird von Yamada auch als Eltern-Kind-Abhängigkeit bezeichnet, die den Kindern eine Abtrennung vom Elternhaus erschwert. Der früher bestehende normative Druck von elterlicher Seite, zu heiraten und eine eigene Familie zu gründen, ist in der Generation der Babyboomer einem symbiotischen Festhalten an den erwachsenen Kindern gewichen und bewirkt als ein wichtiger Faktor die nachlassende Heiratstendenz (Yamada 1999: 164-165; Schad-Seifert 2002).

Die Untersuchungen Yamadas zeigen deutlich, dass von jungen Erwachsenen in Japan heutzutage der Gang in eine Ehe als ungünstige Option empfunden wird. Romantische Gefühle, wie die Sehnsucht nach einer Lebenspartnerschaft mit einem geliebten Menschen, bieten offenbar nicht genug Anreiz, um sich zu binden, oder der Partnerwunsch wiegt die Nachteile eines bescheidenen Lebensstandards nicht auf. Lebensentscheidungen wie Heirat oder Familiengründung stellen keine biologisch-natürlichen Antriebe dar, die grundsätzlich vorhanden sind, sondern werden durch kulturelle Werte und gesellschaftliche Rahmenbedingungen geprägt (Yamada 2002: 74-75).

Die verlängerte Anbindung der erwachsenen Kinder an den elterlichen Haushalt erklärt sich zum einen aus einer veränderten demografischen Konstellation, zum anderen aus dem historisch gewachsenen Wohlfahrtsmodell Japans. In der Vergangenheit waren die wichtigsten sozialen Absicherungsinstanzen Firma und Familie, während die staatliche Wohlfahrt in Japan im internationalen Vergleich eher subsidiär angelegt war. Dazu ist es wichtig, sich vor Augen zu halten, dass die historische Entwicklung des Sozialstaats japanischer Prägung unter spezifischen demografischen Bedingungen zustande gekommen ist, die eine bestimmte Familienstruktur zur Voraussetzung hatten. Die Familiensoziologin Emiko Ochiai zeigt auf, dass das so genannte Nachkriegsfamiliensystem von Familien der zweiten Generation nach dem Krieg geprägt wurde, in denen es in den Familien relativ viele Geschwister gab. Als Ergebnis der hohen Geschwisterzahl konnte sich eine duale Struktur von Familien entwickeln. Zum einen bestanden Familien weiter, die dem traditionellen *ie*-System entsprachen, zum anderen entstand die typisch urban gebundene Kernfamilie. Diese bilaterale Entwicklung war möglich, weil in einer Stammfamilie zumindest ein älterer Sohn mit seiner Ehefrau die Ahnenlinie fortführte und in den meisten Fällen die Pflege der eigenen Eltern zu übernehmen bereit war oder diese an seine Ehefrau delegierte. Die übrigen Geschwister konnten ohne Rücksicht auf die Belange der eigenen Stammfamilie neolokale Gattenfamilien gründen. Die Entwicklung der Haushaltsstruktur zeigt, dass mittlerweile in Japan die Zahl der Kernfamilien im Rückgang befindlich ist und daneben die Zahl der Einpersonenhaushalte stark ansteigt. Laut Ochiai hängt diese Entwicklung mit der Verringerung der Kinderzahl in der zweiten Generation zusammen. In der Nachkriegszeit entwickelte sich die Familie mit zwei Kindern zu einem Ideal, dem heute noch die meisten Kernfamilien anhängen, was dazu führte, dass der prozentuale Anteil an männlichen „Erbfolgern" in der Bevölkerung stieg. Ferner führte die soziale Norm, dass der erstgeborene Sohn mit seinen Eltern in einem gemeinsamen Haushalt zusammenleben oder zumindest in der Nähe wohnen sollte, dazu, dass diese Personengruppe auf dem Heiratsmarkt verschlechterte Chancen erhielt, denn viele Frauen sind selbst „Erbfolgerinnen“, müssen also gegebenenfalls für die leiblichen Eltern sorgen und haben deshalb kein Interesse an einer Heirat mit einem ältesten Sohn. Individuelle Umstände und die Auswirkungen der neolokalen Gattenfamilie haben zusätzlich zur Folge, dass viele Menschen in beträchtlicher räumlicher Distanz zu ihren Eltern leben, was dazu führt, dass viele ältere Menschen im Rentenalter allein leben.

Das soziale Problem einer wachsenden Zahl von Seniorenhaushalten, in denen ein Seniorenpaar oder eine alte Person allein stehend lebt, wird oft als Folge der Individualisierung und mit einer emotionalen Distanz zwischen Eltern und erwachsenen Kindern erklärt. Tatsächlich ist dieser Trend aber nicht auf eine verminderte Neigung zum Zusammenwohnen, sondern vielmehr auf einen Rückgang der Geschwisterzahl pro Familie zurückzuführen (Ochiai 1996: 160). Der Soziologe Sepp Linhart hat in ähnlicher Weise aufgezeigt, dass der statistische Beleg einer Zunahme an alten Einpersonenhaushalten nicht mit dem Nachlassen der konfuzianischen Ethik der Pietät zusammenhängt, sondern demografisch begründet werden muss (Linhart 2002: 293). Generell lässt sich nachweisen, dass das Zusammenleben von mehreren Generationen nicht überhaupt nachlässt, sondern erst zu einem späteren Zeitpunkt einsetzt. Das heißt, dass die Generationen erst dann zusammenziehen, wenn die alten Menschen schon in fortgeschrittenem Alter sind. Linhart vermutet als überzeugenden Grund die höhere Langlebigkeit und damit verbundene längere Rüstigkeit der alten Menschen in Japan. Ferner zeigen die Zahlen, dass nach Abzug der Zahl der Alten, die kinderlos sind, immerhin noch mehr als 54,3% der über 65-Jährigen mit einem ihrer Kinder zusammenleben. Bedenkt man, dass darüber hinaus noch 3,5% mit ihren Kindern auf demselben Grundstück oder im selben Mietshaus zusammenwohnen, was große lokale Nähe bedeutet, ergibt sich ein im Vergleich zu anderen Ländern hoher Anteil an Mehrgenerationenfamilien. Auch für extrem urbanisierte Städte wie Tokyo lässt sich eine hohe Zahl miteinander wohnender Eltern-Kind-Familien ausmachen, was laut Linhart beweist, dass die Mehrgenerationenfamilie nicht lediglich im ländlichen Raum zu lokalisieren ist. Gleichwohl können nicht mehr ausschließlich traditionelle konfuzianische Obligationsmuster als Motiv für das Zusammenleben vermutet werden. Vielmehr liegt auf der Hand, dass durch das gemeinsame Wohnen handfeste Vorteile für die jüngere Generation erwachsen, die zum Beispiel darin liegen, dass sich bestimmte Beschäftigungen wie Kindererziehung an die Großeltern delegieren lassen, was wiederum die Möglichkeit der Vereinbarkeit von Familie und Beruf für die Ehefrau erhöhen kann (Linhart 2002: 293-94).

Vor dem Hintergrund einer in der japanischen Gesellschaft unverändert hohen Bereitschaft, mit den eigenen oder den Schwiegereltern zusammenzuleben, erklärt sich auch die wachsende Zahl von Unverheirateten, die als Singles mit ihren alternden Eltern zusammenleben. Die jüngere Generation zieht aus dem Zusammenwohnen Vorteile, die ihre Wettbewerbschancen oder ihren Lebensstandard erhöhen.

5 „Weibliche Berufstätigkeit" und „männliche Berufstätigkeit" als Faktoren

Erneut ist zu fragen, ob die oben genannten gesellschaftlichen Mechanismen, die eine veränderte demografische Konstellation mit niedriger Geburtenrate erbracht haben, vor allem durch Veränderungen im weiblichen Verhalten ausgelöst wurden. Ein Indikator dafür wäre, dass der Anstieg von Bildung und weiblicher Erwerbstätigkeit in Japan für Frauen einen qualitativen Wandel ihrer Lebensform bedeutet und eine allein stehende Frau mit ihrem beruflichen Einkommen in der Lage ist, eine langfristige und ausreichende soziale Absicherung zu erzielen. Untersuchungen über die Struktur weiblicher Beschäftigung in Japan zeigen aber, dass hinreichend entlohnte, sozial abgesicherte und qualifizierte Beschäftigungsverhältnisse in Japan für Frauen immer noch selten sind, im Unterschied zu westeuropäischen Staaten wie Frankreich oder den skandinavischen Ländern, wo sich weibliche und männliche Beschäftigung strukturell eher angeglichen haben. In Japan wird weibliche Beschäftigung nach wie vor überwiegend als eine Erwerbsform betrachtet, die subsidiär zum Haupteinkommen des traditionell männlichen Familienverdieners erwirtschaftet wird. Untersuchungen zu allein stehenden berufstätigen Frauen in Japan zeigen, dass viele aufgrund eines geringen Gehalts noch in finanzieller Abhängigkeit von ihrem Elternhaus stehen. So genannte Karrierefrauen oder Frauen, die in die qualifizierten Laufbahnen der Unternehmen eintreten, unterliegen denselben Bedingungen wie ihre männlichen Kollegen, mit hohem Konkurrenz- und Qualifizierungsdruck, langen Beschäftigungszeiten und der Bereitschaft zu Dienstreisen und zur Versetzung in andere Dienststellen. In Japan gilt umso mehr das Prinzip, dem weibliche Beschäftigte in qualifizierten Berufen westlicher Länder unterliegen, dass ein Verbleib im Beruf nur unter der Bedingung einer völligen Angleichung an männliche berufliche Laufbahnen zu erlangen ist. Untersuchungen zeigen, dass selbst bei inhaltlich gleichen Arbeitsanforderungen Frauen mit niedrigerer Bezahlung abgefunden werden als Männer (Ueno 2002: 38-41). Der nach wie vor geringe weibliche Anteil an beruflicher Beschäftigung, die sozial beitragspflichtig wird, ist die Folgewirkung einer Familienpolitik, die in Japan stärker als in anderen Industrieländern die Institution der Hausfrauenehe gefördert hat, mit hohen steuerlichen Freibeträgen für das Einkommen des Ehemannes und dem Anspruch der Ehefrau auf Auszahlung von Rente, ohne eigene Beiträge in die Sozialversicherung geleistet zu haben (Mason und Ogawa 2001: 58).

Dieses lange favorisierte Modell des Ehegattenunterhalts steht angesichts von Alterung und knapper werdender Rentenkassen zur Disposition. Infolge der Abnahme der jüngeren Bevölkerung im produktiven Alter werden immer mehr Frauen und ältere Menschen in den Arbeitsprozess mit einbezogen werden müssen. Da aber die verstärkte berufliche Einbindung von Frauen mit dem Risiko verbunden ist, die familiären Reproduktionsaufgaben noch mehr zu vermindern, ist es aus Sicht der Sozialpolitik notwendig, eine verbesserte Vereinbarkeit von beruflicher Beschäftigung und familiärer Dienstleistung zu schaffen. Die japanische Regierung hat dazu seit den 1980er-Jahren einige gesetzliche Maßnahmen erlassen (Chancengleichheitsgesetz [danjo koyô kikai kintô hô], 1986 und 1999; Basisgesetz für die Gleichstellung von Männern und Frauen [danjo kyôdô sankaku shakai kihonhô], 1999) und hat Maßnahmen ergriffen, um Frauen von Kindererziehung und Altenpflege zu entlasten (Angel Plan, in mehreren Fassungen 1995, 2000, 2005; Pflegeversicherungsgesetz 2001 und das Kindererziehungsurlaubsgesetz von 1991 und 1999) (Roberts 2003: 79).

Es mag aus Sicht weiblicher Chancengleichheit erfreulich sein, wenn infolge des demografischen Wandels der Druck entsteht, wirkungsvolle Maßnahmen zur verbesserten Vereinbarkeit von Familie und Beruf und zur Geschlechtergleichstellung zu schaffen. Problematisch erscheinen jedoch sozialpolitische Agenden, die eine Unterstützung weiblicher Berufstätigkeit bewirken wollen, ohne eine Reform der männlich strukturierten Beschäftigungsstruktur in Japan generell in Betracht zu ziehen. Bisherige Maßnahmen zur Herstellung einer geschlechtlichen Gleichstellung in Japan führten nicht dazu, dass signifikant mehr Frauen in sozialversicherungspflichtige Beschäftigungsverhältnisse aufgenommen wurden. Im Gegenteil ist eine Tendenz erkennbar, mehr Möglichkeiten der „Flexibilisierung“, das heißt, mehr irreguläre Teilzeitbeschäftigungen, Zeitarbeitsverhältnisse oder Heimarbeitsplätze zu schaffen.

Ein zweiter blinder Fleck im Demografiediskurs ist die Annahme, dass die individuelle Motivation, die Heirat aufzuschieben oder unverheiratet zu bleiben, als Folge einer zunehmenden Geschlechteregalität interpretiert wird. Die Argumentationslinie der „Geschlechtergleichstellung“ folgt der Annahme, dass Frauen von ihrem zukünftigen Ehepartner mehr Kooperation und Beteiligung an Haushaltsarbeit erwarten, um ihre eigene berufliche Selbständigkeit zu erhalten. Die Soziologin Sawako Shirahase hat aufgezeigt, dass im Unterschied zu westlichen Gesellschaften, wo ein höherer Bildungsgrad in der weiblichen Bevölkerung dazu führt, dass Frauen eher unverheiratet und kinderlos bleiben, eine vom Bildungsgrad her hoch qualifizierte Frau in Japan auf dem Heiratsmarkt höhere Chancen erhält, einen Partner mit hohem Bildungs- und Einkommenshintergrund zu finden, was sehr wahrscheinlich dazu führt, dass sie als verheiratete Vollzeithausfrau leben wird (Shirahase 2005: 61-65). Dieses Ergebnis beweist, dass der Status einer verheirateten Person in Japan einen unverändert hohen sozialen Wert besitzt und die Erwartungen weiblicher Personen an einen zukünftigen Ehepartner im Grunde genommen noch dem konventionellen Geschlechtermodell entsprechen, dem zufolge der Ehemann die ökonomische Grundlage für den Unterhalt der Familie alleinverantwortlich erwirtschaften muss. Der Aufschub der Heirat ist Folge der Erwartung, ein konventionelles Familienmodell mit getrennten Geschlechterrollen führen zu wollen. Das weibliche Festhalten an konventionellen Leitbildern ist wiederum Folge eines Beschäftigungssystems, das Frauen den Zutritt zu qualifizierten Berufen jahrelang systematisch verwehrt hat.

Ferner unterbleibt nahezu ausschließlich eine Erforschung männlicher Werteeinstellungen und Handlungsweisen, indem davon ausgegangen wird, dass Männer aus dem Interesse der Wahrung ihrer „männlichen Dividende“ heraus keine Veränderung des männlich strukturierten Beschäftigungssystems wünschen. Dass diese Annahme eines konservativen männlichen Bewusstseins nicht unbedingt der Realität entspricht, zeigt die soziologische Forschung, die sich mit den Folgen des Abbaus der männlichen Vollbeschäftigung befasst.

Mangelnde ökonomische Selbständigkeit insbesondere unter jungen männlichen Erwerbstätigen ist ohne Zweifel ein Grund dafür, dass die Rate der Eheschließungen und Familiengründungen rapide abgenommen hat. Die Soziologin Michiko Miyamoto zeigt in ihrer Studie über die soziale Lage junger japanischer Erwachsener auf, dass diese keineswegs nur in einer von ihren Eltern begünstigten ökonomischen Situation befinden, sondern mehr und mehr von sozialem Abstieg bedroht sind (Miyamoto 2002: 37-38).

Miyamoto verdeutlicht dies am Beispiel der so genannten *freeters* in der japanischen Gesellschaft, einer Beschäftigungsposition, die davon gekennzeichnet ist, dass sie nicht sozialversicherungspflichtig ist und ohne feste Anstellung ausgeübt wird. Auch hier war in der soziologischen Literatur ähnlich wie in Bezug auf die Elternhaus-Singles eine Veränderung in der individuellen Arbeitseinstellung vermutet worden, die junge Erwachsene dazu bringt, sich verpflichtenden Arbeitsverhältnissen entziehen zu wollen und zunächst eine Existenz als „freier" Jobber zu führen. Das Japanische Institut für Arbeit (Japan Institute of Labour) hat dazu im Jahr 2000 eine Studie durchgeführt, die belegt, das zum einen die Chancen, ein Bewerbungsverfahren erfolgreich zu durchlaufen, deutlich gesunken sind, zum anderen selbst im Fall einer erfolgreichen Einstellung die hochgradig belastende Beschäftigung und das enorme Eingebundensein in eine Firma als unattraktive Option für das eigene Leben empfunden werden. Viele Universitätsabsolventen, die früher ohne weitere Überlegung an den „Einstellungsaktivitäten" (*shûshoku katsudô*) teilnahmen, um eine Anstellung an einem möglichst prestigeträchtigen Unternehmen zu finden, entscheiden sich heute dazu, einer befristeten Beschäftigung als Jobber nachzugehen, die ihnen zwar weniger Lohn und Arbeitsplatzsicherheit, aber deutlich mehr Freiräume und Optionen bietet, um eigene Interessen zu verfolgen. Die junge Generation deshalb als Verursacher einer gesellschaftlichen Krise hinzustellen ist dennoch heikel, da sich umgekehrt das mangelnde Engagement, konventionelle Lebensläufe einzuschlagen, durchaus auf deren zunehmende Risikoträchtigkeit zurückführen lässt (Genda 2005: 10-11).

Im Generationenverhältnis hat die Umstrukturierung von Betrieben insbesondere Auswirkungen auf die Beschäftigungschancen der neu auf den Arbeitsmarkt treffenden Schul- und Hochschulabsolventen. Da die Betriebe ihren Personalabbau intern verträglich gestalten möchten, werden die Segmente der älteren Arbeitnehmer nicht reduziert, stattdessen werden keine Neueinstellungen mehr vorgenommen (Genda 2005: 91). Die Zahl der im Anschluss an den Universitätsabschluss fest angestellten Hochschulabgänger hat sich innerhalb eines Jahrzehnts deutlich reduziert, während sich die Zahl der *freeters* verdreifacht hat. Ebenso deutet sich ein sozialer Trend an, wonach die Gruppe der *freeters* immer älter wird. Der typische *freeter* war früher etwa 18-25 Jahre alt und jobbte neben dem Studium, um sich ein finanzielles Polster zu schaffen. Heutzutage finden sich immer mehr *freeters* in der Altergruppe der 25- bis 40-Jährigen, deren Chancen, eine reguläre Beschäftigung zu finden, gering sind.

Gleichzeitig führt die signifikante Zunahme von Arbeitsverhältnissen, die nicht sozialbeitragspflichtig sind, zu einer Unterfinanzierung der Rentenkassen (Inoue und Sasayama 2005: 165-166).

Im Verhältnis zu einer im Jahr 1991 durchgeführten Studie hat die Zahl der Teilzeitkräfte um 2,8 Millionen zugenommen und lag im Jahr 2001 bei 9,48 Millionen. Eine Unterscheidung nach Geschlecht weist eine Zahl von 23,6% männlichen und 76,4% weiblichen Teilzeitkräften aus. Die Untersuchung aus dem Jahr 1995 belegt einen Prozentsatz von 22,7% Männern und 77,3% Frauen. Setzt man den Anteil der Teilzeitkräfte in ein Verhältnis zu den Arbeitnehmern insgesamt, wird deutlich, dass im Jahr 2001 der Anteil der männlichen Teilzeitkräfte im Verhältnis zu den Festangestellten bei 9,0% und der der Frauen bei 40,3% lag. Demgegenüber weist das Jahr 1995 eine Rate von 5,6% Männern und 29,8% Frauen nach, was belegt, dass der Zuwachs in der Gruppe der männlichen Teilzeitkräfte relativ etwas stärker ist (JIL 2002: 2-3).

In der öffentlichen Debatte über die beachtliche Zunahme der Zahl junger Japaner, die auf ein geregeltes Einkommen verzichten und von einem Teilzeitjob zum anderen springen, war auch zunächst die individuelle Arbeitseinstellung betrachtet worden. Vordergründig schien sich hier eine positive Tendenz zu größerer individueller Freiheit und der Wunsch nach Pluralisierung der Arbeitsstile anzudeuten, negativ wurde dieser Personengruppe ein nachlassendes Loyalitätsgefühl gegenüber der eigenen Firma unterstellt. Die frühere Beschäftigungspraxis, die einen männlichen Arbeitnehmer sein gesamtes Leben lang an eine Firma band, scheint immer mehr abgelehnt zu werden. Es begann sich sogar die Bezeichnung „soziale Aussteiger" zu etablieren, die mit ihrem Verhalten gegen überkommene soziale und kulturelle Normen anzukämpfen schienen. In der jüngeren Diskussion bleibt man nicht mehr so begrenzt auf den individuellen Wertewandel fokussiert, sondern stellt in Rechnung, dass das veränderte Arbeitsverhalten eine Folge des tief greifenden Strukturwandels der japanischen Wirtschaft ist. In einer Befragung des Japanischen Instituts für Arbeitspolitik und Ausbildung (Japan Institute for Labour Policy and Training) vom März 2005 lässt sich ablesen, dass zwar viele Absolventen der Hochschule eine Pluralisierung des Arbeitsmarktes begrüßen, aber für sich persönlich durchaus auf eine Festanstellung hoffen. Die Chancen, von einer Firma in eine reguläre Anstellung übernommen zu werden, sind in den letzten Jahren jedoch erheblich gesunken. Statt Vollzeitstellen anzubieten, suchen die Unternehmen bevorzugt Teilzeit- und Aushilfskräfte, um die Personalkosten wirksam zu reduzieren. In kleinen Firmen ersetzen sogar die Teilzeitkräfte mehr und mehr die Stammbelegschaft, was einen allgemeinen Trend der Unternehmenspolitik beweist, reguläre Mitarbeiter abzubauen (JILPT 2005).

6 Zusammenfassung

Abschließend ist noch einmal auf die eingangs gestellte Frage einzugehen, inwieweit der Trend zu weniger Geburten in Japan das Ergebnis einer konvergenten Entwicklung ist, die übereinstimmend in allen fortgeschrittenen Industrieländern festgestellt werden kann, oder ob Japan strukturelle Besonderheiten aufweist, die für die Faktorenanalyse und die Implementierung sozialpolitischer Maßnahmen wesentlich sind. Da als der wichtigste demografische Faktor für den Geburtenrückgang in Japan die nachlassende Heiratsneigung konstatiert wurde, ist aus historischer Sicht bedeutsam, dass Heiratsboom und Heiratsflaute mit der konjunkturellen Entwicklung der Wirtschaft zusammenhängen. Der Trend zu niedrigem Wachstum und sinkenden Einkommen im Segment der männlichen Vollbeschäftigung sowie die allgemeine Zunahme der Teilzeitbeschäftigung bei jungen Berufseinsteigern beider Geschlechter bedingen eine nachlassende Neigung zu Heirat und Familiengründung, da die konventionellen Erwartungen an Ehe nicht mehr erfüllbar sind und Heirat mit einer zumindest vorübergehenden ökonomischen Schlechterstellung und daher mit einem sozialen Abstieg verbunden ist. Im Unterschied zu westlichen Industrieländern, wo verstärkte Beteiligung der Frauen an qualifizierter beruflicher Beschäftigung der Grund für Heiratsaufschub ist, zeigt sich für Japan, dass die Entqualifizierung männlicher Arbeit als Grund dafür gesehen werden muss, dass Männer als potenzielle Heiratspartner und Familienverdiener unattraktiv geworden sind.

Nachlassende Neigung zur Familiengründung darf andererseits in der japanischen Gesellschaft nicht als antisoziale oder antifamiliäre Tendenz interpretiert werden, da sich eine unverändert hohe Erwartung nach Zusammenleben und psychosozialer Nähe zwischen der Elterngeneration der Babyboomer und den erwachsenen Kindern nachweisen lässt.

Insgesamt ist für den demografischen Strukturwandel der japanischen Gesellschaft ein Zusammenwirken von folgenden drei Faktoren zu konstatieren:

1. Das Fortwirken individueller traditioneller Einstellungen und Erwartungen sowohl im Geschlechterverhältnis als auch im Generationenverhältnis,
2. die spezifische demografische Konstellation zwischen der Elterngeneration der Babyboomer und deren erwachsenen Kindern sowie
3. der Wandel der Beschäftigungsstruktur mit ihrem Abbau der Vollbeschäftigung und einer Ausweitung der Teilzeitbeschäftigung für beide Geschlechter.

Literaturverzeichnis

Akagawa, Manabu (2004), *Kodomo ga hette nani ga warui ka!* [Weniger Kinder, und wenn schon!], Tokyo: Chikuma Shobô

Atoh, Makoto (2000), „Social policies in low-fertility and rapidly aging societies. The case of Japan“, in: Bernd von Maydell, Takeshi Shimomura und Kazuaki Tezuka (Hrsg.), *Entwicklungen der Systeme sozialer Sicherheit in Japan und Europa*, Berlin: Duncker & Humblot, S.75-94

Chitose, Yoshimi (2004), „Policies targeted to families with children – Policy responses to declining fertility“, in: National Institute of Population and Social Security Research (Hrsg.), *Child Related Policies in Japan*, Tokyo: NIPSSR, S.13-21

Genda, Yuji (2005), *A nagging sense of job insecurity: the new reality facing Japanese youth*, Tokyo: International House of Japan

Inoue, Yukio und Naoto Sasayama (2005), *Furiitaa no hôritsu sôdanshitsu – Honnin, kazoku, koyôsha no tame ni* [Die Rechtsberatungsstelle für *freeters* – Für Betroffene, Familien und Arbeitsgeber], Tokyo: Heibonsha

JIL (Japan Institute of Labour) (2002), „Working conditions & the Labour Market – One-fifth of Workers on Part-time Contracts“, in: *Japan Labor Bulletin* 41, 12, S.2-3, http://www.jil.go.jp/bulletin/index.htm

JILPT (Japanese Institute for Labour Policy and Training) (2005), *Nihongata koyô kankô o saihyôka suru kizashi – tayôka suru hatarakikata o mitomeru ga jishin wa seishain de no shûrô o kibô – hiseiki jûgyôin de takai shitsugyô fuan, hikui seikatsu manzokudô* [Anzeichen einer Neubewertung der japanspezifischen Einstellungspraxis – Pluralisierung der Beschäftigungsstile wird anerkannt, aber für sich selbst wird eine feste Anstellung erhofft – Irregulär Beschäftigte haben hohes Maß an Arbeitsplatzunsicherheit und niedrigen Grad an Lebenszufriedenheit], JILPT „Nihonjin no shigotokan“ teitenkansoku [Erhebung zur „Arbeitseinstellung der Japaner“] (4. Umfrage zum Arbeitsleben), Ergebnisbericht, http://www.jil.go.jp/press/documents/20050331.pdf

Kashiwagi, Keiko (2001), *Kodomo to iu kachi – Shôshika jidai no josei no shinri* [Der Wert namens Kinder – Die weibliche Psyche in einer Zeit der rückläufigen Kinderzahlen], Tokyo: Chûôkôron shinsha

Koyano, Wataru (2003): „Intergenerational Relationships of Japanese Seniors: Changing Patterns“, in: Vern L. Bengtson und Ariela Lowenstein (Hrsg.), *Global aging and challenges to families*, New York: Aldine de Gruyter, S.272-283

Lützeler, Ralf (1996), *Die japanische Familie der Gegenwart – Wandel und Beharrung aus demographischer Sicht*, Duisburg: Universität Duisburg, Institut für Ostasienwissenschaften (= Duisburger Arbeitspapiere Ostasienwissenschaften, 7)

Mason, Andrew und Naohiro Ogawa (2001), „Population, labour force, saving and Japan's future“, in: Magnus Blomström, Byron Gangnes und Sumner J. La Croix (Hrsg.), *Japan's New Economy: Continuity and Change in the 21st Century*, Oxford: Oxford University Press, S.48-74

Meyer, Thomas (2004), „Die Familie im demografischen Wandel“, in: Bernhard Frevel (Hrsg.), *Herausforderung demografischer Wandel*, Wiesbaden: VS Verlag für Sozialwissenschaften, S.58-74

Meguro, Yoriko (2003), „Josei no kôgakurekika to jendaa no kakumei no kanôsei [Die höhere Bildung der Frauen und die Möglichkeiten der Gender-Revolution]“, in: Yoriko Meguro und Sumiko Yazawa (Hrsg.), *Shôshika jidai no jendaa to hahaoya ishiki* [Gender und mütterliches Bewusstsein im Zeitalter der geringen Fertilität], 1. Aufl. 2000, Tokyo: Shinyôsha, S.9-25

Miura, Atsushi (2005), *Karyû shakai – aratana kaisô shûdan no shutsugen* [Abstiegsgesellschaft – Die Entstehung einer neuen Klasse], Tokyo: Kôbunsha

Miyamoto, Michiko (2002), *Wakamono ga „shakaiteki jakusha“ ni tenraku suru* [Junge Leute steigen zu „sozial Schwachen“ ab], Tokyo: Yôsensha

Möhwald, Ulrich (1996), „Einige Aspekte der Ergebnisse des Forschungsprojektes des Deutschen Instituts für Japanstudien“, in: Gisela Trommsdorff und Hans-Joachim Kornadt (Hrsg.), *Gesellschaftliche und individuelle Entwicklung in Japan und Deutschland*, Konstanz: Universitätsverlag Konstanz, S.169-188

Möhwald, Ulrich (2002), *Changing attitudes towards gender equality in Japan and Germany*, München: Iudicium

Naikakufu (Kabinettsbüro) (Hrsg.) (2005), *Shôshika shakai hakusho (Heisei 17nen han) – Shôshika taisaku no genjô to kadai* [Weißbuch der kinderarmen Gesellschaft – Situation und Aufgaben der Maßnahmen gegen die kinderarme Gesellschaft], Tokyo: Gyôsei

Roberts, Glenda S. (2003), „Balancing work and life: Whose work? Whose life? Whose balance?“ in: Gil Latz, Koide Izumi und Sarah Griffith (Hrsg.), *Challenges for Japan: democracy, finance, international relations, gender*, Tokyo: International House of Japan, S.75-109

Sakai, Junko (2003), *Makeinu no koboe* [Das Heulen der Verliererhündin], Tokyo: Kôdansha

Schad-Seifert, Annette (2002), „(Ehe-)Paarhaushalt als Auslaufmodell? Die Debatte um die Parasiten-Singles in Japan“, in: Manfred Pohl und Iris Wieczorek (Hrsg.), *Japan 2001/2002 – Politik und Wirtschaft*, Jahrbuch des Instituts für Asienkunde, S.228-253

Seikatsu Jôhô Sentaa [Living Information Centre] (Hrsg.) (2004), *Shôshi kôrei shakai sôgô tôkei nenpô 2004* [Statistical Data of the Decline in the Number of Birth and Aged Society 2004], Tokyo: Seikatsu Jôhô Sentaa

Shirahase, Sawako (2005), *Shôshikôrei shakai no mienai kakusa – jendaa, sedai, kaisô no yukue* [Die unsichtbaren Differenzen in einer kinderarmen und alternden Gesellschaft – Der Einfluss von Gender, Generation und Klasse], Tokyo: Tôkyô Daigaku Shuppankai

Sodekawa, Yoshiyuki, Yukari Hanashima, Masahiro Morisumi (Hrsg.) (2005), *Heisei kakudai kazoku – dankai to dankai junia no kazokugaku* [Die ausgedehnte Heisei-Familie – Eine Familienstudie der Babyboom- und Post-Babyboom-Generation], Tokyo: Dentsû

Takahashi, Shigesato (2004), „Gendai josei no kekkon, kazokukeisei no jittai to ishiki [Realität und Bewusstsein über Ehe und Familiengründung]“, in: Mainichi Shinbunsha Jinkô Mondai Chôsa Kai (Hrsg.), *Chôshôshika jidai no kazoku ishiki – Dai ichi jinkô, kazoku, sedai seron chôsa hôkokusho* [Familienbewusstsein im Zeitalter der extrem geringen Fertilität – Bericht über die erste nationale Untersuchung zu Bevölkerung, Familien und Generationen], Tokyo: Mainichi shinbunsha, S.43-69

Ueno, Chizuko (1998), „The Declining Birthrate: Whose Problem?“, in: *Review of Population and Social Policy*, Nr.7, S.103-128

Ueno, Chizuko (2002), „Der Trend zu weniger Kindern – Frauenerwerbstätigkeit und ihr Dilemma“, in: Japanisch-Deutsches Zentrum Berlin (Hrsg.), *Symposium Frauen in Führungspositionen. 14. September 2001*, München: Iudicium, S.26-41

Yamada, Masahiro (1999), *Parasaito shinguru no jidai* [Das Zeitalter der Parasiten-Singles], Tokyo: Chikuma shobô

Yamada, Masahiro (2001), „Parasite Singles Feed on Family System", in: *Japan Quarterly*, Vol.48, Nr.1, S.10-16

Yamada, Masahiro (2002), *Kazoku no ristorakuchuaringu – 21 seiki no fûfû, oyako wa dô ikinokoru ka* [Restructuring der Familie – Wie überdauern Paare und Eltern im 21. Jahrhundert], 1. Aufl. 1999, Tokyo: Shinyôsha

Japanische Krankenhäuser: Ein Sektor im Umbruch

Matthias Brachmann

1 Einleitung

Über das japanische Gesundheitswesen ist international nur wenig bekannt. Noch viel mehr trifft diese Aussage auf den Krankenhaussektor zu. Dabei wurde das japanische Gesundheitssystem im Jahr 2000 von der Weltgesundheitsorganisation als eines der besten der Welt ausgezeichnet. Aus deutscher Sicht ist ein Blick in den Fernen Osten besonders interessant. Schließlich verfügt Japan über ein Sozialsystem auf Versicherungsbasis, das dem deutschen sehr ähnlich ist, und die demografische Entwicklung und die leeren Staatskassen stellen beide Länder vor vergleichbare Probleme.

Aber auch wenn das Gesundheitssystem international viel Lob geerntet hat, so sehen sich japanische Gesundheitspolitiker in den letzten Jahren bei der weiteren Ausgestaltung des Systems stark unter Druck gesetzt. Zur demografischen Herausforderung kommen vermehrt die Rufe nach besserer Qualität und Transparenz bei der medizinischen Leistungserbringung. Eine Reihe von Skandalen wegen falscher oder schlechter Behandlung hat das Patientenvertrauen in die japanischen Krankenhäuser stark erschüttert. Die Regierung Koizumi wird sich bald mit der Reform des Gesundheitssektors hin zu einer effizienten Leistungserstellung befassen müssen. Durch geschicktes Taktieren hat der Ministerpräsident bei den letzten Wahlen dafür gesorgt, dass die Befürworter des Status quo im Gesundheitswesen, oft der Japanese Medical Association (JMA) nahe stehende Abgeordnete, den Wiedereinzug ins Parlament verpasst haben. Der Weg für einschneidende Veränderungen im Gesundheitswesen ist also frei. Dabei deutet vieles auf eine weitere Liberalisierung dieses Sektors, insbesondere im Krankenhausbereich, hin.

Dieser Beitrag gibt einen Überblick über den japanischen Krankenhaussektor. Dafür wird zunächst das japanische Gesundheitswesen in seinen Grundzügen skizziert. Die Rahmenbedingungen legen schließlich in ihrer Ausgestaltung deutliche Anreizstrukturen für die Krankenhäuser fest. Im nächsten Kapitel werden der Krankenhaussektor, sein Aufbau und seine Charakteristika im Detail beschrieben. Anschließend werden die japanischen Bemühungen um Ausbau und Systematisierung der Qualität im Gesundheitswesen beleuchtet. Im Fazit werden die Ausführungen im Wesentlichen zusammengefasst.

2 Das japanische Gesundheitssystem

Um den japanischen Krankenhaussektor zu verstehen, ist es notwendig, einen Überblick über das Gesundheitssystem zu haben, in das er eingebettet ist. In der frühen Meiji-Zeit wurden die unterschiedlichen Bemühungen der Tokugawa-Periode, einen sozialen Ausgleich zu schaffen, in der Armenhilfeverordnung (*jukkyû kisoku*) von 1874 in Gesetzesform gebündelt. Demnach war der Staat verpflichtet, Kindern unter 13 Jahren, chronisch Kranken und Alten ab 70 Jahren, die über keine eigenen Mittel verfügten oder nicht von anderen Menschen unterstützt wurden, finanziell beizustehen (Taira 1967: 96). Die Gesetze Bismarcks dienten dann Japan Anfang des 20. Jahrhunderts als Vorbild bei der Gestaltung einer eigenen Krankenversicherung. Obwohl schon 1922 konzipiert, trat das Krankenversicherungssystem für Arbeiter in Unternehmen mit zehn oder mehr Mitarbeitern aufgrund des Kantô-Erdbebens erst 1927 in Kraft. Rund zehn Jahre später wurde die Krankenversicherung auf Selbständige (beispielsweise in der Land- und Forstwirtschaft) ausgedehnt. 1961 verstärkte der Staat sein Engagement auf der Nachfrageseite des Gesundheitswesens und erweiterte die Krankenversicherung auf ganz Japan. Seitdem kann jeder Japaner Ort und Zeitpunkt einer medizinischen Behandlung frei wählen. Dabei hat der Leistungskatalog in den 1960er- und 1970er-Jahren stark an Umfang gewonnen. 1973 wurden alle Personen über 70 Jahren von ihren Beiträgen zur medizinischen Versorgung befreit. Nur zehn Jahre später mussten Patienten über 70 Jahre jedoch wieder Zuzahlungen zu ihrer Behandlung leisten. Auch die Zuzahlungen aller anderen Patienten haben sich in den folgenden Jahren auf mittlerweile 30% des Rechnungsbetrages für die erbrachten medizinischen Leistungen erhöht. Es gibt aber einen monatlichen Maximalbetrag ab dem Patienten von einer Zuzahlung befreit werden (Okamoto 2004: 38).

Obwohl sich die staatlichen Regelungen zum Krankenversicherungswesen sehr uniform gestalten, ist historisch ein komplexes Geflecht unterschiedlicher Versicherungen gewachsen. Dabei lassen sich im Wesentlichen zwei Säulen unterscheiden: Zum einen gibt es eine Versicherungsgruppe, die sich nach der Arbeitsstelle des Versicherten richtet. Auch Familienangehörige sind in dieser Versicherung mit eingeschlossen. Als Träger tritt bei kleinen und mittleren Unternehmen der Staat auf. Die Verwaltung dieser Versicherung übernimmt das Sozialversicherungsamt (SVA, *shakai hoken chô*), das auch für die separat geführte Krankenversicherung für Seeleute zuständig ist. Großunternehmen versichern ihre Angestellten über private Krankenversicherungsgesellschaften (KVG). Die Versicherungsverträge gehen oft über das staatlich verlangte Minimalniveau hinaus und dienen den Unternehmen somit als Mittel zur betrieblichen Sozialpolitik. In Versicherungen auf Gegenseitigkeit (VaG, *kyôsai kumiai*) sind der öffentliche Dienst, aber auch Mitglieder privater Einrichtungen, die sich in vergleichbarer Position befinden, wie Lehrer an Privatschulen, gegen das Krankheitsrisiko abgesichert. Arbeitnehmer und Arbeitgeber teilen sich die Versicherungsbeiträge.

Die andere Säule des Systems ist die Nationale Krankenversicherung (NKV, *kokumin kenkô hoken*). In ihr sollen und können alle von den zuvor beschriebenen Versicherungen nicht erfassten Personen Mitglied werden. Neben nicht erwerbstätigen Frauen, Studierenden und Personen, die altersbedingt nicht mehr in den Versicherungen für Arbeitnehmer sind, finden sich in dieser Versicherung auch alle Selbständigen und Arbeitnehmer von Kleinst- und Familienbetrieben (Thränhardt 1994: 434). Organisatorisch unterscheiden sich die von Berufsgruppen wie Rechtsanwälten, Ärzten oder Künstlern organisierten Versicherungsgesellschaften von den kommunal getragenen Versicherungen. Die Beiträge richten sich bei Erwerbstätigen nach einem einkommensbezogenen Schlüssel. Für nicht Erwerbstätige wird ein Fixbetrag festgelegt, der sich aus der jährlichen Bedarfsplanung der Versicherung errechnet. Abbildung 1 gibt den Stand der Versicherungsverteilung im März 2004 wieder. Die Verteilung auf die Versicherungen und der dadurch entstehende Finanz-

Abbildung 1: Verteilung der Bevölkerung auf die unterschiedlichen Versicherungsformen mit Stand 03/2004

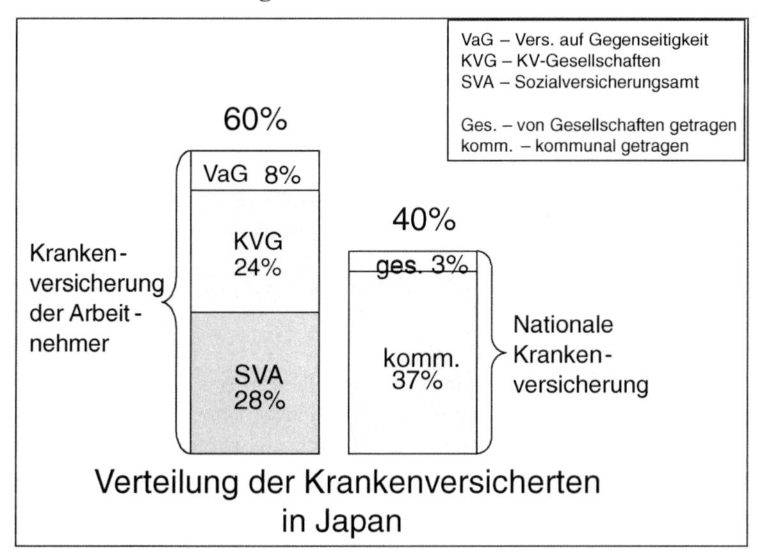

Quelle: Eigene Darstellung nach Okamoto 2004: 37.

bedarf sind stark mit der wirtschaftlichen aber auch mit der demografischen Entwicklung korreliert. In Zeiten hoher Arbeitslosigkeit gibt es eine Wanderungsbewegung von den Versicherungsgesellschaften der Arbeitnehmer hin zur Nationalen Krankenversicherung. Auf Grund der immer älter werdenden Bevölkerung in Japan verschlechtert sich das Verhältnis Nationale Krankenversicherung zu Arbeitnehmerversicherung weiter. Im Zeitraum von Mai 2001 bis Mai 2002 haben 2 Millionen Versicherte von den Arbeitnehmerversicherungen zur Nationalen Krankenversicherung gewechselt (Okamoto 2004: 37).

Nach der Darstellung der Nachfrageseite soll auch die Angebotsseite, die medizinischen Leistungserbringer, kurz skizziert werden, ehe im nächsten Kapitel auf den Krankenhaussektor ausführlicher eingegangen wird. Im Gegensatz zur staatlich stark regulierten Nachfrageseite werden die medizinischen Leistungen in Japan vornehmlich privat erbracht. Nur wenige der 262.687 Ärzte, 92.874 Zahnärzte, 229.744 Apotheker und 1,1 Millionen Krankenpfleger (alle Zahlen 2002) arbeiten im öffentlichen Dienst. Private Krankenhäuser, Arztpraxen und Apotheken beschäftigen den größten Teil des medizinischen Personals. Der ärztliche Nachwuchs wird an 80 medizinischen Fakultäten in sechs Jahren ausgebildet (Okamoto 2004: 33). Auch wenn sich der Staat als Arbeitgeber zurückhält, greift er doch über Gesetze und Regulierungen stark in die Angebotserstellung ein. Der Zugang zu den medizinischen Fakultäten ist staatlich geregelt, Krankenhäuser müssen ein Mindestniveau an Qualität garantieren, die Zahl der Krankenhausbetten wird reguliert und alle medizinischen Berufe unterliegen der Kontrolle des Gesundheitsministeriums. Es liegt im Ermessen des Ministeriums, die medizinische Berufsausübung für eine bestimmte Zeit oder auf Dauer auszusetzen. Ein weiteres wichtiges Werkzeug des Staates, das medizinische Angebot in gewünschte Bahnen zu lenken, ist der medizinische Gebührenkatalog. In Japan wird jede Leistung von der Erbringerseite einzeln mit der Krankenversicherung nach einem Gebührenschema abgerechnet (Einzelleistungsvergütung). Dieses Schema wird alle zwei Jahre zwischen der Regierung und Vertretern der Leistungserbringer neu ausgehandelt. Über die Ausgestaltung des Gebührenschemas kann der Staat gezielt Einfluss auf einzelne Bereiche der Leistungserstellung nehmen. Möchte die Regierung beispielsweise die Zahl der Hausbesuche erhöhen, kann sie über eine Erhöhung des Gebührensatzes die entsprechenden Anreize für die Ärzte setzen. In den letzten Jahren wurden die Gebührensätze durch die Regierung stellenweise empfindlich gekürzt, so beispielsweise im Jahr 2002 um 2,7 Prozent (Okamoto 2004: 39). Abbildung 2 fasst die wesentlichen Akteure des Gesundheitssystems und ihre Beziehung untereinander zusammen.

Die Komplexität des Gesundheitssystems und die demografische Entwicklung im Hinterkopf liegt der Schluss nahe, dass Japan mit hohen Gesundheitskosten zu kämpfen hat. Internationale Vergleiche zeigen aber, dass Japan relativ wenig für sein Gesundheitssystem ausgibt. Nur das Vereinigte Königreich bezahlt relativ gesehen weniger als die japanischen 7,9% des Bruttoinlandprodukts für sein Gesundheitssystem.

Den Gesundheitszustand der japanischen Bevölkerung kann man als sehr gut bezeichnen. Zusammen mit weiteren Faktoren wie dem Fortschritt in der Medizin(technik), den japanischen Ess- und Lebensgewohnheiten, einer äußerst niedrigen Kriminalitätsrate, einer auffällig niedrigen Rate an HIV-Infektionen, einer verschwindend geringen Drogenabhängigkeit und einem äußerst hohen Bildungsniveau hat das Gesundheitssystem dazu beigetragen, die durchschnittliche Lebenserwartung

Abbildung 2: Schematische Darstellung des japanischen Gesundheitswesens

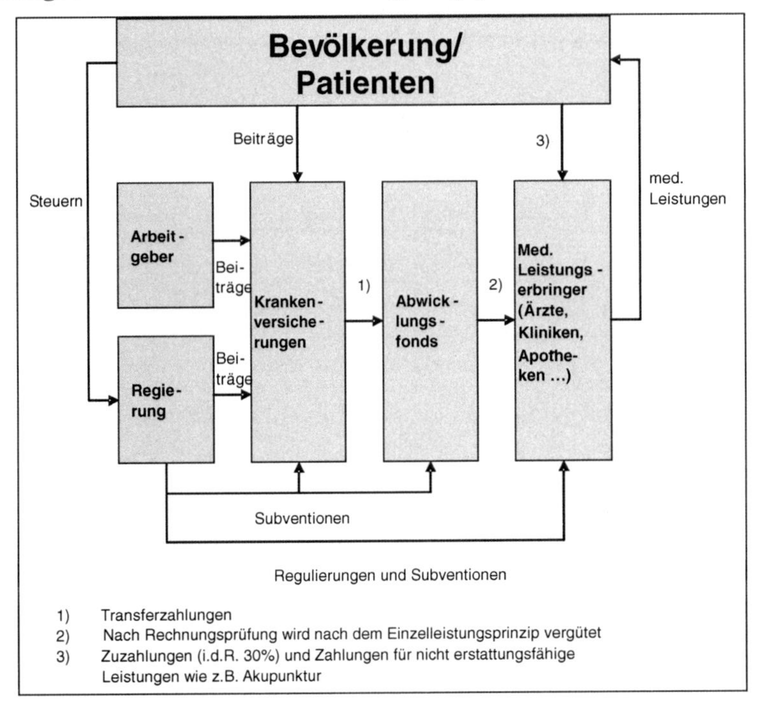

Quelle: Eigene Darstellung.

Abbildung 3: Gesundheitsausgaben als Prozentsatz des BIP

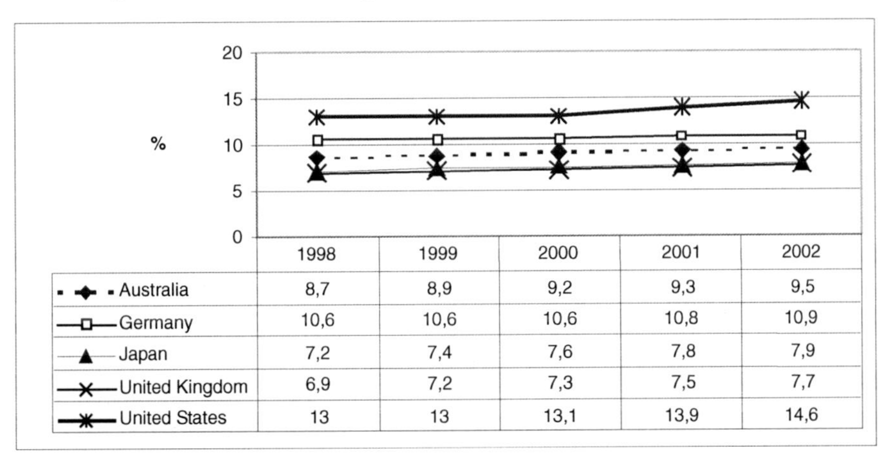

	1998	1999	2000	2001	2002
Australia	8,7	8,9	9,2	9,3	9,5
Germany	10,6	10,6	10,6	10,8	10,9
Japan	7,2	7,4	7,6	7,8	7,9
United Kingdom	6,9	7,2	7,3	7,5	7,7
United States	13	13	13,1	13,9	14,6

Quelle: WHO, *World Health Report 2005*.

bei Geburt von ca. 67 Jahren bei Einführung der landesweiten Krankenversicherung im Jahr 1961 auf 82 Jahre zu erhöhen. Damit liegt Japan international an der Spitze. Auch im Bereich der Kindersterblichkeit nimmt Japan knapp vor Deutschland eine Führungsposition ein.

Tabelle 1: Lebenserwartung bei der Geburt und Sterblichkeitsrate bei Kindern unter 5 Jahren

	Lebenserwartung bei Geburt in Jahren (2003, beide Geschlechter)	Kindersterblichkeit (2003, auf 1.000 Geburten)
Australien	81	6
Deutschland	79	5
Japan	82	4
Großbritannien	79	6
USA	77	8

Quelle: WHO, *World Health Report 2005.*

Die genaue Wechselwirkung zwischen der Ausgestaltung eines Gesundheitssystems und dem Gesundheitszustand einer Bevölkerung ist nicht ausreichend geklärt. Ein Zusammenhang ist aber nicht von der Hand zu weisen und die Weltgesundheitsorganisation hat bei einem Gesundheitssystemvergleich im Jahr 2000 die Gesundheit einer Bevölkerung – gemessen an einer bereinigten Lebenserwartung – als Bewertungskriterium mit aufgenommen. Gemeinsam mit den niedrigen Kosten und dem in Japan geografisch gut verteilten Zugang zu medizinischen Leistungen hat der positive Gesundheitszustand entscheidend dazu beigetragen, dass Japan im Gesundheitssystemvergleich in der Kategorie „Overall goal attainment" den ersten Platz und in den meisten anderen Kategorien eine Platzierung unter den ersten zehn erreicht hat (WHO 2000: 153).

Tabelle 2: WHO Rangliste der Gesundheitssysteme in der Kategorie „Overall goal attainment"

Overall goal attainment			
1	Japan	8	Niederlande
2	Schweiz	9	Großbritannien
3	Norwegen	10	Österreich
4	Schweden	...	...
5	Luxemburg	12	Australien
6	Frankreich	14	Deutschland
7	Kanada	15	USA

Quelle: WHO, *World Health Report 2000.*

Diese äußerst positive Einschätzung des japanischen Gesundheitssystems durch die WHO wird nicht immer geteilt (vgl. Colby 2004: 1-28). Eine im OECD-Vergleich sehr geringe Ärztedichte von 2 praktizierenden Ärzten auf 1.000 Einwohner erlaubt keine ausführlichen Beratungsgespräche für geplante Behandlungen. Die Situation verschärft sich dadurch, dass die Zahl der Arztbesuche pro Person innerhalb eines Jahres mit 16 Besuchen (1996) im internationalen Vergleich sehr hoch ist (Deutschland: 6,5, OECD-Durchschnitt: 6,9). Für ein Fünftel der Patienten bleibt eine Beratungszeit von nicht einmal drei Minuten. In verschiedenen Gutachten wird immer wieder gefordert, die Zahl der zu behandelnden Patienten auf 42 pro Tag zu beschränken, um den Ärzten die Möglichkeit zu geben, ihre Patienten ausführlich z.B. über Nebenwirkungen von verschriebenen Medikamenten zu informieren (Jeong und Hurst 2001: 53).[1] Nicht in Einklang mit den Aussagen der WHO steht die gesundheitliche Selbsteinschätzung der Japaner. So schätzte nicht einmal die Hälfte der in einer Umfrage Befragten ihren Gesundheitszustand als „gut“ oder „besser“ ein. Wie die Abbildung 4 verdeutlicht, sehen die Bürger anderer Industrienationen ihren eigenen Gesundheitszustand erheblich positiver. An dieser Stelle muss aber darauf hingewiesen werden, dass solche Selbsteinschätzungen im internationalen Kontext schnell an Bedeutung und Vergleichbarkeit verlieren können. Unterschiedliche Umfragemethoden, nicht an den Kulturraum angepasste Übersetzungen und kulturelle Eigenarten können die Ergebnisse stark verzerren.

Abbildung 4: Prozentsatz der Bevölkerung, der seinen Gesundheitszustand als „gut“ oder besser einschätzt, Durchschnittswert von Männern und Frauen, 1990er-Jahre

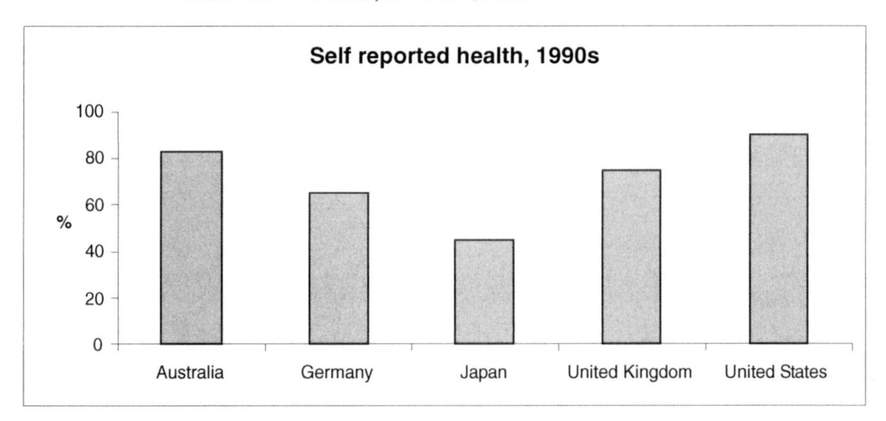

Quelle: OECD, *Health Data 2001*.

Neben diesen genannten Problemen spiegelt auch die Finanzstatistik nicht alle relevanten Sachverhalte wider. Zwar gibt Japan offiziell vergleichsweise wenig für seine Gesundheitsleistungen aus, ein großer Teil der Kosten fließt aber gar nicht erst in die

[1] In Japan können Ärzte traditionell Medikamente nicht nur verschreiben, sondern auch direkt an die Patienten ausgeben.

Statistik ein. Die stark nachgefragte traditionelle Medizin wie beispielsweise Akupunktur wird in den Gesundheitsausgaben nicht erfasst. Schließlich wird diese Leistung nicht von der Versicherung erstattet. Außerdem ist es in Japan üblich, dass sich Patienten mittels „Trinkgeldern" bei ihrem behandelnden Arzt bedanken. Für Routineeingriffe sind Geldgeschenke in Höhe von 100.000 Yen üblich (Anbäcken 1994: 97). Auch diese Ausgaben tauchen in den offiziellen Statistiken zum Gesundheitswesen nicht auf.

Zusammenfassend hat Japan ein Gesundheitssystem auf Versicherungsbasis, in dem der Staat zwar auf der Nachfrageseite sehr aktiv ist, die medizinische Angebotserstellung aber weitgehend dem privaten Sektor überlässt. Über die Festlegung eines Erstattungskataloges und die Kontrolle der medizinischen Berufe durch das Gesundheitsministerium nimmt er aber eine regulierende Rolle ein. Die Leistung des Gesundheitssystems ist auf Grund der relativ niedrigen Kosten und des an einer bereinigten Lebenserwartung gemessenen hervorragenden Ergebnisses sehr beachtlich. Gleichzeitig muss aber auf den nicht ausreichend geklärten Zusammenhang zwischen Lebenserwartung und Gesundheitssystem, die Unvollständigkeit der offiziellen Gesundheitsausgaben und die niedrigen Werte bei der Selbsteinschätzung des Gesundheitszustandes hingewiesen werden.

3 Der Krankenhaussektor

In Japan werden nur medizinische Einrichtungen mit mindestens 20 Betten als Krankenhaus (*byôin*) bezeichnet. Alle anderen ärztlichen Häuser, auch alle Einrichtungen ohne stationäre Betten, fallen unter den Sammelbegriff Klinik (*ippan shinryôjo*). Anfang 2006 gab es 9.016 Krankenhäuser. Diesen gegenüber standen 98.190 Kliniken. Bei der Zahl der Betten dreht sich das Verhältnis aber. Mit 1.631.100 Betten haben die Krankenhäuser eine rund zehnfache Aufnahmekapazität im Vergleich zu den Kliniken. Auf Grund dieses Bedeutungsunterschiedes und der besseren internationalen Vergleichbarkeit werden im Folgenden nur noch die Krankenhäuser, also die medizinischen Einrichtungen mit mindestens 20 Betten, thematisiert.

Abbildung 5: Klassifizierung japanischer Krankenhäuser

<table>
<tr><th colspan="3">Klinik (< 20 Betten)
Anzahl Häuser: 98.190
Anzahl Betten: 169.252</th></tr>
<tr><td>Clinics with no beds</td><td>Clinics with beds</td><td>Long-term care unit</td></tr>
</table>

<table>
<tr><th colspan="5">Krankenhaus (≥ 20 Betten)
Anzahl Häuser: 9.016
Anzahl Betten: 1.631.100</th></tr>
<tr><td rowspan="2">Long-term care-type</td><td colspan="3">General-type hospitals</td><td rowspan="2">Others</td></tr>
<tr><td>General</td><td>Regional health-care supporting hospitals</td><td>Special function hospitals</td></tr>
</table>

Quelle: Hirose et al. 2001: 34; Ministry of Health, Labour and Welfare, *Iryô shisetsu dôtai chôsa*, 02/2006.

Die Zahl der Krankenhäuser, noch aussagekräftiger aber die Zahl der Betten, ist in Japan im internationalen Vergleich auffällig hoch. Gemessen an der Zahl stationärer Betten auf 1.000 Einwohner verfügt Japan über mehr als viermal so viele Betten wie die USA und mehr als anderthalbmal so viele wie Deutschland.

Tabelle 3: Zahl der stationären Betten in verschiedenen Ländern 2003

	Deutschland	Frankreich	Japan	GB	USA
Stationäre Betten in allgemeinen Krankenhäusern	541.901	229.693	1.083.897	220.242	815.335
Stationäre Betten auf 1.000 Einwohner	8,7	7,7	14,3	4,2	3,3

Quelle: OECD, *Health Data 2005*.

Dabei ist sowohl die Häuser- als auch die Bettenzahl in den letzten zehn Jahren deutlich gesunken. Im Jahr 1990 haben sich 10.096 Krankenhäuser um Patienten gekümmert. 2004 waren es nur noch 9.077. Im selben Zeitraum wurden 45.250 Betten abgebaut. Dieser Konsolidierungstrend setzt sich auch im neuen Jahrtausend weiter fort. Dabei haben zwischen Oktober 2003 und Oktober 2004 162 Krankenhäuser ihren Dienst eingestellt und 125 ihre Pforten neu geöffnet. 588 Betten gingen dabei verloren (MHLW 2004a: 7-15). Die Regierung nimmt bei dieser Entwicklung eine zentrale Rolle ein, weil sie die Zahl der Betten über eine Obergrenze steuert. Wurde diese Regulierungsmöglichkeit bis in die 1980er-Jahre hinein selten verwendet, dient sie jetzt als wichtiges Mittel, um Überkapazitäten abzubauen. Japan ist in mehrere medizinische Präfekturen eingeteilt, für die jeweils eine Bettenzahl festgelegt wird. Ohne dass ein Krankenhaus schließt und Kapazitäten abgebaut werden, ist es nicht möglich, weitere Betten in der entsprechenden Präfektur zu schaffen.

Auch an Hand der Größenverteilung kann ein Konsolidierungstrend beobachtet werden. Abbildung 6 teilt die Krankenhäuser in verschiedene Größenklassen ein und zeichnet ihre Entwicklung in den letzten 20 Jahren nach. Stellte die kleinste Gruppe mit 20-49 Betten 1984 noch ein Viertel der Häuser, so umfasst sie heute nur noch 13,8 Prozent der Einrichtungen. Dafür hat der Anteil der Häuser in den mittelgroßen Kategorien mit 150-199 und 300-399 Betten deutlich zugenommen. Innerhalb der sehr großen Häuser mit 700 Betten und mehr gab es in den letzten 20 Jahren nur wenig Bewegung.

Eine weitere wichtige Einteilung von Krankenhäusern ist die Trägerschaft. Bereits im einführenden Kapitel wurde erwähnt, dass die medizinische Leistungserbringung in Japan vornehmlich privat organisiert ist. Das trifft auch für den Krankenhaussektor zu. Anfang 2006 befanden sich von den 9.016 Krankenhäusern 7.230 in privater Hand (rund 80 Prozent). In Deutschland ist das Verhältnis öffentlicher zu privaten Krankenhäusern genau umgekehrt. Da öffentlich getragene Krankenhäuser in Japan im Durchschnitt größer sind als die privaten Häuser, ist die Relation öffentlicher zu privaten Betten nicht ganz so stark von den privaten Leistungserbringern dominiert. 1.117.719 Betten (68,5 Prozent) waren im Februar 2006 in privaten Einrichtungen aufgestellt. In Tabelle 4 ist das Verhältnis öffentlich zu privat sowohl in der Zahl der Häuser als auch in der Bettenzahl im Verlauf der letzten fünf Jahre abgebildet. Es ist deutlich zu erkennen, dass das Verhältnis der Häuser in den letzten Jahren quasi konstant geblieben ist, und das obwohl im selben Zeitraum zwei Prozent der Einrichtungen ihren Dienst einstellten. Es waren aber sowohl private als auch öffentliche Einrichtungen von Schließungen betroffen.

Abbildung 6: Die Entwicklung der unterschiedlichen Größenklassen von Krankenhäusern in den Jahren 1984-2004

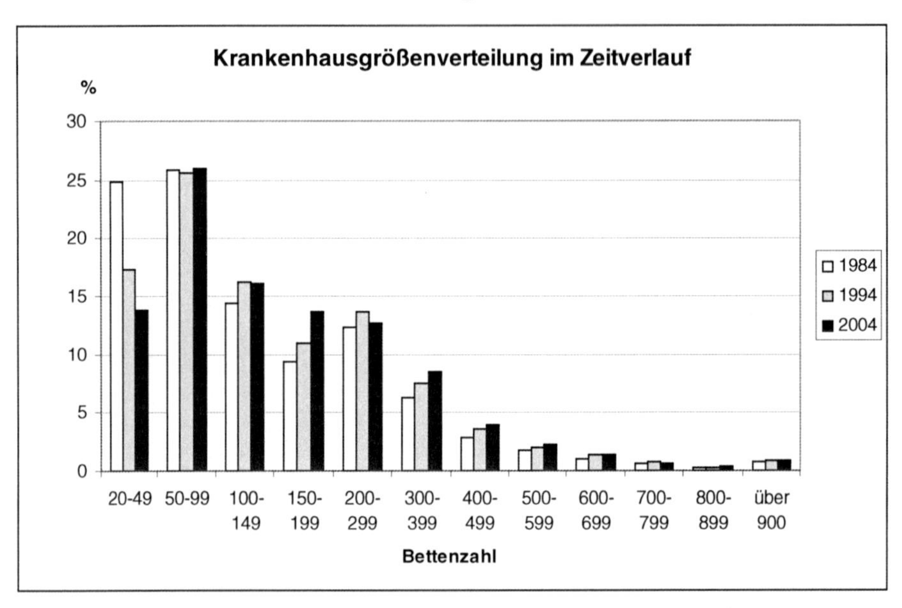

Quelle: MHLW 2004a: 9.

Tabelle 4: Verhältnis öffentlicher zu privaten Trägern bei Krankenhäusern und stationären Betten in Japan

		2000	2001	2002	2003	2004
Anteil der Krankenhäuser (in %)	öffentlich: privat:	20,11 79,89	20,07 79,93	20,07 79,93	20,11 79,89	19,95 80,05
Anteil der Krankenhaus-betten (in %)	öffentlich: privat:	32,74 67,26	32,56 67,44	32,42 67,58	32,14 67,86	31,85 68,15

Quelle: Ministry of Health, Labour and Welfare, *Iryôshisetsu (dôtai) chôsa – byôinhôkoku no gaikyô*.

Innerhalb der privaten Einrichtungen gibt es aber durchaus Bewegung. Bereits bei der Betrachtung der Dynamik der Größenklassen war ein Trend weg von kleinen Häusern hin zu größeren Einrichtungen erkennbar. Diese Tendenz spiegelt sich auch innerhalb der Rechtsformen der privaten Träger wider. Die am häufigsten anzutreffende Rechtsform bei den privaten Trägern ist eine speziell für den Gesundheitssektor kreierte medizinische Körperschaft (*iryô hôjin*). Im Februar 2006 firmierten 5.690 Krankenhäuser, also rund 80 Prozent der privaten Einrichtungen, mit durchschnittlich ca. 150 Betten unter dieser Rechtsform. Dabei stellten diese medizinischen Körperschaften vor 15 Jahren gerade einmal die Hälfte der privaten Häuser. Der Aufstieg der *iryô hôjin* geht mit dem Niedergang einzelner Ärzte als Privateigentümer von Krankenhäusern einher. War 1994 noch jedes dritte Haus im Besitz einer Privatperson, sind es heute nicht einmal mehr zehn Prozent (02/2006). Abbildung 7 verdeutlich die Entwicklung weg vom Privateigentümer und hin zur medizinischen Körperschaft.

Abbildung 7: Anteil der Rechtsform an den privaten Krankenhäusern von 1994 bis 2004

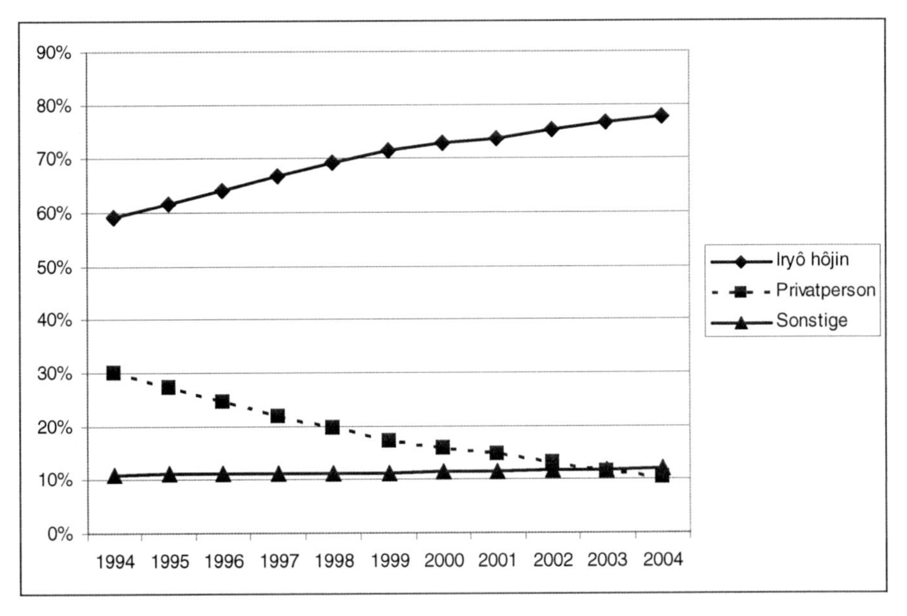

Quelle: Ministry of Health, Labour and Welfare, *Iryôshisetsu (dôtai) chôsa – byôinhôkoku no gaikyô.*

Krankenhäuser dürfen in Japan nicht mit dem Ziel der Gewinnbringung betrieben werden und können keinerlei Dividenden an Personen außerhalb des Krankenhauses (z.B. Teilhaber) ausschütten. Unabhängig von der Trägerschaft müssen Krankenhäuser im Regelfall von einem Mediziner geleitet werden. Andere private Träger sind zum Beispiel gemeinnützige Körperschaften, private Universitäten, aber auch Unternehmen wie Toyota oder NTT. Allen ist gemein, dass ihre Krankenhäuser gemeinnützig sein müssen und keine Gewinne nach außen verteilen dürfen.

Japanische Krankenhäuser sind technisch sehr gut ausgestattet. Zwei Drittel der Einrichtungen verfügen über einen Ganzkörper-CT-Scanner, ein Viertel über einen Magnetresonanztomographen (MRT) – und das obwohl diese Zahl auch alle rein psychiatrischen Krankenhäuser enthält. Abbildung 8 zeigt die weltweite Verbreitung von Magnetresonanztomographen. Bei den angegebenen Zahlen muss aber darauf hingewiesen werden, dass es sich nicht nur um MRTs in Krankenhäusern sondern auch in Kliniken oder nichtmedizinischen Einrichtungen handelt.

Abbildung 8: Weltweite Verbreitung und Dichte von Magnetresonanztomographen 2004

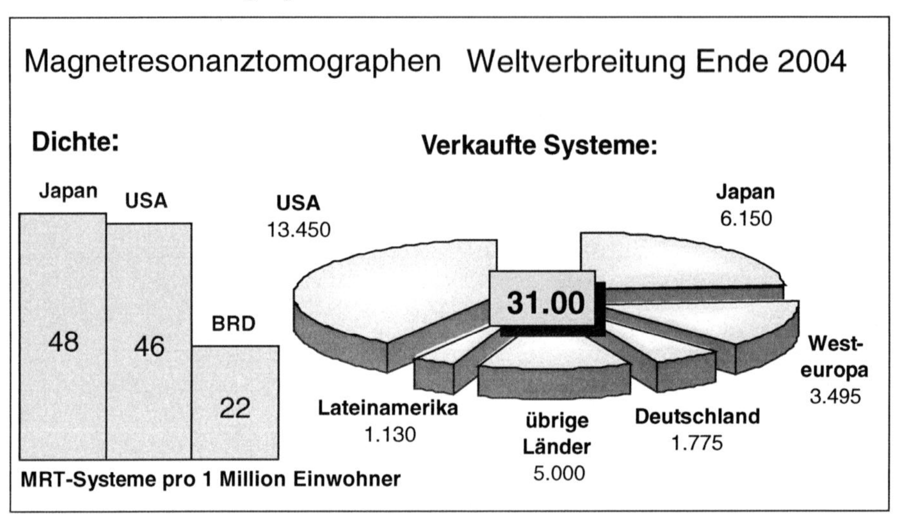

Quelle: Siemens AG und eigene Berechnungen.

Gleichzeitig mangelt es den Krankenhäusern aber an der einen Ressource, die in ganz Japan zu den knappsten gerechnet werden muss: Platz. Patientenzimmer, aber auch Behandlungsräume, muten für europäische oder gar US-amerikanische Standards beinahe winzig an.

Die wichtigste Finanzierungsquelle der Krankenhäuser sind die landesweit einheitlichen Gebühren, die die Leistungserbringer über das System der Einzelleistungsvergütung von den Versicherungen für ihre medizinische Leistung erhalten. Einzelleistungsvergütung bedeutet, dass Krankenhäuser jede Leistung, die sie an einem Patienten vornehmen, auch von der Versicherung vergütet bekommen. Im Gegensatz dazu steht das Vergütungskonzept der Fallpauschalen oder auch DRG (Diagnosis Related Groups). Hier erhält der Leistungserbringer von der Versicherung einen Pauschalbetrag, der sich nach der Diagnose richtet. Es wird also beispielsweise nicht jeder Krankenhaustag separat vergütet, sondern das Krankenhaus erhält einen Betrag, der den typischen Krankenhausaufenthalt nach einer bestimmten Diagnose deckt. Beide Vergütungsprinzipien sind mit starken Verhaltensanreizen für die Leistungserbringer verbunden. Während ein zusätzlicher Krankenhaustag eines Patienten bei der Einzelleistungsvergütung dem Krankenhaus neue Einnahmen bringt, entstehen beim Fallpauschalenprinzip zusätzliche Kosten, die dem Krankenhaus niemand ersetzt (eine medizinische Notwendigkeit für den zusätzlichen Tag wird natürlich in beiden Fällen vorausgesetzt). Es laufen in Japan zurzeit an einigen Krankenhäusern erste Pilotprojekte, die den Nutzen von Fallpauschalen ausloten sollen. Schließlich trägt das bisherige Gebührenschema der Einzelleistungsvergütung zu einem gravierenden Problem des Gesundheitssystems bei: Die Krankenhäuser haben einen Anreiz, Patienten so lange wie möglich in ihren Häusern zu halten. Jedes medizinisch zu rechtfertigende belegte Bett wird dem Krankenhaus einzeln vergütet. Es ist daher auch nicht weiter verwunderlich, dass der durchschnittliche Krankenhausaufenthalt im Jahr 2004 bei 20,2 Tagen lag (ausgenommen sind Aufenthalte in den Bereichen Psychiatrie, Tuberkulose, Infektionen und Rehabilitation). Zwar hat man diesen Wert durch erste Anreize zur schnelleren Entlassung von 40 Tagen in den 1980er-Jahren fast halbieren können, trotzdem ist diese Zahl im internationalen Vergleich immer noch sehr hoch wie Tabelle 5 verdeutlicht.

Tabelle 5: Durchschnittliche Verweildauer in allgemeinen Krankenhäusern 2003

Deutschland	Frankreich	Japan	GB	USA
8,9	5,6	20,7	6,7	5,7

Quelle: OECD, *Health Data 2005.*

Krankenversicherte können den medizinischen Leistungserbringer frei wählen. Die Krankenhäuser stehen also im Wettbewerb miteinander. Neben der geografischen Lage spielt der Ruf eines Krankenhauses bei der Krankenhauswahl durch die Patienten eine große Rolle (Vogt et al. 1995: 10). Aber gerade um ihre Reputation müssen sich viele Krankenhäuser in Japan gegenwärtig Sorgen machen. Ihr Ansehen ist in der Bevölkerung durch eine Reihe von Skandalen stark gesunken. Die Zahl von Prozessen auf Grund medizinischer Fehlbehandlung und Irrtümer im Krankenhausablauf hat sich von knapp 400 im Jahr 1992 auf über 800 im Jahr 2001 mehr als verdoppelt (Okamoto 2004: 36). Zwar haben Gesundheitsministerium und Krankenhäuser schnell mit ersten Sicherheitsinitiativen reagiert, der Ruf nach mehr Transparenz und Verlässlichkeit bei der medizinischen Leistungserbringung wird aber nicht leiser (MHLW 2004b: 94). So weisen Kritiker beispielsweise darauf hin, dass Behandlungsfehler zwar mittlerweile angezeigt werden müssen, diese Regelung aber nur auf besondere staatliche Krankenhäuser zutrifft. Der größere Teil der medizinischen Einrichtungen, die privaten Häuser, bleibt von dieser neuen Richtlinie unberührt.

Charakteristisch für den japanischen Krankenhaussektor ist die starke Dominanz privater Leistungserbringer sowohl bei der Zahl der Häuser als auch bei der Zahl der Betten. Gleichzeitig zeichnet diesen Markt sowohl seine gehobene technische Ausstattung als auch seine Dichte an Betten aus. Letztere könnte für die japanischen Krankenhäuser aber zum Problem werden. Die Kürzungen im Gebührenkatalog und die versuchsweise eingeführte Kostenerstattung nach DRG lässt überschüssige Betten schnell zur Last werden. Dass eine so hohe Bettendichte für ein gutes Gesundheitssystem nicht benötigt wird, zeigt die relativ niedrige Zahl von Betten in anderen Industrienationen. Eine hohe Bettenauslastung kann unter der Rahmenbedingung des freien Wettbewerbs aber nur dann erreicht werden, wenn die Patienten einem Krankenhaus auch das entsprechende Vertrauen entgegenbringen. Für die medizinischen Einrichtungen wird also die Bedeutung einer positiven Reputation noch weiter steigen. Eine herausragende Qualität der medizinischen Leistungen ist hierfür unabdingbar. Die japanische Industrie sichert ihre Produkteigenschaften durch ein umfassendes Qualitätsmanagement. Genau dieser Gedanke hat in den letzten Jahren auch verstärkt Einzug in die Krankenhäuser gehalten. Im folgenden Kapitel wird diese Entwicklung näher beschrieben.

4 Die Qualitätsbewegung in den Krankenhäusern

Insbesondere im Vergleich zu den USA hat sich Japan spät mit dem Thema der systematisierten Qualität in der Gesundheitsversorgung auseinander gesetzt. Mitte der 1980er-Jahre gab es ein von der Japanese Medical Association und dem Gesundheitsministerium entwickeltes Handbuch zur Selbstevaluierung von Krankenhäusern (Ito et al. 1998: 361). Auf dessen Basis wurden die Qualitätsbemühungen von der in den 1990er-Jahren gegründeten Japanese Hospital Quality Assurance Society, später Japanese Society for Quality in Health Care (JSQua), weiterentwickelt und umgesetzt. Ziel der Gesellschaft war es, das Bewusstsein für Qualität im Gesundheitswesen weiter zu schärfen und zu systematisieren. Die von ihr entwickelten Richtlinien waren die Grundlage für die ersten von Externen durchgeführten Qualitätsaudits in Krankenhäusern. Nach einem Audit wurde das Krankenhaus zwar über dessen Ergebnisse informiert, eine Akkreditierung über die Einhaltung der JSQua-Richtlinien, wie sie bei Qualitätsmanagementsystemen üblich ist, gab es jedoch nicht. Mit der Gründung des noch näher zu beschreibenden Japanese Council for Quality Health Care (JCQHC) Mitte der 1990er-Jahre konzentrierte sich die JSQua mehr auf ihre Aufgabe als Thinktank bei der Weiterentwicklung des Qualitätsgedankens im Gesundheitswesen.

Eine landesweit einheitliche Qualitätssicherung in Krankenhäusern war das Ziel des Gesundheitsministeriums bei der Gründung des JCQHC. Diese Institution wurde 1995 gemeinsam mit unterschiedlichen Gesundheitsverbänden, insbesondere der JMA, aus Mitteln des Gesundheitsministeriums und der beteiligten Verbände gegründet. Zu den Aufgaben des JCQHC gehört die (Weiter-)Entwicklung von Standards und Richtlinien zur Qualitätssicherung in Krankenhäusern. Außerdem ist er dafür verantwortlich, die Einhaltung dieser Richtlinien der teilnehmenden Krankenhäuser zu kontrollieren und zu akkreditieren. Daneben ist der JCQHC dafür zuständig, die erstellten Richtlinien entsprechend zu publizieren und geeignete Schulungsmaßnahmen für die teilnehmenden Krankenhäuser anzubieten. Neben den Zuwendungen durch das Ministerium und der Gründungsverbände finanziert sich diese Institution hauptsächlich durch Akkreditierungs- und Schulungsgebühren.

Einführung und Akkreditierung eines Qualitätsmanagementsystems nach den Vorschriften des JCQHC sind freiwillig. Hat sich ein Krankenhaus für die Teilnahme entschieden und sich über eine sehr umfangreiche Selbstdokumentation auf das Audit vorbereitet, überprüfen Experten des JCQHC vor Ort die tatsächliche Einhaltung des JCQHC-Standards. Die Akkreditierung findet dabei auf folgenden Gebieten statt:

- das Krankenhaus und seine regionale Einbettung,
- Patientenrechte und -sicherheit,
- Erholungsumgebung und Patientenservice,
- Organisation und Verwaltung medizinischer Leistungen,
- Pflegeprozesse, die die medizinische Qualität und Sicherheit gewährleisten,
- Effizienz, Struktur und Aufbau der Krankenhausverwaltung.

Die Anforderungen innerhalb dieser Kategorien reichen dabei von der schriftlichen Festlegung der Aufgaben und der Grundsätze über die Ernennung eines Verantwortlichen für die lokale Zusammenarbeit bis hin zum hygienisch einwandfreien Tischdecken. Den Schwerpunkt der Akkreditierung bilden jedoch Prozesse im medizinischen und pflegerischen Bereich. Von besonderer Bedeutung für moderne Qualitätsmanagementsysteme auch in der Industrie sind kontinuierliche Verbesserungsprozesse (*kaizen*). Schon bei der Beurteilung der Krankenhausverwaltung und ihrer regionalen Einbettung wird darauf eingegangen. Neben der reinen Existenz eines Systems für Verbesserungsmaßnahmen wird auch die Effizienz von Verbesserungen bewertet. Im Anschluss sollen die Ergebnisse des Verbesserungssystems über die Öffentlichkeitsarbeit des Krankenhauses nach außen verbreitet werden. Die Akkreditierungsrate betrug 2002 im Erstversuch 62,1% und im Zweitversuch 82,5% (Hirose et al. 2003: 40-41). Ein Wiederholungsaudit muss alle fünf Jahre erfolgen.

Unter den bisher akkreditierten Krankenhäusern finden sich kaum private Einrichtungen mit weniger als 300 Betten (Hirose et al. 2003: 40). Bei der Beschreibung des Krankenhaussektors in Japan wurde aber festgestellt, dass gerade diese Gruppe den Großteil der Häuser ausmacht und insbesondere für eine geografische Gleichverteilung der Leistungserbringer sehr wichtig ist. Als Grund wird vermutet, dass die Einrichtungen aus dieser Gruppierung nicht über die finanziellen Möglichkeiten verfügen, die sehr kostenintensive Akkreditierung durchzuführen. Die Umsetzung der Richtlinien des JCQHC ist freiwillig und mit keinerlei direkt erkennbaren finanziellen Vorteilen verbunden. Damit fehlt den vielen Häusern mit weniger als 300 Betten ein entscheidender Anreiz, umfangreiche Qualitätsmanagementsysteme einzuführen. Den ersten, wenn auch kleinen Schritt in die richtige Richtung hat die Politik aber schon getan: Krankenhäusern ist es mittlerweile gestattet, ihre Akkreditierung durch den JCQHC zu veröffentlichen. Jegliche Form sonstiger Werbung ist Krankenhäusern in Japan untersagt. Somit bietet eine erfolgreiche Akkreditierung zumindest die Möglichkeit, sich gegenüber der Konkurrenz hervorzuheben.

Mit Stand April 2006 wurden innerhalb der letzten acht Jahre 2.030 Krankenhäuser vom JCQHC akkreditiert. Das entspricht rund 20 Prozent der japanischen Krankenhäuser und ist noch sehr weit von der eigenen Zielvorgabe von 1.000 Akkreditierungen pro Jahr von 2000 an entfernt (Ito et al. 1998: 363).

5 Fazit

Weisen die Gesundheitssysteme Deutschlands und Japans noch starke Parallelen auf, so ist das im Krankenhaussektor nur noch bedingt der Fall. Die Strukturen der beiden Sektoren sind doch sehr unterschiedlich. Während in Japan die private Leistungserbringung schon seit langem dominiert, ist das Verhältnis öffentlich zu privat in Deutschland noch umgekehrt. Auch in der Dichte von Häusern, Betten und Ärzten gibt es keine Gemeinsamkeit der beiden Länder. Der japanische Krankenhaussektor hat sich den Rahmenbedingungen des Gesundheitssektors angepasst. Die Einzelleistungsvergütung hat dafür gesorgt, dass sich zusätzliche Krankenhausbetten lohnen. Bis zur Festlegung einer Obergrenze für Betten durch die Regierung haben die Krankenhäuser große Kapazitäten aufgebaut, Kapazitäten, welche die Krankenhäuser in Zeiten gekürzter Gebührenkataloge und einer möglichen DRG-Einführung teuer zu stehen kommen könnten. Da auf dem Markt der medizinischen Leistungserbringung der Preis von Regierungsseite festgelegt und die Menge durch eine Bettenobergrenze gedeckelt wurde, wird der Wettbewerb um die Patienten neben der geografischen Nähe vor allem durch die angebotene Qualität und die damit verbundene Reputation eines Krankenhauses entschieden. Hier liegt die größte Parallele zur Situation in Deutschland und genau in diese Richtung zielen auch die Bemühungen des Gesundheitsministeriums durch den Aufbau des JCQHC. Zwar gehen die Akkreditierungen nur schleppend voran und die wichtige Gruppe der privaten Häuser mit weniger als 300 Betten wurde noch nicht erreicht. Trotzdem ist es ein Schritt in die richtige Richtung, um zu den internationalen Qualitätsführern wie den USA oder den Niederlanden aufzuholen. Profitieren könnte der japanische Krankenhaussektor dabei vom Vorbild der Industrie. Schließlich beweisen japanische Unternehmen seit Jahren sehr eindrucksvoll, zu welchen Leistungen ihre Qualitätsmanagementsysteme im Stande sind.

Literaturverzeichnis

Anbäcken, Owe (1994), „Japanese Hospitals – Culture and Competition: A Study of Ten Hospitals“, in: *International Journal of Health Planning and Management* 9, 1, S.87-101

Colby, Mark A. (2004), *The Japan Healthcare Debate: Diverse Perspectives*, Kent: Global Oriental

Hirose, Masahiro, Yuichi Imanaka, Tatsuro Ishizaki und Edward Evans (2003), „How Can We Improve the Quality of Health Care in Japan? Learning from JCQHC Hospital Accreditation“, in: *Health Policy* 66, 1, S.29-49

Ito, Hiroto, Sakai Iwasaki, Yuraki Nakano, Yuichi Imanaka, Hirofumi Kawakita und Atsuaki Gunji (1998), „Direction of Quality Improvement Activities of Health Care Organizations in Japan“, in: *International Journal for Quality in Health Care*, 10, 4, S.361-363

Jeong, Hyoung-Sun und Jeremy Hurst (2001), „An Assessment of the Performance of the Japanese Health Care System“, *OECD Labour Market and Social Policy – Occasional Papers* No.56

MHLW (Ministry of Health, Labour and Welfare) (2004a), *Iryôshisetsu (dôtai) chôsa – byôinhôkoku no gaikyô* [Tendenzen der dynamischen Untersuchung medizinischer Einrichtungen und des Krankenhausberichts], Tokyo: Ministry of Health, Labour and Welfare

MHLW (Ministry of Health, Labour and Welfare) (2004b), *Annual Report on Health, Labour and Welfare 2003-2004: Health Risk Surrounding Modern Life – Attaining Safety and Peace of Mind with Information and Collaboration*, Tokyo: Ministry of Health, Labour and Welfare

Okamoto, Etsuji (2004), *Public Health of Japan 2004*, Commemorative Issue for the 132nd Annual Meeting of American Public Health Association, Tokyo: Japan Public Health Association

Taira, Koji (1967), „Public Assistance in Japan“, in: *The Journal of Asian Studies* 27, 1, S.95-109

Thränhardt, Anna Maria (1994), „Soziale Sicherung in Japan“, in: Hans Jürgen Mayer und Manfred Pohl (Hrsg.) *Länderbericht Japan – Geographie, Geschichte, Politik, Wirtschaft, Gesellschaft, Kultur*, Bonn: Bundeszentrale für politische Bildung, S.426-441

Vogt, William B., Jayanta Bhattacharya, Aki Yoshikawa und Toshitaka Nakahara (1995), „Hospital Choice in Japan“, *Asia-Pacific Research Center, A/PARC Occasional Paper*

WHO (World Health Organization) (2000), *World Health Report 2000 – Health Systems: Improving Performance*, Genf: WHO

WHO (World Health Organization) (2005), *World Health Report 2005 – Make Every Mother and Child Count*, Genf: WHO

Anhang

Soziale Sicherheit und Sozialpolitik in Japan

Kurzbibliografie

Annika Hager*

Bei der folgenden Kurzbibliografie handelt es sich um einen Auszug aus der Datenbank des „Fachinformationsverbundes Internationale Beziehungen und Länderkunde" (FIV). Das Institut für Asienkunde und das Asienreferat der Übersee-Dokumentation sind Mitglied im FIV und kooperieren mit dem Nordic Institute for Asian Studies (NIAS) in Kopenhagen.

Diese Bibliografie ist unter http://www.giga-hamburg.de/iz/bibliographien mit ausführlicheren Titelangaben zum Download angeboten: ggf. Internethinweise, zusätzliche Schlagwörter, Abstract sowie Bibliotheksstandorte Sigel, Sigelverzeichnis.

Mit (IFA) gekennzeichnete Titel können beim GIGA Institut für Asienkunde (Rothenbaumchaussee 32, 20148 Hamburg, Fax: (040) 410 79 45, E-Mail: ifa@giga-hamburg.de) käuflich erworben werden.

Gliederung:

1 Allgemeines

Aging and social policy : a German-Japanese comparison / Harald Conrad ... (eds). Deutsches Institut für Japanstudien. - 1. Aufl. - München : Iudicium-Verl., 2002. - 353 S. : graf. Darst., Lit.
(Monografien aus dem Deutschen Institut für Japanstudien der Philipp-Franz-von-Siebold-Stiftung ; Bd. 26)
ISBN 3-89129-840-4

Deutschland + Japan + Bevölkerungswissenschaft + Demografischer Wandel + Soziale Sicherheit + Sozialpolitik + Politische Reformen + Krankenversicherung + Rentenversicherung + Internationaler Vergleich/ Ländervergleich

Comparing welfare capitalism : social policy and political economy in Europe, Japan and the USA ; Conference on varieties of welfare capitalism, Cologne, 1998.06 / ed. by Bernhard Ebbinghaus .... - London ... : Routledge, June 2001. - XX,323 S. : zahlr. graf. Darst, zahlr. Tab.
Enthält 14 Beitr.
(Routledge/EUI Studies in the Political Economy of Welfare ; 3)
ISBN 0-415-25571-6

Japan + Europa + Vereinigte Staaten + Kapitalismus + Sozialpolitik + Wohlfahrtsstaat + Wirtschaftspolitik

Conrad, Harald (IFA)

Gibt es einen Paradigmenwechsel in der jüngeren japanischen Sozialpolitik? Reformen, Wirkungen, Hemmnisse / Harald Conrad

aus: Japan 2003. Politik und Wirtschaft. / Manfred Pohl ... (Hrsg.). Institut für Asienkunde. - Hamburg : IfA, 2003, S. 75-97 : graf. Darst., Tab., Lit. S. 95-97, Lit.Hinw.
ISBN 3-88910-300-6

Japan + Sozialpolitik + Sozialreform + Entwicklungsperspektive und -tendenz + Krankenversicherung + Rentenversicherung + Arbeitslosenversicherung

The economics of social security in Japan / Ed. by Toshiaki Tachibanaki. - Cheltenham ... : Edward Elgar, 2004. - XII,320 S. : zahlr. graf. Darst., zahlr. Tab., Reg., Lit., Lit.Hinw.
(ESRI Studies Series on Ageing)
ISBN 1-84376-682-5

Japan + Soziale Sicherheit + System sozialer Sicherung + Politische Reformen + Finanzierung + Rentenversicherung + Arbeitslosenversicherung + Kinderbetreuung/ Jugendbetreuung + Medizinische Versorgung + Soziale Infrastruktur

Entwicklungen der Systeme sozialer Sicherheit in Japan und Europa / Hrsg. von Bernd von Maydell .... - Berlin : Duncker und Humblot, 2000. - 587 S.
(Schriftenreihe für Internationales und Vergleichendes Sozialrecht ; Bd. 17)
ISBN 3-428-10128-6

Japan + Europa + Deutschland + Recht + Sozialrecht + Soziale Sicherheit + Sozialpolitik + Sozialversicherung

Kamppeter, Werner

Soziale Demokratie in Japan : ein Vorbild für Deutschland? / Werner Kamppeter. - o.O. : Friedrich-Ebert-Stiftung, Internationale Politikanalyse, 2004. - 20 S. : Tab.
(Globalisierung und Gerechtigkeit)

Japan + Deutschland + Sozialdemokratie + Internationaler Vergleich/ Ländervergleich + Ideologie + Parteiprogramm + Haltung von Parteien zu bestimmten Fragen + Soziale Gerechtigkeit + Sozialpolitik + Wirtschaftspolitik + Beschäftigungspolitik

Miyatake, Go

Social security in Japan. - Tokyo : Foreign Press Center, 2000. - 81 S. : zahlr. Tab., Gloss., Lit. S. 78, Lit.Hinw. S. 77
(About Japan Series ; No. 17)

Japan + Gesundheit + Soziale Sicherheit + System sozialer Sicherung + Sozialversicherung + Rentenversicherung + Arbeitslosenversicherung + Unfallversicherung + Krankenversicherung + Medizinische Versorgung + Soziale Dienste

Nakano, Minoru

The policy-making process in contemporary Japan / Transl. by Jeremy Scott. - Digital printing. - Houndmills ... : Palgrave, 2001#1997. - XV,257 S. : zahlr. graf. Darst., zahlr. Tab., Reg., Lit.Hinw. S. 235-247
ISBN 0-333-65250-9

Japan + Innenpolitik + Wohlfahrtsstaat + Soziale Sicherheit + Altersversorgung + Politische Partei + Wahl/ Abstimmung + Politische Entscheidung + Regionalpolitik + Kommunale Regierung/ Verwaltung + Öffentlicher Haushalt + Tokyo

Nennstiel, Karin Ulrike (IFA)

Reformen des Sozial- und Wohlfahrtssystems in Japan

aus: Reformen in Japan. / Friederike Bosse ... (Hrsg.). Institut für Asienkunde. - Hamburg, 2001. - (Mitteilungen des Instituts für Asienkunde ; Nr. 337), S. 217-239 : Lit. S. 234-239, Lit.Hinw.
ISBN 3-88910-254-9

Japan + Sozialpolitik + System sozialer Sicherung + Reform + Dezentralisierung + Soziale Partizipation

Shakai fukushi-gaku ga wakaru : Shinpan (Dt.: Die Lehre über die Sozialfürsorge verständlich gemacht. Neue Auflage) / Asahi Shinbun. - Tokyo : Asahai shimbun-sha, 2003. - 175 S. : Ill., graf. Darst.
(AERA Mook (Asahai Shinbun Extra Report and Analysis) ; 86)
ISBN 4-02-274136-8

Japan + Sozialpolitik + Sozialhilfe

Social security in Japan : 2002 - 2003 / National Institute of Population and Social Security Research. - Tokyo, 2002. - 49 S. : zahlr. graf. Darst., zahlr. Tab., Lit.Hinw.

Japan + Sozialpolitik + System sozialer Sicherung + Soziale Sicherheit + Sozialleistungen + Sozialversicherung + Rentenversicherung + Krankenversicherung + Arbeitslosenversicherung

Special report: learning from Japan's experience / Yoshinori Hiroi ...

aus: Technology and Development / Institute for International Cooperation. - Tokyo, 2005, S. 15-39

Japan + System sozialer Sicherung + Soziale Sicherheit + Sozialpolitik + Bildung/ Erziehung + Bildungspolitik + Bildungssystem + Sozialer Wandel + Gesundheitswesen + Gesundheitsvorsorge + Medizinische Versorgung + Geschichte + Grundbedürfnisse + Internationale Zusammenarbeit + Entwicklungsländer

Symposium „Wandel der Lebenswelten und die Antwort im Recht" / Volker Klein ...

in: Zeitschrift für japanisches Recht (Hamburg). 5 (2000) 10, S. 7-186

Japan + Deutschland + Alte Menschen + System sozialer Sicherung + Beschäftigung + Selbstständige + Arbeitsrecht + Arbeitslosigkeit + Familie + Ehe/ Heirat + Eheähnliche Gemeinschaft

Webb, Philippa

Legislating for care : A comparative analysis of long-term care insurance laws in Japan and Germany

in: Social Science Japan Journal (Oxford). 6 (April 2003) 1, S. 39-56

Japan + Soziale Sicherheit + Sozialversicherung + Versicherungsdienstleistungen + Versicherungsrecht + Internationaler Vergleich/ Ländervergleich + Deutschland

The young, the old, and the state : social care systems in five industrial nations / ed. by Anneli Antonen .... - Cheltenham ... : Elgar, 2003. - X, 206 S. (Globalization and Welfare) ISBN 1-84064-628-4; ISBN 1-84720-104-0; ISBN 978-1-84720-104-1

Industrieländer + System sozialer Sicherung + Sozialpolitik + Wohlfahrtsstaat + Kinder + Alte Menschen + Finnland + Deutschland + Japan + Vereinigtes Königreich + Vereinigte Staaten + Internationaler Vergleich/ Ländervergleich

2 Familie

Bustreel, Anne

Les coûts d'opportunité des enfants : une comparaison Japon - France / Anne Bustreel et Tomo Nishimura

in: Problèmes économiques (Paris). (11 mai 2005) 2875, S. 11-16 : Tab., Lit. S. 16

Frankreich + Japan + Bevölkerung + Bevölkerungsverhalten + Geburtenhäufigkeit + Frauen + Erwerbstätigkeit + Kinder + Kosten/ Aufwand + Internationaler Vergleich/ Ländervergleich

Changes in the family in Asia

in: The APC Journal of Asian-Pacific Studies (Fukuoka). (September 2001) 9, S. 3-39 : graf. Darst., zahlr. Lit.Hinw

Soziokultureller Wandel + Asien + Japan + Südkorea + Familie + Soziales Verhalten + Soziale Gruppe + Alte Menschen + Familiensoziologie + Persönliche Beziehungen/ Kontakte + Soziale Beziehungen + Traditionsbewusstsein

The changing Japanese family / ed. by Marcus Rebick .... - 1st published. - London ... : Routledge, 2006. - XV, 217 S. : graf. Darst., Tab., Reg., Lit., Lit.Hinw. (Routledge Contemporary Japan Series ; 8) ISBN 0-415-36808-1; ISBN 978-0-415-36808-7; ISBN 0-203-02782-5; ISBN 978-0-203-02782-0

Japan + Familie + Sozialer Wandel + Demografischer Wandel + Generationenbeziehungen + Familienplanung + Soziale Werte + Geschlechterrolle/ Geschlechterverhältnis + Staatsfunktionen + Familienpolitik

Child related policies in Japan / National Institute of Population and Social Security Research. - Tokyo, February 2004. - 55 S. : graf. Darst., Tab., Lit.

Japan + Kinder + Familie + Geburtenhäufigkeit + Sozialpolitik + Soziale Sicherheit + Kinderbetreuung/ Jugendbetreuung + Soziale Ungleichheit + Armut

Demographic change and the family in Japan's aging society / Ed. by John W. Traphagan .... - Albany/N.Y. : State Univ. of New York Press, 2003. - VII,248 S. : graf. Darst., Tab., Reg., Lit., Lit.Hinw. (SUNY Series in Japan in Transition); (SUNY Series in Aging and Culture) ISBN 0-7914-5650-1; ISBN 0-7914-5649-8

Japan + Gesellschaft + Gesellschaftliche Prozesse + Bevölkerungsentwicklung + Bevölkerungswissenschaft + Sozialstruktur

+ Altersstruktur + Strukturwandel + Soziale Gruppe + Alte Menschen + Familie + Lebensqualität + Soziale Sicherheit

Family and social policy in Japan : Anthropological approaches / Ed. by Roger Goodman. - 1st published. - Cambridge ... : Cambridge Univ. Press, 2002. - XVII,237 S. : Ill., zahlr. graf. Darst., Tab., Reg., Lit., Lit.Hinw.
ISBN 0-521-01635-5; ISBN 0-521-81571-1

Japan + Staat + Individuum + Gesellschaft + Sozialstruktur + Gesellschaftliche Prozesse + Soziale Gruppe + Familie + Identität + Sozialpolitik + Familienpolitik + Anthropologie + Fallstudie

Fuess, Harald

Divorce in Japan : family, gender, and the state, 1600-2000 / Harald Fuess. - Stanford/Cal. : Stanford Univ. Press, 2004. - XV,226 S. : graf. Darst., Kt., Tab., Reg., Anh., Lit. S. 211-222, Lit.Hinw. S. 175-209
(Studies of the East Asian Institute)
ISBN 0-8047-4357-6

Japan + Ehe/ Heirat + Ehescheidung + Sozialgeschichte + Familie + Geschlecht + Geschlechterrolle/ Geschlechterverhältnis + Familienrecht + Familienpolitik + Soziokultureller Wandel + Religiöse Faktoren + Tradition + Lebensbedingungen + Frauen

Kelsky, Karen

Women on the verge : Japanese women, western dreams. - Durham/N.C. ... : Duke Univ. Press, 2001. - XIII,294 S. : zahlr. Ill., 1 graf. Darst., Reg., Lit. S. 259-281, Lit.Hinw. S. 249-258
(Asia Pacific: Culture, Politics, and Society)
ISBN 0-8223-2816-X

Japan + Gesellschaft + Soziale Gruppe + Frauen + Geschlecht + Geschlechterrolle/ Geschlechterverhältnis + Gesellschaftliche Prozesse + Lebensbedingungen + Lebensweise/ Lebensstil + Kultureinfluss + Westliche Industrieländer + Internationale Prozesse und Tendenzen + Soziokultureller Wandel

Kishida, Hiroshi

Housing for elderly persons : Reconsidering the role and function of special skilled nursing homes. - Tokyo : NLI Research Institute, 2002. - 9 S. : graf. Darst.
(NLI Research Report ; No. 02/05/29)

Japan + Soziale Gruppe + Alte Menschen + Soziale Sicherheit + Versicherungsdienstleistungen + Altersversorgung + Soziale Dienste + Altersheim + Soziokultureller Wandel + Familie

Kohara, Miki

The real motivation behind family-based care for the frail elderly parents / Miki Kohara ; Fumio Ohtake.. - Tokyo, March 2004. - 29 S. : graf. Darst., Tab., Lit.
(NIRA Working Paper Series ; No. 2004-1)

Japan + Familie + Alte Menschen + Kinder + Soziale Betreuung/ Sozialfürsorge + Sozialpolitik

Matsutani, Akihiko

Shrinking-population economics : lessons from Japan / Matsutani Akihiko. Transl. by Brian Miller. - 1st English ed. - Tokyo : International House of Japan, 2006. - XIV,201 S. : graf. Darst., Reg.
ISBN 4-924971-18-9

Japan + Bevölkerungsentwicklung + Demografischer Wandel + Bevölkerungsrückgang + Altersstruktur + Zusammenhang + Konsequenz/ Schlussfolgerung + Wirtschaftliche Entwicklung + Wirtschaftspolitik + Wirtschaftsstruktureller Wandel

Metzler, Manuel (IFA)

Jugendhilfe in Japan : Reformen und zukünftige Aufgaben / Manuel Metzler

aus: Japan 2004 : Politik und Wirtschaft / Manfred Pohl ... (Hrsg.). Institut für Asienkunde. - Hamburg : IfA, 2004, S. 285-307 : Lit. S. 302-307, Lit.Hinw.
ISBN 3-88910-309-X

Japan + Jugendliche/ Junge Menschen + Kinder + Soziale Betreuung/ Sozialfürsorge + Jugendhilfe/ Kinderfürsorge + Sozialpolitik + Beratungsinstitution/ Beratungsorgan + Convention on the Rights of the Child (1989-11-20) + Rechte der Kinder + Kinder-/ Jugendschutz

Metzler, Manuel (IFA)

Sinkende Kinderzahlen in Japan : Schlaglichter aus jugendsoziologischer Sicht / Manuel Metzler

in: Japan aktuell (Hamburg). 13 (2005) 1, S. 18-25 : Lit. S. 23-25, Lit.Hinw.

Japan + Kinder + Geburtenhäufigkeit + Reduzierung/ Rückgang + Soziale Sicherheit + Jugendliche/ Junge Menschen + Sozialpolitik

Nakamura, Minoru

Setting social policies for Japan's declining birthrate and growing elderly population / Minoru Nakamura and Ritsuko Wada.. - Tokyo, September 2001. - 19 S. : graf. Darst., Tab.
(NRI Papers ; No. 32)

Japan + Bevölkerungswissenschaft + Demografischer Wandel + Geburtenhäufigkeit + Alte Menschen + Sozialpolitik + System sozialer Sicherung + Sozialreform + Rentenversicherung

Oe, Moriyuki

Problems and implications of Japan's aging society for future urban developments / Moriyuki Oe. - Tokyo, March 2006. - 30 S. : graf. Darst., Kt., Lit.Hinw.
(Policy and Governance Working Paper Series ; No. 89)

Japan + Tokyo + Bevölkerungsentwicklung + Bevölkerungswachstum + Demografischer Wandel + Alte Menschen + Familie + Stadtentwicklung + Urbanisierung + Vorort

Oyama, Masako

The effect of the cost of children on recent fertility decline in Japan / Masako Oyama. - Tokyo : Institute of Economic Research, Hitotsubashi Univ., May 2004. - 15 S. : graf. Darst., zahlr. Tab., Lit.
(Discussion Paper / Institute for Economic Research ; No. 221)

Japan + Fertilität + Kinder + Kosten/ Aufwand + Wirkung/ Auswirkung + Geburtenhäufigkeit

Quand la vie s'allonge : France-Japon / Sous la dir. de Pierre Ansart .... - Paris : L'Harmattan, 2004. - 288 S. : Tab., Lit.Hinw.
(Logiques sociales)
ISBN 2-7475-7351-6

Frankreich + Japan + Internationaler Vergleich/ Ländervergleich + Bevölkerungsentwicklung + Demografischer Wandel + Altersstruktur + Lebensbedingungen + Lebensweise/ Lebensstil + Alte Menschen

Roberts, Glenda S.

Balancing work and life : whose work? Whose life? Whose balance? / Glenda S. Roberts

in: Asian Perspective (Seoul). 29 (March 2005) 1, Special issue on controversial issues in Japanese politics and society, S. 175-211

Japan + Geschlechterpolitik + Geschlechterrolle/ Geschlechterverhältnis + Frauen + Arbeit + Karriere/ Laufbahn + Familie + Wirtschaftsunternehmen + Sozialer Wandel + Soziale Diskriminierung

Sato, Hiroki

The current situation of „family-friendly“ policies in Japan

in: Japan Labor Bulletin (Tokyo). 39 (2000) 2, S. 5-10 : 3 Tab., Lit.Hinw.

Japan + Sozialpolitik + Betriebliche Sozialleistungen/ Alterssicherung + Familienpolitik

Schad-Seifert, Annette (IFA)

(Ehe-)Paarhaushalt als Auslaufmodell? Die Debatte um die Parasiten-Singles in Japan

aus: Japan 2001/2002. Politik und Wirtschaft. / Manfred Pohl ... (Hrsg.). - Hamburg : IFA, 2002., S. 228-253 : graf. Darst., Tab., Lit.Hinw. S. 250-253
ISBN 3-88910-284-0

Japan + Alleinstehende + Lebensweise/ Lebensstil + Bevölkerungswissenschaft + Private Haushalte + Familie + Eltern + Kinder + Soziologie + Gesellschaft + Sozialer Wandel + Ehe/ Heirat

Schmid, Ulrich

Alt werden in Japan : Akute demographische und soziale Probleme

in: Neue Zürcher Zeitung (Zürich). 222 (3. September 2001) 203, S. 7

Japan + Bevölkerungswissenschaft + Statistische Lebenserwartung + Altersstruktur + Lebensarbeitszeit + Familie + Geburtenhäufigkeit + Folgeprobleme + Wirtschaftliche und soziale Indikatoren + Wirtschaftliche Faktoren + Soziale Ausgrenzung + Entwicklungsperspektive und –tendenz

Schoppa, Leonard J.

Does lower fertility threaten feminism? / Leonard Schoppa

in: Current History (Philadelphia/Pa.). 105 (March 2006) 689, S. 112-119

Japan + Vereinigte Staaten + Italien + Schweden + Frauen + Fertilität + Demografischer Wandel + Wirkung/ Auswirkung + Feminismus

Shirahase, Sawaka

Women and class structure in contemporary Japan

in: British Journal of Sociology (London). 52 (September 1, 2001) 3, S. 391-408

Japan + Soziale Gruppe + Frauen + Ehe/ Heirat + Soziokultureller Wandel + Sozialstruktur + Gesellschaft + Familie + Geschlecht + Beschäftigung + Frauenarbeit + Arbeitsmarkt

Takahashi, Mieko

Gender dimensions in family life : A comparative study of structural constraints and power in Sweden and Japan. - Stockholm : Almquist and Wiksell International, 2003. - 175 S. : graf. Darst., Lit. S. 163-175
Zugl.: Stockholm, Univ., Diss., 2003.
(Acta Universitatis Stockholmiensis : Stockholm Studies in Sociology ; N.s. 15)
ISBN 91-22-01995-2

Schweden + Japan + Internationaler Vergleich/ Ländervergleich + Soziale Gruppe + Familie + Familiensoziologie + Geschlecht + Geschlechterrolle/ Geschlechterverhältnis

Takeda, Hiroko

Talking about Japanese families : discursive politics of the familial

in: Japan Forum (Oxford). 15 (September 2003) 3, S. 451-464 : Lit. S. 463-464, Lit.Hinw. S. 462-463

Japan + Familie + Verwandtschaft/ Sippe + Soziale Beziehungen + Lebensbedingungen + Moderne Kultur + Bevölkerungswissenschaft + Soziokultureller Wandel + Familienpolitik + Frauen + Geschlecht + Gleichberechtigung + Geschlechterrolle/ Geschlechterverhältnis +

Familiensoziologie + Diskurs + Wissenschaftliche Methoden

Walke, Anja (IFA)

Geburtenquote in Japan auf Rekordtief : Fakten, Folgen, Ursachen und Problemlösungsansätze / Anja Walke

in: Japan aktuell (Hamburg). 13 (2005) 4, S. 16-21 : Tab., Lit.

Japan + Bevölkerungsstruktur + Altersstruktur + Geburtenhäufigkeit + Kinder + Bevölkerungswachstum + System sozialer Sicherung + Verhältnis Wirtschaft - Gesellschaft + Wirtschaftswachstum

3 Gesundheitswesen

Akiyama, Hiroshi

Market principles in health care and social security policy in Japan / Hiroshi Akiyama

in: World Hospitals and Health Services (London). 40 (2004) 2, S. 16-22 : Ill., graf. Darst., Lit.

Japan + Soziale Sicherheit + Gesundheitswesen + Sozialreform + Wirtschaftliche Entwicklung

Colby, Mark A.

The Japan healthcare debate : diverse perspectives / Mark A. Colby. Ed. by Steve Ziolkowski. - 1st published. - Folkestone : Global Oriental, 2004. - XIX,154 S. : zahlr. graf. Darst., Reg.
ISBN 1-901903-33-8

Japan + Gesundheit + Gesundheitswesen + Gesundheitspolitik + Medizinische Versorgung + Finanzierung + Recht + Medizinsoziologie + Kultur

Feldman, Eric A.

The ritual of rights in Japan : Law, society, and health policy. - 1st published. - Cambridge : Cambridge Univ. Press, 2000. - XIV,219 S. : Reg., Lit. S. 198-213, Lit.Hinw. S. 166-197 (Cambridge Studies in Law and Society)
ISBN 0-521-77964-2; ISBN 0-521-77040-8

Japan + Recht + Gesellschaft + Gesundheitswesen + Gesundheitspolitik + Medizinische Versorgung + Soziale Norm + Kulturelle Werte und Normen + Gesellschaftliche/ politische Bewegung + Sozialer Wandel + Krankheit + Tod + HIV/ AIDS + Homosexuelle/ Homosexualität + Prävention

Fukawa, Tetsuo

Public health insurance in Japan / Tetsuo Fukawa. - Washington/D.C., 2002. - 19 S. : graf. Darst., Tab., Lit. (WBI Working Papers)
(Stock No. 37201)

Japan + Sozialpolitik + System sozialer Sicherung + Gesundheitswesen + Krankenversicherung + Überblicksdarstellung + Sozialreform

Health telematic for the elderly : German-Japanese workshop, May 8th - 9th, 2000, Dagstuhl, Germany / German-Japanese Cooperation Council for Hightech and Environmental Technology. - Bonn : DJR, 2000. - 164 S. : zahlr. Ill., zahlr. graf. Darst., 4 Tab., Lit.

Deutschland + Japan + Gesundheit + Gesundheitswesen + Altenbetreuung/ Altenhilfe + Medizinische Versorgung + Telekommunikation + Informations-/ Kommunikationstechnologie + Technologische Entwicklung + Internationale wissenschaftlich-technologische Zusammenarbeit

Iwamoto, Yasushi

Issues in Japanese health policy and medical expenditure / Yasushi Iwamoto. - o.O., January 2003. - 12 S. : Tab., graf. Darst., Lit.

Japan + Sozialreform + Gesundheitswesen + Gesundheitspolitik + Krankenversicherung + Qualitativ/ Qualität + Kosten/ Aufwand

Japan's response to the spread of HIV/AIDS / Japan Center for International Exchange. - Tokyo ..., 2004. - 77 S. : graf. Darst., Tab., Lit. S. 63-65
(JCIE Papers ; 37)
ISBN 4-88907-075-3

Japan + Innenpolitische Lage/ Entwicklung + Gesundheitspolitik + Krankheit + HIV/ AIDS + Gesundheitsvorsorge + Gesundheitserziehung + Bevölkerungsentwicklung + Informationsfluss + Massenmedien + Nichtregierungsorganisation + Wirtschaftsunternehmen

Kawamura, Masayoshi

Korei-sha fukushi-ron (Dt.: Erläuterungen zur Wohlfahrt für die Alten). - Kyoto : Mineruba shobo, 2003. - 274 S. : Ill., graf. Darst., Tab., Reg., Lit., Lit.Hinw.
(Shirizu: 21 seiki no shakai fukushi ; 3)
ISBN 4-623-03705-3

Japan + Altenbetreuung/ Altenhilfe + Alte Menschen + Soziale Dienste + Soziale Betreuung/ Sozialfürsorge + Gesundheitshilfe

Lin Jen-jen

Politische Transformation und Ausdehnung der Sozialversicherung in Japan : Dargestellt am Beispiel der Einführung der nationalen Krankenversicherung. - München : Utz, Wiss., 2000. - 130 S. : graf. Darst.
Zugl.: München, Univ., Diss., 2000.
(Münchener sozialwissenschaftliche Beiträge)
ISBN 3-89675-823-3

Japan + Krankenversicherung + Sozialpolitik + Sozialversicherung + System sozialer Sicherung + Demokratisierung + Gesellschaftliche Prozesse

Mayhew, Les

Japan's longevity revolution and the implications for health care finance and long-term care / Les Mayhew. Approved by Landis MacKellar. - London, February 2001. - V,20 S. : graf. Darst., Tab., Lit.
(Discussion Paper / Pension Institute, University of London ; PI-0108)

Japan + Gesundheitswesen + Demografischer Wandel + Altersstruktur + Alte Menschen + Altenbetreuung/ Altenhilfe + Krankenpflege + Krankenhaus

Noguchi, Makoto

Yoku wakaru iyaku-hin gyokai (Dt.: Die pharmazeutische Industrie - leicht verständlich gemacht) / Makoto Noguchi. - Tokyo : Nippon jitsugyo shuppan-sha., 2003. - 254 S. : Ill., graf. Darst., Tab., Lit. S. 250-251
ISBN 4-534-03543-8

Japan + Pharmazeutische Industrie + Pharmazeutische Produkte + Gesundheitswesen + Gesundheit

Ogata, Hiroya

Health care reforms in Japan and Canada in the 21st century / Hiroya Ogata. - Tokyo, 2002. - 10 S. : graf. Darst., Tab., Lit.

Japan + Kanada + Wohlfahrtsstaat + Sozialreform + Gesundheitswesen + Kosten/ Aufwand + Internationaler Vergleich/ Ländervergleich

Ogura, Seiritsu

Removing the instability and inequity in the Japanese health insurance system : „Health care issues in the United States and Japan" Conference held May 1-3, 2003 / Seiritsu Ogura ; Tamotsu Kadoda ; Makoto Kawamura. - Version of May 2004. -

Cambridge/Mass. : National Bureau of Economic Research, 2004. - 37 S.

Japan + Gesundheitswesen + Krankenversicherung + Instabilität + Soziale Ungleichheit

Yashiro, Naohiro

Evaluating Japan's health care reform of the 1990s and its efforts to cope with population aging : „Health care issues in the United States and Japan" Conference held May 1-3, 2003 / Naohiro Yashiro ; Reiko Suzuki ; Wataru Suzuki. - Version of May 2004. - Cambridge/Mass. : National Bureau of Economic Research, 2004. - 27 S.

Japan + Gesundheitspolitik + Gesundheitswesen + Altersstruktur + Sozialreform

Yokoyama, Junichi

Koreisha fukushi to chiho jichitai (Dt.: Altenwohlfahrt und regionale Selbstverwaltung) / Junichi Yokoyama. - Tokyo : Dobunkan shuppan kabushiki gaisha, 2003. - 252 S. : graf. Darst., Kt., Tab., Lit.Hinw.
ISBN 4-495-86541-2

Japan + Selbstverwaltung (Regionale Autonomie) + Altenbetreuung/ Altenhilfe + Alte Menschen + Soziale Dienste + Soziale Betreuung/ Sozialfürsorge + Gesundheitshilfe

Zhou Yanfei

Market concentration, efficiency and quality in the Japanese home help industry : „Health care issues in the United States and Japan" Conference held May 1-3, 2003 / Yanfei Zhou ; Wataru Suzuki. - Version of September 2, 2003. - Cambridge/Mass. : National Bureau of Economic Research, 2003. - 21 S.

Japan + Sozialversicherung + Alte Menschen + Altenbetreuung/ Altenhilfe + Versicherungsdienstleistungen

4 Arbeitsmarkt

Aoki, Hideo

Homelessness in Osaka : Globalisation, Yoseba and disemployment

in: Urban Studies (Abingdon). 40 (February 2003) 2, S. 361-378

Japan + Soziale Gruppe + Soziale Randgruppe + Obdachlose + Stadt + Osaka + Lebensbedingungen + Soziale Sicherheit + Sozialpolitik + Soziale Betreuung/ Sozialfürsorge + Armut + Arbeitslosigkeit + Globalisierung

[„Atypical" and „irregular" labour in contemporary Japan]

in: Social Science Japan Journal (Oxford). 4 (2001) 2, S. 159-223 : zahlr. Tab., Lit.Hinw.

Japan + Arbeitsmarkt + Beschäftigung + Beschäftigungspolitik + Gelegenheitsarbeit + Leiharbeit + Frauen + Geschlecht + Dienstleistungssektor/ Tertiärer Sektor + Soziale Diskriminierung

Bosse, Friederike (IFA)

„No pain, no gain" oder: Warum die Japaner „schmerzhafte Reformen" begrüßen

in: Japan aktuell (Hamburg). 9 (Oktober 2001) 5, S. 465-473 : 4 Tab., Lit. S. 473

Japan + Wirtschaftskrise + Wirtschaftsreformen + Wahl/ Abstimmung + Parlament + Regierungschef + Koizumi, Junichiro + Politische Partei + Einkommen + Arbeitslosigkeit + Soziale Sicherheit + Kreditwirtschaft + Bank + Arbeitslosenversicherung + Reform + Öffentliche Finanzpolitik

Broadbent, Kaye

Women's employment in Japan : The experience of part-time workers. - 1st published. - London ... : RoutledgeCurzon, 2003. - VIII,168 S. : graf. Darst., Tab., Reg., Lit. S. 155-165, Lit.Hinw. S. 147-154
(ASAA Women in Asia)
ISBN 0-7007-1743-9

Japan + Arbeitsmarkt + Beschäftigung + Beschäftigungspolitik + Soziale Gruppe + Geschlecht + Frauen + Frauenarbeit + Teilzeitarbeit + Arbeitskultur + Soziale Ungleichheit + Geschlechterrolle/ Geschlechterverhältnis + Status und Rolle + Gewerkschaft

Chiavacci, David

Changing egalitarianism? Attitudes regarding income and gender equality in contemporary Japan / David Chiavacci

in: Japan Forum (Oxford). 17 (March 2005) 1, S. 107-131

Japan + Soziale Gerechtigkeit + Soziale Ungleichheit + Arbeit + Einkommen + Einkommensverteilung + Frauen + Geschlechterrolle/ Geschlechterverhältnis + Familie + Öffentliche Meinung + Ausländisches Unternehmen + Absolventen + Hochschule + Meinung/ Einstellung

Gao Bai

Japan's economic dilemma : The institutional origins of prosperity and stagnation. - 1st published. - Cambridge : Cambridge Univ. Press, 2001. - XI,300 S. : 11 graf. Darst., 5 Tab., Lit. S. 275-293, Lit.Hinw.
ISBN 0-521-79373-4; ISBN 0-521-79025-5

Japan + Wirtschaft + Wirtschaftslage + Wirtschaftliche Entwicklung + Wirtschaftliche Institution + Status und Rolle + Wirtschaftswachstum + Stagnation + Wirtschaftspolitik + Öffentliche Finanzwirtschaft + Geldpolitik/ Kreditpolitik + Sozioökonomische Entwicklung

Gaston, Noel

Labour market policy developments in Japan : following an Australian lead? / Noel Gaston and Tomoko Kishi. - Sydney : Centre for Japanese Economics Studies, Macquarie Univ., 2005. - 26 S. : graf. Darst., Lit.
(CJES Research Papers ; 2005,1)
ISBN 1-7413-8101-0

Japan + Arbeitsmarktpolitik + Reform + Beschäftigung + Jugendliche/ Junge Menschen + Internationaler Vergleich/ Ländervergleich + Australien

Genda, Yuji

A nagging sense of job insecurity : the new reality facing Japanese youth / Gena Yuji. Transl. by Jean Connell Hoff. - 1st Engl. ed. - Tokyo : LTCB International Library Trust ..., 2005. - XII,203 S. : graf. Darst., Tab., Reg.

Japan + Beschäftigungspolitik + Arbeitsmarkt + Jugendliche/ Junge Menschen + Arbeitslosigkeit + Lebensbedingungen + Lohnentwicklung + Berufliche/ fachliche Qualifikation + Selbstständige + Lebensunterhalt

Gill, Tom

Man of uncertainty : The social organization of day laborers in contemporary Japan. - Albany/N.Y. : State Univ. of New York Press, 2001. - XVIII,263 S. : zahlr. Ill., 2 Kt., zahlr. Tab., Reg., Gloss., Anh., Lit. S. 243-254, Lit.Hinw. S. 219-236
(SUNY Series in Japan in Transition)
ISBN 0-7914-4828-2; ISBN 0-7914-4827-4

Japan + Stadt + Urbanisierung + Beschäftigung + Soziale Ungleichheit + Arbeiter + Arbeitsmarkt + Befristete Beschäftigung + Niedrigeinkommen +

Obdachlose + Armut + Gesundheit + Wohngebiet + Wohnverhältnisse

Hayashi-Mähner, Elke

Tagelöhner und Obdachlose in Tokyo / Elke Hayashi-Mähner. - (München) : Iudicium, 2005. - 164 S. : Ill., graf. Darst., Tab., Lit. S. 142-147, Lit.Hinw. S. 138-141
(OAG-Taschenbuch ; Nr. 85)
ISBN 3-89129-181-7

Japan + Tokyo + Gesellschaft + Sozioökonomische Entwicklung + Soziale Randgruppe + Obdachlose + Lebensbedingungen + Beschäftigung + Sozialpolitik + Soziale Sicherheit

Hewitt, Paul S.

Depopulation and ageing in Europe and Japan: the hazardous transition to a labour shortage economy

in: Internationale Politik und Gesellschaft (Bonn). (2002) 1, S. 111-120

Europäische Union + Japan + Bevölkerungswissenschaft + Demografische Faktoren + Bevölkerungsentwicklung + Bevölkerungsrückgang + Wirkung/ Auswirkung + Wirtschaft + Wirtschaftslage + Wirtschaftliche Entwicklung + Sozioökonomische Entwicklung + Problem + Wohlfahrtsstaat + Bilanz + Bisherige Entwicklung + Entwicklungsmöglichkeiten/ Entwicklungsalternativen

Honda, Yuki

The formation and transformation of the Japanese system of transition from school to work / Honda Yuki

in: Social Science Japan Journal (Oxford). 7 (2004) 1, S. 103-115 : Tab., Lit.Hinw.

Japan + Bildungssystem + Bildung/ Erziehung + Arbeitsmarkt + Beschäftigung

Imai, Jun

The rise of temporary employment in Japan : legalisation and expansion of a non-regular employment form / Imai Jun. - Duisburg : Institut für Ostasienwissenschaften, 2004. - III,64 S. : graf. Darst., Tab., Zeittaf., Anh., Lit. S. 58-64, Lit.Hinw.
(Duisburger Arbeitspapiere Ostasienwissenschaften ; No. 62)

Japan + Arbeitsmarkt + Strukturwandel + Deregulierung (Wirtschaft) + Liberalisierung + Beschäftigungspolitik + Befristete Beschäftigung + Leiharbeit + Bildung von Institutionen

Inagami, Takeshi

From industrial relations to investor relations? Persistence and change in Japanese corporate governance, employment practices and industrial relations

in: Social Science Japan Journal (Oxford). 4 (2001) 2, S. 225-241 : 4 Tab., Lit.Hinw.

Japan + Betriebliche Planung + Unternehmenspolitik + Arbeitsbeziehungen + Investition + Beschäftigungspolitik + Beschäftigung + Gewerkschaft

Inui, Akio

Restructuring youth : Recent problems of Japanese youth and its contextual origin

in: Journal of Youth Studies (Abingdon). 6 (June 2003) 2, S. 219-233

Japan + Soziale Gruppe + Jugendliche/ Junge Menschen + Soziale Herkunft + Schule + Ausbildung/ Berufliche Bildung + Hochschulbildung + Beschäftigung + Teilzeitarbeit + Arbeitslosigkeit

Japan / OECD - Organisation for Economic Co-operation and Development. - Paris, 2005. - 190 S. :

graf. Darst., Tab., Lit.Hinw.
(OECD Economic Surveys ; Vol. 2005 (March 2005) 3)
ISBN 92-64-00822-5

Japan + Wirtschaftliche Entwicklung + Sozioökonomische Entwicklung + Wirtschaftslage + Öffentliche Finanzwirtschaft + Arbeitsmarkt + Wirtschaftspolitik + Wirtschaftsreformen + Wirtschaftliche und soziale Indikatoren + Wirtschaftsprognose + Internationaler Vergleich/ Ländervergleich

Jung Ee Hwan

Economic crisis and changes in employment relations in Japan and Korea / EeHwan Jung and Byung-you Cheon

in: Asian Survey (Berkeley/Cal.). 46 (May-June 2006) 3, S. 457-476 : Tab., Lit.Hinw.

Südkorea + Japan + Wirtschaftskrise + Folgeprobleme + Arbeitsbeziehungen + Arbeitsmarkt + Internationaler Vergleich/ Ländervergleich

Kamppeter, Werner

Arbeitsmarkt und soziale Sicherungssysteme in Japan : eine (partielle) Bestandsaufnahme / Werner Kamppeter - 1-7

in: Berichte / Forschungsinstitut der Internationalen Wissenschaftlichen Vereinigung Weltwirtschaft und Weltpolitik (Berlin)

1: 14 (Februar 2004) 139. - S. 57-73;

2: 14 (März 2004) 140. - S. 63-70;

3: 14 (April 2004) 141. - S. 79-83;

5: 14 (Juni 2004) 143, - S. 63-82;

6: 14 (August 2004) 145. - S. 46-65;

7: 14 (September 2004) 146. - S. 68-84

Japan + Sozioökonomische Entwicklung + System sozialer Sicherung + Arbeitsmarkt + Beschäftigung + Arbeitslosigkeit + Wirtschaftslage + Wirtschaftskrise + Wirtschaftliche und soziale Indikatoren

Kleis, Pia (IFA)

Arbeit und Beschäftigung in Japan : Kurzbibliographie

in: Japan aktuell (Hamburg). 10 (Oktober 2002) 5, S. 448-456

Japan + Arbeitsmarkt + Beschäftigung + Arbeitskultur + Unternehmenskultur + Arbeitsbeziehungen + Arbeitsorganisation + Berufliche/ fachliche Qualifikation + Frauenarbeit + Ausländische Arbeitnehmer + Arbeitskräftemobilität + Arbeitszeit + Ausbildung/ Berufliche Bildung + Einkommen + Soziale Sicherheit + Arbeitslosigkeit

Melkas, Helinä

Towards gender equity in Japanese and Nordic labour markets : a tale of two paths / Helinä Melkas and Richard Anker. - 1st published. - Geneva : International Labour Office, 2003. - V,70 S. : graf. Darst., Tab., Lit. S. 55-62, Lit.Hinw.
ISBN 92-2-114289-2

Japan + Nordeuropa + Arbeitsmarkt + Beschäftigungspolitik + Geschlechterpolitik + Frauen + Status und Rolle + Geschlechterrolle/ Geschlechterverhältnis + Soziale Diskriminierung + Gleichberechtigung + Internationaler Vergleich/ Ländervergleich + Politische Strategie

Miura, Mari

Globalization and reforms of labor market institutions : Japan and major OECD countries ; domestic politics project no.4 / Mari Miura. - Tokyo : Institute of Social Science, Univ. of Tokyo, July 2001. - 21 S. : graf. Darst., Tab., Lit., Lit.Hinw.

Japan + Arbeitsmarkt + Arbeitsmarktpolitik + Reform + Institution + soziale Sicherheit + Globalisierung

Mouer, Ross

A sociology of work in Japan / Ross Mouer and Kawanishi Hirosuke. - 1st published. - Cambridge : Cambridge Univ. Press, 2005. - XX,303 S. : graf. Darst., zahlr. Tab., Reg., Lit. S. 264-295, Lit.Hinw.
(Contemporary Japanese Society)
ISBN 0-521-65845-4; ISBN 0-521-65120-4

Japan + Arbeitsmarkt + Beschäftigung + Arbeitskultur + Beschäftigungspolitik + Arbeitsmarktpolitik + Sozialpolitik + Soziale Sicherheit + Arbeitskonflikt

Nakada, Sachiko Kuroda

Analysis of changes in Japan's unemployment rate using gross flow data. - Tokyo : IMES, 2002. - 43 S. : graf. Darst., Lit. S. 39-43
(IMES Discussion Paper Series ; No. 2002-E-6)

Japan + Arbeitslosigkeit + Arbeitslose + Arbeitsmarkt + Männer + Frauen

Osawa, Mari

Japanese government approaches to gender equality since the mid-1990s / Mari Osawa

in: Asian Perspective (Seoul). 29 (March 2005) 1, Special issue on controversial issues in Japanese politics and society, S. 157-173

Japan + Geschlechterrolle/ Geschlechterverhältnis + Geschlechterpolitik + Frauen + Soziale Diskriminierung + Beschäftigung + Lohn + Kulturelle Werte und Normen + Traditionelle Kultur

Oshige, Kotaro

Arbeitsmarktstruktur und industrielle Beziehungen in Japan : Eine Bestandsaufnahme mit Thesen zur Zukunftsentwicklung. - Duisburg : Institut für Ostasienwissenschaften, 2003. - 29 S. : graf. Darst., Tab., Lit. S. 28-29, Lit.Hinw.
(Duisburger Arbeitspapiere Ostasienwissenschaften ; No. 50/2003)

Japan + Arbeitsmarkt + Beschäftigung + Arbeitsbeziehungen + Personalpolitik + Arbeitsbedingungen + Strukturwandel + Gewerkschaft + Entwicklungsperspektive und -tendenz

La réforme des retraites : Loi du 21 août 2003

in: Droit social (Paris). (novembre 2003) 11, N° spécial, S. 909-987 : Tab., Lit.Hinw.

Frankreich + Soziale Sicherheit + Altersversorgung + Reformpolitik + Ergebnis + Entwicklungsperspektive und -tendenz + Bevölkerungsentwicklung + Finanzierung + Beschäftigungspolitik + Rentenversicherung + Zusatzversorgung

Sasajima, Yoshio

Labor in Japan. - 2nd revision. - Tokyo : Foreign Press Center, 2003. - 80 S. : graf. Darst., zahlr. Tab.
(About Japan Series ; 9)

Japan + Arbeitsmarkt + Beschäftigung + Beschäftigungspolitik + Wirtschaftsstruktur + Industrie + Arbeitsbedingungen + Arbeitsbeziehungen + Arbeitgeber + Arbeitnehmer + Kommunikation + Arbeitskonflikt + Arbeitslosigkeit

Sellek, Yoko

Migrant labour in Japan. - 1st published. - Basingstoke ... : Palgrave, 2001. - X,261 S. : zahlr. Tab., Reg., Gloss., Lit. S. 238-255, Lit.Hinw. S. 230-237
ISBN 0-333-80432-5

Japan + Arbeitskräftemobilität + Internationale Migration + Ausländische Arbeitnehmer + Arbeitsmarkt + Beschäftigung + Infrastruktur + Soziale Beziehungen + Fremdenfeindlichkeit + Menschenrechte

Shire, Karen A. (IFA)

Stability and change in Japanese employment institutions : The case of temporary work

in: Asien (Hamburg). (Juli 2002) 84, S. 21-33 : Lit. S. 29-30,33

Japan + Beschäftigung + Deregulierung (Wirtschaft) + Vollbeschäftigung + Befristete Beschäftigung + Leiharbeit + Arbeitsmarkt + Liberalisierung + Stabilität

Shugyo kibo jokyochosa hokoku : Heisei 14 nen 4 gatsu, 5 gatsu ki heikin kekka oyobi 10 gatsu, 11 gatsu ki heikin kekka = Ad hoc survey of employment and unemployment conditions. Results of April-May and October-November 2002 / Statistics Bureau, Ministry of Public Management, Home Affairs, Posts and Telecommunications. - Tokyo, 2003. - 222 S. : graf. Darst., Tab.

Japan + Arbeitslosigkeit + Beschäftigung + Arbeitsbedingungen

Takanashi, Akira

Shunto wage offensive. - 2nd ed. - Tokyo : Japan Institute of Labour, 2002. - 128 S. : graf. Darst., Tab., Reg., Lit. S. 117-122, Lit.Hinw. (Japanese Economy and Labor Series ; No. 1)

Japan + Arbeitsmarkt + Beschäftigung + Beschäftigungspolitik + Unternehmenspolitik + Personelles Management/ Personalverwaltung + Arbeitsbeziehungen + Gewerkschaft + Arbeitskonflikt + Lohnentwicklung + Wirtschaftsstruktur + Sozioökonomische Entwicklung

Tonai, Kazuhiro

Die veränderte Beschäftigungspraxis in Japan in den letzten zwanzig Jahren / Kazuhiro Tonai

in: Zeitschrift für japanisches Recht (Hamburg). 10 (Summer 2005) 19, S. 189-206

Japan + Beschäftigung + Beschäftigungspolitik + Wandel + Arbeitsrecht + Berufsstruktur/ Beschäftigungsstruktur + Arbeit

Walke, Anja (IFA)

Aktuelle Entwicklungen auf dem japanischen Arbeitsmarkt = Recent trends in the Japanese labor market / Anja Walke

in: Japan aktuell (Hamburg). 14 (2006) 3, S. 54-67 : Tab., Lit. S. 66-67, Lit.Hinw.

Japan + Arbeitsmarkt + Beschäftigung + Arbeitslosigkeit + Dienstleistungssektor/ Tertiärer Sektor + Arbeitsplatz + Entwicklungsperspektive und -tendenz

Walke, Anja (IFA)

Arbeitsmarkt und Beschäftigung im Zeichen des demografischen Wandels : wie sich Japan auf Alterung und Entvölkerung vorbereitet (Teil 2) ; Herausforderungen an die Unternehmen

in: Japan aktuell (Hamburg). 11 (Dezember 2003) 6, S. 541-550 : Tab., Lit. S. 548-550

Japan + Bevölkerungswissenschaft + Arbeitsmarkt + Altersstruktur + Demografische Faktoren + Beschäftigung + Beschäftigungspolitik + Personalpolitik + Arbeitsbedingungen + Erwerbspersonen + Erwerbstätigkeit + Humankapital

Walke, Anja

Arbeitsmarkt und Beschäftigung im Zeichen des demografischen Wandels : Wie sich Japan auf die Alterung und Entvölkerung vorbereitet (Teil 1) ; Herausforderungen an die Politik in: Japan aktuell (Hamburg). 11 (Oktober 2003) 5, S. 441-451 : Tab., Lit.Hinw., Internet-Hinw.

Japan + Bevölkerungswissenschaft + Bevölkerungsentwicklung + Bevölkerungsverteilung + Altersstruktur + Arbeitsmarkt + Beschäftigung + Politische Maßnahmen + Bestimmungsfaktoren der Politik + Beschäftigungspolitik + Gesundheitswesen + Soziale Sicherheit + Altersversorgung + Kosten/ Aufwand

Walke, Anja (IFA)

Japans Arbeitsmarkt im Aufwärtstrend : ist das Ende der „Eiszeit" erreicht? / Anja Walke. - Hamburg : German Institut of Global and Area Studies, Institut für Asienkunde, 2006. - 8 S. : graf. Darst., Tab., Lit. S. 8, Lit.Hinw.
(GIGA Focus Asien ; (Juni 2006) 6)

Japan + Arbeitsmarkt + Beschäftigung + Arbeitslosigkeit + Jugendarbeitslosigkeit + Demografischer Wandel + Entwicklungsperspektive und -tendenz

Weathers, Charles

In search of strategic partners : Japan's campaign for equal opportunity / Charles Weathers

in: Social Science Japan Journal (Tokyo). 8 (April 2005) 1, S. 69-89 : Lit.Hinw.

Japan + Lohn + Lohnpolitik + Chancengleichheit + Frauen + Geschlecht + Frauenarbeit

Weathers, Charles

Temporary workers, women and labour policy-making in Japan / Charles Weathers

in: Japan Forum (Oxford). 16 (2004) 3, S. 423-447

Japan + Arbeiter + Leiharbeit + Saisonarbeit + Frauenarbeit + Frauen + Beschäftigungspolitik + Beschäftigung + Liberalisierung + Wirtschaftspolitik + Arbeit

Yatsubayashi, Shuichi

Effects of globalization and of regional and business adaptation upon employment

aus: Globalization and regional dynamics: East Asia and the European Union from the Japanese and the German perspective. / Wolfgang Klenner ... (Eds.). - Berlin : Springer, 2002, S. 127-146 : Tab.
ISBN 3-540-42599-3

Japan + Globalisierung + Regionale Wirtschaftsstruktur + Wirtschaftsstruktureller Wandel + Anpassungsprozess (Wirtschaft) + Wirtschaftsunternehmen + Wirkung/ Auswirkung + Beschäftigung + Empirische Analyse + Wirtschaftliche und soziale Indikatoren

5 Renten

Aging and social policy : a German-Japanese comparison / Harald Conrad ... (eds). Deutsches Institut für Japanstudien. - 1. Aufl. - München : Iudicium-Verl., 2002. - 353 S. : graf. Darst., Lit.
(Monographien aus dem Deutschen Institut für Japanstudien der Philipp-Franz-von-Siebold-Stiftung ; Bd. 26)
ISBN 3-89129-840-4

Deutschland + Japan + Bevölkerungswissenschaft + Demografischer Wandel + Soziale Sicherheit + Sozialpolitik + Politische Reformen + Krankenversicherung + Rentenversicherung + Internationaler Vergleich/ Ländervergleich

Bosse, Friederike

Generationenvertrag steht in Frage : Die Bevölkerungsentwicklung duldet keinen Reformaufschub in: Frankfurter Allgemeine Zeitung (Frankfurt/Main). (25. April 2000) 96, S. B2 : 1 graf. Darst.

Japan + Altersversorgung + Rentenversicherung + Bevölkerungsentwicklung + Sozialpolitik

Chia Ngee-choon

The pension system in Japan and retirement needs in the Japanese elderly / Ngge-Choon Chia ; Yukinobi Kitamura ; Albert K.C. Tsui. - Tokyo, May 2005. - 29 S. : graf. Darst., Tab., Lit.

Japan + Sozialpolitik + System sozialer Sicherung + Alte Menschen + Rentenversicherung + Ruhestand/ Rentenalter + Kosten/ Aufwand

Conrad, Harald

Perspektiven der Alterssicherung in Japan

in: Japan: Analysen, Prognosen (München). (Oktober 2001) 183, S. 1-30 : 3 graf. Darst., 1 Tab., Lit. S. 27-30

Japan + Analyse + Altersversorgung + Bevölkerung + Reformpolitik + Wirkung/ Auswirkung + Sozialversicherung + Rentenversicherung + Betriebliche Sozialleistungen/ Alterssicherung

Fukuda, Shizue

Kore kara no korei-sha fukushi (Dt.: Die Zukunft der Wohlfahrt für Senioren) / Shizue Fukuda ; Etsuko Furuhashi. - Kyoto : Mireruba shobo, 2002. - 207 S. : Ill., graf. Darst., Tab., Reg., Lit., Lit.Hinw.
ISBN 4-632-03591-3

Japan + Sozialpolitik + Soziale Sicherheit + Alte Menschen + Rentner + Altersversorgung

Hamaguchi-Klenner, Makiko

Zur Konzipierung sozialpolitischer Lösungsansätze für gesellschaftliche Alterungsprozesse in China, Singapur und Japan als Maßnahme zur Stabilisierung politischer Systeme

aus: Bochumer Jahrbuch zur Ostasienforschung. / Hrsg. von der Fakultät für Ostasienwissenschaften der Ruhr-Universität Bochum. - Jg. 24. 2000. - Bochum, 2000, S. 63-75

Volksrepublik China + Singapur + Japan + Soziale Sicherheit + Sozialpolitik + Konzeption + Bevölkerungsstruktur + Bevölkerungsentwicklung + Altersstruktur

Horlacher, David E.

Population ageing in Japan : policy lessons for South-East Asia / David E. Horlacher and Landis MacKellar

in: Asia-Pacific Development Journal (Bangkok). 10 (June 2003) 1, S. 97-122 : graf. Darst., Lit. S. 121-122

Altersstruktur + Japan + Südostasien + Bevölkerungsentwicklung + Demografische Faktoren + Wirtschaftliche Entwicklung + Wirtschaftsprognose + Wirtschaftliche und soziale Indikatoren

Kamppeter, Werner

Altersvorsorge in Japan / Werner Kamppeter ; Christian Tack

in: Japan: Analysen, Prognosen (München). (April 2006) 195, S. 3-28 : graf. Darst., Tab., Anh., Lit. S. 27, Lit.Hinw.

Japan + Altersversorgung + Rente (Einkommen) + Rentenversicherung + Soziale Sicherheit + Demografischer Wandel + Gesellschaftliche Prozesse

Katsumata, Yukiko M.

Japanese social security measures to support the retiring aged : from employment insurance and public pension / Yukiko M. Katsumata. - Helsinki, September 2000. - 23 S. : graf. Darst., Tab., Lit.

Japan + Sozialpolitik + System sozialer Sicherung + Soziale Sicherheit + Sozialreform + Alte Menschen + Beschäftigung + Rentenversicherung + Ruhestand/ Rentenalter

Oshio, Takashi

The impact of social security on income, poverty, and health of the elderly in Japan / Takashi Oshio and Satoshi Shimizutani. - Tokyo : National Institute of Population and Social Security Research, October 2005. - 24 S. : graf. Darst., Tab., Lit. (IPSS Discussion Paper Series ; No. 2005-04)

Japan + Alte Menschen + Soziale Sicherheit + Einkommen + Armut + Gesundheit + Steigerung/ Ausbau

Rojin fukushi ron. Kaitei = Über die Altenvorsorge. Revidierte Ausg / Kazunori Ishida. - Revidierte Ausg. - Gifu : Mirai, 2003. - 239 S. : Ill., graf. Darst., Tab., Reg., Lit., Lit.Hinw. ISBN 4-86015-030-9

Japan + Sozialpolitik + Soziale Sicherheit + Altersversorgung

Sakamoto, Junichi

Japan's pension reform / Junichi Sakamoto. - Washington/D.C, December 2005. - 74 S. : graf. Darst., Tab., Lit.
(Social Protection Discussion Paper Series ; No. 0541)

Japan + Sozialpolitik + System sozialer Sicherung + Rentenversicherung + Alte Menschen + Demografischer Wandel + Geburtenhäufigkeit + Sozialreform

Takayama, Noriyuki

Changes in the Japanese pension system / Takayama Noriyuki. - Tokyo : Institute of Economic Research, Hitotsubashi Univ., September 2004. - 6 S. (Discussion Paper / Institute for Economic Research ; No. 227)

Japan + Rentenversicherung + Sozialreform + Beitrag (Zahlung) + Bevölkerungswissenschaft + Zukunft

Takayama, Noriyuki

Japanese social security pensions in the twenty-first century / Noriyuki Takayama. - Tokyo, 2001. - 20 S. : graf. Darst., Lit.Hinw.

Japan + Sozialpolitik + System sozialer Sicherung + Soziale Sicherheit + Sozialreform + Rentenversicherung + Kosten/ Aufwand

Takayama, Noriyuki

Pension reform in Japan / by Noriyuki Takayama. - Tokyo : Institute of Economic Research, Hitotsubashi Univ., March 2005. - 31 S. : graf. Darst., Lit.
(Discussion Paper / Institute for Economic Research ; No. 253)

Japan + Demografischer Wandel + Alte Menschen + Sozialreform + Rentenversicherung + Ruhestand/ Rentenalter + Kosten/ Aufwand

Takayama, Noriyuki

Social security pensions and intergenerational equity : the Japanese case / Noriyuki Takayama. - Tokyo : Institute of Economic Research, Hitotsubashi Univ., October 2005. - 17 S. : graf. Darst., Lit.
(Discussion Paper / Institute for Economic Research ; No. 282)

Japan + Demografischer Wandel + Alte Menschen + Sozialreform +

Rentenversicherung + Ruhestand/
Rentenalter

Takayama, Noriyuki

The Japanese pension system : how it was and what it will be ; international conference on pensions in Asia: incentives, compliance and their role in retirement / by Noriyuki Takayama. - Tokyo, February 2004. - 22 S. : Lit. S. 21-23

Japan + Sozialpolitik + System sozialer Sicherung + Sozialreform + Demografischer Wandel + Bevölkerungswissenschaft + Rentenversicherung + Ruhestand/ Rentenalter + Entwicklungsperspektive und -tendenz

Usuki, Masaharu

Recent changes to retirement benefits in Japan, and relevant public policy issues / Masaharu Usuki. - Tokyo, February 2003. - 33 S. : graf. Darst., Tab., Lit.
(Discussion Paper / Institute for Economic Research ; No. 135)

Japan + Sozialpolitik + Ruhestand/ Rentenalter + Lohn + Steuern + Geschichte

Yoshido, Kenzo

The Japanese pension reform of 2004 : a new mode of legislative process / Kenzo Yoshido, Yung-Hsing Guo, and Li-Hsuan Cheng

in: Asian Survey (Berkeley/Cal.). 46 (May-June 2006) 3, S. 381-400 : graf. Darst., Tab., Lit.-Hinw.

Japan + Altersversorgung + Reform + Gesetzgebung

---

*) Annika Hager ist Studentin des Studiengangs Information and Library Services an der Hochschule für Angewandte Wissenschaften in Hamburg. Sie erstellte die Bibliografie im Rahmen eines Praktikums im Informationszentrum des GIGA.

Wirtschaftsstatistische Daten Japan 2005

zusammengestellt vom Auswärtigen Amt[1]
Stand: Oktober 2006

	2004	2005
1. Bevölkerung		
Einwohner in Mio.	127,74	127,76
Wachstum in %	0,08	0,02
2. Bruttoinlandsprodukt (BIP)		
BIP insgesamt (zu Marktpreisen)	534.000 Mrd. Yen = 3.972,03 Mrd. EUR	542.900 Mrd. Yen = 3.967,12 Mrd. EUR
BIP pro Kopf der Bevölkerung (zu Marktpreisen)	31.094 EUR	31.051 EUR
reales Wachstum in %	2,6	2,7
Inflationsrate (Konsumentenpreise) in %	-0,5	0,3
Arbeitslosenquote in %	4,7	4,1
3. Staatshaushalt		
Haushaltssaldo (% des BIP)	-6,1	-6,1
Brutto-Staatsverschuldung (% des BIP, OECD Statistik)	157,6	161,1
4. Zahlungsbilanz		
Waren- und Dienstleistungsverkehr	10.156,5 Mrd. Yen 75,23 Mrd. EUR	7.602,7 Mrd. Yen 55,55 Mrd. EUR
Kapitalverkehr	+1.491,5 Mrd. Yen 11,05 Mrd. EUR	-13.957,5 Mrd. Yen 101,99 Mrd. EUR
Handelsbilanz	13.902,2 Mrd. Yen 103,408 Mrd. EUR	10.350,2 Mrd. Yen 75,632 Mrd. EUR
5. Währung (Jahresdurchschnittskurs der Deutschen Bundesbank)	1 EUR = 134,44 Yen	1 EUR = 136,85 Yen

[1] http://www.auswaertiges-amt.de/diplo/de/Laenderinformationen/Japan/Wirtschaftsdatenblatt.html.

6. Bilaterale Beziehungen	**2004**	**2005**
Außenhandel mit Deutschland:		
Importe aus Japan (absolut), gem. Stat. Bundesamt Anteil an d. Gesamtimporten D (prozentual)	21,093 Mrd. EUR	21,435 Mrd. EUR 3,4%
Exporte nach Japan (absolut), gem. Stat. Bundesamt Anteil an d. Gesamtexporten D (prozentual)	12,693 Mrd. EUR 1,8%	13,330 Mrd. EUR 1,7%
Jap. Handel mit China/USA		
Jap. Exporte nach China Jap. Importe aus China Jap. Exporte in die USA Jap. Importe aus den USA	59,46 Mrd. EUR 75,86 Mrd. EUR 102,13 Mrd. EUR 50,31 Mrd. EUR	64,59 Mrd. EUR 87,45 Mrd. EUR 108,20 Mrd. EUR 51,67 Mrd. EUR
Stellenwert des Handels		
Deutschland gegenüber Japan	Import: 10. Platz Export: 15. Platz	Import: 11. Platz Export: 16. Platz
Japan gegenüber Deutschland	Import: 7. Platz Export: 8. Platz	
Investitionen		
Dt. Direktinvestitionen nach Japan Bestand in Japan	1,166 Mio US$ 7,786 Mrd. EUR	noch keine Angaben
Japanische Direktinvestitionen in Deutschland	528,86 Mio. EUR	222,14 Mio. EUR
Bestand in Deutschland FDI nach Japan aus USA Frankreich China	10,442 Mrd. EUR 19,487 Mrd. EUR 337,70 Mio. EUR 6,69 Mio. EUR	noch keine Angaben
Japanische Direktinvestitionen in USA Frankreich China	 3,7392 Mrd. EUR 128,68 Mio. EUR 3,651 Mrd. EUR	 9,937 Mrd. EUR 443,55 Mio. EUR 5,306 Mrd. EUR
Investitionsschutzvertrag vom	----	----
Doppelbesteuerungsabkommen	Seit 1966	Seit 1966

Anmerkung: Fiskaljahr Japan vom 1. April bis 31. März.

Quellen:
- *Monthly Statistics of Japan*, März 2006, Statistics Bureau, www.stat.go.jp/english
- Ministry of Finance, www.mof.go.jp/english
- JETRO, www.jetro.go.jp/en/stats/statisitcs/
- *Japan's Economic Outlook*
- Statistisches Bundesamt, *Wirtschaft und Statistik*, www.destatis.de
- Deutsche Bundesbank, *Devisenkursstatistik*, Januar 2006
- Cabinet Office, *Monthly Economic Report*, Januar 2006.

Die Autorinnen und Autoren

Matthias Brachmann (Diplom-Volkswirt)
Jg. 1977. Studium der Internationalen Volkswirtschaftslehre in Tübingen, Kyoto und Ann Arbor. Anschließend Unternehmensberater und Dozent an der FH Reutlingen. Seit 2006 wissenschaftlicher Mitarbeiter am Reinhard-Mohn-Stiftungslehrstuhl für Unternehmensführung der Universität Witten/Herdecke. Forschung zur Diffusion von Innovationen in japanischen und deutschen Krankenhäusern sowie zu organisationstheoretischen Überlegungen zum Aufbau interdisziplinärer Zentren zur Patientenbehandlung.

E-Mail: matthias.brachmann@uni-wh.de

Dr. David Chiavacci
Jg. 1971. Studium der Japanologie, Soziologie und Ethnologie in Zürich, Genf und Kyoto. 1998-2001 wissenschaftlicher Assistent am Ostasiatischen Seminar der Universität Zürich. 2001 Promotion mit einer Arbeit in der Wirtschaftssoziologie an der Philosophischen Fakultät der Universität Zürich. 2001-2003 Forschungsaufenthalt an der Universität Tokyo. 2003-2005 wissenschaftlicher Assistent am Ostasiatischen Seminar und Lehrbeauftragter am Soziologischen Institut der Universität Zürich. Seit September 2005 wissenschaftlicher Mitarbeiter am Ostasiatischen Seminar der Freien Universität Berlin. Arbeitsschwerpunkte: Wirtschaftssoziologie und politische Soziologie des modernen Japans.

E-Mail: dachiava@zedat.fu-berlin.de

Prof. Dr. Wolfgang Dorow
1970-1984 Assistent und Assistenzprofessor an der Freien Universität Berlin. Danach Professur an der Europäischen Wirtschaftshochschule ESCP-EAP in Berlin. Seit 1995 Inhaber des Lehrstuhls für Allgemeine Betriebswirtschaftslehre, insbesondere Unternehmungsplanung, Organisation und Personalwesen, an der Europa-Universität Viadrina, Frankfurt/Oder. Zahlreiche Lehraufträge und Visiting-Professuren in den USA, Kanada, Japan und Südafrika. Forschungsgegenstand: Unternehmungskonflikte und Unternehmungskulturen im internationalen Kontext. Veröffentlichungen u.a. zum personalwirtschaftlichen Wandel in Japan.

E-Mail: dorow@euv-frankfurt-o.de

Martin Eberts

Jg. 1957. Studium der Theologie, Geschichte und Germanistik. Seit 1986 im Auswärtigen Dienst. Zurzeit Leiter des politischen Referats der deutschen Botschaft in Tokyo. Frühere Auslandsverwendungen: Budapest (1988-1991), Riad (1993-1997), Paris (1997-2001; davon ein Jahr Austauschbeamter im Quai d'Orsay). 2001-2005 Planungsstab des Auswärtigen Amts, Berlin. Arbeitsschwerpunkte: Mittel-/Osteuropa, Naher und Mittlerer Osten, Süd- und Ostasien.

E-Mail: Martin.Eberts@diplo.de

Prof. Dr. Gesine Foljanty-Jost

Studium der Japanologie, Politikwissenschaft, Soziologie. Universitätsprofessorin an der Martin-Luther-Universität Halle-Wittenberg, Seminar für Japanologie. Gegenwärtige Arbeitsschwerpunkte: Zivilgesellschaft im Vergleich, Kommunalpolitik und Local Governance in Japan.

E-Mail: gesine.foljanty-jost@japanologie.uni-halle.de

Dr. MMag. Parissa Haghirian

Jg. 1970. Magisterstudium der Handelswissenschaften an der Wirtschaftsuniversität Wien (Abschluss 1998) und Magisterstudium der Japanologie an der Universität Wien (Abschluss 2000). Während des Studiums längerer Japan-Aufenthalt sowie mehrjährige Tätigkeit in japanischen und europäischen multinationalen Unternehmen (TV Asahi, Accenture, Roland Berger Strategy Consultants). 1999-2000 Forschungsassistentin am Zentrum für Auslandsstudien an der Wirtschaftsuniversität Wien, zuletzt 2000 dort Universitätsassistentin an der Abteilung für Internationales Marketing und Management. 2003 Promotion über interkulturellen Wissenstransfer in euro-japanischen Unternehmen. Danach Assistant Professor für Internationales Management an der Kyushu Sangyo University in Fukuoka, Japan. Gastprofessuren an der Groupe HEC Paris, Wirtschaftsuniversität Wien und Helsinki School of Economics. Seit 2006 Assistant Professor für Internationales Management an der Sophia University in Tokyo, Japan. Forschungsschwerpunkte: interne Kommunikation und Wissenstransfer in internationalen (euro-asiatischen) Unternehmen, Markteintrittsstrategien für den japanischen Markt, japanisches Konsumentenverhalten.

E-Mail: p-haghir@sophia.ac.jp

Dr. Carsten Herbes

Nach einer kaufmännischen Ausbildung Studium der Betriebswirtschaftslehre und Japanologie an den Universitäten Mannheim, Heidelberg und Hitotsubashi (Tokyo). Mehr als zehn Jahre Japan-Erfahrung. Seit 1998 bei Roland Berger Strategy Consultants tätig, zunächst im Büro München und seit 2002 im Büro Tokyo. Als Leiter großer Projekte intensive Auseinandersetzung mit strategischen, operativen und organisatorischen Fragestellungen japanischer und europäischer Kunden sowie mit Markteintritt und Restrukturierung japanischer Unternehmen in Europa. 2005/2006 verfasste er seine Dissertation über Konflikte bei der Integration des Lieferantenmanagements in europäisch-japanischen Post-Merger-Integrationsprozessen. Publikationen über Japan (Ausbildungssystem, M&A, Post Merger Integration, dortige Situation deutscher Unternehmen). Lehrveranstaltungen an verschiedenen Hochschulen.

E-Mail: carsten_herbes@de.rolandberger.com

Dr. Axel Klein
Politikwissenschaftler und habilitierter Japanologe. Forschung und Unterricht an der Forschungsstelle Modernes Japan der Universität Bonn. Spezialgebiete: politische Akteure Japans und japanische Massenmedien.

E-Mail: a.klein@uni-bonn.de

Dr. Florian Kohlbacher
Jg. 1978. Studium der Handelswissenschaften/Internationalen BWL sowie Promotion an der Wirtschaftsuniversität Wien. Während des Studiums insgesamt eineinhalb Jahre Japanaufenthalt als Austauschstudent an der Kobe University, Graduate School of Business Administration, und als Trainee bei Schindler Elevator K.K., Tokyo. Nach dem Studium Marketing-Assistent bei Schindler AG in Wien sowie Mitarbeit am Forschungsprojekt „Wissensmanagement und organisationales Lernen in MNCs" an der Abteilung für Change Management und Management Development an der Wirtschaftsuniversität Wien. Seit April 2005 Forschungsaufenthalt an der Graduate School of Commerce and Management der Hitotsubashi University sowie Arbeitsprojekte bei Schindler Elevator K.K., Tokyo (2005) und Siemens K.K., Tokyo (2006). Forschungsschwerpunkte: Wissensmanagement in multinationalen Unternehmen, internationales Marketing und Management sowie Cross-Cultural Management (Schwerpunkt Japan und China), Mobile Commerce und Konsumentenverhalten.

E-Mail: florian.kohlbacher@wu-wien.ac.at

Henri Léval
Diplomat des Quai d'Orsay mit dem Spezialgebiet Sicherheitspolitik und Abrüstung, zuletzt von 2004 bis 2006 auf Posten in Tokyo.

Dr. Kerstin Lukner
Studium der Japanologie, Politikwissenschaft und Anglistik in Bochum, Bonn, Nagoya und Tokyo. 2006 Promotion. Zurzeit Lehrbeauftragte der Universitäten Bonn (Japanologie) und Duisburg-Essen (Politikwissenschaft).

E-Mail: lukner@gmx.net

Prof. Dr. Manfred Pohl
Jg. 1943. Studium der Japanologie, Neueren Geschichte, Sinologie und Politikwissenschaft in Hamburg. 1973 Promotion zum Dr. phil. mit einer Untersuchung über die Bauernpolitik der Kommunistischen Partei Japans. 1973-1975 wissenschaftlicher

Assistent am Seminar für Sprache und Kultur Japans der Universität Hamburg. Seit 1975 Mitarbeiter des Instituts für Asienkunde, Hamburg (Arbeitsgebiet: modernes Japan). Verschiedene Veröffentlichungen zur japanischen Parteiengeschichte und zu Problemen der Innenpolitik. Seit 1994 o. Professor für Staat, Politik und Gesellschaft Japans an der Universität Hamburg.

E-Mail: manfred.pohl@uni-hamburg.de

Dr. Annette Schad-Seifert

Jg. 1962. Studium der Japanologie (Sozialwissenschaft), Religionswissenschaft, Philosophie sowie Sozial- und Wirtschaftsgeschichte an der Freien Universität Berlin und der Keiô-Universität, Tokyo. 1989-1996 wissenschaftliche Mitarbeiterin an der Abt. Japanologie des Ostasiatischen Seminars der Freien Universität Berlin. 1997-2004 wissenschaftliche Assistentin an der Abt. Japanologie des Ostasiatischen Instituts der Universität Leipzig. 2005/2006 wissenschaftliche Mitarbeiterin am Deutschen Institut für Japanstudien, Tokyo. Seit 2006 Professur für Modernes Japan an der Universität Düsseldorf. Forschungsschwerpunkte: Kulturstudien der modernen japanischen Gesellschaft, Geschlechterforschung und Männlichkeitsstudien, Sozialwissenschaft und demografischer Wandel.

E-Mail: schad@phil-fak.uni-duesseldorf.de

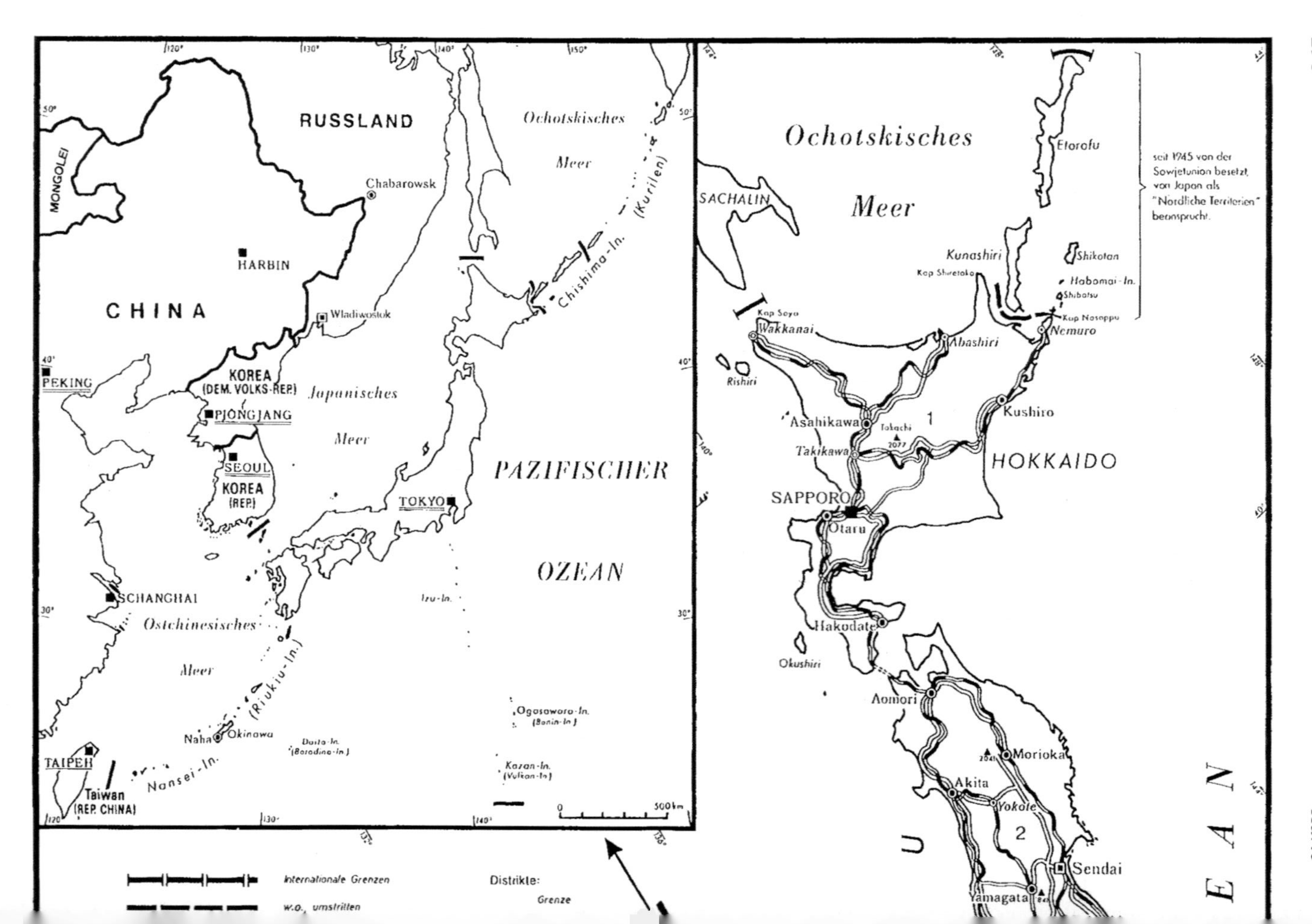

RUSSLAND
MONGOLEI
Chabarowsk
HARBIN
CHINA
Wladiwostok
PEKING
KOREA (DEM. VOLKS-REP.)
PJÖNGJANG
SEOUL
KOREA (REP.)
Japanisches Meer
TOKYO
Ochotskisches Meer
Chishima-In. (Kurilen)
PAZIFISCHER OZEAN
Izu-In.
SCHANGHAI
Ostchinesisches Meer
Riukiu-In.
Naha
Okinawa
Daito-In. (Borodino-In.)
Ogasawara-In. (Bonin-In.)
Kazan-In. (Vulkan-In.)
TAIPEH
Taiwan (REP. CHINA)
Nansei-In.
0 500 km
Internationale Grenzen
w.o., umstritten
Distrikte:
Grenze
Ochotskisches Meer
SACHALIN
Etorofu
seit 1945 von der Sowjetunion besetzt, von Japan als "Nördliche Territorien" beansprucht.
Kunashiri
Kap Shiretoko
Shikotan
Habomai-In.
Shibotsu
Kap Nosappu
Nemuro
Kap Soya
Wakkanai
Abashiri
Rishiri
Asahikawa
Tokachi
2077
Kushiro
Takikawa
HOKKAIDO
SAPPORO
Otaru
Hakodate
Okushiri
Aomori
Morioka
Akita
Yokote
Sendai
Yamagata

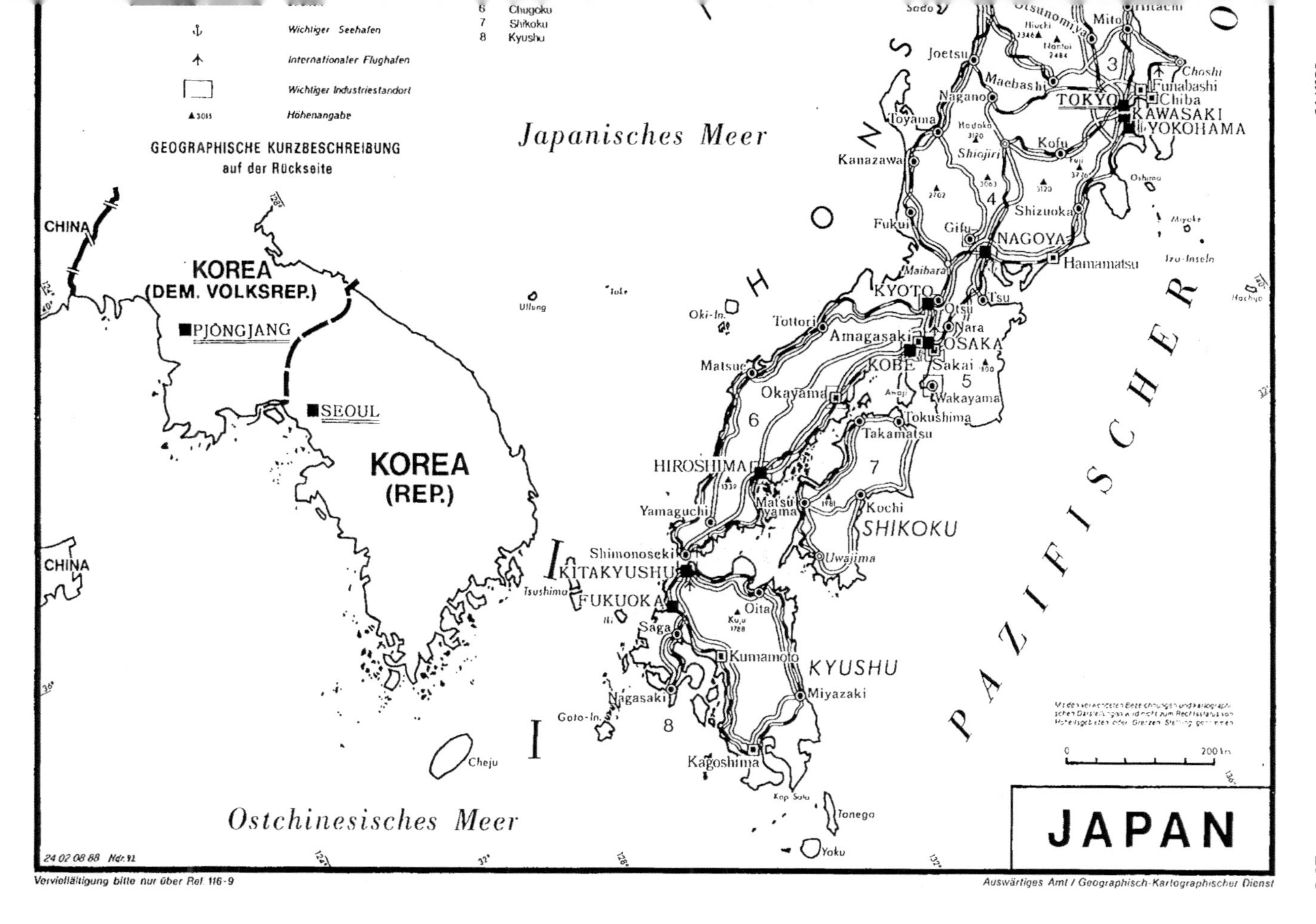
Wichtiger Seehafen
Internationaler Flughafen
Wichtiger Industriestandort
Höhenangabe
GEOGRAPHISCHE KURZBESCHREIBUNG
auf der Rückseite
6 Chugoku
7 Shikoku
8 Kyushu
Japanisches Meer
PAZIFISCHER OZEAN
Ostchinesisches Meer
JAPAN
KOREA (DEM. VOLKSREP.)
PJÖNGJANG
SEOUL
KOREA (REP.)
CHINA
CHINA
Ullung
Cheju
Tsushima
Iki
Goto-In.
Oki-In.
Joetsu
Mito
Choshi
Funabashi
Chiba
TOKYO
KAWASAKI
YOKOHAMA
Maebashi
Nagano
Toyama
Kanazawa
Shiojiri
Kofu
Shizuoka
Fukui
Gifu
NAGOYA
Hamamatsu
Oshima
Miyake
Izu-Inseln
Hachijo
Maibara
KYOTO
Otsu
Tsu
Nara
Tottori
Amagasaki
OSAKA
KOBE
Sakai
Matsue
Okayama
Awaji
Wakayama
Tokushima
Takamatsu
HIROSHIMA
Matsuyama
Kochi
SHIKOKU
Yamaguchi
Uwajima
Shimonoseki
KITAKYUSHU
FUKUOKA
Oita
Kuju 1788
Saga
Kumamoto
KYUSHU
Miyazaki
Nagasaki
Kagoshima
Kap Sata
Tanega
Yaku
0 200 km
24 02 08 88 Hdr. 92
Vervielfältigung bitte nur über Ref. 116-9
Auswärtiges Amt / Geographisch-Kartographischer Dienst

Patrick Köllner

Die Organisation japanischer Parteien

Entstehung, Wandel und Auswirkungen formaler und informeller Institutionen

Mitteilungen des Instituts für Asienkunde Hamburg
Band 390
Hamburg 2006
262 Seiten
€ 26.00
ISBN 3-88910-320-0

Keine Organisation funktioniert nur auf der Grundlage formaler Strukturen, Prozesse, Regeln, Anreize und Sanktionen. Formal geregelte Strukturen und Prozesse stellen notwendige – aber eine hinreichenden – Bedingungen für das Funktionieren komplexerer Organisationen dar. Auch die organisatorische Ordnung politischer Parteien kann nur mit Blick auf sowohl formale als auch informelle Institutionen sowie deren Verhältnis zueinander verstanden werden.

Anhand des japanischen Falles werden in diesem Buch informelle Beziehungssysteme, Verhaltens- und Verfahrensweisen in politischen Parteien sowie die ihnen zugrunde liegenden Regeln aufgezeigt und analysiert. Hierzu wird die „konzeptionelle Linse“ formaler und informeller Politik mit Forschungsprämissen und Erklärungsansätzen neoinstitutioneller Art verknüpft.

Diese erste umfassende deutschsprachige Auseinandersetzung mit japanischen Parteien untersucht deren bisherige institutionelle Entwicklung, insbesondere in Bezug auf innerparteiliche Machtgruppen und persönliche Unterstützerorganisationen von Abgeordneten. Welche Konsequenzen hatten die politischen Reformen von 1994 – die Einführung eines neuen Wahlsystems und staatlicher Parteienfinanzierung sowie restriktiverer Regelungen zur Finanzierung politischer Aktivitäten – für das japanische Parteiensystem? Ob und wie sich der Wandel formaler Rahmenbedingungen auf informelle Institutionen auswirkt, steht dabei im Mittelpunkt.

Institut für Asienkunde
GIGA German Institute of Global and Area Studies
Leibniz-Institut für Globale und Regionale Studien
Rothenbaumchaussee 32
20148 Hamburg
Deutschland
Telefon: (040) 42 88 74 - 0
Telefax: (040) 410 79 45
E-Mail: ifa@giga-hamburg.de
Homepage: www.giga-hamburg.de/ifa
(mit Publikationsliste und Bestellmöglichkeit)